Prüfe dein Wissen
Rechtsfälle in Frage und Antwort

Dr. Hans Kudlich
Strafrecht Allgemeiner Teil

Strafrecht Allgemeiner Teil

von

Dr. Hans Kudlich

o. Professor an der Universität Erlangen-Nürnberg

5., neu bearbeitete Auflage, 2016

www.beck.de

ISBN 978 3 406 68062 5

Wilhelmstraße 9, 80801 München
Druck und Bindung: Nomos Verlagsgesellschaft mbH & Co. KG
In den Lissen 12, 76547 Sinzheim

Satz: Druckerei C. H. Beck Nördlingen
Umschlaggestaltung: Martina Busch, Grafikdesign, Hamburg Saar

Gedruckt auf säurefreiem, alterungsbeständigem Papier
(hergestellt aus chlorfrei gebleichtem Zellstoff)

Vorwort

Auch die 4. Auflage des PdW-Bandes zum Strafrecht Allgemeiner Teil hat eine positive Aufnahme gefunden, über die ich mich sehr freue. Die vorliegende Neuauflage bringt das Werk im Hinblick auf die Entscheidungsauswahl und auf die weiterführenden Nachweise (insbesondere aus den Ausbildungszeitschriften) wieder auf den aktuellen Stand. Die Konzeption eines übersichtlichen und auf prüfungsrelevante Punkte fokussierten Hilfsmittels für die Studierenden – und somit das seit der Erstauflage beschrittene didaktische Konzept – sind erhalten geblieben. Dies gilt auch insoweit, als das Buch zwar möglichst viele klausurträchtige Problemkonstellationen des Allgemeinen Teils mit den wichtigsten Argumenten in knapper Form erklären soll, dass aber auf „klausurmäßige" Gestaltungen der Lösungen verzichtet wird. Hierzu sowie zu vielen formalen und „technischen" Fragen kann ich mittlerweile u. a. auf meine beiden Werke „Fälle zum Strafrecht Allgemeiner Teil (2. Aufl. 2014) und „Klausuren und Hausarbeiten im Strafrecht" (zusammen mit *Wohlers* und *Schuhr,* 4. Aufl. 2014) verweisen.

Eine Reihe wichtiger Entscheidungen haben eine behutsame Erweiterung notwendig gemacht bzw. teilweise auch einen Austausch des Fallmaterials gegen neuere (und z. T. auch noch prägnantere) Fälle zu einem bestimmten Problemfeld ermöglicht. Bei der Suche nach neuen Materialien, bei ihrer Einarbeitung und bei allfälligen Korrekturen waren mir insbesondere meine ehemaligen und gegenwärtigen Mitarbeiter und Mitarbeiterinnen *Katharina Litau, Derya Aksoy, Jana Kuhlmann* und *Elena Andres* sowie *Dr. Mustafa Oğlakcıoğlu* behilflich. Neben Ihnen gilt mein Dank aber dem gesamten Lehrstuhlteam, das unmittelbar oder mittelbar durch Entlastung an anderer Stelle diese Neuauflage ermöglicht hat. Für Verbesserungsvorschläge an die Adresse *Hans.Kudlich@fau.de* bin ich jederzeit dankbar.

Erlangen, im August 2016 *Hans Kudlich*

Aus dem Vorwort zur 1. Auflage (2003)

Der Allgemeine Teil des Strafrechts und dabei wiederum insbesondere die allgemeine Verbrechenslehre sind in allen Bundesländern zentraler Ausbildungs- und Prüfungsstoff. Zu einer relativ kleinen Zahl von Vorschriften hat sich eine umfangreiche, feinziselierte Dogmatik gebildet, aus der in Prüfungen einerseits ein solides Grundverständnis, andererseits aber auch die Kenntnis einer Reihe von Details erwartet werden. Beides wird anhand von konkreten Fällen anschaulicher und einprägsamer. [...]

Man kann von den knappen Bänden (sc.: der PdW-Reihe) weder Vollständigkeit in Breite und Tiefe erwarten noch in den kurzen Fall-Lösungen mustergültige Gutachten liefern; für ersteres gibt es im Strafrecht hervorragende Lehrbücher, für zweiteres Fallsammlungen und Musterklausuren in den Ausbildungszeitschriften. Der Nutzen der PdW-Bände liegt m. E. darin, den Kernbestand des Stoffes zu veranschaulichen und das Erkennen von Problemen in konkreten Sachverhalten zu schulen. Auf dieses Ziel sind Fallauswahl und Antworten zugeschnitten. [...]

Inhaltsverzeichnis*

* Paragrafen ohne Gesetzesangabe in diesem Buch sind solche des StGB.

Abkürzungsverzeichnis

a. A.	andere(r) Ansicht
Abs.	Absatz
a. E.	am Ende
AG	Amtsgericht
a. l. i. c.	actio libera in causa
Alt.	Alternative
AO	Abgabenordnung
Art.	Artikel
AT	Allgemeiner Teil
Aufl.	Auflage
BAK	Blutalkoholkonzentration
BayObLG	Bayerisches Oberstes Landesgericht
BeckRS	Beck-Rechtsprechung (Datenbank)
BGB	Bürgerliches Gesetzbuch
BGH	Bundesgerichtshof
BGHR	BGH-Rechtsprechung, hrsgg. von den Richtern des Bundesgerichtshofs (Loseblatt)
BGHSt	Sammlung der Entscheidungen des Bundesgerichtshofs in Strafsachen
BKA	Bundeskriminalamt
Bsp.	Beispiel
BT	Besonderer Teil
Buchst.	Buchstabe
BVerfG	Bundesverfassungsgericht
BVerfGE	Entscheidungen des Bundesverfassungsgerichts (amtliche Sammlung)
BVerfGG	Bundesverfassungsgerichtsgesetz
bzw.	beziehungsweise
ca.	circa
ders.	derselbe
d. h.	das heißt
DM	Deutsche Mark
etc.	et cetera
EU	Europäische Union
EUR	Euro
f.	folgende
FamRZ	Zeitschrift für das gesamte Familienrecht
ff.	fortfolgende
FIS-Regeln	Regeln des Internationalen Skiverbands (Fédération Internationale de Ski)
FS	Festschrift

GA	Goltdammer's Archiv für Strafrecht
GBL	Gamma-Butyrolacton
GG	Grundgesetz
ggf.	gegebenenfalls
GS	Gedächtnisschrift; Großer Senat
GSSt	Großer Senat für Strafsachen
h. A.	herrschende Ansicht
Halbs.	Halbsatz
HIV	Humanes Immundefizienz-Virus
h. L.	herrschende Lehre
h. M.	herrschende Meinung
HRRS	Höchstrichterliche Rechtsprechung im Strafrecht (Online-Zeitschrift)
hrsgg.	herausgegeben
i. V. m.	in Verbindung mit
JA	Juristische Arbeitsblätter (Zeitschrift)
JGG	Jugendgerichtsgesetz
JR	Juristische Rundschau (Zeitschrift)
Jura	Juristische Ausbildung (Zeitschrift)
JuS	Juristische Schulung (Zeitschrift)
JuSchG	Jugendschutzgesetz
JZ	Juristenzeitung
KZ	Konzentrationslager
lat.	lateinisch
LG	Landgericht
Lkw	Lastkraftwagen
m. Anm.	mit Anmerkung
m. a. W.	mit anderen Worten
MDR	Monatsschrift für Deutsches Recht
MDR/H	*Holtz,* Aus der Rechtsprechung des BGH in Strafsachen (veröffentlicht in MDR)
m. E.	meines Erachtens
medstra	Zeitschrift für Medizinstrafrecht
MfS	Ministerium für Staatssicherheit
Mio.	Million
NJOZ	Neue Juristische Online-Zeitschrift
NJW	Neue Juristische Wochenschrift
NJW-Spezial	NJW – Die wichtigsten Informationen zu zentralen Rechtsgebieten
Nr(n).	Nummer(n)
NS	Nationalsozialismus
NStZ	Neue Zeitschrift für Strafrecht
NStZ-RR	NStZ-Rechtsprechungs-Report Strafrecht

o. Ä.	oder Ähnliches
o. g.	oben genannt
OLG	Oberlandesgericht
OWiG	Gesetz über Ordnungswidrigkeiten
PdW	Prüfe dein Wissen
PGO	Polizeigewahrsamsordnung
PIN	Persönliche Identifikationsnummer
Pkw	Personenkraftwagen
PrFDG	Preußisches Forstdiebstahlsgesetz
RG	Reichsgericht
RGSt	Sammlung der Entscheidungen des Reichsgerichts in Strafsachen
Rn.	Randnummer
S.	Seite
sc.	scilicet (lat.: nämlich)
SEK	Sondereinsatzkommando
sog.	sogenannt
StGB	Strafgesetzbuch
StPO	Strafprozessordnung
str.	strittig
st. Rspr.	ständige Rechtsprechung
StV	Strafverteidiger (Zeitschrift)
StVG	Straßenverkehrsgesetz
StVO	Straßenverkehrs-Ordnung
u. a.	unter anderem
u. U.	unter Umständen
usw.	und so weiter
v.	von
v. a.	vor allem
vgl.	vergleiche
vs.	versus
z. B.	zum Beispiel
ZPO	Zivilprozessordnung
ZStW	Zeitschrift für die gesamte Strafrechtswissenschaft
z. T.	zum Teil
z. Zt.	zur Zeit

Literaturverzeichnis

Kühl	*Kühl,* Strafrecht Allgemeiner Teil, 7. Aufl. 2012
PdW BT I	*Kudlich,* Strafrecht Besonderer Teil I, Vermögensdelikte, 4. Aufl. 2016 (Prüfe dein Wissen)
PdW BT II	*Kudlich,* Strafrecht Besonderer Teil II, Delikte gegen die Person und die Allgemeinheit, 4. Aufl. 2016 (Prüfe dein Wissen)
Rengier AT	*Rengier,* Strafrecht Allgemeiner Teil, 7. Aufl. 2015
Rengier II	*Rengier,* Strafrecht Besonderer Teil II, 17. Aufl. 2016
Roxin I	*Roxin,* Strafrecht Allgemeiner Teil I, 4. Aufl. 2005
Roxin II	*Roxin,* Strafrecht Allgemeiner Teil II, 2003
Wessels/Beulke/Satzger	*Wessels/Beulke/Satzger,* Strafrecht Allgemeiner Teil, 44. Aufl. 2014

A. Grundlagen

I. Die Funktion des Strafrechts

1. Strafrechtlicher Rechtsgüterschutz

Üblicherweise wird als Aufgabe des Strafrechts der Schutz elementarer Rechtsgüter des Gemeinschaftslebens bezeichnet. Welche beiden Arten von Rechtsgütern lassen sich hinsichtlich des Kreises ihrer Inhaber grundsätzlich unterscheiden?

Zur Vertiefung: *Rengier* AT, § 3 Rn. 3; *Roxin* I, § 2 Rn. 1, 51 ff.; *Wessels/Beulke/Satzger,* Rn. 7.

Die Rechtsgüter lassen sich in **Individualrechtsgüter** (z. B. Leib und Leben; Eigentum) und **kollektive Rechtsgüter** (z. B. Sicherheit des Straßenverkehrs, Funktionstüchtigkeit der Rechtspflege) einteilen.

2. Die Rechtsgutslehre in der Rechtsanwendung

Hat die Rechtsgutslehre über die „kritische Potenz" bei der Beurteilung der Berechtigung von Strafgesetzen und ihre Systematisierungsfunktion im Besonderen Teil hinaus auch Bedeutung bei der konkreten Rechtsanwendung?

Zur Vertiefung: *Rengier* AT, § 3 Rn. 4; *Duttge,* Jura 2006, 15 ff.

Ja. Zumeist werden hier zwei Aspekte genannt: Zum einen kann das geschützte Rechtsgut für die Auslegung von Tatbeständen eine Rolle spielen. Das gilt insbesondere für die **Auslegung** des im Tatbestand genannten **Handlungsobjekts,** da dessen Reichweite wesentlich vom geschützten Rechtsgut geprägt wird. Zum anderen ist das geschützte Rechtsgut für die **Einwilligungslehre** von Bedeutung. Denn eine Einwilligung ist nur wirksam, wenn der Einwilligende über das geschützte Rechtsgut dispositionsbefugt ist. Dies ist etwa bei kollektiven Rechtsgütern (vgl. Frage 1) grundsätzlich nicht der Fall.

3. Inzest

Der adoptierte T lernte im Alter von 24 Jahren seine 16-jährige leibliche Schwester S kennen. Zwischen beiden entwickelte sich in der Folgezeit eine Liebesbeziehung, aus der vier Kinder hervorgingen. Das Amtsgericht verurteilte T wegen Inzests unter Geschwistern (lies: § 173 Abs. 2 Satz 2). Seine hiergegen gerichtete Revision blieb erfolglos. Diese Entscheidung greift T nunmehr mit einer zulässigen und zur Entscheidung angenommenen Verfassungsbeschwerde an. Hat diese Aussicht auf Erfolg?
(vgl. BVerfG NJW 2008, 1137)

Zur Vertiefung: *Roxin* I, § 2 Rn. 68 ff.; *Wessels/Beulke/Satzger,* Rn. 4 ff.; *Hörnle,* NJW 2008, 2085 ff.; *Hufen/Jahn,* JuS 2008, 550 ff.; *Kudlich,* JA 2008, 549 ff.; *Zabel,* JR 2008, 453 ff.

Eine sog. Urteilsverfassungsbeschwerde ist begründet, wenn das **Urteil gegen Verfassungsrecht** verstößt und den Beschwerdeführer dadurch in seinen **Grundrechten** oder in einem der in Art. 93 Abs. 1 Nr. 4a GG aufgezählten grundrechtsgleichen Rechte **verletzt** (Art. 93 Abs. 1 Nr. 4a GG, §§ 13 Nr. 8a, 90 ff. BVerfGG). Vorliegend (weil gegen ein Strafurteil gerichtet) kommt sowohl eine Verfassungswidrigkeit der angewendeten **Strafvorschrift** (§ 173 Abs. 2 Satz 2) als auch eine solche ihrer **Anwendung im entschiedenen Fall** in Betracht.

Diese Strafnorm betrifft den Intim- und Sexualbereich und damit einen Teil der im Schutzbereich des Art. 2 Abs. 1 GG liegenden Privatsphäre. Das allgemeine Persönlichkeitsrecht kann jedoch auf Grund eines Gesetzes und damit insbesondere durch Gesetz eingeschränkt werden. § 173 ist ein solches. Auch ein solcher Eingriff muss indes **verhältnismäßig** sein. Dazu muss zunächst ein **legitimer Zweck** verfolgt werden. Das BVerfG geht ausdrücklich davon aus, dass auch an Strafnormen insoweit kein höherer Maßstab anzulegen sei (und sich damit insbesondere aus dem strafrechtlichen Rechtsgutsdogma keine gegenüber allgemeinen verfassungsrechtlichen Grundsätzen strengere Beurteilung der Frage ergibt, welche Zwecke insoweit als legitime verfolgt werden dürfen). Das Gericht nimmt dabei an, die Verhinderung familien- und sozialschädigender Wirkung, der Schutz der sexuellen Selbstbestimmung (des jeweiligen verwandten Sexualpartners), die Vermeidung von Erbschäden und die Beibehaltung einer kulturhistorisch begründeten und gesellschaftlich verwurzelten internationalen Tradition seien mit der Norm verfolgte **legitime Ziele.** Die **Eignung** der Norm zur Erreichung dieser Ziele unterstellt das BVerfG ohne positive Begründung. Mangels milderer, aber weniger einschneidender Alternativen hält es die Norm auch zur Zielerreichung für **erforderlich.** Schließlich sei sie **nicht unverhältnismäßig,** denn sie berühre nur einen „schmalen Bereich der persönlichen Lebensführung" und betreffe „nur wenige Geschwisterpaare". Auch einen Verstoß der Norm gegen andere Grundrechte (etwa Art. 3 und 6 GG) verneint das BVerfG und sieht auch keinen Grund, die **konkrete Rechtsanwendung** mit Blick auf die Grundrechte zu beanstanden.

Ob man dem uneingeschränkt so folgen kann, ist allerdings fraglich, und auch innerhalb des BVerfG selbst wurde dies unterschiedlich gesehen, wie ein Sondervotum des Richters *Hassemer* zeigt: Die familien- und sozialschädigende Wirkung des Geschwisterinzests lässt sich schon als solche **empirisch nicht belegen,** die Eignung des Straftatbestands zu ihrer Vermeidung schon gar nicht. Der Schutz der sexuellen Selbstbestimmung ist weder dem Normtext noch der Systematik als Ziel zu entnehmen. Die **Vermeidung von Erbschäden** ist als Rechtsgut kaum fassbar, denn mit der Norm würde insoweit die Entstehung eines bestimmten Menschen verhindert; die eigene Nicht-Existenz kann kein Recht des Kindes sein. Das „Erbgut des Volkes" von „Schäden" freizuhalten ist in einer Gesellschaft, in der die Gleichberechtigung Behinderter Grundrechtsstatus genießt (Art. 3 Abs. 3 Satz 2 GG), kein legitimes Schutzziel. Die **Beibehaltung** welcher **Tradition** auch immer ist, wenn sie nur aus gesellschaftlichen Gründen erfolgt, einem Individuum aufgezwungen wird und der betreffende Vorgang die Gesellschaft gerade nicht involviert, geradezu idealtypisch das, wovor Art. 2 Abs. 1 GG schützen soll. Schließlich ist es kein Argument für die Angemessenheit einer Maßnahme, dass sie nur wenige betrifft: Grundrechte sind Individualrechte, und dass es für die Betroffenen nur um einen

„schmalen Bereich der persönlichen Lebensführung" gehe, ist kaum nachvollziehbar.

Selbst wenn man argumentieren würde, dass der Geschwisterinzest gerade eine Situation ist, in der die genannten Aspekte – anders als in denkbaren, nicht unter Strafe gestellten Vergleichsfällen (z. B. Geschlechtsverkehr zwischen bloßen Adoptivgeschwistern, homosexuelle Beziehungen, zu erwartender Nachwuchs von behinderten Personen) – nicht nur einzeln, sondern kumulativ auftreten, wäre die Strafbarkeit doch zumindest auf die besonders schwerwiegenden Fälle zu beschränken, in denen der Inzest tatsächlich zur Geburt eines Kindes führt.

Diese Überlegungen zeigen, dass das BVerfG vielleicht doch gut daran getan hätte, den in der Strafrechtsdogmatik durchaus weit entwickelten *Ultima-ratio*-Grundsatz in der Verhältnismäßigkeitsprüfung nutzbar zu machen, der insbesondere durch das Erfordernis eines Rechtsgutsbezugs konturiert wird.

4. Unhöflichkeit in der S-Bahn (I)

Der 70-jährige, gehbehinderte O muss während der Stoßzeit 20 Minuten in der S-Bahn stehen, weil u. a. der athletische und gesunde T trotz mehrfacher Bitten gar nicht daran denkt, seinen Sitzplatz an O abzutreten. O schimpft und meint, das Verhalten des T sei ungehörig und müsse bestraft werden. Was ist davon zu halten?

Zur Vertiefung: *Rengier* AT, § 3 Rn. 5 ff.; *Roxin* I, § 2 Rn. 37 ff.; *Wessels/Beulke/Satzger,* Rn. 9; *Kühl,* JA 2009, 833 ff.

T's Verhalten ist gewiss rücksichtslos und unhöflich sowie auch in gewisser Weise **„sozialethisch vorwerfbar"**. Allerdings stimmen die (oftmals recht verschwommenen und uneinheitlichen) Moral- oder gar Höflichkeitsvorstellungen und die (vor allem straf-)rechtliche Bewertung eines Verhaltens nicht immer überein. Dem Strafrecht kommt die Funktion einer ***ultima ratio*** zu, d. h. es werden nur schwerwiegende Verstöße gegen die Regeln des menschlichen Zusammenlebens zum Schutz elementarer Grundwerte des Gemeinschaftslebens unter Strafe gestellt. Es muss sich also um Verhaltensformen handeln, die typischerweise so schwerwiegende Verstöße darstellen, dass sie mit dem „scharfen Schwert des Strafrechts" verhindert werden müssen.

5. Unhöflichkeit in der S-Bahn (II)

Könnte in Fall 4 ein Richter, der O's Ansicht teilt, T auch ohne entsprechende Strafvorschrift nach seinem Gutdünken bestrafen?

Zur Vertiefung: *Rengier* AT, § 4 Rn. 1; *Roxin* I, § 5 Rn. 4–6; *Wessels/Beulke/Satzger,* Rn. 44.

Die Entscheidung darüber, wann ein Verstoß so schwer wiegt, dass er strafwürdig und strafbedürftig ist, steht im demokratischen Gemeinwesen grundsätzlich dem **Gesetzgeber** zu. Hält dieser ein Verhalten insoweit nicht für strafrechtlich regelungsbedürftig, darf sich ein Richter darüber nicht hinwegsetzen. Als Absicherung dieses Entscheidungsprivilegs des Gesetzgebers wirkt mittelbar auch die (eigentlich vorrangig anderen Zielen dienende) Garantie ***nulla poena sine lege*** (keine Strafe ohne Gesetz, vgl. dazu auch Fälle 12 ff.).

6. Unbedingter Siegeswille

T spielt mit seinem Sohn S im Garten Fußball. Als ihn der Ehrgeiz übermannt und er unbedingt ein Tor erzielen möchte, schießt er aus kürzester Entfernung auf das von S bewachte Tor so fest er nur kann.
a) Der Ball verfehlt das Tor und fliegt in die Fensterscheibe von T's Nachbarn O. Dieser ist erzürnt und verlangt nicht nur Schadensersatz, sondern meint, T habe sich auch strafbar gemacht. Zu Recht?
b) Der Ball trifft den sechsjährigen S auf den Kopf und verursacht eine leichte Gehirnerschütterung. Könnte T's Verhalten als Körperverletzung strafbar sein?

Zur Vertiefung: *Rengier* AT, § 3 Rn. 8; *Roxin* I, § 2 Rn. 97 ff.; *Hefendehl,* JA 2011, 401 ff.

Zu a) O kann in der Tat **Schadensersatz** nach § 823 Abs. 1 BGB verlangen. T handelte zwar nicht vorsätzlich, allerdings ist – bei lebensnaher Auslegung des knappen Sachverhalts – davon auszugehen, dass er hinsichtlich des Fensters die im Verkehr erforderliche Sorgfalt außer Acht ließ und daher **fahrlässig** handelte. Dies ist für einen Schadensersatzanspruch nach § 823 Abs. 1 BGB auch ausreichend. Dagegen gibt es keine Strafbarkeit wegen fahrlässiger Sachbeschädigung (vgl. §§ 303, 15): Fremdes Sacheigentum ist zwar ein strafrechtlich geschütztes Rechtsgut, aber dieser Schutz ist nicht lückenlos (sog. **fragmentarischer Charakter** des Strafrechts). Angesichts der nur geringeren Schutzwürdigkeit und der über weite Strecken einfachen zivilrechtlichen Ersetzbarkeit von Sacheigentum hat der Gesetzgeber darauf verzichtet, auch die fahrlässige Sachbeschädigung unter Strafe zu stellen.

Zu b) Demgegenüber muss die Gesundheit als nicht nur höherrangiges, sondern auch durch finanziellen Ausgleich weniger gut kompensierbares Rechtsgut weitergehend geschützt sein. Das Gesetz kennt daher in § 229 auch eine **Strafbarkeit** wegen **fahrlässiger Körperverletzung.** Ob man eine solche hier tatsächlich annehmen sollte, hängt von den näheren Umständen des Falles ebenso wie von komplizierten rechtlichen Erwägungen ab, die vorliegend nicht vertieft werden sollen (Verminderter Strafrechtsschutz während sportlicher Betätigung? Gegebenenfalls Geltung solcher Einschränkungen auch gegenüber Kindern? Übertragbarkeit des zivilrechtlichen Haftungsprivilegs, das zwischen Eltern und Kindern gilt [§ 1664 Abs. 1 BGB]?).

7. Strafbedürfnis neben Schadensersatz?

In Fall 6 meint T, angesichts der ohnehin bestehenden zivilrechtlichen Ersatzpflicht nach § 823 Abs. 1 BGB sei eine strafrechtliche Ahndung der

Sachbeschädigung überflüssig und daher unverhältnismäßig. Wieso solle er O's Scheiben nicht auch vorsätzlich so oft einschießen dürfen, wie er wolle, wenn er ihm den Schaden nur jeweils ersetze?

Zur Vertiefung: *Roxin* I, § 3 Rn. 37 ff.; *Wessels/Beulke/Satzger,* Rn. 4.

Gerade T's provokante Fragestellung verdeutlicht zunächst schon eine Funktion, die der strafrechtliche Rechtsgüterschutz über das Zivilrecht hinaus bieten kann: Eine bloße Schadensersatzpflicht greift aus **präventiven Gesichtspunkten** zu kurz, wenn der Täter sich den Schadensersatz ohne weiteres „leisten" kann, aber auch, wenn beim Täter „ohnehin nichts zu holen" wäre. Darüber hinaus bringt die Ahndung eines Verhaltens als Straftat aber auch noch zum Ausdruck, dass es als **in hohem Maße sozialschädlich** getadelt wird: Die vorsätzliche Zerstörung fremder Sachen wird also auch dann nicht ohne weiteres hingenommen, wenn der Schädiger durchaus bereit ist, für Ersatz zu sorgen.

II. Die Strafzwecke

8. Straftheorien

a) Mit welcher Frage befassen sich die sog. Straftheorien?
b) In welche Gruppen lassen sie sich grob einteilen?
c) Welche Straftheorien haben im geltenden Recht im StGB Niederschlag gefunden?

Zur Vertiefung: *Rengier* AT, § 3 Rn. 10 ff.; *Roxin* I, § 3; *Wessels/Beulke/Satzger,* Rn. 12; *Lesch,* JA 1994, 510 ff., 590 ff.; *Momsen/Rackow,* JA 2004, 336 ff.

Zu a) Die Straftheorien suchen nach Antworten auf die Frage, **warum** der Täter für bestimmte Verhaltensweisen **bestraft werden soll.** Es geht also weniger um die Frage nach der Funktion des Strafrechts als Regelungsmaterie (insbesondere Rechtsgüterschutz, aber auch kontrafaktische Verhaltensstabilisierung, vgl. Fragen 1 ff.), sondern um die Rolle, die dabei speziell der Strafandrohung bzw. -vollstreckung zukommt.

Zu b) Es lassen sich zunächst absolute und relative Straftheorien unterscheiden. Die **absoluten Straftheorien** sind gewissermaßen in die Vergangenheit, d. h. auf die begangene Tat gerichtet, die gesühnt werden soll ***(quia peccatum est).*** Die **relativen Straftheorien** sind dagegen in die Zukunft gerichtet ***(ne peccetur)*** und gehen davon aus, dass der Einzelne **(Spezialprävention)** bzw. die ganze Gesellschaft **(Generalprävention)** durch Abschreckung und Unschädlichmachung, aber auch durch Resozialisierung des Täters bzw. durch Stärkung des Vertrauens der Allgemeinheit in die Geltung des Strafrechts in Zukunft von Straftaten abgehalten werden. Heute werden überwiegend Spielarten der **„Vereinigungstheorie"** vertreten, nach der verschiedene Aspekte erforderlich sind, um Strafe in unterschiedlichen Konstellationen zu legitimieren.

Zu c) Das StGB fußt – soweit sich gesetzliche Regelungen finden – auf der auch in der Wissenschaft herrschenden Vereinigungstheorie: **§ 46 Abs. 1 Satz 1** bestimmt als Grundlage der Strafzumessung die Schuld des Täters **(absolutes Element); § 46**

Abs. 1 Satz 2 nennt aber auch die Wirkungen der Strafe für das zukünftige Leben des Täters **(spezialpräventives Element);** nach **§ 47 Abs. 1 a. E.** schließlich kann auch die Verteidigung der Rechtsordnung (als **generalpräventives Element**) eine Rolle spielen.

9. *(entfallen)*

10. Lange her

T war als 22-Jähriger in den letzten Kriegswochen des Jahres 1945 als KZ-Aufseher tätig. Nach Kriegsende ließ sich T nie mehr etwas zu Schulden kommen und engagierte sich ehrenamtlich bei einer Reihe von karitativen Organisationen. Da er ein Leben lang unter den Erinnerungen litt, ließ er über Jahre hinweg der jüdischen Gemeinde seines Wohnorts anonym hohe Spenden zukommen. Kurz nach seinem 80. Geburtstag im Jahre 2003 wurde er von der Staatsanwaltschaft wegen zweifachen Mordes angeklagt. Sein Enkel E ist zwar entsetzt über die Taten seines Großvaters. Er meint aber, eine Strafe sei nun nicht mehr sinnvoll. Ist eine Bestrafung des T nach so langer Zeit mit Blick auf die Ausprägungen der Straftheorien im geltenden StGB (vgl. auch Frage 8) noch zu rechtfertigen?

Zur Vertiefung: *Rengier* AT, § 3 Rn. 10 ff.; *Roxin* I, § 3 Rn. 11–32, 37–55; *Wessels/Beulke/Satzger*, Rn. 12.

Stellt man auf T's **Schuld** ab, besteht – ungeachtet einer etwaigen Konfliktsituation und der damaligen besonderen Umstände – an der Legitimierbarkeit einer (wie auch immer näher zu bemessenden) Strafe kein Zweifel. Auch **positiv-generalpräventive** Gründe für eine Bestrafung lassen sich finden. Denn für die Bekräftigung der Geltung der Strafrechtsordnung ist es durchaus sinnvoll, wenn Kapitalverbrechen auch nach langer Zeit noch bestraft werden. Dagegen lassen sich **spezialpräventive Gründe** für eine Bestrafung kaum feststellen: Solche sind zwar bei Verbrechen in Sondersituationen durch „an sich rechtstreue Täter“ (etwa bei der Tötung des Geliebten der Ehefrau aus Eifersucht durch einen honorigen und sonst stets legal handelnden Geschäftsmann) nicht immer ausgeschlossen; denn auch Konflikttätern muss klar gemacht werden, dass selbst in Sondersituationen außerhalb der vom Gesetz anerkannten Rechtfertigungs- oder Entschuldigungsgründe keine Straftaten begangen werden dürfen. Allerdings geht hier nach aller Voraussicht von T keine Gefahr mehr aus (jedenfalls keine, die sich auf Grund der so lange zurückliegenden Ereignisse prognostizieren ließe), und T's Lebenslauf der letzten 50 Jahre zeigt auch, dass er gut sozialisiert ist. Da § 46 Abs. 1 Satz 1 aber grundlegend auf die Schuld abstellt und auch nach der Idee der Vereinigungstheorie nicht in jedem Fall alle Elemente zugleich vorliegen müssen, wäre eine Bestrafung des T nicht *a priori* systemwidrig.

Ergänzende Bemerkung: Von den strafrechtstheoretischen Erwägungen abgesehen, werfen die Umstände des konkreten Falles noch zwei weitere Fragen auf. Zum einen ist bei langen Zeitabläufen immer an eine Verfolgungsverjährung (§§ 78 ff.) zu denken (die strafprozessual zu einem Verfahrenshindernis und damit zur Einstellung des Verfahrens führen würde und in einer Klausur am sinnvollsten als Annex nach der Schuld anzusprechen wäre); allerdings ist hier ein Mord angeklagt, der nach § 78 Abs. 2 nicht verjährt. Zum anderen wird ein (bejahendenfalls ebenfalls zur Einstellung führendes) Verfahrenshindernis der nur noch kurzen Lebenserwartung diskutiert; allerdings ist dieses wohl allenfalls anzuerkennen, wenn eine (etwa auf Grund von gesundheitlichen Problemen) greifbare und nahe Todeserwartung besteht, wofür der Sachverhalt keine Anhaltspunkte enthält.

11. Der letzte Mörder auf der Insel

In seiner Metaphysik der Sitten (Rechtslehre, 2. Teil, 1. Abschnitt E) postuliert *Kant:* „Selbst wenn sich die bürgerliche Gesellschaft mit aller Glieder Einstimmung auflöste (z. B. das eine Insel bewohnende Volk beschlösse, auseinander zu gehen und sich in alle Welt zu zerstreuen), müsste der letzte im Gefängnis befindliche Mörder vorher hingerichtet werden, damit jedermann das widerfahre, was seine Taten wert sind [...].“ Welche Straftheorie spiegelt sich in dieser Aussage wider?

Zur Vertiefung: *Rengier* AT, § 3 Rn. 10 ff.; *Roxin* I, § 3 Rn. 2–10; *Wessels/Beulke/Satzger,* Rn. 12.

Kant zeigt sich hier als Vertreter einer **absoluten Straftheorie.** Das Bestrafungserfordernis auch bei unmittelbar anstehender Auflösung der (strafenden) Gesellschaft lässt sich bei der zukunftsgerichteten Perspektive der relativen Straftheorien kaum legitimieren. Anknüpfungspunkt der Strafe ist vielmehr alleine die begangene Tat, die vergolten werden muss („damit jedermann das widerfahre, was seine Taten wert sind“). Wenige Seiten vor dem Inselbeispiel schreibt *Kant* selbst noch deutlicher: „Richterliche Strafe [...] kann niemals bloß als Mittel, ein anders Gute zu fördern, für den Verbrecher selbst oder für die bürgerliche Gesellschaft, sondern muss jederzeit nur darum wider ihn verhängt werden, weil er verbrochen hat“. In der Forderung nach Hinrichtung des Mörders und des Widerfahrens dessen, „was seine Taten wert sind“, findet sich außerdem der (an anderen Stellen bei *Kant* noch deutlicher ausgeprägte) Gedanke des **„Wiedervergeltungsrechts“** *(ius talionis),* nach dem möglichst Gleiches mit Gleichem vergolten werden soll.

III. Die Garantie *nulla poena sine lege* und die Auslegung der Strafgesetze

12. *Nulla poena sine lege*

Wo ist die Garantie *nulla poena sine lege* gesetzlich verankert und welche Einzelausprägungen umfasst sie?

Zur Vertiefung: *Rengier* AT, § 4 Rn. 1; *Roxin* I, § 5 Rn. 1–11; *Wessels/Beulke/Satzger,* Rn. 43 ff.; *Hettinger,* JuS 1997, L 17 ff., 25 ff.

Art. 103 Abs. 2 GG und **§ 1** bestimmen wortgleich: „Eine Tat kann nur bestraft werden, wenn die Strafbarkeit gesetzlich bestimmt war, bevor die Tat begangen wurde.“ Daraus werden **vier Garantien** abgeleitet: diejenige der ***lex scripta*** (kein strafbegründendes Gewohnheitsrecht), der ***lex praevia*** (keine Rückwirkung zu

Lasten des Täters), der ***lex stricta*** (Analogieverbot) und der ***lex certa*** (Bestimmtheitsgebot). Vgl. dazu die folgende Übersicht:

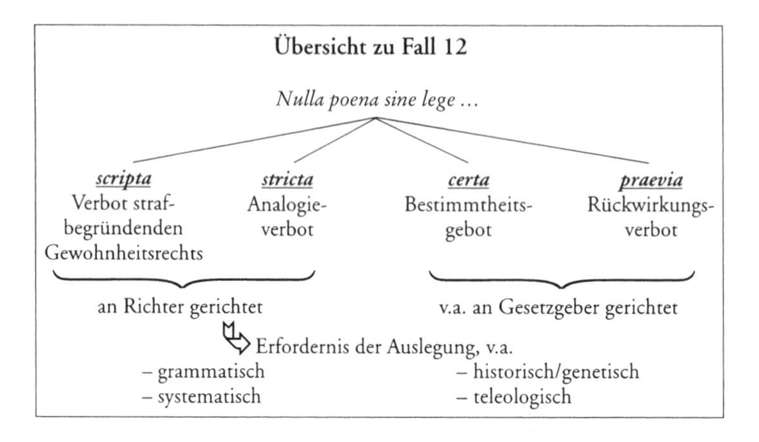

13. Gesundes Volksempfinden

Durch das Gesetz zur Änderung des StGB vom 28.6.1935 wurde unter der Überschrift „Rechtsschöpfung durch entsprechende Anwendung des Strafgesetzes" § 2 wie folgt gefasst: „Bestraft wird, wer eine Tat begeht, die das Gesetz für strafbar erklärt oder die nach dem Grundgedanken eines Strafgesetzes und nach gesundem Volksempfinden Bestrafung verdient. Findet auf die Tat kein bestimmtes Strafgesetz unmittelbar Anwendung, so wird die Tat nach dem Gesetz bestraft, dessen Grundgedanke auf sie am besten zutrifft." Wie wäre eine solche Gesetzesänderung heute mit Blick auf Art. 103 Abs. 2 GG verfassungsrechtlich zu beurteilen?

Zur Vertiefung: *Rengier* AT, § 4 Rn. 26 ff., 31; *Roxin* I, § 4 Rn. 14, § 5 Rn. 8, 11, 16; *Wessels/Beulke/Satzger*, Rn. 47, 52 ff.

Da es ersichtlich weder um Gewohnheitsrecht noch um die Rückwirkung von Strafgesetzen geht, könnten die Garantien der ***lex stricta*** (Analogieverbot) oder der ***lex certa*** (Bestimmtheitsgrundsatz) betroffen sein. Die in der Überschrift genannte „entsprechende Anwendung" und die in Satz 2 genannte Bestrafung nach „dem Gesetz […], dessen Grundgedanke […] am besten zutrifft" scheint dafür zu sprechen, dass es sich vorrangig um ein Problem des Analogieverbots handelt. Allerdings könnten solche „Analogien" von Art. 103 Abs. 2 GG unberührt bleiben, die der Gesetzgeber selbst anordnet: Das gilt jedenfalls dann, wenn der Gesetzgeber selbst konkret anordnet, dass in bestimmten Situationen für andere Fälle erlassene Strafgesetze entsprechend gelten, und auf diese Art nur den Gesetzestext verkürzt und entschlackt (vgl. etwa die Qualifikationen in § 269 Abs. 3, für die auf § 267 Abs. 3 und 4 verwiesen wird). Das Problem liegt also darin, dass hier **nicht ausreichend konkret** bestimmt ist, **in welchen Fällen** (Wann liegt Strafbedürftigkeit nach dem gesunden Volksempfinden vor?) und **welche Strafgesetze** entsprechend angewendet werden sollen (Welcher Grundgedanke passt am besten?). Somit dürfte es sich eher um einen Verstoß gegen das Bestimmtheitsgebot als gegen das Analogieverbot handeln. Das Beispiel zeigt aber zugleich anschaulich, wie eng gerade diese beiden Garantien zusammenhängen bzw. dass sie teilweise nur jeweils die einander spiegelbildliche Betrachtung des gleichen Sachproblems darstellen.

14. Mord verjährt nicht

Vor 1965 betrug die Verjährungsfrist für Mord 25 Jahre. Um NS-Verbrechen aus der Zeit vor 1945 auch bei späterer Aufklärung bestrafen zu können, wurde die Verjährungsfrist schrittweise verlängert und 1979 eine Verfolgungsverjährung für Mord völlig ausgeschlossen. War dieses Vorgehen des Gesetzgebers mit Art. 103 Abs. 2 GG vereinbar?
(vgl. BVerfGE 25, 269)

Zur Vertiefung: *Rengier* AT, § 4 Rn. 20 ff.; *Roxin* I, § 5 Rn. 51, 57–60; *Wessels/Beulke/Satzger*, Rn. 48 f.

In der auch für Alttaten geltenden Verjährungsverlängerung könnte ein Verstoß gegen das Rückwirkungsverbot liegen. Das BVerfG hat dies allerdings im Ergebnis überzeugend verneint: Die Funktion des Rückwirkungsverbots liegt darin, dem Bürger **Orientierungssicherheit** zu gewähren. Denn wenn das Verhalten z. Zt. der Tat nicht strafbar war, konnte das Strafgesetz seine Steuerungs- und Abschreckungsfunktion nicht erfüllen. Betrifft die Rückwirkung aber nicht die Strafdrohung, sondern nur die Verjährung, so hätte der Täter z. Zt. der Tatbegehung sich durchaus von der Tat abgehalten fühlen bzw. damit rechnen müssen, bestraft zu werden. Ein eventuelles **Vertrauen** darauf, dass die Verjährung eher oder später eintritt, ist insoweit **nicht schutzwürdig.**

Ergänzende Bemerkung: Ob diese eingeschränkte Wirkung des Rückwirkungsverbots für alle Verfahrensvoraussetzungen gilt, ist durchaus zweifelhaft. Wird z. B. ein Antragsdelikt rückwirkend in ein Offizialdelikt umgewandelt, das von Amts wegen verfolgt wird, so hätte zwar auch hier die Appellfunktion des Strafgesetzes den Täter bei Begehung der Tat erreichen können. Allerdings mag es sein, dass er hier tatsächlich Anlass hatte, darauf zu vertrauen, dass kein Antrag gestellt werden würde (gegen eine Verletzung von Art. 103 Abs. 2 GG aber auch hier BGH NJW 2001, 2103, 2107). Dagegen kann das Nichteinleiten von Verfolgungsmaßnahmen vor Ablauf der Verjährung praktisch nicht in einer Weise eingeschätzt werden, die über ein vages Hoffen hinausgeht.

15. Noch Blut im Alkohol?

T fuhr am 20.9.1989 mit einer Blutalkoholkonzentration von 1,21 ‰ nach Hause, als er von der Polizei angehalten und ein Alkoholbluttest durchgeführt wurde. Zu diesem Zeitpunkt lag die Grenze, bei der die Rechtsprechung eine Fahruntüchtigkeit im Sinne des § 316 unwiderleglich vermutete, bei 1,3 ‰. In einem Urteil vom 28.6.1990 entschied der BGH, dass auf Grund neuerer Erkenntnisse die Grenze für die absolute Fahruntüchtigkeit bereits bei 1,1 ‰ anzunehmen sei. T wurde deswegen vom Amtsgericht am

20.7.1990 nach § 316 verurteilt. Ist die Verurteilung verfassungsrechtlich zulässig?
(vgl. BayObLG NJW 1990, 2833)

Zur Vertiefung: *Rengier* AT, § 4 Rn. 17 f.; *Roxin* I, § 5 Rn. 61; *Wessels/Beulke/Satzger*, Rn. 51; *Ranft*, JuS 1992, 468 ff.

Hinsichtlich des Grenzwertes von 1,1 ‰ lag zwar eine Rückwirkung vor. Es könnten aber zwei Gesichtspunkte dagegen sprechen, diese am Maßstab des Art. 103 Abs. 2 GG zu prüfen: Zum einen lag keine Änderung im Bereich des materiellen Rechts vor, sondern es wurde nur die Grenze einer **prozessualen Vermutung** geändert; zum anderen und vor allem wurde nicht das Gesetz geändert, sondern es fand nur ein **Wandel in der Rechtsprechung** statt. Auch die Gerichte sind zwar Adressat des Art. 103 Abs. 2 GG, soweit es etwa um das Verbot von Gewohnheitsrecht oder das Analogieverbot geht; Adressat des Gebots der *lex praevia* ist aber üblicherweise der Gesetzgeber. Allerdings liegt hier ein Sonderfall vor: Soweit zum einen eine prozessuale **Beweisvermutung** hinsichtlich des Vorliegens eines gesetzlichen Merkmals unter anderen, im Gesetz nicht genannten Voraussetzungen **unwiderleglich** ist, hat sie einen **„quasimateriellen" Charakter.** Da eine absolute Fahruntüchtigkeit jenseits des Grenzwertes immer und ausnahmslos angenommen wird, kann dieser Wert insoweit nicht anders behandelt werden, als wenn er selbst dem materiellen Recht angehören würde. Aus dem gleichen Grund ist zum anderen auch der Verweis auf den Gesetzgeber als alleinigen Adressaten des Rückwirkungsverbotes nicht ohne weiteres überzeugend. Selbst wenn man nämlich einmal unterstellt, die Appellfunktion des Strafgesetzes richte sich grundsätzlich nur nach dem Text des Gesetzes und nicht (auch) nach ihrer Auslegung durch die Gerichte, so liegt hier doch eine Besonderheit vor: Bei der Bestimmung von Grenzwerten **konkretisieren** die Gerichte das Gesetz gerade nicht nur für den jeweiligen Fall, sondern geben – insoweit **gesetzgeberähnlich** – auch sehr konkrete Leitlinien für die Behandlung aller einschlägigen Fälle. Dabei wiegt das höhere Maß an inhaltlicher Bestimmtheit gerade einer festen Promillezahl hinsichtlich der Orientierungssicherheit schwerer als die Tatsache, dass sie vom Richter her stammen. Im Ergebnis ist daher die rückwirkende Anwendung der geänderten Grenzwerte verfassungsrechtlich zumindest bedenklich.

Ergänzende Bemerkung: Man mag hier einwenden, die Gerichte müssten sich eine gewisse Flexibilität zur Fortentwicklung der Rechtsprechung bewahren. Aber diese bleibt ja für alle späteren Fälle gewahrt, sodass das Argument nicht zu schwer wiegt.

16. Nur mit einem Spazierstock bewaffnet ... (I)

Als T von dem siebenjährigen O nach einem harmlosen Streit mit Faustschlägen traktiert wurde, streckte er ihn durch einem Schlag mit dem eisernen Knauf seines Spazierstocks nieder. Als T sich während der gegen ihn eingeleiteten Ermittlungen mit dem Hinweis auf Notwehr verteidigte, erklärte ihm der Staatsanwalt, das Notwehrrecht sei gegenüber Kindern eingeschränkt, sodass T sich zunächst auf Ausweichen oder Schutzwehr hätte beschränken müssen. T meint, eine solche Einschränkung seines Notwehr-

rechts sei mit Art. 103 Abs. 2 GG nicht zu vereinbaren. Gilt Art. 103 Abs. 2 GG auch für Rechtfertigungsgründe?

Zur Vertiefung: *Rengier* AT, § 4 Rn. 16; *Roxin* I, § 5 Rn. 41 f.; *Erb,* ZStW 108 (1996), 266 ff.

Im Grundsatz ja. Art. 103 Abs. 2 GG betrifft alle Voraussetzungen, die über die Strafbarkeit entscheiden. Daher dürfen auch **Rechtfertigungsgründe** nicht in Geltung oder Umfang gewohnheitsrechtlich eingeschränkt oder rückwirkend beseitigt werden oder aber eine nach dem Gesetzestext bestehende Rechtfertigung auf Grund einer Analogie versagt werden. Dies ist freilich **nicht unumstritten:** Namhafte Stimmen sehen das speziell für Rechtfertigungsgründe (anders als z. B. für Entschuldigungs- oder Strafaufhebungsgründe) anders, da diese keine „genuin strafrechtliche Materie" seien. Wenn aber z. B. ein zivilrechtlicher Rechtfertigungsgrund auch im Strafrecht wirke (vgl. etwa die §§ 228, 904 BGB; siehe dazu Fall 102), so müsse mit ihm hier genauso verfahren werden können wie auch im Zivilrecht, in dem es ja kein Analogieverbot gibt. Zwingend ist diese Argumentation aber nicht: Immerhin könnte man auch vertreten, dass man selbst in solchen Fällen auf den Einsatz des Strafrechts als schärfstes Schwert verzichtet. Eine solche differenzierende Anwendung einer Vorschrift in wenigen Fällen erscheint weniger bedenklich als der Ausschluss eines wichtigen Verbrechenselements wie der Rechtswidrigkeit aus der Geltung des Art. 103 Abs. 2 GG.

Ergänzende Bemerkung: Davon zu unterscheiden ist die Frage, ob umgekehrt ungeschriebene Rechtfertigungsgründe im Strafrecht möglich sind. Überwiegend wird dies bejaht, da Art. 103 Abs. 2 GG nur zu Gunsten, nicht aber zu Lasten des Täters wirke; auch ist die nach h. M. rechtfertigend wirkende Einwilligung (vgl. Fälle 114 ff.) als ungeschriebener Erlaubnissatz einhellig anerkannt. Allerdings ist zu bedenken, dass man – gerade auf der Rechtfertigungsebene – dem Täter nicht „geben" kann, was nicht seinem Gegenüber „genommen" wird. Erkennt man also einen ungeschriebenen Rechtfertigungsgrund an, so muss man entweder hinnehmen, dass dem Opfer seinerseits ohne gesetzliche Grundlage sein Notwehrrecht genommen wird, oder aber eine Lösung konstruieren, nach der solche ungeschriebenen Rechtfertigungsgründe nur „in eine Richtung wirken", sodass ein sich gegebenenfalls wehrendes Opfer ebenfalls gerechtfertigt wäre.

17. Nur mit einem Spazierstock bewaffnet ... (II)

In Fall 16 entgegnet der Staatsanwalt, es liege ja gar keine verbotene Analogie vor, da keine Vorschrift zum Nachteil des T analog angewendet worden sei.
a) Verbietet das „Analogieverbot" nur Analogien?
b) Verstößt die Einschränkung des Notwehrrechts gegenüber Kindern demnach gegen Art. 103 Abs. 2 GG?

Zur Vertiefung: *Rengier* AT, § 18 Rn. 54 ff.; *Roxin,* § 5 Rn. 7 ff., 41 f.; *Wessels/Beulke/Satzger,* Rn. 342.

Zu a) Nein, das sog. Analogieverbot verbietet nicht nur Analogien im engeren methodischen Sinne, sondern jede bewusst gesetzesergänzende Rechtsfindung ***praeter legem.*** Damit besteht also z. B. auch ein Verbot der teleologischen Reduktion von Erlaubnissätzen. Natürlich verbietet Art. 103 Abs. 2 GG erst recht auch eine Rechtsfindung ***contra legem,*** allerdings ist dies kein spezifisches Phänomen des

Strafrechts, sondern grundsätzlich als Ausfluss von Rechtsstaatsprinzip und richterlicher Gesetzesbindung in allen Rechtsgebieten gleichermaßen anerkannt.

Zu b) Nein. Denn sie beruht nicht auf einer Einschränkung der Notwehr *praeter legem,* sondern kann – soweit vorliegend überhaupt eine erforderliche Notwehrhandlung angenommen wird – an der **Voraussetzung der Gebotenheit** der Notwehr anknüpfen. Dieses Merkmal ist als Verankerung der sog. sozialethischen Einschränkungen des Notwehrrechts (vgl. Fälle 95 ff.) zwar zugegebenermaßen vage. Allerdings sind hinsichtlich der damit angesprochenen **Bestimmtheit** im Bereich des **Allgemeinen Teils** gewisse Zugeständnisse zu machen, da anderenfalls eine übersichtliche Zahl von kurzen Regelungen für die Verbrechenslehre hinsichtlich aller Tatbestände und aller Konstellationen nicht möglich wäre.

18. Gesetzlichkeit im Strafprozessrecht

Gilt Art. 103 Abs. 2 GG auch für das Strafprozessrecht, das ja im Ergebnis ebenfalls dazu führt, dass der Täter bestraft werden kann?

Zur Vertiefung: *Rengier* AT, § 4 Rn. 7; *Roxin* I, § 5 Rn. 43, 57–60; *Wessels/Beulke/Satzger,* Rn. 48.

Nach herrschender und auch vorzugswürdiger Ansicht gilt Art. 103 Abs. 2 GG für das Prozessrecht jedenfalls **nicht, soweit reine Verfahrensfragen** betroffen sind (zur Problematik von Strafbarkeitsvoraussetzungen wie Fehlen der Verjährung oder Strafantrag, die in der Sache auch dem Prozessrecht zugeordnet werden können, vgl. bereits Fall 14). Allerdings kann hier der **allgemeine Vorbehalt des Gesetzes** zu ähnlichen Ergebnissen führen, soweit in Rechte des Bürgers eingegriffen werden soll.

19. Ein eifriger Holzsammler

T fuhr mit seinem Lieferwagen in den Wald, um Holz für seinen Ofen zu sammeln. Das unbefugte Sammeln von Holz war durch das Preußische Forstdiebstahlsgesetz (PrFDG) unter Strafe gestellt. Dabei war nach § 3 Abs. 1 Nr. 6 PrFDG die Strafe zu schärfen, „wenn zum Zwecke des Forstdiebstahls ein bespanntes Fuhrwerk, ein Kahn oder ein Lasttier mitgebracht ist." Kann diese Bestimmung angewandt werden?
(vgl. BGHSt 10, 375)

Zur Vertiefung: *Rengier* AT, § 5 Rn. 5; *Roxin* I, § 5 Rn. 26–39; *Wessels/Beulke/Satzger,* Rn. 52, 57; *Scheffler,* Jura 1996, 505 ff.

Obwohl ein Lieferwagen auf den ersten Blick eindeutig kein „bespanntes Fuhrwerk, Kahn oder Lasttier" zu sein scheint, hat der BGH **die Vorschrift** angewendet: Denn das Verhalten falle zwar „dem bloßen **Wortlaut nach** [...] **nicht** unter die Vorschrift, **wohl aber nach ihrem Sinn**". Dieses Ergebnis mag zwar das Gerechtigkeitsempfinden auf den ersten Blick befriedigen; und es ist auch zuzugestehen, dass der Wortlaut des PrFDG sicher nicht bewusst abschließend gedacht war, sondern nur das der bei seinem Erlass geltenden Lebensanschauung entsprechende Wissen und Vorstellungsbild zum Ausdruck brachte. Überzeugend ist es dennoch nicht: Wenn in Fällen, die überhaupt problematisch sind – niemand wird ernsthaft auf die Idee kommen, das Erschlagen einer Fliege als Mord anklagen zu wollen! –, die „Wortlautgrenze“ noch eine Bedeutung haben soll, so müssen zumindest solche **Fälle ausgeschieden** werden, die nach **natürlichem Sprachgebrauch** niemand unter den vom Gesetz verwendeten Begriff fassen würde. Insoweit teilt Art. 103 Abs. 2 GG den Nachteil aller „formalen“ Garantien, nicht immer ausreichend flexibel zu sein und nicht immer das Rechtsgefühl überzeugende Ergebnisse hervorzubringen.

Ergänzende Bemerkung: Die Gefahr, dass bestimmte Fälle mit dem Wortlaut nicht mehr vereinbar sind, wächst, wenn der Gesetzgeber mehr oder weniger klar umrissene und deskriptiv zu verstehende Merkmale verwendet. Ist ein Merkmal normativ zu verstehen, so ist es leichter möglich, auch Fälle darunter zu fassen, die dem natürlichen Sprachgebrauch zu widersprechen scheinen (z. B. Kleidungsstücke mit Preisschildern als zusammengesetzte „Urkunden“). Gerade die greifbare Aufzählung „Fuhrwerk, Kahn oder Lasttier“ legt ein solches normatives Verständnis aber nicht nahe.

20. Das klassische Methodenquartett

Welche Auslegungsmethoden werden üblicherweise „zur Ausfüllung des Programms des Art. 103 Abs. 2 GG“ fruchtbar gemacht?

Zur Vertiefung: *Rengier* AT, § 5 Rn. 4 ff.; *Wessels/Beulke/Satzger,* Rn. 57 ff.; *Drüen,* JuS 1997, L 81 ff.; *Herzberg,* JuS 1990, 728 ff.; *Kudlich,* JZ 2003, 127 ff.; *ders.,* ZStW 115 (2003), 1 ff.

In der strafrechtlichen Rechtsprechung und Literatur wird zunächst regelmäßig auf die vier traditionellen Auslegungsmethoden der

- **grammatischen** (Wortlaut und Sprachgebrauch),
- **systematischen** (Regelungszusammenhang und Vergleich mit anderen gesetzlichen Regelungen),
- **historischen** und genetischen (Entstehungsgeschichte der Norm und Vorläuferregeln) sowie
- **teleologischen Auslegung** (Sinn und Zweck der Regelung)

hingewiesen. Insoweit gelten die allgemein aus der Methodenlehre bekannten Prinzipien, aber auch Schwierigkeiten dieser Auslegungsmethoden (z. B. Wortlaut oft wenig trennscharf, Systematik u. U. ambivalent, Wille des Gesetzgebers nicht klar zu ermitteln, Sinn und Zweck vom subjektiven Verständnis des Rechtsanwenders bestimmt) im Strafrecht in gleicher Weise. Gerade im Strafrecht als eingriffsintensivstem Steuerungselement des Staates spielt aber auch die **verfassungskonforme** Auslegung (sowie als Sonderfall der systematischen Auslegung eine grundrechtsorientierte Auslegung) eine Rolle; eine Art „Querschnittsargument“ schließlich bildet die **strafrahmenorientierte Auslegung.**

IV. Die Systematik des Strafgesetzes

21. Die Idee eines „Allgemeinen Teils“

Welche Idee verfolgt die Schaffung eines „Allgemeinen Teils“ bei Gesetzbüchern und wie hat sich diese in den im StGB geregelten Rechtfertigungsgründen niedergeschlagen?

Zur Vertiefung: *Rengier* AT, § 1 Rn. 2; *Roxin* I, § 1 Rn. 15.

Die „Idee des Allgemeinen Teils" besteht darin, solche Fragen, die immer wieder und von den Besonderheiten bestimmter Konstellationen unabhängig auftreten können, gewissermaßen **„vor die Klammer zu ziehen"**. Für die konkrete Fall-Lösung müssen dann der Allgemeine Teil und die spezifischen Regelungen wieder zusammengeführt werden. Die im StGB geregelten Rechtfertigungsgründe der Notwehr und des rechtfertigenden Notstands (§§ 32, 34) z. B. können theoretisch bei einer Vielzahl ganz unterschiedlicher Straftatbestände des Besonderen Teils eine Rolle spielen. Statt sie für jedes Delikt separat zu regeln, hat der Gesetzgeber sie daher in den Allgemeinen Teil gestellt, sodass sie nur einmal erwähnt sind, aber bei jedem Delikt angewendet werden können, wenn die konkrete Situation es erfordert.

22. Im dunklen, nassen Keller

T drohte dem O, er werde dessen Tochter zwei Wochen in einem dunklen, nassen Keller einsperren. Zur Ausführung der Tat kam es nicht. Wie spielen Allgemeiner und Besonderer Teil zusammen, wenn die Strafbarkeit des T nach § 241 zu prüfen ist?

§ 241 selbst ist eine Vorschrift des **Besonderen Teils.** Er verlangt die Androhung eines Verbrechens gegen das Opfer oder eine diesem nahestehende Person. Was dabei ein **Verbrechen** ist, ergibt sich aus der Regelung im **Allgemeinen Teil** in **§ 12 Abs. 1 und 3:** Taten, die im Mindestmaß mit einer Freiheitsstrafe von einem Jahr bedroht sind, wobei Strafschärfungen für besonders schwere Fälle außer Betracht bleiben. Sucht man nun wieder im **Besonderen Teil,** wie das **angedrohte Einsperren** eines Menschen bestraft würde, so findet man in § 239 Abs. 1 zunächst nur eine Geldstrafe als Mindeststrafe. Würde die Freiheitsentziehung allerdings – wie hier angedroht – über eine Woche dauern, wird die Mindeststrafe nach **§ 239 Abs. 3** auf ein Jahr angehoben. Dabei handelt es sich auch um eine qualifizierte Form der Freiheitsentziehung (und nicht nur um einen schweren Fall im Sinne des § 12 Abs. 3) und damit um ein Verbrechen. Ist somit der objektive Tatbestand des § 241 zu bejahen, so sind noch nach den Regelungen des **Allgemeinen Teils** der subjektive Tatbestand (vgl. § 15), Rechtswidrigkeit und Schuld zu prüfen (für die vorliegend nichts Näheres mitgeteilt ist).

23. Leider doch die falsche Frau

T entdeckte beim Skifahren eine Frau, die bewusstlos in einer Gletscherspalte lag. T hielt auf die Entfernung für möglich, dass es sich um seine Frau handelte, die auf der gleichen Abfahrt unterwegs war. Er wollte sofort Hilfe holen, wurde aber von seinem Freund F dazu überredet, „diese Chance, wieder frei und ungebunden zu werden, nicht verstreichen zu lassen." F hatte zu diesem Zeitpunkt auf Grund des übermäßigen Genusses von „Jagertee" bereits eine BAK von 2,5 ‰. T und F kümmerten sich nicht um die Frau, sodass diese erfror. Die späteren Ermittlungen ergaben, dass es sich gar nicht um T's Frau gehandelt hatte, dass die Fremde aber hätte gerettet werden

können, wenn T die Bergwacht alarmiert hätte. Welche Informationen in diesem Sachverhalt sind für Fragen des Besonderen, welche für Fragen des Allgemeinen Teils von Bedeutung?

Zum **Besonderen Teil** gehört die Frage, nach welchen **Delikten** sich T und F gegebenenfalls strafbar gemacht haben könnten, weil sie jemanden liegen ließen, der infolgedessen zu Tode kam. Hier kämen in Betracht:
- § 323c,
- § 221 sowie
- §§ 223 ff., 211 f. (durch Unterlassen).

Zum **Allgemeinen Teil** dagegen gehören die weiteren **Spezifika** des Falles, also namentlich die Tatsachen, dass
- nur ein **Unterlassen,** kein aktives Tun vorlag (vgl. § 13, der die Voraussetzung einer Verantwortlichkeit für Unterlassen näher regelt);
- T dachte, das Opfer sei seine Ehefrau (vgl. einerseits § 13, der fordert, dass man beim Unterlassen für den Nichteintritt des Erfolges einzustehen hat, sog. Garantenpflicht; andererseits § 22, der für den Versuch genügen lässt, wenn der Täter „nach seiner Vorstellung von der Tat" unmittelbar ansetzt, mithin also dazu führt, dass ein **Irrtum** des Täters zu seinen Lasten strafbarkeitsbegründend wirken kann);
- F dem T **zuriet,** seine vermeintliche Frau liegen zu lassen (vgl. § 26 zur **Anstiftung**);
- F bei Erteilung seines Rates bereits **erheblich alkoholisiert** war (vgl. §§ 20, 21, die einen Schuldausschluss oder aber zumindest eine verminderte Schuldfähigkeit anerkennen, wenn der Täter bei der Tat aus bestimmten biologisch-psychologischen Gründen ihr Unrecht nicht erkennen kann).

V. Der zeitliche und räumliche Geltungsbereich des Strafgesetzes

24. Ein Kirchenkritiker im Glück?

T beschimpfte in einem Flugblatt in unsachlicher und verletzender Weise zentrale Inhalte des römisch-katholischen Glaubens (vgl. § 166 Abs. 1). Angenommen, während der durchgeführten Ermittlungen würde der Gesetzgeber § 166 ersatzlos streichen, weil er zu der Einsicht gelangt wäre, dass Religion und Weltanschauung in jeder Hinsicht ein äußerst problematischer Gegenstand strafrechtlichen Schutzes seien: Könnte Staatsanwalt S ungeachtet dessen Anklage gegen T erheben, „da die Vorschrift ja zur Zeit der Tat (vgl. § 8) noch gegolten" habe und T sich „deswegen ja darauf habe einstellen können" sowie, weil „jede andere Behandlung gegen das verfassungsrechtliche Rückwirkungsverbot im Strafrecht und gegen § 2 Abs. 1 verstoße"?

Zur Vertiefung: *Rengier* AT, § 4 Rn. 25; *Roxin* I, § 5 Rn. 62–65.

Nein, die fiktive Argumentation des S ist sowohl in ihren Prämissen als auch in ihrem Ergebnis falsch: Einfachgesetzlich gilt zwar der Grundsatz, dass die Strafe sich nach dem Gesetz zur Zeit der Tat, und d. h. zur Zeit der Tatbegehung (§ 8), richtet (vgl. § 2 Abs. 1). Davon enthält aber **§ 2 Abs. 3** eine Ausnahme dahingehend, dass bei einer Strafmilderung bzw. der Abschaffung einer Strafbarkeit „**das mildeste Gesetz** anzuwenden" ist („Vorrang der *lex mitior*"). Die Vorschrift des § 2 Abs. 3 (und damit das ihr entsprechende Vorgehen) ist aber auch verfassungsrechtlich unbedenklich. Soweit S hier offenbar aus Art. 103 Abs. 2 GG und seinem Gebot der *lex praevia* (Rückwirkungsverbot) etwas anderes ableiten möchte, verkennt er, dass **Art. 103 Abs. 2 GG** als grundrechtliche Gewährleistung regelmäßig nur **zu Gunsten,** nicht aber zu Lasten **des Täters** wirkt. Das nach alledem bedeutungslose zusätzliche (nicht an Gesetz und Verfassung, sondern an S' allgemeinem Gerechtigkeitsempfinden orientierte) Argument, „T habe sich ja auf die Strafbarkeit einstellen können", ist zwar isoliert betrachtet zutreffend: Es ist in der Tat ein vielleicht „unverdienter Glücksfall" für T, dass er auf diese Weise der Strafbarkeit entgeht. Man kann aber auch dies in der Sache damit rechtfertigen, dass der staatliche „Strafanspruch" nicht viel verliert, wenn nur eine Strafe nicht mehr verhängt werden darf, die z. Zt. der Entscheidung darüber vom Gesetzgeber ohnehin nicht mehr als angemessen beurteilt wird.

25. Vor Gericht und auf hoher See

Um nicht der deutschen Strafgewalt zu unterliegen, ließ sich T auf einem Gebiet außerhalb staatlicher Hoheitsbereiche von einem Hubschrauber aus auf ein kleines Schlauchboot abseilen, wartete dort, bis ein von ihm erwartetes deutsches Kreuzfahrtschiff vorbei kam und erschoss mit einem Präzisionsgewehr seinen Feind O, der an dieser Kreuzfahrt teilnahm und gerade an der Reling stand. Als er mit dem Hubschrauber wieder in Deutschland landete, erwartete ihn schon der Staatsanwalt, den T siegesgewiss anlächelte. Hat sich T zu früh gefreut?

Zur Vertiefung: *Rengier* AT, § 6 Rn. 8; *Wessels/Beulke/Satzger,* Rn. 66; *Satzger,* Jura 2010, 108 ff., 190 ff.; *Werle/Jeßberger,* JuS 2001, 35 ff., 141 ff.

Ja, denn auf T's Tat ist deutsches Strafrecht anwendbar. Nach **§ 4** gilt deutsches Strafrecht unabhängig vom Recht des Tatorts „für Taten, die **auf einem Schiff** [...] begangen werden, das berechtigt ist, die Bundesflagge [...] zu führen" (was sich nach dem Flaggenrechtsgesetz richtet und hier unterstellt sein soll). **Ort der Begehung** ist aber nach **§ 9 Abs. 1** nicht nur der Ort der Tathandlung, sondern auch derjenige, an dem der **Taterfolg** eintritt. Da O's Tod hier auf einem Schiff im Sinne des § 4 eintrat, wurde die Tat (auch) dort begangen, sodass deutsches Strafrecht anwendbar ist.

26. Bildung kommt doch nicht von Bildschirm

Der australische Staatsbürger T legte auf einem australischen www-Server Seiten ab, auf denen er in unterschiedlicher Weise die während der NS-Zeit begangenen Untaten an der jüdischen Bevölkerung (Holocaust) zu großen Teilen leugnete. Entsprechende Äußerungen sind nach australischem Recht straflos, können aber in Deutschland u. a. § 130 Abs. 3 unterfallen. T's

www-Seiten waren auch in Deutschland abrufbar. Ist das deutsche Strafrecht in Gestalt von § 130 Abs. 3 auf T's Verhalten anwendbar? (vgl. BGHSt 46, 212)

Zur Vertiefung: *Rengier* AT, § 6 Rn. 14 ff.; *Wessels/Beulke/Satzger,* Rn. 26 ff., 64 ff.; *Koch,* JuS 2002, 123 ff.; *Kudlich,* StV 2001, 397 ff.

Nach der – fraglichen – Ansicht des BGH **ja.** Da § 130 nicht im Katalog der §§ 5 und 6 genannt und auf T als australischen Staatsbürger auch nach § 7 Abs. 2 kein deutsches Strafrecht anwendbar ist, kann die Anwendbarkeit nur nach den allgemeinen Regeln des **Territorialitätsprinzips** nach **§§ 3 und 9** begründet werden. Danach ist eine Tat im Inland begangen, wenn dort die Tathandlung erfolgte oder der Taterfolg eingetreten ist: Die Tathandlung erfolgte unproblematisch in Australien. Fraglich ist aber, ob der **Taterfolg** in Deutschland eingetreten ist, weil die www-Seiten auch hier abrufbar waren. § 130 Abs. 3, der eine Leugnung des Holocausts „in einer Weise" verlangt, „die geeignet ist, den öffentlichen Frieden zu stören", wird als „abstrakt-konkretes" oder **„potentielles Gefährdungsdelikt"** interpretiert. Bei diesen (und insbesondere bei den abstrakten Gefährdungsdelikten) ist umstritten, ob und wenn ja, wo ein Taterfolg überhaupt eintreten kann. Richtigerweise ist hier zu differenzieren: Die Einordnung als „Gefährdungsdelikt" ist für die Frage nach dem Vorliegen eines Erfolgsortes erst einmal unbeachtlich. Entscheidend ist vielmehr, ob § 130 ein schlichtes Tätigkeitsdelikt darstellt oder eine von der Tathandlung trennbare Veränderung in der Außenwelt verlangt. Die Formulierung „billigt, leugnet oder verharmlost" scheint eher auf ein **schlichtes Tätigkeitsdelikt** hinzuweisen. Soweit man einen abtrennbaren, erfolgsortbegründenden Erfolg durch die „Schaffung eines Zustandes der Lesbarkeit von Billigungen, Leugnungen oder Verharmlosungen" dennoch konstruieren will, läge auch dieser Zustand nur an den Orten vor, an denen – und nicht an allen, von denen aus! – solcher Lesestoff erreichbar ist. Schließlich ist auch die Ansicht des BGH nicht überzeugend, der Erfolgsort liege in Deutschland, weil hier der öffentliche Frieden auf Grund der historischen Sondersituation besonders gefährdet sei. Denn das Attribut „in einer Weise, die geeignet ist, den öffentlichen Frieden zu stören" kennzeichnet nicht den Taterfolg, sondern die Tathandlung näher. Im Ergebnis sprechen daher – entgegen der Rechtsprechung des BGH und jenseits aller rechtspolitischen Erwägungen – gute Gründe dafür, im vorliegenden Fall deutsches Strafrecht nicht anzuwenden.

27. Einbürgerungs-Fall (I)

Der Schweizer Tourist T stahl während einer Urlaubsreise nach Tunesien dem niederländischen Animateur O dessen Notebook. Kurz danach wurde T in Deutschland eingebürgert. Könnte T für den in Tunesien begangenen Diebstahl in Deutschland bestraft werden?

Zur Vertiefung: *Rengier* AT, § 6 Rn. 20 f.; *Wessels/Beulke/Satzger,* Rn. 64 ff.

Ja. Zwar erfolgte die Begehung der Tat im Ausland, sodass das Territorialitätsprinzip der §§ 3, 9 nicht eingreift. T ist **aber nach der Tat Deutscher** geworden, sodass nach § 7 Abs. 2 Nr. 1 Alt. 2 deutsches Strafrecht anwendbar ist, wenn die

Tat auch nach dem Recht des Tatorts strafbar ist (was für den Diebstahl unterstellt werden kann).

Ergänzende Bemerkung: § 7 Abs. 2 Nr. 1 ist Ausfluss des „aktiven Personalitätsprinzips" i. V. m. den Grundsätzen der stellvertretenden Strafrechtspflege. Danach wird eine Verfolgung von Taten, die ein Deutscher begangen hat und die sowohl in Deutschland als auch am Tatort strafbar wären, als Ausgleich dafür zugelassen, dass Art. 16 Abs. 2 GG eine Auslieferung eines Deutschen (von neueren, hier aber ohnehin nicht einschlägigen Ausnahmen in Satz 2 abgesehen) nicht zulässt. Da dieses Auslieferungsverbot auch für „Neubürger" gilt, wird in § 7 Abs. 2 Nr. 1 Alt. 2 die Anwendbarkeit deutschen Strafrechts auch auf diese ausgedehnt.

28. Einbürgerungs-Fall (II)

Als T aus Fall 27 ein Jahr später nach seiner Einbürgerung auf die Balearen fliegt, gerät er mit seinem Mietwagen in eine Verkehrskontrolle. Weil er von einer Party am Strand noch erheblich alkoholisiert ist, entzieht er sich dieser, indem er den mallorquinischen Polizisten gewaltsam zur Seite stößt. Zurück in Deutschland hat er nun nach seinen Erfahrungen mit dem Diebstahl in Tunesien Sorge, wegen Widerstandes gegen Vollstreckungsbeamte nach § 113 angeklagt zu werden. Zu Recht?
(vgl. RGSt 8, 54)

Soweit es um § 113 geht, **nein.** Auch wenn man einmal unterstellt, dass es eine § 113 vergleichbare Vorschrift im spanischen Recht gibt, wäre T ungeachtet § 7 Abs. 2 Nr. 1 nicht danach zu bestrafen. Denn **§ 113 schützt** – wie die Legaldefinition des Amtsträgers in § 11 Abs. 1 Nr. 2 zeigt – nur die **deutsche Staatsgewalt.** Mit anderen Worten: Die von der Anwendbarkeit deutschen Strafrechts zu unterscheidende Frage, ob überhaupt der Tatbestand eines Strafgesetzes verletzt wurde, ist hier zu verneinen.

Ergänzende Bemerkung: Für die unter den Delikten im Zusammenhang mit Amtsträgern eine wichtige Rolle einnehmenden Bestechungsdelikte ist eine Strafbarkeit für Auslandstaten in den letzten Jahren in weitem Umfang durch die Umsetzung internationaler Vereinbarungen ermöglicht worden: auf europäischer Ebene durch Art. 2 § 1 Abs. 1 des EU-Bestechungsgesetzes, für § 334 darüber hinaus auf internationaler Ebene durch Art. 2 § 1 des Gesetzes zur Bekämpfung internationaler Bestechung.

29. Einbürgerungs-Fall (III)

Warum freut sich T zu früh, wenn er wegen der Nichtanwendbarkeit des § 113 in Fall 28 beruhigt aufatmet?

Es bleibt nach deutschem Strafrecht – von den §§ 223 ff. ganz abgesehen – eine **Strafbarkeit nach § 240** bestehen. Dieser steht auch nicht entgegen, dass § 240 eigentlich von § 113 verdrängt wird; denn wo die Vorschrift nicht anwendbar ist, kann sie auch auf Konkurrenzebene keine Wirkung entfalten. Da auch das spanische Strafrecht eine der Nötigung vergleichbare Strafnorm kennt (vgl. Art. 172 Código penal, *coacciones*), könnte T gemäß § 7 Abs. 2 Nr. 1 auch in Deutschland wegen Nötigung verurteilt werden.

B. Der Grundfall: Das vorsätzliche vollendete Begehungsdelikt

30. Aufbau und Abgrenzung

a) Wie lautet das Grundprüfungsschema des vorsätzlichen vollendeten Begehungsdelikts nach gängiger Lehre?
b) Wie lässt sich das Verhältnis des vorsätzlichen vollendeten Begehungsdelikts zu den besonderen Verbrechensformen kennzeichnen?

Zur Vertiefung: *Kühl,* § 1 Rn. 24; *Wessels/Beulke/Satzger,* Rn. 872; *Rengier* AT, § 12 Rn. 6; *Herzberg,* JuS 1996, 377 ff.; *Werle,* JuS 2001, L 33 ff., 41 ff., 49 ff., 57 ff.

Zu a) Prüfungsschema:

I. Tatbestand
  1. Objektiver Tatbestand (vgl. dazu Fälle 31 ff.)
  2. Subjektiver Tatbestand (vgl. dazu Fälle 49 ff.)
II. Rechtswidrigkeit (vgl. dazu Fälle 68 ff.)
III. Schuld (vgl. dazu Fälle 126 ff.)
IV. Eventuell besondere **weitere Merkmale** (z. B. Strafantragserfordernis; keine Verjährung)

Zu b) Das vorsätzliche vollendete Begehungsdelikt bildet gewissermaßen den **Grundfall** der verschiedenen Verbrechensformen. Die besonderen Verbrechensformen, für die Gesetzgeber und Lehre jeweils zusätzliche, modifizierende Regelungen geschaffen haben, lassen sich jeweils durch **spezifische Gegenbegriffe** jedes der drei Beschreibungsmerkmale kennzeichnen:

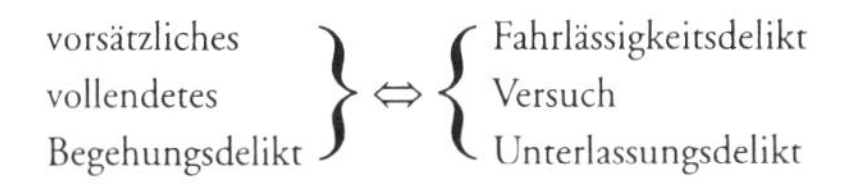

Ergänzend könnte man darauf abstellen, dass der Gesetzgeber vom Regelfall des Alleintäters ausgeht, sodass als vierte Sonderkonstellation die Beteiligung mehrerer zu beachten wäre.

30a. Strafrechtlicher Handlungsbegriff

Welche Bedeutung hat neben den in Frage 30 genannten Prüfungsstufen die Figur der sog. Handlung im strafrechtlichen Sinne und wann liegt eine solche vor?

Zur Vertiefung: *Kühl,* § 2; *Roxin* I, § 8; *Rengier* AT, § 7 Rn. 7; *Wessels/Beulke/Satzger,* Rn. 85 ff.

Das kommt zunächst darauf an, wie man die Frage versteht: Die **Bedeutung** des Handlungsbegriffs **im Sinne seiner Funktion** besteht darin, dass er gewissermaßen die **grundlegende strafrechtsdogmatische Beschreibungseinheit** als Minimalvoraussetzung dafür darstellt, wann ein **menschliches Verhalten überhaupt als potentiell strafrechtlich relevant** in Betracht kommt. In dieser Funktion ist der Handlungsbegriff dem Prüfungsschema vorgelagert und bildet den **Bezugspunkt der** verschiedenen **Wertungsstufen:** Die Handlung kann tatbestandsmäßig, rechtswidrig, schuldhaft usw. sein.

Die **Bedeutung im Sinne der Bedeutsamkeit bzw. Wichtigkeit** dieser Kategorie wird man nach dem heutzutage erreichten Stand der Dogmatik als **eher gering** einstufen können. Der in früheren Jahren geführte Streit um den Handlungsbegriff (vgl. auch unten b) ist weitgehend abgeebbt, und in der Prüfung spielt eigentlich nur noch die **Abgrenzungsfunktion** eine Rolle, wann ausnahmsweise schon **keine Handlung im strafrechtlichen Sinne** vorliegt und schon deshalb das Geschehen nicht strafrechtlich relevant sein kann.

In der **Geschichte** wurde eine **Vielzahl von Handlungsbegriffen** vertreten, wobei die Schwierigkeit darin bestand, eine Formel zu finden, die wirklich als Grundelement aller denkbaren Verbrechensformen in Betracht kommt und insbesondere auch Unterlassungs- und Fahrlässigkeitsdelikte erfassen kann. Ein möglicher **Vorschlag** für eine **Handlungsdefinition** könnte etwa lauten: Eine strafrechtliche Handlung ist eine **Persönlichkeitsäußerung** in Gestalt eines **menschlichen Verhaltens,** das **vom Willen beherrscht oder doch wenigstens beherrschbar** ist. Diese Formel umschreibt, was in den Ergebnissen teils nahezu unstreitig, teils doch zumindest überwiegend anerkannt ist, nämlich dass insbesondere **keine Handlungen** sind:

- Akte von juristischen Personen (möglicherweise aber solche ihrer Organe);
- Verhaltensweisen von Tieren (möglicherweise aber solche – insbesondere in Gestalt von Unterlassungen – ihrer Halter);
- Naturgewalten;
- bloße Gedanken;
- Verhaltensweisen, die durch *vis absoluta* hervorgerufen werden (anders bei *vis compulsiva*);
- Verhaltensweisen während Schlaf und Bewusstlosigkeit sowie
- Reflexbewegungen (unmittelbar vom Empfindungszentrum auf das Bewegungszentrum; anders bei eintrainierten Spontanreaktionen).

Ergänzende Bemerkung: Auch wenn in einem Fall das unmittelbar erfolgsverursachende Verhalten keine Handlung im strafrechtlichen Sinne darstellt, ist zu beachten, dass eine solche möglicherweise zu einem früheren Zeitpunkt stattgefunden hat, der dann Anknüpfungspunkt einer (insbesondere Fahrlässigkeits-)Strafbarkeit sein kann. So ist etwa das Umstoßen einer auf dem Nachttisch stehenden brennenden Kerze im Schlaf in der Regel keine Handlung (siehe oben). Anknüpfungspunkt eines Fahrlässigkeitsvorwurfs, wenn es dadurch zu einem Zimmerbrand kommt, können aber das Zubettgehen bei brennender Kerze bzw. das Nichtlöschen der Kerze vor dem Einschlafen sein.

I. Der objektive Tatbestand

1. Allgemeines

31. Bedeutung des objektiven Tatbestandes

Welche Bedeutung kommt dem (objektiven) Tatbestand im Rahmen des Verbrechensaufbaus zu?

Zur Vertiefung: *Kühl,* § 4 Rn. 1 f.; *Rengier* AT, § 8 Rn. 4 ff.; *Roxin* I, § 10 Rn. 53–56; *Wessels/Beulke/Satzger,* Rn. 118–122.

Der Tatbestand bildet nach traditionellem Verständnis **„vertyptes Unrecht"**, d. h. durch die Erfüllung des objektiven und subjektiven Tatbestandes wird die Rechtswidrigkeit eines Verhaltens und damit das Unwerturteil über die Tat indiziert. Der objektive Tatbestand einer Strafvorschrift beschreibt dabei die **„äußeren" Voraussetzungen** des unter Strafe gestellten Verhaltens, also insbesondere die tauglichen Täter einer Tat, die möglichen Opfer bzw. Tatobjekte sowie die unter Strafe gestellten Verhaltensweisen (sog. Tathandlungen).

Ergänzende Bemerkung: Am Beispiel des § 203 Abs. 1 Nr. 1 (lesen!):
- „Wer [...] als Arzt, Zahnarzt [...]": Beschreibung des tauglichen Täters (hier sog. Sonderdelikt, während viele Vorschriften sich mit dem schlichten „Wer [...]" an jedermann richten),
- „ein fremdes Geheimnis [...], das ihm [...] anvertraut worden [...] ist": Beschreibung des Tatobjekts,
- „unbefugt [...] offenbart": näher beschriebene Tathandlung.

32. Urkunde mal selbst gemacht (I)

T stellte eine Quittung mit dem nachgemachten Briefkopf des O her und setzte darunter O's Unterschrift. Mit dieser Quittung wollte er bei einem drohenden Prozess wegen der Rückzahlung eines Darlehens vor Gericht die unzutreffende Tatsache beweisen, er habe das Geld bereits zurückgezahlt. Noch bevor es zu der Gerichtsverhandlung wegen des Darlehens kam, wurde die Sache bekannt und gegen T wird ein Verfahren wegen Urkundenfälschung, § 267, eingeleitet. T meint, es könne allenfalls eine versuchte Urkundenfälschung vorliegen, denn es sei ja nicht zur nach § 267 erforderlichen Täuschung im Rechtsverkehr gekommen. Was ist davon zu halten?

Zur Vertiefung: *Kühl,* § 5 Rn. 30; *Rengier* AT, § 8 Rn. 16 ff.; *Rengier* II, § 33 Rn. 39; *Roxin* I, § 10 Rn. 61–77; *Wessels/Beulke/Satzger,* Rn. 136 ff.

§ 267 (lesen!) setzt nicht voraus, dass es zu einer Täuschung im Rechtsverkehr kommt, sondern verlangt nur, dass der Täter „**zur** Täuschung im Rechtsverkehr" handelt. Die Täuschung ist deswegen **kein objektives,** sondern „nur" ein subjektives Tatbestandsmerkmal, d. h. der Täter muss eine entsprechende Täuschungsabsicht verfolgen. Diese liegt hier aber in der Absicht, die Urkunde vor Gericht zu benutzen, vor, sodass sich T nach § 267 Abs. 1 strafbar gemacht hat.

33. Urkunde mal selbst gemacht (II)

O aus Fall 32 ist der Ansicht, wenn die Täuschung im Rechtsverkehr objektiv nicht vorliegen, sondern nur beabsichtigt sein müsse, so habe T ja auch zugleich einen vollendeten Betrug begangen und stellt einen entsprechenden Strafantrag. Hat er Recht?

Zur Vertiefung: *Kühl,* § 5 Rn. 30.

Nein. Bei § 263 (lesen!) ist die **Täuschung** nicht nur ein subjektives Merkmal, sondern muss **objektiv** vorliegen. Das ergibt sich aus der Formulierung, in der es hier eben nicht „zur Täuschung" o. Ä. heißt, sondern in der die Rede davon ist, dass der Täter „dadurch [...], dass er durch Vorspiegelung falscher [...] Tatsachen einen Irrtum erregt". Man kann also **nicht generell** sagen, bestimmte Merkmale müssten immer objektiv vorliegen oder aber es genüge stets eine entsprechende Absicht. Vielmehr ist stets anhand des Gesetzestextes zu bestimmen, ob der Gesetzgeber das tatsächliche Vorliegen eines bestimmten äußeren Geschehens bzw. Erfolges verlangt oder aber ob er mit Formulierungen wie „zur [...]", „um zu [...]", „in der Absicht [...]" zeigt, dass der Täter nur ein bestimmtes Ziel verfolgen muss, die Vollendung aber unabhängig davon eintreten kann, ob er es tatsächlich erreicht.

Ergänzende Bemerkung: Neben der Täuschung würde es vorliegend auch am von § 263 objektiv geforderten Vermögensschaden („Wer [...] das Vermögen eines anderen dadurch beschädigt, [...]") fehlen, da vor der Verhandlung über die Darlehensrückzahlung durch T's Verhalten das Vermögen des O weder geschädigt noch auch nur konkret gefährdet wurde.

34. Bedeutung von AT und BT für den objektiven Tatbestand

Ist für die Prüfung des objektiven Tatbestandes im Regelfall der Allgemeine Teil oder der Besondere Teil des StGB von größerer Bedeutung?

Zur Vertiefung: *Kühl,* § 1 Rn. 25; *Roxin* I, § 10 Rn. 54–56.

Im Regelfall der **Besondere Teil,** d. h. die einzelnen Straftatbestände. Sie formulieren die jeweils unterschiedlichen Anforderungen an tauglichen Täter, Objekt der Straftat, Tathandlung etc. (vgl. nochmals Fall 31). Aus dem **Allgemeinen Teil** kann für den objektiven Tatbestand vor allem eine Reihe **ungeschriebener Lehren** bedeutsam sein, so über Kausalität und objektive Zurechnung (vgl. Fälle 35 ff.) oder das tatbestandsausschließende Einverständnis (vgl. Fall 47).

Ergänzende Bemerkung: Die hier im Anschluss näher dargestellten allgemeinen Lehren im Rahmen des objektiven Tatbestands werden vor allem anhand von Delikten vorgestellt, die in ihrer tatbestandlichen Struktur im Übrigen relativ einfach sind, so z. B. § 212 (Totschlag) oder § 303 (Sachbeschädigung), und daher wenig Vorkenntnisse des Besonderen Teils voraussetzen. Die Behandlung dieser Lehren im Zusammenhang mit solchen Delikten entspricht auch verbreiteter Übung in Prüfungsaufgaben. Allerdings ist durchaus auch bei komplexeren Tatbeständen (wie z. B. dem Betrug, § 263) vorstellbar, dass derartige Fragen eine Rolle spielen.

2. Kausalität und objektive Zurechnung

35. Todesstoß (I)

T schubste den O in Tötungsabsicht von einem Garagendach auf die Straße. O überlebte den Sturz zwar schwer verletzt. Er wurde aber wenige Sekunden danach hilflos auf der Straße liegend von einem Auto erfasst, dessen Fahrer nicht mehr ausweichen konnte. O verstarb an den Folgen der durch das Auto zugefügten Verletzungen. Die Verletzungen alleine durch den Sturz hätte er mit großer Wahrscheinlichkeit überlebt. Wegen Totschlags (§ 212) angeklagt, verteidigte sich T mit dem Hinweis, er habe den O gar nicht getötet; dies sei vielmehr der Autofahrer gewesen. Die von ihm beigefügten Verletzungen seien gar nicht die Todesursache gewesen. Wird T mit dieser Verteidigung Erfolg haben?

Zur Vertiefung: *Kühl,* § 4 Rn. 7 f.; *Rengier* AT, § 13 Rn. 3, 12; *Roxin* I, § 11 Rn. 9–12; *Wessels/Beulke/Satzger,* Rn. 156, 168a; *Puppe,* Jura 1997, 408 ff.

Soweit T mit dem Hinweis, die von ihm beigefügten Verletzungen seien nicht die Todesursache, auf eine etwa fehlende **Kausalität** anspielt, wird er keinen Erfolg haben. Zwar ist bei den sog. Erfolgsdelikten, bei denen im objektiven Tatbestand neben der Tathandlung ein von dieser abtrennbarer Erfolg gefordert wird (hier: § 212 – Tod eines Menschen), die Kausalität zwischen Tathandlung und Erfolg ein ungeschriebenes Tatbestandsmerkmal, das vorliegen muss. Allerdings sind die hieran von der h. M. gestellten, naturalistisch orientierten Anforderungen nicht sehr hoch. Vielmehr sollen nach der **Äquivalenztheorie** alle Bedingungen für den Erfolgseintritt zunächst einmal gleichwertig sein, wobei nach der sog. ***Conditio-sine-qua-non*-Formel** eine Handlung dann kausal für den Erfolg ist, wenn sie nicht hinweggedacht werden kann, ohne dass der Erfolg in seiner konkreten Gestalt entfiele: Vorliegend wäre O ohne das Schubsen nicht auf die Straße gefallen und entsprechend auch nicht tödlich von dem Auto erfasst worden.

Grundsätzlich zu ähnlichen Ergebnissen kommt auch die sog. Formel von der **gesetzmäßigen Bedingung.** Nach ihr ist eine Kausalität dann zu bejahen, wenn ein Erfolg mit dem Verhalten durch eine Reihe von Veränderungen gesetzmäßig verbunden ist. Jedenfalls an der Kausalität des Herunterstoßens durch T für den Tod des O ist daher nicht zu zweifeln.

36. Todesstoß (II)

M, die Mutter von T aus Fall 35, versteht angesichts dieser Argumentation die Welt nicht mehr. Eine derart uferlose Kausalitätsformel könne doch nicht zur Strafbarkeitsbegründung genügen, denn sonst sei ja auch sie zumindest objektiv für den Tod des O verantwortlich. Es stehe doch außer Zweifel, dass ihr Gebären des T nicht hinweggedacht werden könne, ohne dass O's Tod in der konkreten Gestalt entfiele; auch bestehe zwischen dem Geburtsvorgang und T's späterer Existenz ein gesetzmäßiger Zusammenhang, sodass eine etwa dem T vorzuwerfende Kausalität sich auch bis zu ihr fortsetze. Kann M beruhigt werden?

Zur Vertiefung: *Kühl,* § 4 Rn. 43; *Rengier* AT, § 13 Rn. 38; *Roxin* I, § 11 Rn. 44 ff.; *Wessels/Beulke/Satzger,* Rn. 159, 176 ff.; *Erb,* JuS 1994, 449 ff.; *Rönnau/Faust/Fehling,* JuS 2004, 113 ff.

Zwar nicht unmittelbar hinsichtlich ihrer Bedenken an der Uferlosigkeit der Äquivalenztheorie, wohl aber, soweit sie eine eigene Strafbarkeit fürchtet: M hat insoweit Recht, als sie nach den üblichen Kausalitätsformeln kausal für T's Existenz und damit auch für O's Tod ist. Die h. L. fordert allerdings auf Grund dieser **„uferlosen Weite"** ein zusätzliches **Korrektiv** in Gestalt der Lehre von der **objektiven Zurechnung.** Danach müssen bereits die Annahme eines tatbestandlichen Verhaltens bzw. eine objektive Erfolgszurechnung ausscheiden, wenn der Erfolg trotz einer Kausalität im weit verstandenen Sinne dem Täter nicht als sein Werk zuzurechnen ist. Eine Zurechnung ist nach einer allgemeinen, durch verschiedene **Fallgruppen** zu konkretisierenden (vgl. die folgenden Fälle) Formel nur zu bejahen, wenn der Täter

- eine pflichtwidrige, das erlaubte Risiko überschreitende Gefahr geschaffen hat,
- diese Gefahr sich im Erfolg realisiert hat und
- der eingetretene Erfolg vom Schutzzweck des überschrittenen Risikoverbots umfasst ist.

Bei M kann man bereits keine Überschreitung des erlaubten Risikos darin sehen, ein Kind geboren zu haben. Vielmehr handelt es sich dabei um gewöhnliches, sozialadäquates Verhalten, auf Grund dessen der spätere Erfolgseintritt in keiner Weise konkret vorhersehbar war.

Ergänzende Bemerkung: Eine Reihe von Fallgruppen, die von der h. L. unter dem Stichwort der objektiven Zurechnung diskutiert werden, behandelt die Rechtsprechung erst auf der Ebene des subjektiven Tatbestandes mit Hilfe der Figur der wesentlichen Abweichung des tatsächlichen vom vorgestellten Kausalverlauf. Vgl. neben den folgenden Beispielen auch unten Fälle 64 f.

36a. Fallgruppen einer problematischen objektiven Zurechnung

Nennen Sie wichtige Fallgruppen, in denen – in Ausdifferenzierung der allgemeinen Formel aus Fall 36 – die objektive Zurechnung problematisch sein kann!

Zur Vertiefung: *Kühl,* § 4 Rn. 46 ff.; *Rengier* AT, § 13 Rn. 50; *Roxin* I, § 11 Rn. 44 ff.; *Wessels/Beulke/Satzger,* Rn. 179 ff.; *Magnus,* JuS 2015, 402 ff. (zum fehlenden Pflichtwidrigkeitszusammenhang); *Pest/Merget,* Jura 2014, 166 ff. (zur Risikoverringerung).

Keine (pflichtwidrige bzw. unerlaubte) Gefahrschaffung kann etwa vorliegen in Fällen

- der Risikoverringerung,
- des erlaubten (da sozialadäquaten) Risikos,
- der fehlenden Beherrschbarkeit.

An der **Realisierung** der unerlaubten Gefahr **im Erfolg** kann es fehlen bei

- völlig atypischen Gefahrverläufen,
- fehlendem Pflichtwidrigkeitszusammenhang (im Vergleich zu einem rechtmäßigen Alternativverhalten),
- Unterbrechung des Zurechnungszusammenhangs durch das eigenverantwortliche Dazwischentreten Dritter.

Der **Schutzzweck** ist mitunter **nicht einschlägig** bei
- einem Erfolgseintritt außerhalb des Schutzzwecks der verletzten Sorgfaltsnorm,
- eigenverantwortlicher Selbstgefährdung des Opfers,
- einer Zurechnung zu fremden Verantwortungsbereichen.

Ergänzende Bemerkung: Noch größere Bedeutung als beim Vorsatzdelikt haben einige der hier genannten Fallgruppen bei der Fahrlässigkeitsstrafbarkeit (vgl. Fälle 174 ff.).

37. Todesstoß (III)

T aus Fall 35 ist zwar erfreut darüber, dass jedenfalls seiner Mutter keine strafrechtlichen Konsequenzen drohen. Er meint aber, wenn die Kausalität durch ein zusätzliches Korrektiv eingeschränkt werden könne, müsse ihm das auch zugute kommen. Da O nicht an den von ihm unmittelbar verursachten Verletzungen gestorben sei, fehle es doch gerade in dem in Fall 36 beschriebenen Sinne an einer Realisierung der von ihm geschaffenen Gefahr im Erfolg. Das stehe ebenso eindeutig wie unumstößlich fest. Hat T Recht?

Zur Vertiefung: *Kühl,* § 4 Rn. 63; *Rengier* AT, § 13 Rn. 62; *Roxin* I, § 11 Rn. 49 f.; *Wessels/Beulke/Satzger,* Rn. 196.

Nein. Keinesfalls Recht hat er zunächst mit der Einschätzung als eindeutig und unumstößlich. Da es sich bei der objektiven Zurechnung um eine **wertende Entscheidung** handelt, ist in Grenzfällen eine in diesem Sinne eindeutige Entscheidung ohnehin schwer vorstellbar. Vielmehr werden sich zumeist Argumente in die eine oder andere Richtung finden lassen, die gegeneinander abgewogen werden müssen. Im konkreten Fall allerdings liegt sogar ein Fall vor, der im Gegenteil relativ klar im Sinne einer Bejahung der objektiven Zurechnung zu lösen ist. Es ist keineswegs völlig untypisch oder unvorhersehbar, dass ein Opfer, das verletzt auf einer Straße liegen bleibt, von – insbesondere kurz nachfolgenden – anderen Verkehrsteilnehmern überfahren wird. Man wird sogar als geradezu **typische Folge** eines Sturzes von einem Garagendach davon auszugehen haben, dass zum einen noch nicht sofort der Tod, zum anderen aber sehr wohl eine zur vorübergehend eingeschränkten Fortbewegungsfähigkeit führende Verletzung eintritt. Und weiterhin ist es ein **typisches Risiko** eines verletzt auf einer befahrenen Straße liegenden Opfers, dass es von einem nachfolgenden Auto erfasst wird. T's Verhalten war damit nicht nur kausal für O's Tod, sondern dieser ist dem T auch objektiv zurechenbar.

38. Killer-Krankenschwestern (I)

Patient O hatte sich im Krankenhaus bei allen Krankenschwestern gleichermaßen unbeliebt gemacht. Als die Nachtschwestern S und T ihren Dienst antraten, hatte die Nachmittagsschicht bereits eine Infusion vorbereitet, die O am Abend gegeben werden sollte. Ohne voneinander zu wissen, injizierte zunächst S und kurz danach T ein gefährliches Gift in die für O bestimmte

Infusionsflasche. Kurz danach hängte der nichts ahnende Arzt A dem O die Infusion an. O verstarb an dem Gift. Wie haben sich S und T strafbar gemacht, wenn von beiden jeweils eine schon für sich genommen tödliche Dosis des Giftes in die Infusion injiziert wurde?

Zur Vertiefung: *Kühl,* § 4 Rn. 19–20b; *Rengier* AT, § 13 Rn. 16 ff.; *Roxin* I, § 11 Rn. 25 f.; *Wessels/Beulke/Satzger,* Rn. 157.

Wenn jede der beiden eine bereits für sich allein genommen ausreichende Dosis verabreicht hat, stellt sich die Frage, ob das Handeln einer der beiden überhaupt jeweils im Rechtssinne kausal für den Tod des O war. Bei strikter Anwendung der *Conditio-sine-qua-non*-Formel könnte man das verneinen, da T's Verhalten gerade hinweggedacht werden kann, ohne dass der Tod des O entfallen wäre. Allerdings würde dies hier zu dem erstaunlichen Ergebnis führen, dass zwei an sich taugliche Handlungen und ein Erfolgseintritt vorliegen, andererseits dennoch keine Vollendungsstrafbarkeit festzustellen ist. Daher wird die *Conditio-sine-qua-non*-Formel von der h. M. durch eine sog. **Eliminierungsformel** dahingehend **modifiziert,** dass von mehreren Bedingungen, die zwar **alternativ,** nicht jedoch kumulativ hinweggedacht werden können, ohne dass der Erfolg entfiele, **jede** für den Erfolg für ursächlich gehalten wird. Überzeugender als eine solche abstrakte Eliminierung ist jedoch eine **konkrete Betrachtung:** Haben – was hier naheliegend ist – beide Giftdosen zusammengewirkt, so sind auch nach einer nicht modifizierten *Conditio-sine-qua-non*-Formel beide Injektionen für den Erfolg in seiner konkreten Gestalt kausal, sodass sich S und T nach §§ 212, 211 (Heimtücke) strafbar gemacht haben. Wäre dagegen nachweisbar, dass eine Giftdosis alleine bzw. eher wirksam geworden ist, so wäre alleine diejenige wegen vollendeten Totschlags strafbar, deren Dosis dies war. Ist nicht mehr feststellbar, wessen Dosis die tödliche war, käme ***in dubio pro reo*** für beide nur eine Versuchsstrafbarkeit in Betracht. Dass damit dann trotz Eintritts eines Erfolges nur wegen Versuchs bestraft werden kann, ist kein „Fehler" der Kausalitätsformel, sondern ein prozessuales Problem der beschränkten menschlichen Erkenntnismöglichkeiten.

39. Killer-Krankenschwestern (II)

Wie wäre Fall 38 zu beurteilen, wenn erst eine höhere Dosis des Giftes, als S und T jeweils angenommen hatten, tödlich wirkte, diese aber durch das Zusammenwirken beider Spritzen erreicht wurde?

Zur Vertiefung: *Kühl,* § 4 Rn. 21; *Rengier* AT, § 13 Rn. 34; *Wessels/Beulke/Satzger,* Rn. 158, 196.

In dieser Variante ist die **Kausalität** beider für den Tod des O leichter zu begründen, denn für beide gilt, dass ohne (auch) ihre Spritze O nicht verstorben wäre (sog. **kumulative** Kausalität). Keine Spritze könnte also im Sinne der *Conditio-sine-qua-non*-Formel hinweggedacht werden, ohne dass der Erfolg entfallen wäre. Allerdings ist O's Tod weder S noch T **objektiv zurechenbar:** Denn in O's Tod realisiert sich nicht das Risiko, das S und T jeweils begründet haben, sondern vielmehr das Ergebnis eines **atypischen,** unvorhersehbaren **Kausalverlaufs.** Nach allgemeiner Lebenserfahrung ist es völlig **unwahrscheinlich,** dass die Vergiftung des Opfers mit einer an sich unzureichenden Dosis gerade deswegen gelingt, weil unabhängig davon ein zweites Giftattentat erfolgt.

40. Killer-Krankenschwestern (III)

Wie wäre es in Fall 38, wenn T anders als S nicht der unsicheren Wirkung des Giftes vertrauen hätte wollen, sondern nach dem Anlegen der Infusion durch A den O mit einem Kissen erstickt hätte?

Zur Vertiefung: *Kühl,* § 4 Rn. 11 f., 33; *Rengier* AT, § 13 Rn. 21 f.; *Roxin* I, § 11 Rn. 30; *Wessels/ Beulke/Satzger,* Rn. 161, 167.

Für **S** kommt nur ein **versuchter Mord** (§§ 212, 211, 22) in Betracht, da ihre Giftgabe für den Tod nicht kausal geworden ist. Die von ihr gesetzte **Kausalkette** ist nicht wirksam geworden, da sie von derjenigen der T **überholt** wurde.

T dagegen hat einen **vollendeten Mord** begangen. Die von ihr in Gang gesetzte **Kausalkette** hat diejenige der S **überholt,** sodass sie wirksam werden konnte. Dass O möglicherweise auch ohne das Ersticken durch T am Gift der S gestorben wäre, ist nicht nur als **hypothetischer Kausalverlauf** aus der Betrachtung auszublenden, sondern hätte vor allem auch nicht diesen „Erfolg in seiner konkreten Gestalt“ (nämlich Tod durch Ersticken) hervorgerufen.

41. Killer-Krankenschwestern – eine unendliche Geschichte

Kandidat K hat Fall 40 zu prüfen und argumentiert besonders spitzfindig wie folgt: Die Giftgabe durch S sei für den Erfolg in seiner konkreten Gestalt doch kausal, da es eben ein Unterschied sei, ob man mit oder ohne Gift in der Blutbahn erstickt werde. Was ist davon zu halten?

Im Ergebnis **nichts,** wenn nichts darüber mitgeteilt ist, dass das Gift den O schon nachweisbar geschwächt hätte o. Ä., sodass er deswegen rascher erstickt wäre. Dass eine solche Argumentation nämlich sonst das **Kausalitätskriterium *ad absurdum*** führen bzw. völlig entwerten würde, zeigt folgendes Vergleichsbeispiel: Danach wäre nämlich auch die Schwester der Nachmittagsschicht kausal, die O sein Abendessen gebracht hatte; denn es ist gewiss ein Unterschied, ob man mit oder ohne Abendessen im Bauch erstickt wird. Man kann dies zwar als „Kausalität“ bezeichnen, allerdings hat das Merkmal dann strafrechtlich keinerlei Abgrenzungsfunktion mehr. Man wird daher zur Bestimmung der konkreten Gestalt des Erfolges im Sinne der *Conditio-sine-qua-non*-Formel nur solche Umstände heranziehen dürfen, die sich in spezifischer Weise auf die im **Tatbestand beschriebene Verschlechterung** des Zustandes des geschützten Rechtsguts auswirken. Das ist hinsichtlich des Todeseintritts durch Ersticken hier aber nicht der Fall.

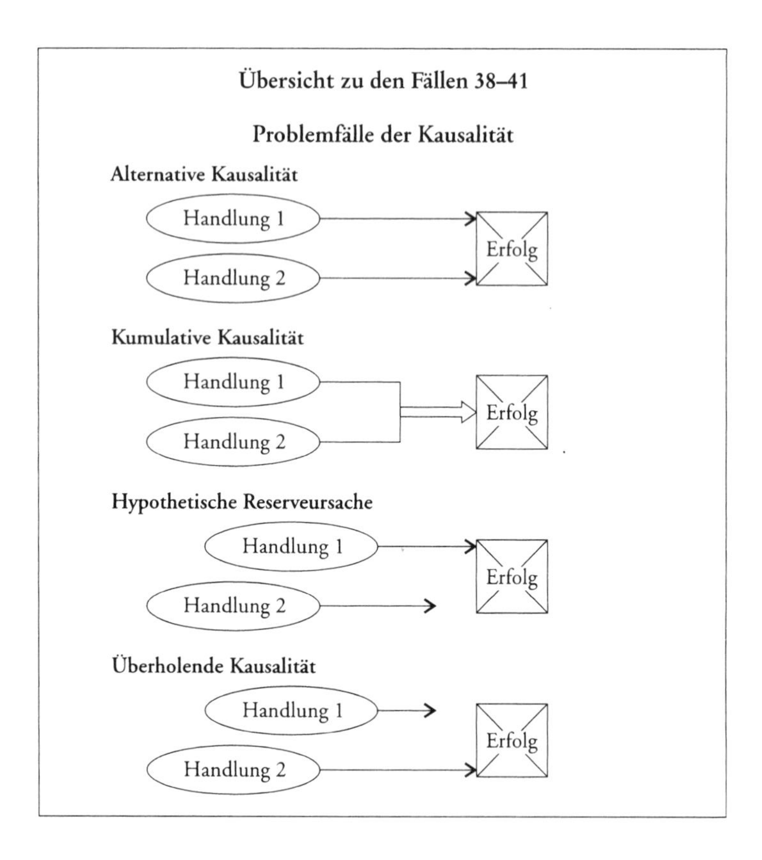

Zur Vertiefung: *Kühl,* § 4 Rn. 15; *Rengier* AT, § 13 Rn. 21 f.; *Roxin* I, § 11 Rn. 21; *Wessels/Beulke/Satzger,* Rn. 164, 167.

42. Der Todesstößer wittert Morgenluft

T aus Fall 35 wittert doch noch eine Chance, als er von den Überlegungen zur „überholenden Kausalität" in Fall 40 hört. Das sei doch auch die Lösung seines Falles: Die von ihm in Gang gesetzte Kausalkette sei durch den Autofahrer überholt worden; was ohne diesen passiert wäre, sei als hypothetische Reserveursache offenbar unerheblich. Hat T Recht?

Zur Vertiefung: *Kühl,* § 4 Rn. 33; *Rengier* AT, § 13 Rn. 23; *Roxin* I, § 11 Rn. 28 ff.; *Wessels/Beulke/Satzger,* Rn. 164.

Nein. Im Unterschied zu Fall 40 liegt hier **keine überholende Kausalität** des Autofahrers vor, sondern vielmehr **knüpft** die von diesem in Gang gesetzte, tödliche Kausalkette an die von T begründete **an.** Der Unterschied liegt darin, dass in Fall 40 das Ersticken völlig unabhängig von der Giftinjektion vorstellbar gewesen wäre, während in Fall 35 O gerade nur überfahren werden konnte, weil T ihn von der

Garage gestoßen hatte. Es handelte sich also um keine eigenständige, neue Kausalkette, sondern um ein Geschehen, das auf dem von T kausal begründeten Zustand aufbaute.

43. Geister-Fußgänger

T ging bei völliger Dunkelheit auf der rechten Fahrbahnseite von A-Dorf nach B-Stadt. Der in derselben Richtung fahrende Motorradfahrer O bemerkte T zu spät, kollidierte trotz eines Ausweichversuchs mit ihm und kam dabei so unglücklich zu Fall, dass er an den Folgen des Unfalls starb. Wegen fahrlässiger Tötung angeklagt, machte T, der selbst nur geringfügig verletzt worden war, geltend, er sei mit seinem vorschriftswidrigen Gehen auf der rechten Straßenseite (vgl. § 25 Abs. 1 Satz 3 Halbs. 2 StVO) für den Tod des O nicht kausal geworden. Denn der Unfall sei genauso gut denkbar, wenn er in umgekehrter Richtung von B-Stadt nach A-Dorf vorschriftsmäßig auf der dann linken Straßenseite gegangen und an der selben Stelle dem Motorradfahrer begegnet wäre; das Gleiche würde gelten, wenn er gar nicht gelaufen wäre, sondern am Unfallort gerade zufällig gestanden hätte. Schließlich diene § 25 Abs. 1 Satz 3 Halbs. 2 StVO dem Schutz der Fußgänger und nicht der Kraftfahrer. Wird er mit diesen Einwänden erfolgreich sein?
(vgl. BGHSt 16, 369; vgl. auch BGH NStZ 2004, 151 m. Anm. *Puppe,* NStZ 2004, 554)

Zur Vertiefung: *Kühl,* § 4 Rn. 12, 74; *Rengier* AT, § 13 Rn. 15 ff.; *Roxin* I, § 11 Rn. 23 f., 52–58, 72–75; *Wessels/Beulke/Satzger,* Rn. 161.

Nein. Weder die Kausalitäts- noch die Schutzzweckerwägungen des T treffen zu. Bei der Beurteilung der **Kausalität** muss immer vom **wirklichen Geschehen** ausgegangen werden. Es ist unerheblich, wie sich die Dinge **hypothetisch** entwickelt hätten, wenn T auf der Straße gestanden oder auf der linken Seite von B-Stadt nach A-Dorf gegangen wäre. Dies gilt hier umso mehr, als bei Beachtung des Linksgehgebots die **Gefahr** eines Unfalls auch tatsächlich **verringert** worden wäre. Dies zwar nicht, weil er sich dann konkret auf der anderen Straßenseite befunden hätte, als O ihn überholte, da die Entstehung oder Verhinderung solcher räumlichen Konstellationen außerhalb des vom Linksgehgebot verfolgten Schutzzwecks liegt. Sehr wohl im Schutzbereich dieses Gebotes liegt aber, dass ein Fußgänger ein auf seiner Fahrbahnseite entgegenkommendes Fahrzeug am Licht früher und leichter erkennen kann als ein überholendes Fahrzeug. Daher geht auch die Berufung auf die **Schutzrichtung** des Linksgehgebots fehl: Wenngleich die Vorschrift vorrangig dem Schutz der Fußgänger dienen mag, kommt sie doch auch dem Kraftverkehr zugute. Denn auch für diesen können durch Kollisionen mit Fußgängern erhebliche Gefahren entstehen.

44. Ausritt im Winter

Graf O machte an einem kalten Wintertag einen Ausritt mit seiner Frau F und seinem Bruder T. Wenige Meter, bevor die drei wieder beim Landhaus des O ankamen, scheute das Pferd des O und warf ihn ab. O fiel mit dem

Kopf auf den hart gefrorenen Boden und verlor das Bewusstsein. Als F sich anschickte, ihren Mann die letzten Meter bis ins Haus zu schleifen, um dort einen Arzt zu verständigen, hielt T sie fest und sperrte sie drei Stunden in einen Geräteschuppen ein. Nach drei Stunden ließ er sie wieder frei, allerdings war O – wie von T beabsichtigt – mittlerweile erfroren. Ein Sachverständiger vor Gericht stellte später fest, dass O durch den Sturz an sich nicht lebensgefährlich verletzt war und sogar ohne ärztlichen Beistand auf jeden Fall gerettet worden wäre, wenn F ihn nur ins Warme hätte verbringen können. T meinte, er bekenne sich zwar der Nötigung und Freiheitsberaubung (§§ 240, 239) zum Nachteil der F für schuldig; allerdings könne er für den Tod des O nicht verantwortlich gemacht werden. Denn das Verbringen ins Haus müsse als hypothetischer Kausalverlauf unberücksichtigt bleiben, sodass O auf jeden Fall gestorben wäre. Trifft diese Verteidigung zu?

Zur Vertiefung: *Kühl,* § 4 Rn. 17 f.; *Rengier* AT, § 13 Rn. 18 ff.; *Roxin* I, § 11 Rn. 33 f.

Nein. Zwar besteht in der Tat der Grundsatz, dass **hypothetische Kausalverläufe** unbeachtlich bleiben müssen (vgl. Fälle 40 und 43). Dies gilt allerdings nur für hypothetische anderweitige Verletzungsursachen, mit denen der Täter nicht die fehlende Kausalität seiner Verletzungshandlung begründen kann. Anders ist dies mit hypothetischen **rettenden Kausalverläufen:** Werden diese vom Täter unterbrochen, so sind sie bei der Frage nach der Kausalität des Täterhandelns nach einhelliger Ansicht in Rechnung zu stellen. Formal mag man dies damit begründen, dass es sich nicht um hypothetische Reserveursachen für den Erfolgseintritt handelt; das Verbot, solche hinzuzudenken, greift daher nicht ein. Ferner entfaltet bei der Unterbrechung hypothetischer rettender Kausalverläufe die Handlung des Täters ja gerade erst über den Einfluss auf diese Kausalverläufe seine Wirkung auf das Tatobjekt.

45. Eine Kreuzfahrt, die ist lustig ...

a) Nachdem T im Kino einen Film über den Untergang der Titanic gesehen hatte, buchte er für seine verwitwete Mutter O in der Absicht eine Kreuzfahrt, die O werde ebenfalls bei einem Schiffsunglück ums Leben kommen und er könne sie beerben. Tatsächlich ging das Schiff mitten auf dem Ozean unter, nachdem es auf Grund eines von niemandem vorhergesehenen technischen Defekts zu einer Explosion unter Deck gekommen war. O ertrank. Strafbarkeit des T?
b) Wie wäre es, wenn T die später ertrunkene O deswegen auf dem Schiff eingebucht und an Bord gebracht hätte, weil er in seiner Tätigkeit für das BKA zufällig E-Mail-Verkehr mitgeschnitten hatte, aus dem sich Pläne für einen Sprengstoffanschlag auf diesem Schiff ergaben, die er aber wegen der Chance, die O los zu werden, niemandem mitgeteilt hatte?

Zur Vertiefung: *Kühl,* § 4 Rn. 47 f.; *Rengier* AT, § 13 Rn. 51 ff.; *Roxin* I, § 11 Rn. 55, 62–65; *Wessels/Beulke/Satzger,* Rn. 183 f.; *Frisch,* JuS 2011, 19 ff., 116 ff., 205 ff.; *Kudlich,* JA 2010, 681 ff.

Zu a) Es besteht Einigkeit darüber, dass T straflos ist. Nach herrschender und vorzugswürdiger Ansicht fehlt es bereits an der **objektiven Zurechnung.** Das

Buchen einer üblichen Seereise ist trotz des stets bestehenden Risikos schon **keine pflichtwidrige Gefahrschaffung.** Denn der Geschehensablauf ist für T **nicht beherrschbar,** und die Buchung bewegt sich in den Grenzen des erlaubten Risikos. Es handelt sich schlicht um einen Unglücksfall, der zwar von T erhofft worden war, aber dennoch nicht sein Werk darstellt. Eine andere Ansicht kommt zum gleichen Ergebnis, indem sie zwar den objektiven Tatbestand als erfüllt ansieht, aber trotz der Tötungsabsicht einen ausreichenden Vorsatz des T verneint. Auf Grund der mangelnden Beherrschbarkeit habe T nur auf den tödlichen Ausgang hoffen können, und ein solches **„Hoffen"** ohne jegliche Grundlage sei **kein Vorsatz.**

Zu b) Neben allem anderen hat sich T nach § 138 Abs. 1 Nrn. 5 und 8 wegen **Nichtanzeigens geplanter Straftaten** strafbar gemacht; nimmt man vorliegend auch eine unterlassene Hilfeleistung an, würde diese hinter § 138 zurücktreten. Vor allem aber hat T durch das Einbuchen der O an Bord auch einen **Mord** (§ 211 – Mordmerkmal: Habgier) begangen. Auf Grund seiner **genauen** Kenntnisse von der **konkret drohenden Gefahr** war für ihn der Tod der O gerade nicht mehr „unbeherrschbar"; oder aus anderem Blickwinkel: Wer trotz solcher Kenntnisse jemanden auf ein Schiff verbringt, **überschreitet** die Grenzen des **erlaubten Risikos,** da für ein solches Handeln keine Schutzbedürftigkeit besteht. Diese – im Ergebnis wohl zwingende – Argumentation zeigt allerdings zugleich, dass auch die objektive Zurechnung nicht immer unabhängig von allen subjektiven Aspekten beschrieben und entschieden werden kann.

Ein Tötungsdelikt auch an den anderen Passagieren kommt dagegen nicht in Betracht. Da er diese nicht zu der Fahrt veranlasst hat, wäre nur eine Unterlassensstrafbarkeit möglich; hierfür fehlt es aber an der erforderlichen Garantenpflicht, da sich eine solche weder aus § 138 (unstreitig) noch ohne weiteres und in allgemeiner Art aus T's Tätigkeit beim BKA ergibt.

45a. Wo gehobelt wird, fallen Späne

Die T litt an einer nicht lebensgefährlichen, aber ausgesprochen unangenehmen Geschlechtskrankheit. Ihr Hausarzt H hatte ihr dringend empfohlen, auf Grund der hohen Infektionsgefahr bis zum Abklingen der Erkrankung auf –insbesondere ungeschützten – Geschlechtsverkehr mit ihrem Partner O zu verzichten. Als T dem O vorschlug, die kommenden Tage enthaltsam zu leben oder jedenfalls ein Kondom zu verwenden, lehnte O dies mit der Begründung ab, wo „gehobelt werde, fielen auch Späne" und der ungeschützte Verkehr mit T sei ihm dieses Risiko allemal wert. O und T übten daraufhin einverständlich ungeschützten Geschlechtsverkehr aus, bei dem sich O infizierte. Als kurz danach die Beziehung zwischen T und O aus anderen Gründen auseinander ging, stellte O Strafantrag gegen T wegen Körperverletzung. T verteidigte sich damit, dass sie O gar nicht infizieren wollte und daher vorsatzlos gehandelt habe; jedenfalls habe O durch den Vollzug des Geschlechtsverkehrs in seine Infektion eingewilligt. Daher sei sie nicht strafbar. Hat T Recht?

Zur Vertiefung: *Kühl,* § 4 Rn. 86 ff.; *Rengier* AT, § 13 Rn. 77 ff.; *Roxin* I, § 11 Rn. 107 ff.; *Wessels/Beulke/Satzger,* Rn. 185 ff.

Jedenfalls (aber wohl auch nur) **im Ergebnis ja.** Zwar wird T sich angesichts der Kenntnis von der Ansteckungsgefahr **nicht auf fehlenden Vorsatz** berufen können (der im Übrigen eine Strafbarkeit nach § 229 unberührt lässt, vgl. § 16 Abs. 1 Satz 2). Denn bei einem als (hier sogar ohne weiteres) möglich vorhergesehenen Erfolg kann ein zumindest bedingter Vorsatz auch dann vorliegen, wenn dieser Erfolg dem Täter „an sich unerwünscht" ist, er aber dennoch vermeidbare Handlungen unterlässt (vgl. Fall 58). Allerdings hat T den O letztlich nicht als ihr Werk „verletzt", sondern an einer **eigenverantwortlichen Selbstgefährdung** des O teilgenommen. Der Schutzbereich der Fremdschädigungsdelikte endet nämlich dort, wo der **eigene Verantwortungsbereich des Betroffenen** beginnt. Da O mangels anderer Angaben beim einverständlichen Geschlechtsverkehr in identischer Weise die „Handlungsherrschaft" innegehabt haben dürfte, hat er sogar nicht nur in eine Fremdverletzung durch T eingewilligt, sondern war gleichberechtigt und eigenverantwortlich an seiner Selbstgefährdung beteiligt, was (nicht erst die Rechtswidrigkeit, sondern bereits) die **objektive Zurechnung entfallen** lässt.

Ergänzende Bemerkungen: (1.) Dies würde nicht gelten, wenn O nicht in gleicher Weise („im Rechtssinne frei") die Handlungsherrschaft hätte. So wäre die objektive Zurechnung sicher zu bejahen, wenn T den O über ihre Krankheit im Unklaren gelassen hätte (vgl. auch Fall 58); eine Eigenverantwortlichkeit wäre auch zumindest fraglich, wenn O der 15-jährige Liebhaber der reifen, ihm emotional weit überlegenen T wäre und die Verwendung eines Kondoms mit der etwas unbedarften jugendlich-romantischen Erklärung abgelehnt hätte, bei „wahrer Liebe müssten Glück und Leid stets geteilt werden" o. Ä.

(2.) Irren Täter und Opfer gleichermaßen über Umstände, die für das Ausmaß der Selbstgefährdung von Bedeutung sind, scheidet eine eigenverantwortliche Selbstgefährdung aus. Da dann aber auch der Täter kein überlegenes Wissen hat, wird ihn insoweit meistens nur eine Fahrlässigkeitsstrafbarkeit treffen. Vgl. zu solchen Konstellationen BGHSt 53, 288, sowie BGH NStZ 2011, 341 m. Anm. *Jäger,* JA 2011, 474 und dazu PdW BT II Fall 5a.

(3.) Weiteres Standardbeispiel für Fälle der eigenverantwortlichen Selbstgefährdung (und ihrer Grenzen) sind die sog. Retter-Fälle (vgl. dazu zusammenfassend *Satzger,* Jura 2014, 695 ff.): Wer trotz absehbarer großer Gefahren und geringer Rettungschancen in ein brennendes Haus läuft, um Menschen oder Gegenstände zu bergen, kann in eigenverantwortlicher Selbstgefährdung handeln. Andererseits bleibt es einem etwaigen Brandstifter durchaus zurechenbar, wenn ein (insbesondere professioneller) Retter unter an sich angemessener Risikoabwägung in das Haus läuft, dabei aber gleichwohl zu Schaden kommt. Nach einer Entscheidung des OLG Stuttgart (NJW 2008, 1971 m. Anm. *Kudlich,* JA 2008, 740) kann der Täter bei „arbeitsteiligen" Rettungshandlungen (z. B. durch die Berufsfeuerwehr) auch durch Organisationsfehler entlastet werden, die nicht vom Retter selbst zu verantworten sind, aber gleichsam aus seiner Sphäre kommen.

45b. Bayerwald-Bärwurz (I)

In das Haus des T waren unbekannte Diebe eingedrungen, hatten in der Küche Speisen verzehrt sowie dort vorhandene Flaschen mit verschiedenen Getränken geleert. Außerdem hatten sie Diebesgut ins Dachgeschoss verbracht, weshalb die Polizei davon ausging, dass die Einbrecher in den nächsten Tagen noch einmal zum Abtransport der Beute zurückkehren würden. T selbst stellte daher in seiner Verärgerung im Erdgeschoss eine handelsübliche Steingutflasche „Bayerwaldbärwurz" auf, die er mit einem schnell und tödlich wirkenden Gift füllte. Er nahm dabei in Kauf, dass die

eventuell erneut erscheinenden Einbrecher auch von dieser Flasche trinken und tödliche Vergiftungen erleiden könnten. Einbrecher O kam in der nächsten Nacht zurück in T's Haus, machte erneute „Brotzeit“ und verstarb an dem Gift. Wegen Totschlags angeklagt, beruft sich T darauf, zum einen habe sich O durch das Eindringen in ein fremdes Haus eigenverantwortlich selbst gefährdet, zum anderen könne er doch nicht wegen eines Vorsatzdelikts strafbar sein, wenn er andererseits bei einem unvorhergesehenen Eindringen des O in sein Haus kaum nach § 222 strafbar wäre, wenn dieser von einem in einer Getränkeflasche aufbewahrten Gift trinken würde. Wird T damit Erfolg haben?
(vgl. BGHSt 43, 177)

Zur Vertiefung: *Kühl,* § 4 Rn. 86 ff.; *Rengier* AT, § 13 Rn. 77 ff.; *Roxin* I, § 11 Rn. 107 ff., § 24 Rn. 13; *Wessels/Beulke/Satzger,* Rn. 185 ff.; *Herzberg,* JuS 1996, 377 ff.; *Kudlich,* JuS 1998, 596 ff.

Nein. Von einer **eigenverantwortlichen Selbstgefährdung** nach dem in Fall 45a gezeichneten Maßstab kann ersichtlich schon **keine Rede** sein, da O von dem Risiko, das mit dem Schluck aus der Flasche verbunden war, keine Kenntnis hatte. Schwerer wiegt dagegen der Einwand, es könne **kein Vorsatzdelikt** geben, welches **nicht gleichzeitig auch ein Fahrlässigkeitsdelikt enthalte** (in diesem Sinne pointiert *Herzberg,* JuS 1996, 377, 381). Für diese Sichtweise sprechen auf den ersten Blick die weiten Parallelen zwischen den verschiedenen Zurechnungskriterien, in die sich das Merkmal der „Sorgfaltspflichtverletzung“ bei genauerer Betrachtung aufgliedern lässt, und den Anforderungen an die objektive Zurechnung beim Vorsatzdelikt. Dennoch geht das Postulat in dieser **Absolutheit zu weit.** Es sind nämlich durchaus Konstellationen vorstellbar, in denen die Annahme eines Vorsatzdeliktes noch nicht im objektiven Tatbestand scheitert, obwohl bei der Fahrlässigkeitsprüfung der Tatbestand zu verneinen ist. Vielmehr sind solche Korrektive, die über das bloße Vorliegen einer Sorgfaltspflichtverletzung hinausgehen (etwa die Frage nach dem erlaubten Risiko, dem Pflichtwidrigkeitszusammenhang oder der eigenverantwortlichen Selbstgefährdung) auch beim Tatbestand des Vorsatzdelikts bedeutsam. Sofern es dagegen um Vorliegen und **Umfang der Sorgfaltspflicht im eigentlichen Sinne** geht, sind für das Vorsatzdelikt unterschiedliche Lösungen nicht ausgeschlossen: In dem von T angeführten Vergleichsfall wäre eine Fahrlässigkeitsstrafbarkeit nicht etwa deshalb anzuzweifeln, weil das Abfüllen eines Gifts in Getränkeflaschen generell sozialadäquat wäre und ein erlaubtes Risiko darstellen würde; vielmehr wäre der Schutzbereich der Sorgfaltspflicht selbst dahingehend einzuschränken, dass sie ein rechtswidrig ins Haus eindringendes und eigenmächtig aus der Giftflasche trinkendes Opfer nicht mehr erfasst, da anderenfalls die **Sorgfaltspflichten des Bürgers „überstrapaziert“** würden. Beim Vorsatzdelikt dagegen, dem nicht wie einem Fahrlässigkeitsdelikt die Gefahr einer „strafrechtlichen Zufallshaftung“ innewohnt, gibt es kein Bedürfnis für eine derartige Einschränkung des Schutzbereichs zum Vorteil des Bürgers, der sich der Gefahr sehr wohl bewusst ist.

3. Weitere Fragen des objektiven Tatbestandes

46. Im Vollrausch (I)

T war frustriert, dass seine Freundin F ihn verlassen hatte. Er beschloss darauf, seinen Kummer im Alkohol zu ertränken und sich zu berauschen. Als er eine BAK von 3,4 ‰ hatte, geriet er mit dem Wirt O in Streit, weil dieser ihm nichts mehr ausschenken wollte. Er nahm daher eine dem O gehörende Porzellanfigur vom Tresen und warf diese mit aller Kraft auf den Boden, wo sie in tausend Stücke zerbrach. Als er wegen Vollrausches nach § 323a angeklagt wurde, verteidigte er sich damit, dass er in dem Moment, als er noch am Trinken war, nicht im Entferntesten damit gerechnet hätte, dass er später einmal eine Sachbeschädigung begehen könne. Die bloß abstrakte Möglichkeit, dass man eventuell im betrunkenen Zustand leichter reizbar sein und daher etwas kaputt machen könnte, dürfe dafür doch wohl kaum genügen. Was ist davon zu halten?

Zur Vertiefung: *Kühl,* § 5 Rn. 18; *Rengier* AT, § 8 Rn. 15; *Roxin* I, § 23 Rn. 1 f., 7–11; *Wessels/Beulke/Satzger,* Rn. 148 f.

T hat sicher insoweit Recht, als die allgemeine Möglichkeit, im betrunkenen Zustand eine Straftat zu begehen, keinen (auch nur bedingten) Vorsatz hinsichtlich dieser Tat beim Sich-Betrinken begründen kann. Allerdings ist ein solcher **Vorsatz** bei § 323a – anders als bei der Prüfung einer Strafbarkeit nach § 303 i. V. m. den Grundsätzen über die *actio libera in causa* (vgl. Fälle 130 ff.) – auch **nicht erforderlich.** Das Vorsatzerfordernis des § 15 bezieht sich nur auf objektive Tatbestandsmerkmale. Die Begehung einer Rauschtat, für die man nur auf Grund der Alkoholisierung nicht bestraft werden kann, ist aber kein objektives Tatbestandsmerkmal, auf das sich bei der Tathandlung des § 323a in Gestalt des Sich-Betrinkens auch der Vorsatz beziehen müsste. Vielmehr handelt es sich um eine sog. **objektive Bedingung der Strafbarkeit,** d. h. ein Merkmal, das einfach nur objektiv vorliegen muss, ohne dass sich Vorsatz, Rechtswidrigkeit und Schuld darauf beziehen müssten. Es handelt sich dabei um ein im Schuldstrafrecht eigentlich eher fremdartiges Erfordernis, das jedoch bei manchen weit im Vorfeld ansetzenden abstrakten Gefährdungsdelikten (vgl. § 323a: Tathandlung ist bereits das Sich-Betrinken; anderes Beispiel: § 231 – Beteiligung an einer Schlägerei) vom Gesetzgeber aufgestellt wird, um einer Überkriminalisierung entgegenzuwirken.

47. Ein Freund zu Besuch

T besuchte seinen Freund, den Jurastudenten O. An der Tür bat O den T freundlich herein. Als T in der Wohnung war, fragte O, der an diesem Tag in der Vorlesung gerade etwas über die Einwilligung gehört hatte, T, ob dieser denn wisse, dass er soeben einen Hausfriedensbruch begangen und nur durch seine, O's, Einwilligung gerechtfertigt sei. Er habe damit genauso einen Straftatbestand verwirklicht wie jemand, der einen Menschen umbringe, aber ausnahmsweise durch Notwehr gerechtfertigt sei. T dachte sich daraufhin,

die Juristen seien offenbar alle nicht ganz richtig im Kopf. Was ist davon, d. h. von der Äußerung des O, zu halten?

Zur Vertiefung: *Kühl,* § 9 Rn. 25; *Rengier* AT, § 23 Rn. 3, 40 ff.; *Roxin* I, § 13 Rn. 2 f.; *Wessels/Beulke/Satzger,* Rn. 362, 366.

Unabhängig von der Frage nach der grundsätzlichen Wirkung einer Einwilligung (tatbestandsausschließend oder erst rechtfertigend, vgl. Fall 114) hat sich O hier geirrt. Es liegt hier nämlich unstreitig keine rechtfertigende Einwilligung, sondern ein **tatbestandsausschließendes Einverständnis** vor. Ein solches wird jedenfalls bei Tatbeständen für möglich gehalten, bei denen die Rechtsgutsverletzung nicht nur typischerweise, sondern schon nach der Formulierung der Tathandlung **begrifflich** notwendigerweise **gegen den Willen** des Rechtsgutsinhabers erfolgt. Es geht also um Fälle, in denen das Rechtsgut überhaupt nur dadurch verletzt wird, dass das Handeln ohne oder gegen den Willen des Berechtigten erfolgt. So liegt es bei § 123: Wer freundlich in die Wohnung gewunken wird, „dringt" schon begrifflich nicht in sie ein, sodass bereits der objektive Tatbestand des § 123 nicht erfüllt ist.

48. Beim Juwelier

O war Inhaber eines Juwelierladens.
a) T begab sich während der Öffnungszeiten in den Laden, und es gelang ihm, eine Verkäuferin während der Besichtigung von Schmuckstücken so abzulenken, dass er eine Kette in seine Tasche gleiten lassen konnte.
b) Zwei Tage später stürmte S mit gezogener Pistole und Strumpfmaske über dem Kopf in den Laden und schrie: „Schmuck oder Leben!". Auf diese Weise erbeutete er mehrere wertvolle Schmuckstücke.
Strafbarkeit von T und S nach § 123?

Zur Vertiefung: *Rengier* AT, § 23 Rn. 46; *Rengier* II, § 30 Rn. 11 f.; *Wessels/Beulke/Satzger,* Rn. 368.

Auch ein Laden ist eine nach § 123 geschützte Örtlichkeit („Geschäftsräume"). Allerdings ist bei einem Ladengeschäft mit Publikumsverkehr innerhalb der Öffnungszeiten in der Regel auch ohne ausdrückliche Aufforderung davon auszugehen, dass ein **stillschweigendes, generalisiertes Einverständnis** mit dem Betreten vorliegt.

Zu a) Bei **T** ist nun aber fraglich, ob dieses Einverständnis nicht dahingehend **bedingt** ist, dass Personen mit deliktischen Zielen nicht davon umfasst sein sollen. Obwohl die bedingte Erteilung eines Einverständnisses grundsätzlich möglich sein soll, ist eine solche stillschweigende Bedingung nach h. M. auf Fälle begrenzt, in denen bereits nach dem äußeren Erscheinungsbild ein nicht vom Willen des Berechtigten gedecktes Betreten vorliegt. Das ist überzeugend, da alleine auf diese Weise eine rasche äußere Erkennbarkeit der Zutrittsberechtigung ermöglicht wird, auf die das generalisierende Einverständnis gerade abzielt.

Zu b) Bei **S** ist bereits nach dem **äußeren Erscheinungsbild** sofort erkennbar (oder doch zumindest naheliegend), dass er Zwecke verfolgt, die nicht im Interesse des O liegen. Daher kann er sich nicht auf ein generalisierendes Einverständnis berufen.

II. Der subjektive Tatbestand

49. Merkmale des subjektiven Tatbestandes

Welche Merkmale sind nach dem heute üblichen Verbrechensaufbau im subjektiven Tatbestand zu prüfen?

Zur Vertiefung: *Kühl,* § 5 Rn. 1 f.; *Rengier* AT, § 14 Rn. 1 ff.; *Roxin* I, § 10 Rn. 61–69; *Wessels/Beulke/Satzger,* Rn. 202 ff.

- **Vorsatz** hinsichtlich der Merkmale des objektiven Tatbestands
- **sonstige subjektive Merkmale** (z. B. Zueignungsabsicht in §§ 242, 249; Bereicherungsabsicht in §§ 253, 263; Täuschungsabsicht in § 267)

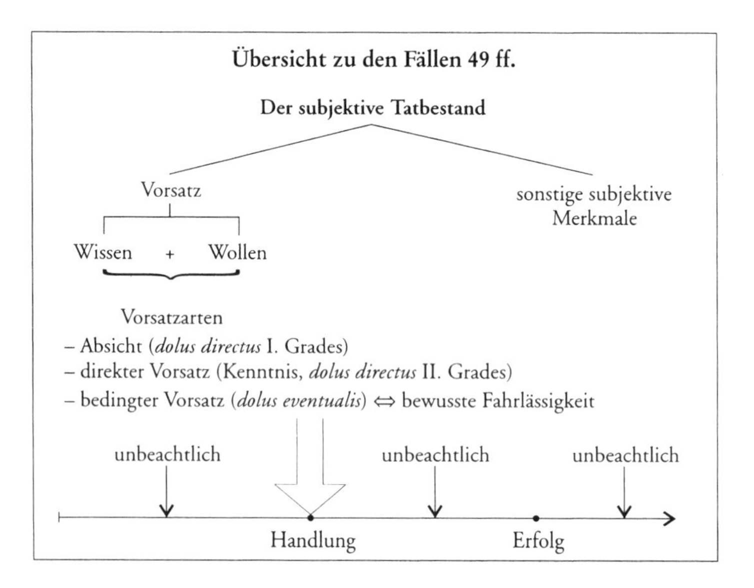

50. Vorsatzdefinition

a) Welche beiden Voraussetzungen hat schlagwortartig der Vorsatz?
b) Was ist der berechtigte Kern dieser beiden Schlagworte, inwiefern sind sie in ihrer Verknappung problematisch und wie kann man den Vorsatz ausführlicher definieren?

Zur Vertiefung: *Kühl,* § 5 Rn. 6–12; *Rengier* AT, § 14 Rn. 5; *Roxin* I, § 12 Rn. 4; *Wessels/Beulke/Satzger,* Rn. 203.

Zu a) Vorsatz ist **Wissen und Wollen** der Tatbestandsverwirklichung.

Zu b) Der berechtigte Kern dieser Kurzformel besteht darin, dass der Vorsatz nach herrschender und auch überzeugender Ansicht **kognitive** (Wissen) und **voluntative** (Wollen) **Komponenten** – in unterschiedlichen Kombinationsmöglichkeiten –

enthält. Problematisch an der schlagwortartigen Verkürzung ist, dass hinsichtlich des Vorliegens **bestimmter** (insbesondere über den Erfolgseintritt hinausgehender) **Tatbestandsvoraussetzungen kein „Wollen“** erforderlich ist: So muss der Täter eines Diebstahls nicht „wollen“, dass es sich um eine fremde Sache handelt – es genügt, wenn er es weiß. Ausführlicher und genauer kann man den Vorsatz daher auch umschreiben als Willen zur Verwirklichung eines Straftatbestandes in Kenntnis aller seiner objektiven Tatumstände.

51. Jauchegruben-Fall urban (I)

T wollte O verletzen und schlug ihm mit der Faust gegen die Schläfe. O ging bewusstlos zu Boden, wo er regungslos liegen blieb. T dachte fälschlicherweise, O sei tot, und „versenkte“ die vermeintliche Leiche in der städtischen Kläranlage, um sie verschwinden zu lassen. Hat sich T wegen Totschlags strafbar gemacht?

Zur Vertiefung: *Kühl*, § 5 Rn. 13; *Rengier* AT, § 14 Rn. 5; *Wessels/Beulke/Satzger*, Rn. 202 f.

Nein. Durch den **Schlag** hat T eine vorsätzliche **Körperverletzung** gemäß § 223 Abs. 1 begangen. An den Tod des O dachte er in diesem Moment nicht, sodass insoweit dahinstehen kann, ob der konkrete Todeseintritt überhaupt objektiv zurechenbar war; bejahendenfalls kommt allenfalls eine Körperverletzung mit Todesfolge (§ 227) in Betracht.

Durch das **Versenken** des O hat T diesen zwar objektiv unzweifelhaft getötet. Da eine **Leiche** jedoch ein untaugliches Tatobjekt für ein Tötungsdelikt wäre, hat T auch bei diesem Handlungsakt nicht vorsätzlich gehandelt, da er sich nicht vorstellte, dadurch noch einen Menschen zu töten.

52. Ein diebischer Polizist

Polizist P steckte im Supermarkt heimlich eine Tafel Schokolade ein, die er an der Kasse nicht bezahlte. Als er wegen Diebstahls mit Waffen (§ 244 Abs. 1 Nr. 1 Buchst. a) angeklagt wurde, führte er aus, er habe in diesem Moment absolut nicht daran gedacht, dass er seine Dienstwaffe bei sich habe, da er diese automatisch jeden Morgen einstecke und jeden Abend wieder ablege. Was ist davon zu halten?

Zur Vertiefung: *Kühl*, § 5 Rn. 98–100; *Rengier* AT, § 14 Rn. 42 f.; *Roxin* I, § 12 Rn. 123 ff.; *Wessels/Beulke/Satzger*, Rn. 240.

Der **objektive Tatbestand** des § 244 Abs. 1 Nr. 1 Buchst. a ist erfüllt, wobei die h. M. wegen der gleichwohl bestehenden Eskalationsgefahr auch keine teleologische Reduktion für berufsmäßige Waffenträger anerkennt. Obwohl P angibt, nicht an die Pistole gedacht zu haben, hat er auch **vorsätzlich** gehandelt. Zwar ist grundsätzlich die aktuelle Kenntnis aller Tatbestandsmerkmale erforderlich. Allerdings genügt auch Begleitwissen im Sinne eines **sachgedanklichen Mitbewusstseins.** Ein solches ist anzunehmen, wenn der Täter zwar aktuell nicht an einen Umstand denkt, bei einer entsprechenden Nachfrage aber spontan und ohne zu zweifeln Kenntnis von dem entsprechenden Sachverhalt hätte. Da P die Dienstwaffe jeden Morgen umlegt, kann lebensnah unterstellt werden, dass er ein entsprechendes Mitbewusstsein auch beim Diebstahl der Schokolade hatte.

53. Striche auf dem Bierfilz (I)

Jurastudent T vom Lande war das erste Mal in einer Kneipe seines Studienortes. Bedienung B machte für jedes Getränk, das T den Abend über trank, einen Strich auf T's Bierfilz. Als T nach Hause gehen wollte, zerriss er den Bierdeckel. Als T wegen Urkundenunterdrückung (§ 274) angeklagt wurde, verteidigte er sich damit, dass er zwar gewusst habe, dass die Striche für die zu zahlenden Getränke standen, ihm aber nie eingefallen sei, ein Bierfilz könnte eine „Urkunde" sein. Wird ihm das helfen?

Zur Vertiefung: *Kühl,* § 5 Rn. 93 f.; *Rengier* AT, § 15 Rn. 4; *Roxin* I, § 12 Rn. 101 ff.; *Wessels/Beulke/Satzger,* Rn. 243.

Nein. T zerriss wissentlich und willentlich den Bierfilz und handelte damit jedenfalls vorsätzlich hinsichtlich des Merkmals des „Vernichtens" im Sinne des § 274 Abs. 1 Nr. 1. Problematischer ist dagegen T's Vorsatz hinsichtlich des Merkmals der **„Urkunde".** Bei diesem handelt es sich um ein **normatives,** also wertausfüllungsbedürftiges Tatbestandsmerkmal. Zur Begründung der Strafbarkeit ist dabei erforderlich, dass der potentielle Täter den rechtlich-sozialen Bedeutungsgehalt des Tatumstands durch sog. Parallelwertung in der Laiensphäre richtig erfassen kann. Da T die Bedeutung der Striche auf dem Bierfilz richtig gedeutet hat, ist aber auch das vorliegend zu bejahen, sodass T auch hinsichtlich der „Urkunde" vorsätzlich handelte.

54. Striche auf dem Bierfilz (II)

Könnte T aus Fall 53 nicht wenigstens geltend machen, nicht in der Absicht gehandelt zu haben, einem anderen einen Nachteil zuzufügen, sondern allenfalls selbst einen Vorteil zu erlangen?

Nein. Zum einen ist zweifelhaft, ob bei einer untrennbaren Verknüpfung zwischen dem eigenen Vor- und dem fremden Nachteil, wie sie hier vorliegt, überhaupt eine Trennung der beiden Absichten möglich ist. Zum anderen und vor allem geht die h. M. (mit Blick auf den Wortlaut des § 274 durchaus nicht unproblematisch!) davon aus, dass auch ausreichend sei, wenn der Täter den Nachteil für den Beweisführungsberechtigten als sicher vorhergesehen habe.

55. Glück im Unglück

T war ihres Mannes O überdrüssig. Während sie zur Pediküre fuhr, dachte sie darüber nach, wie sie O am besten beseitigen könnte. Gedankenverloren

übersah sie eine rote Ampel und fuhr einen Fußgänger tot. Als sie ausstieg, stellte sie voller Entzücken fest, dass der Tote ihr Ehemann O war. Sie freute sich im Nachhinein, dass sie über die Ampel gefahren war. Hat sich T wegen Totschlags strafbar gemacht?

Zur Vertiefung: *Kühl,* § 5 Rn. 20, 23–25; *Rengier* AT, § 15 Rn. 60; *Roxin* I, § 12 Rn. 89 ff.; *Wessels/Beulke/Satzger,* Rn. 206.

Nein. Zwar hat T den objektiven Tatbestand verwirklicht; sie hat dabei aber **ohne Vorsatz** gehandelt, da ihr im Moment der Tatbestandsverwirklichung nicht bewusst war, dass sie einen Menschen tötete. Dass ihr der Erfolgseintritt **im Nachhinein** gelegen kommt, ändert daran nichts, da der Vorsatz bei Begehung der Tat (vgl. auch § 16), und damit nach § 8 bei Begehung der Tathandlung, vorliegen muss. Eine spätere Billigung des eingetretenen Erfolges kann daher den Täter nicht belasten *(„**dolus subsequens** non nocet“).*

56. Am Schießstand

T wollte auf dem Volksfest seiner Freundin imponieren und wettete, dass er einer jungen Frau, die am Schießstand arbeitete, eine Glaskugel aus der Hand schießen könne. Als die Probe aufs Exempel gemacht wurde, verfehlte T die Kugel und verletzte die Frau. Hat sich T wegen gefährlicher Körperverletzung (§§ 223, 224 Abs. 1 Nr. 2) strafbar gemacht, wenn
a) T an sich ein guter Schütze war, der zwar einen Fehlschuss für möglich hielt, aber davon ausging, dass es „schon gut gehen“ werde.
b) T wusste, dass er kein wirklich guter Schütze war, und zwar die Möglichkeit eines Fehlschusses sah, sich aber dachte „Hoffentlich passiert nichts, aber wenn, kann ich es eben auch nicht ändern.“
c) T in Variante b) die Glaskugel traf, ohne die Frau zu verletzen?

Zur Vertiefung: *Kühl,* § 5 Rn. 84 f.; *Rengier* AT, § 14 Rn. 26 ff., 32 ff.; *Roxin* I, § 12 Rn. 6, 21–73; *Wessels/Beulke/Satzger,* Rn. 214 ff.

Der **objektive Tatbestand** ist in den Varianten a) und b) erfüllt; problematisch ist jeweils allein das Vorliegen des Vorsatzes:

Zu a) In Variante a) ist dem T zwar die Möglichkeit der Tatbestandsverwirklichung bewusst; er will diese jedoch nicht und **hofft** ernstlich auf ihr **Ausbleiben.** Fordert man mit der h. M. auch ein voluntatives Element, so handelt T daher nur **bewusst fahrlässig,** nicht aber mit Eventualvorsatz. Dies ist auch überzeugend, da in Grenzfällen gerade dieses voluntative Element die Abgrenzung zur bewussten Fahrlässigkeit ermöglicht. T hat sich somit „nur“ gemäß § 229 strafbar gemacht.

Zu b) In Variante b) erkennt T, dass er auf Grund seiner mangelnden Fähigkeiten als Schütze möglicherweise die Frau verletzen würde. Er wünscht sich zwar nicht den Erfolgseintritt, **findet** sich aber mit ihm **ab** und nimmt ihn **billigend in Kauf.** Daher handelt er auch nach der insoweit strengen h. M., die ein voluntatives Element fordert, mit ***dolus eventualis*** und hat sich gemäß §§ 223, 224 Abs. 1 Nr. 2 strafbar gemacht.

Zu c) In Variante c) ist zwar der **objektive Tatbestand** der §§ 223, 224 Abs. 1 Nr. 2 **nicht erfüllt.** Nimmt man jedoch Vorsatz des T an, so hat er einen Versuch der gefährlichen Körperverletzung (§§ 223, 224 Abs. 1 Nr. 2, 22, 23) begangen, da er durch den Schuss auch unmittelbar zur Tatbestandsverwirklichung angesetzt hat.

Ergänzende Bemerkung: Wann ein hinreichendes „Billigen" im Rechtssinne vorliegt, wird in der Praxis regelmäßig nicht als feststehender psychologischer Befund festgestellt werden können, sondern anhand von (insbesondere auch objektiven) Kriterien „zugeschrieben" werden. In einer Klausur *kann* diese Feststellung vom Sachverhalt vorgegeben werden oder aber muss – insoweit dann der Praxis vergleichbar – in „lebensnaher Sachverhaltsauslegung" anhand der mitgeteilten Kriterien begründet werden. Als solche kommen etwa in Betracht:

- das kognitive Element (je sicherer die Kenntnis, desto näher liegt, dass der Erfolg zumindest in Kauf genommen wird)
- die objektive Gefährlichkeit der Handlung für das Rechtsgut (vgl. aus jüngerer Zeit BGH NStZ 2011, 210; NStZ-RR 2010, 373 m. Anm. *Jahn,* JuS 2010, 456 [Vorsatz einer gefährlichen Körperverletzung bei Steinwürfen von Autobahnen])
- die Wahrnehmungszeit (Handeln in Ruhe/über längere Zeit vs. kurze Spontanhandlung)
- das Vermeidungs- bzw. Gefahrverminderungsverhalten
- die emotionale Nähe zwischen Täter und Opfer
- das Vorliegen oder Fehlen eines einleuchtenden Motivs.

57. Bitte rechts ranfahren

Als T auf dem Heimweg war, kam er in eine Polizeikontrolle. Da er auf jeden Fall vermeiden wollte, angehalten zu werden, fuhr er mit unverminderter Geschwindigkeit (mindestens 70 km/h) auf den mitten auf der Fahrbahn stehenden Polizeibeamten O zu, um sich die Durchfahrt zu erzwingen. Erst als T so nah an O war, dass er auf keinen Fall mehr hätte bremsen können, rettete sich O mit einem Sprung zur Seite. Hat sich T wegen versuchten Totschlags (§§ 212, 22, 23) strafbar gemacht?

Zur Vertiefung: *Rengier* AT, § 14 Rn. 30 f.; *Roxin* I, § 12 Rn. 77–79; *Wessels/Beulke/Satzger,* Rn. 224.

Dadurch, dass T mit hoher Geschwindigkeit so nah an O heranfuhr, dass er aus eigener Kraft nicht mehr vor O hätte stoppen können, hätte er unmittelbar zur Tötung des O angesetzt. **Fraglich** ist aber, ob T den **Tatentschluss** zum Totschlag gefasst, mithin also vorsätzlich gehandelt hatte: T **wollte nicht** den Tod des O herbeiführen. Allerdings könnte man argumentieren, dass er die Möglichkeit des Todeseintritts erkannt hatte und ihn zumindest billigend in Kauf nahm. Beim Schluss auf das Vorliegen des voluntativen aus dem kognitiven Element ist allerdings nach der älteren Rechtsprechung zu beachten, dass die **Hemmschwelle** bei Tötungsdelikten deutlich höher sein soll als z. B. bei einer Körperverletzung. In der neueren Rechtsprechung (grundlegend BGH NStZ 2012, 384 m. Anm. *v. Heintschel-Heinegg,* JA 2012, 632 und *Jahn,* JuS 2012, 757) wird dies zwar – jedenfalls als individuelle Begründungen überflüssig machendes Postulat – in Frage gestellt, wenn damit auf rechtlich tragfähige Anhaltspunkte dafür verzichtet wird, dass der Täter trotz der erkannten Lebensgefährlichkeit seiner Handlung ernsthaft und nicht nur vage darauf vertraut haben könnte, das Opfer würde nicht zu Tode kommen. Das schließt freilich im Einzelfall aber nach wie vor nicht aus, dass es auch bei äußerst gefährlichen Gewalthandlungen am (auch nur bedingten) Vorsatz fehlen kann (vgl.

BGH NStZ 2013, 159). Da T schon auf Grund eines „Selbsterhaltungstriebes" des O davon ausgegangen sein dürfte, dass dieser sein Leben nicht für die Durchsetzung einer Polizeikontrolle ernsthaft riskiert, spricht auch bei einer geringeren Berücksichtigung des Hemmschwellengedankens viel dafür, dass T trotz Erkenntnis der Gefahr **ernsthaft** auf einen guten Ausgang **vertraut** hat. Damit handelte er nicht bedingt vorsätzlich, sondern nur (bewusst) fahrlässig, was zur Begründung eines Tatentschlusses nicht genügt.

58. HIV-Fall

T wusste, dass er HIV-positiv war. Er war auch von seinem Arzt ausführlich über die Gefahren eines jeden ungeschützten Geschlechtsverkehrs aufgeklärt worden. Trotzdem übte T mit seinem Partner O ungeschützten Geschlechtsverkehr aus, ohne ihn auf die Infektion hinzuweisen. Eine Infizierung des O konnte bislang nicht festgestellt werden.
a) Hat sich T wegen versuchter gefährlicher Körperverletzung (§§ 223, 224, 22, 23) strafbar gemacht?
b) Hat sich T auch wegen versuchten Totschlags (§§ 212, 22, 23) strafbar gemacht?
(vgl. BGHSt 36, 1)

Zur Vertiefung: *Kühl,* § 5 Rn. 78–80; *Rengier* AT, § 14 Rn. 26 ff.; *Roxin* I, § 12 Rn. 82–85; *Wessels/Beulke/Satzger,* Rn. 224 ff.; *Müller,* JA 2013, 584 ff.; *Schramm,* JuS 1994, 405 ff.

Zu a) Die Ansteckung mit dem Humanen Immunschwäche-Virus (HIV) würde bereits als solche eine tatbestandliche Körperverletzung darstellen, die durch das Beibringen eines gesundheitsschädlichen Stoffes im Sinne des § 224 Abs. 1 Nr. 1 auch als gefährliche qualifiziert wäre. Gemäß § 224 Abs. 2 ist auch der Versuch der gefährlichen Körperverletzung strafbar. Fraglich ist hier lediglich, ob T einen **Tatentschluss** bezüglich der Infizierung hatte oder (nur) fahrlässig handelte. Angesichts des Wissens über die erheblichen Ansteckungsgefahren bei einem ungeschützten Geschlechtsverkehr ist das **kognitive Element** leicht zu bejahen. Beim Fehlen einer (durchaus möglichen) **Abschirmung dieser Gefahr** („ungeschützter Geschlechtsverkehr") trotz Kenntnis des hohen Risikos ist davon auszugehen, dass T eine Infektion billigend in Kauf genommen hat und sich zur Befriedigung seines Sexualtriebes auch damit abgefunden hat; somit liegt auch das voluntative Element vor, und ein Tatentschluss des T ist zu bejahen.

Zu b) Da die Infektion bei einem Ausbruch der Erkrankung mit hoher Wahrscheinlichkeit zum vorzeitigen Tod des Patienten führt, liegt in der Tat sogar auch ein **versuchter Totschlag** nahe. Der BGH hat zwar auch hier einen Tötungsentschluss auf Grund der wesentlich höheren **Hemmschwelle** gegenüber dem Entschluss zu einer Körperverletzung abgelehnt. Allerdings war dies hier weniger leicht zu begründen als in Fall 57, da – anders als dort – eine (nur mehr oder weniger schwere) Verletzung ohne gleichzeitige akute Todesgefahr viel schwerer vorstellbar war. Die verbesserten Möglichkeiten, einen (letztlich tödlichen) Krankheitsausbruch durch medikamentöse Behandlung auch nach einer Infektion lang dauernd zu unterdrücken, lassen freilich die Auffassung des BGH in neuerer Zeit zunehmend überzeugend erscheinen.

Ergänzende Bemerkung: Die unterschiedlichen Anknüpfungspunkte – Infektion und Krankheitsausbruch – wirken sich auch verjährungsrechtlich aus: Nach BGH NStZ 2009, 34 beginnt die Verjährung hinsichtlich der (gefährlichen) Körperverletzung, die in der Infektion an sich liegt, schon mit dem Vollzug des Geschlechtsverkehrs, diejenige hinsichtlich einer etwaigen schweren Körperverletzung nach § 226 Abs. 1 Nr. 3 durch den Immundefekt erst mit dem Ausbruch der schweren Folgen.

59. Schießübung im Innenhof (I)

T machte im Innenhof des Hauses, in dem er wohnte, Schießübungen auf die aufgestellten Müll- und Regentonnen. In einer der Regentonnen hatte sich – von T unbemerkt – der kleine O versteckt, der mit seinen Freunden Versteck spielte. O wurde von T's Kugeln durchsiebt und starb in der Regentonne. Hat sich T gemäß § 212 strafbar gemacht?

Zur Vertiefung: *Kühl,* § 5 Rn. 8, 91 und § 13 Rn. 7, 2 f.; *Rengier* AT, § 15 Rn. 1 ff.; *Roxin* I, § 12 Rn. 25 u. 132 ff.; *Wessels/Beulke/Satzger,* Rn. 244.

Nein. Zwar hat T den Tod des O kausal und objektiv zurechenbar herbeigeführt. T **wusste** jedoch **nicht,** dass sich O in der Tonne befand, auf die er schoss. Damit kannte er den objektiven Tatumstand der Tötung eines Menschen im Sinne des § 212 nicht und handelte in einem Tatumstandsirrtum gemäß § 16 Abs. 1 Satz 1, der den Vorsatz des Täters ausschließt. Das Gesetz ordnet bei einem solchen Irrtum an, dass derjenige, der den Sinngehalt des Tatgeschehens in einer Situation nicht erfassen konnte, auch nicht wegen einer vorsätzlichen Tat bestraft werden soll. Allerdings bleibt gemäß § 16 Abs. 1 Satz 2 die Strafbarkeit wegen eines Fahrlässigkeitsdelikts unberührt.

60. Schießübung im Innenhof (II)

Kandidat K erklärt, die Lösung in Fall 59 über die Figur des Tatumstandsirrtums nach § 16 Abs. 1 wundere ihn etwas; er hätte die gleiche Lösung einfach über das Fehlen des kognitiven Elements und damit genauso wie in Fall 51 begründet. Was ist dazu zu sagen?

Zur Vertiefung: *Kühl,* § 13 Rn. 7–9; *Roxin* I, § 12 Rn. 132 ff.

K hat im Wesentlichen Recht. Letztlich ist die Wertung des **§ 16 Abs. 1 Satz 1** (kein Vorsatz bei fehlender Kenntnis von Tatumständen) in die **Vorsatzdefinition vom Wissen** und Wollen mit **eingeflossen.** Gerade weil § 16 Abs. 1 Satz 1 anordnet, dass bei fehlender Kenntnis der Vorsatz ausgeschlossen sein soll, verlangt man umgekehrt diese Kenntnis (= das Wissen) als Voraussetzung für den Vorsatz. Man hätte also auch Fall 51 guten Gewissens und „richtig" (sowie wohl sogar methodisch vorzugswürdig) lösen können, indem man etwa argumentiert hätte: T kennt den Tatumstand „Tötung eines Menschen" im Sinne des § 212 nicht, sodass er gemäß § 16 Abs. 1 Satz 1 ohne Vorsatz handelt.

61. Rose-Rosahl-Fall

Der Holzhändler A hatte bei seinem ehemaligen Geschäftspartner S Schulden. Er erklärte daher seinem Knecht T gegenüber mehrfach, er gäbe etwas dafür, wenn S aus der Welt geschafft werde. T erklärte sich darauf bereit, S umzubringen. Er legte sich auf die Lauer und wartete auf S. In der Dunkelheit schoss er aber auf den des Weges kommenden O. Hat sich T wegen eines vorsätzlichen Tötungsdelikts strafbar gemacht?
(vgl. *Preußisches Obertribunal* GA 7, 332)

Zur Vertiefung: *Kühl,* § 13 Rn. 17–24; *Rengier* AT, § 15 Rn. 21 ff.; *Roxin* I, § 12 Rn. 193 ff.; *Toepel,* JA 1997, 556 ff.; 948 ff.

Ja. Dem T kommt sein **Irrtum über die Identität** des Opfers nicht zugute. Nach dem Wortlaut des § 16 Abs. 1 Satz 1 muss der Täter sich über einen Umstand irren, der zum gesetzlichen Tatbestand gehört. Hier irrte sich T aber nicht über das **Tatbestandsmerkmal** Mensch in §§ 212, 211, sondern lediglich über die nicht tatbestandlich fixierte Identität dieses Menschen. Sein **Vorsatz** hatte sich bei der eigentlichen Tat genau auf die Person **konkretisiert,** die er auch getroffen hat (selbst wenn er dabei dachte, es sei jemand anderes). Insofern ist der Irrtum rechtlich unerheblich (Unbeachtlichkeit des ***error in persona*** *vel objecto* bei **tatbestandlicher Gleichwertigkeit**).

Ergänzende Bemerkungen: (1.) Anders läge der Fall, wenn sich T vorgestellt hätte, ein Tier zu töten, in Wahrheit aber den O getroffen hätte. Insofern wären das vorgestellte und tatsächlich verletzte Rechtsgut tatbestandlich unterschiedlich geschützt, und ein Irrtum über ein Tatobjekt käme in Betracht. T hätte dann das Vorliegen des Umstandes nicht gekannt, der das Merkmal „Mensch" erfüllt.

(2.) Obwohl man sich natürlich die „Unbeachtlichkeit des *error in persona* bei tatbestandsmäßiger Gleichwertigkeit" als Schlagwort merken kann und soll, ist es in der Klausur vorzugswürdig, statt (allein) mit diesem Schlagwort mit der gesetzlichen Regelung des § 16 Abs. 1 Satz 1 zu argumentieren und dabei festzustellen, dass der zum Tatbestand gehörende Umstand eben nur das tatbestandlich beschriebene, nicht aber ein ganz konkretes individuelles Objekt erfasst.

(3.) Bekannt ist der hier zugrunde liegende Fall „Rose-Rosahl" vor allem wegen der Frage geworden, wie sich der *error in persona* des Täters auf die Strafbarkeit des Anstifters auswirkt (vgl. dazu Fall 300).

62. Auf der Lauer

a) T wollte den O erschießen. Er legte sich mit dem Gewehr in einem Gebüsch auf die Lauer. Als O vorbeikam, legte T auf ihn an und drückte ab. Er verfehlte O aber und traf den neben diesem laufenden X, woran T vorher keinesfalls gedacht hatte. Strafbarkeit des T?
b) Würde sich etwas ändern, wenn T den X für den O gehalten hätte, auf diesen gezielt hätte und dann durch einen Fehlschuss den O getroffen hätte, den er ursprünglich auch töten wollte?

Zur Vertiefung: *Kühl,* § 5 Rn. 29–39; *Rengier* AT, § 15 Rn. 27 ff.; *Roxin* I, § 12 Rn. 125, 166 ff.; *Wessels/Beulke/Satzger,* Rn. 250 ff.; *Heuchemer,* JA 2005, 275 ff.; *Rath,* JA 2005, 709 ff.

Zu a) T hat sich zwar strafbar gemacht; allerdings „nur" wegen einer **versuchten Tötung** in Tateinheit mit einer **fahrlässigen Tötung** (§§ 212, 22; 222; 52), nicht dagegen wegen einer vollendeten Tötung. Zwar ist wie in Fall 61 ein Mensch anvisiert worden und auch ein Mensch zu Tode gekommen, sodass auch insofern eine tatbestandliche Gleichwertigkeit der Rechtsgüter vorliegt. Allerdings hat T bereits durch das Anvisieren ein bestimmtes **Tatobjekt individualisiert** und wollte nur dieses treffen. Dieser **Angriff** ist **fehlgegangen** (sog. *aberratio ictus*). Der tatsächlich eingetretene Erfolg an einem anderen Tatobjekt ist hingegen nicht konkret gewollt und kann daher nach h. M. auch nicht als vollendete Vorsatztat bestraft werden. Die Gegenansicht, die auch hier bei tatbestandlicher Gleichwertigkeit eine Strafbarkeit wegen des vollendeten Vorsatzdelikts annimmt, macht unzulässigerweise die konkrete Objektsvorstellung des Täters zu einer Gattungsvorstellung vom Tatobjekt. Allerdings hat T hinsichtlich des tatsächlich anvisierten O einen versuchten Totschlag, hinsichtlich des tatsächlich getroffenen X eine fahrlässige Tötung begangen.

Zu b) Nein. Dass **zufällig** beim Fehlgehen der Tat das ursprünglich erwünschte Objekt getroffen wird, muss konsequenterweise ohne Bedeutung sein. T's Vorsatz hatte sich hier in der unmittelbaren Tatsituation auf X **konkretisiert,** sodass durch den Fehlschuss selbst dann ein Fehlgehen der Tat anzunehmen ist, wenn T ursprünglich „eigentlich" auch den O verletzen wollte.

63. Autobomben-Fall

A wollte seinen Bruder O töten lassen. Zu diesem Zweck beauftragte er T, am Auto des O eine Sprengfalle anzubringen. T brachte an einem vor dem Haus des O stehenden Auto eine Handgranate an, deren Zündring er so mit dem Rad verband, dass der Zündring durch eine Drehung des Rades gelöst werden sollte. Das Auto gehörte jedoch nicht O, sondern O's Nachbarn N. Als N losfuhr, wurde der Zündring gelöst und das Auto wurde durch die Explosion zerstört. N wurde dabei tödlich verletzt. Hat sich T wegen Totschlags strafbar gemacht?
(vgl. BGH NStZ 1998, 294)

Zur Vertiefung: *Kühl,* § 13 Rn. 25–27; *Rengier* AT, § 15 Rn. 42 ff.; *Roxin* I, § 12 Rn. 197; *Wessels/ Beulke/Satzger,* Rn. 255; *Herzberg,* JuS 1999, 224 ff.

Ja, auch hier liegt ein unbeachtlicher ***error in persona*** vor. Zwar könnte man auf den ersten Blick annehmen, T habe hier O töten wollen und deshalb habe sich seine Objektvorstellung auf O konkretisiert. Allerdings erfasst dies nach der überzeugenden Ansicht des BGH die vorliegende Situation nicht richtig. Vielmehr liegt hier ein Fall der **„mittelbaren" Individualisierung** vor, in dem T das Auto auswählt, von dem er glaubt, O werde es benutzen. Diese mittelbare Individualisierung kann bei tatbestandlicher Gleichwertigkeit der Rechtsgüter jedoch keine Unterscheidung in der rechtlichen Beurteilung hervorrufen. T's Vorsatz hatte sich also zumindest auf eine solche Person konkretisiert, die bestimmungsgemäß und üblicherweise dieses Auto benutzen würde. Insofern liegt hier ein unbeachtlicher Motivirrtum in Form eines *error in persona* vor.

64. Wenigstens nicht ertrunken

T warf ihr zwei Jahre altes Kind O von einer Brücke, um es in einem Fluss zu ertränken. O fiel jedoch nicht in den Fluss, sondern schlug auf einem Brückenpfeiler auf, wo es auf der Stelle tot war. Wie hat sich T strafbar gemacht?

Zur Vertiefung: *Kühl,* § 13 Rn. 41 f.; *Rengier* AT, § 15 Rn. 11 ff.; *Roxin* I, § 12 Rn. 157 ff.; *Wessels/ Beulke/Satzger,* Rn. 258, 261.

T hat sich durch das Werfen von O gemäß **§ 212** strafbar gemacht. T hat den Tod des O adäquat kausal verursacht und hatte auch Vorsatz hinsichtlich der Tötung. Problematisch ist insoweit alleine, wie es sich auswirkt, dass T den O eigentlich ertränken wollte, während O tatsächlich durch den Aufschlag auf dem Brückenpfeiler gestorben ist. Insofern liegt zwar ein **Irrtum über den Kausalverlauf** vor, der ebenfalls vom Vorsatz umfasst sein muss. Allerdings lässt die h. M. genügen, wenn der Täter den Kausalverlauf in seinen **wesentlichen Zügen** vorhersieht. Eine Abweichung im Kausalverlauf ist im Rahmen des § 16 Abs. 1 Satz 1 also nur beachtlich, wenn sie **wesentlich** ist, d. h. wenn der Kausalverlauf außerhalb der Grenzen des nach **allgemeiner Lebenserfahrung** Voraussehbaren verläuft. Es ist aber durchaus eine nicht völlig unwahrscheinliche Folge des Sturzes von einer Brücke, dass man sich bereits am Brückenpfeiler tödlich verletzt und nicht erst durch Ertrinken zu Tode kommt. Insoweit verwirklicht sich hier im Tod des O eine typische Gefahr des Sturzes von der Brücke.

Ergänzende Bemerkung: Wie die letzte Argumentation mit der Verwirklichung der typischen Gefahr zeigt, sind bei der Bestimmung der Wesentlichkeit der Abweichung oft ähnliche Kriterien heranzuziehen, wie sie von der h. L. auch im Institut der objektiven Zurechnung verwendet werden, nach dem diese den vorliegenden Fall ebenfalls lösen könnte.

65. Jauchegruben-Fall urban (II)

Würde sich in Fall 51 etwas ändern, wenn T den O schon beim Schlagen hätte töten wollen und ihn dann wie dort beschrieben in der irrtümlichen Annahme, dieser sei bereits tot, letztlich durch das Versenken in der Kläranlage ums Leben gebracht hätte?
(vgl. BGHSt 14, 193)

Zur Vertiefung: *Kühl,* § 13 Rn. 46–48; *Rengier* AT, § 15 Rn. 51 ff.; *Roxin* I, § 12 Rn. 174 ff.; *Wessels/ Beulke/Satzger,* Rn. 262 ff.; *Sowada,* Jura 2004, 814 ff.

Möglicherweise ja. Der entscheidende Unterschied ist, dass T hier **ursprünglich mit Tötungsvorsatz** handelte, d. h. ein mit dem späteren Eintritt des Todes korrespondierender Vorsatz vorgelegen haben könnte. Zwar ist dabei nach h. M. ein ***dolus generalis*** der Art ausgeschlossen, dass ein einmal gefasster Vorsatz immer fortwirken würde und man deswegen den T so behandeln könnte, als ob er beim Versenken des O – als er diesen für tot hielt! – immer noch vorsätzlich gehandelt hätte. Allerdings kann man umgekehrt an der – ja mit Tötungsvorsatz begangenen! – **Ersthandlung** anknüpfen und fragen, ob der konkrete Kausalverlauf vom ursprünglich vorgestellten in einer so wesentlichen Weise abweicht, dass der **Vorsatz** hinsichtlich des **Kausalverlaufes** abgelehnt werden müsste (vgl. nochmals Fall 64). Zumindest wenn wie hier der Täter in Tötungs**absicht** handelt („hätte töten wollen") und daher davon auszugehen ist, dass er sein Opfer auch dann, wenn er es als noch lebendig identifiziert hätte, auf diese Weise umgebracht hätte, ist eine wesentliche Abweichung wohl zu verneinen.

66. Entweder – oder: Es trifft nie einen Falschen

T lebte im Scheidungskrieg mit ihrem Mann M. Da sie ihn seelisch verletzen wollte und wusste, wie sehr er sowohl an seinem Hund als auch an seiner Tochter O aus erster Ehe hing, bereitete sie eine Falle vor: Sie wusste, dass O, die den Hund ebenfalls liebte, die Gewohnheit hatte, diesen mit Schokoriegeln zu füttern und dabei auch immer selbst einen Riegel zu essen. Als sie M unter dem Vorwand, über Scheidungsformalien zu sprechen, besuchte, deponierte sie zwei Riegel im Küchenschrank, von denen einer vergiftet war. T hatte bewusst nur einen Riegel vergiftet, da sie meinte, M um so mehr treffen zu können, wenn einerseits O über den Tod des Hundes zusätzlich leiden oder aber der Hund ihn immer an den Verlust der O erinnern würde. Strafbarkeit der T, wenn
a) O
b) der Hund
an dem todbringenden Riegel verstirbt?

Zur Vertiefung: *Kühl,* § 5 Rn. 27a, 27b; *Rengier* AT, § 14 Rn. 48 ff.; *Roxin* I, § 12 Rn. 93 ff.; *Wessels/Beulke/Satzger,* Rn. 231.

Der vorliegende Fall ist dadurch gekennzeichnet, dass T entweder **den einen oder den anderen** von zwei – tatbestandlich ungleichen – Erfolgen anstrebt. In diesen Fällen des sog. ***dolus alternativus*** stellt sich das Problem, dass der Vorsatz sich sowohl auf das tatsächlich verletzte als auch auf das letztlich nicht verletzte Rechtsgut (insoweit nur Versuch) bezieht, dass aber dem Täter zugleich klar ist, dass er nur einen Tatbestand tatsächlich verwirklichen kann. Die Behandlung dieser Fälle ist umstritten, da der Unrechtsgehalt einerseits erschöpft, andererseits aber auch nicht überschritten werden sollte. Auch ist problematisch, ob grundsätzlich das vollendete Delikt oder aber das höherrangige Rechtsgut schwerer liegt. Entgegen der wohl **h. M.,** die generell auch hier Tateinheit annimmt, erscheint es jedenfalls angemessen, bei einer Vollendung des schwereren Delikts den Versuch des leichteren schon tatbestandlich zurücktreten zu lassen. Wird dagegen das leichtere Delikt vollendet, ist die Entscheidung noch schwieriger; da aber der Täter nur einen Erfolg herbeiführen wollte, dürfte auch hier die Berücksichtigung des „schwerwiegendsten" Vorsatzes und damit des Versuchs noch die überzeugendste Lösung sein.

Zu a) In Variante a) hat sich T daher nach § 212 (gegebenenfalls i. V. m. § 211 und § 25 Abs. 1 Alt. 2) strafbar gemacht.

Zu b) In Variante b) ist T nach hier vertretener Ansicht nach §§ 212 (211, 25 Abs. 1 Alt. 2), 22, 23 zu bestrafen; allerdings hat hier die Annahme einer tateinheitlichen vollendeten Sachbeschädigung (§ 303) einiges für sich.

Ergänzende Bemerkung: Von den hier vorliegenden Fällen zu unterscheiden sind Konstellationen, in denen der Täter tatsächlich beide Objekte verletzen will (und sei es auch, dass die Verletzung des einen im Vordergrund steht, die gleichzeitige Verletzung des anderen aber auch für möglich gehalten wird). Man könnte hier auch von *dolus cumulativus* sprechen. Rechtsfolge wäre Idealkonkurrenz zwischen den verwirklichten Tatbeständen.

66a. Die Frau des besten Freundes meines besten Freundes

Als T eines Abends nach Hause kam, sah er seine Frau O mit geöffnetem Morgenmantel auf einem Sofa liegen. Auf O lag T's bester Freund F und übte mit O den Geschlechtsverkehr aus. T war zutiefst gekränkt, holte aus dem Flur ein Beil, stellte sich hinter O und F, schlug zu und traf die O tödlich. Welche verschiedenen Vorstellungen des T hinsichtlich des zu treffenden Opfers sind hier grundsätzlich möglich und wie würden diese sich auf T's Tötungsvorsatz und damit auf seine Strafbarkeit auswirken? Die Möglichkeit eines vollständig fehlenden Vorsatzes soll dabei ausgeblendet bleiben. (vgl. BGH NStZ 2009, 210)

Zur Vertiefung: *Kühl,* § 5 Rn. 27a, 27b; § 13 Rn. 17 ff.; *Rengier* AT, § 15 Rn. 21 ff., 27 ff.; § 14 Rn. 48 ff.; *Wessels/Beulke/Satzger,* Rn. 231, 247 ff.; *v. Heintschel-Heinegg,* JA 2009, 149.

Der einfachste und klarste Fall liegt vor, wenn T **(nur) Vorsatz bezüglich** einer Tötung der **O** hatte. Da er O auch getroffen hat, hat er sich wegen eines vorsätzlichen Tötungsdelikts (§ 212, gegebenenfalls auch § 211 –Eifersucht als niedriger Beweggrund; Heimtücke) strafbar gemacht.

Eigentlich der tragischste Fall für T wäre derjenige eines ***error in persona,*** wenn er F und O verwechselt hätte, d. h. wenn er die O für den F gehalten und dann die tatsächlich anvisierte Person getroffen hätte: Zum einen wäre dies für seine Vorsatzstrafbarkeit unbeachtlich, da O und F als Menschen insoweit tatbestandlich gleichwertig sind (vgl. auch Fall 61); zum anderen wäre es auch ganz unabhängig davon wahrlich tragisch für T, wenn seine Frau seinem besten Freund zum Verwechseln ähnlich sieht.

Wollte T dagegen den (oben liegenden) F treffen, so würde in der Tötung der O eine ***aberratio ictus*** liegen, da sich T's Vorsatz auf den F konkretisiert hatte (vgl. auch Fall 62). Dies wäre die für T günstigste Konstellation, da er dann „nur" wegen einer versuchten Tötung an F und wohl auch einer fahrlässigen Tötung an O bestraft werden könnte.

Kein Fall der *aberratio ictus,* sondern letztlich eine ***dolus-alternativus*-Konstellation** würde vorliegen, wenn es dem T gleichgültig gewesen wäre, wen der beiden er trifft; dies gilt selbst dann, wenn er originär den F anvisiert, dabei aber in Kauf genommen hätte, im Fall eines Verfehlens des F immerhin die O zu treffen. Hier würde nämlich auch bezüglich der O bedingter Vorsatz vorliegen, der zu einem vorsätzlichen Tötungsdelikt führen würde. Zur Frage, ob dann daneben auch noch ein Versuch zum Nachteil des F vorliegen würde, vgl. die Überlegungen zu Fall 66.

Ergänzende Bemerkung: Vergegenwärtigt man sich diese Überlegungen und denkt einmal „prozesstaktisch", so wird deutlich, dass eine *aberratio ictus* für T mit Blick auf die zu erwartende Strafe wohl günstiger wäre als ein *dolus alternativus* (wie ihn im Originalfall das Tatgericht festgestellt hatte). Ist T anwaltlich gut beraten, so sollte es eigentlich kaum zu einer solchen Annahme kommen können, da eine entsprechende Einlassung, eigentlich seinen verräterischen Freund, nicht aber die von ihm nach wie vor geliebte Ehefrau treffen zu wollen, kaum widerlegbar sein dürfte.

67. Eine Uhr aus dem Nachlass

E war verstorben und hatte als einzige Angehörige seine Witwe O hinterlassen. In einem maschinenschriftlichen Testament hatte er allerdings nicht die O, sondern seinen langjährigen Schachpartner T als Alleinerben eingesetzt und die O nur mit einem größeren Vermächtnis zur Sicherung ihres Lebensunterhalts bedacht. Als T die O besuchte, um über die Abwicklung des Testaments zu sprechen, nahm er – um die O nicht zu brüskieren heimlich, aber angesichts seiner vermeintlichen Erbenstellung guten Gewissens – eine kostbare Armbanduhr des E mit, um diese in Erinnerung an ihn zu tragen. Als T und O später erfuhren, dass maschinenschriftliche Privattestamente unwirksam sind (vgl. § 2247 BGB), und O an T's Handgelenk E's Uhr erkannte, zeigte sie T wegen Diebstahls an. Hat sich T nach § 242 strafbar gemacht?

Zur Vertiefung: *Kühl,* § 13 Rn. 11–14; *Rengier* AT, § 15 Rn. 9; *Roxin* I, § 12 Rn. 111; *Herzberg/ Hardtung,* JuS 1999, 1073 ff.; *Hinderer,* JA 2009, 864 ff.

Nein. Zwar hat er den objektiven Tatbestand des § 242 Abs. 1 verwirklicht, da die Uhr mit dem Tod des E mangels wirksamen Testaments ins Eigentum der O als der gesetzlichen Alleinerbin überging (vgl. §§ 1922, 1931 Abs. 2 BGB) und damit für T **fremd** war; durch das Mitnehmen aus dem Haus hat T die Uhr der O auch **weggenommen** im Sinne des § 242. Dabei kann ihm aber **kein Vorsatz** zur Last gelegt werden. T **wusste** nämlich auf Grund seiner Unkenntnis der erbrechtlichen Formvorschriften **nicht,** dass es sich um eine für ihn fremde Sache handelte, sondern wähnte sich als vermeintlicher Erbe als Eigentümer der Uhr. Die Behandlung von Irrtümern, die auf der Unkenntnis einer **außerstrafrechtlichen Vorfrage** beruhen, ist umstritten. Denn immerhin würde die Unkenntnis des Verbotes der Wegnahme fremder Sachen als solche nicht zu einem nach § 16 Abs. 1 Satz 1 vorsatzausschließenden Irrtum, sondern zu einem bloßen Verbotsirrtum nach § 17 führen, der nur bei Unvermeidbarkeit die Schuld entfallen lässt und damit wesentlich strenger ist. Allerdings kennt der Täter, der nicht weiß, dass es sich um eine fremde Sache handelt, im Sinne des § 16 Abs. 1 Satz 1 einen zum Tatbestand des § 242 gehörenden Umstand in Gestalt der Fremdheit der Sache nicht; er erkennt nicht den **spezifisch strafrechtlich-sozialen Sinn** seines Verhaltens und wird daher vom Appell der Norm genauso wenig angesprochen wie ein Täter, der einen tatsächlichen Umstand nicht kennt (und z. B. die Uhr auf Grund einer Verwechslung für die eigene hält). Wer bei **normativen Tatbestandsmerkmalen** daher die Regelungen nicht kennt, welche die rechtliche Wertung begründen, handelt ebenso ohne Vorsatz wie derjenige, der die Tatsachen nicht kennt, auf welchen die Rechtsfolge beruht. Erst wenn trotz Kenntnis dieser Regelungen die rechtliche Wertung in Gestalt der Rechtswidrigkeit des Handelns nicht nachvollzogen (also hier: das Verbot der Wegnahme von als fremd erkannten Sachen nicht gekannt) wird, kann „nur" ein Verbotsirrtum eingreifen. In der Sache führt das vielfach zu einer Unterscheidung zwischen strafrechtlichen und außerstrafrechtlichen Rechtsirrtümern, wobei letztere den Tatsachenirrtümern gleichgestellt werden; diese Differenzierung hat bereits das RG getroffen, und trotz der daran häufig geübten Kritik laufen auch viele andere Abgrenzungsvorschläge letztlich oft auf dieses Ergebnis hinaus.

Ergänzende Bemerkungen: (1.) Konsequenterweise müssen dann allerdings insoweit auch die Grundsätze zum nur **bedingten Vorsatz** in gleicher Weise gelten wie bei tatsächlichen Umständen. Sollte also T – wozu der Sachverhalt hier freilich keine Anhaltspunkte enthält – ernsthaft für möglich gehalten haben, dass das Testament unwirksam ist, und eine Verletzung von O's Eigentum zur Verfolgung seiner Ziele in Kauf genommen haben, so hätte er mit *dolus eventualis* gehandelt und sich strafbar gemacht.

(2.) Anders als bei normativen Tatbestandsmerkmalen wird bei sog. **Blankett-Straftatbeständen** meist ein Irrtum über die das Blankett ausfüllenden Vorschriften als bloßer Verbotsirrtum behandelt. Begründen lässt sich diese (dennoch etwas zweifelhafte) Unterscheidung damit, dass bei Blankett-Straftatbeständen die Strafnorm sich nach h. M. durch ein „Zusammenlesen" von Blankett und Ausfüllungsnorm ergibt; wird die Ausfüllungsnorm damit aber unmittelbar Bestandteil der Strafnorm, fällt ein Irrtum darüber unter § 17.

67a. Voreilige Sterbehilfe

T bekam das erste Mal Besuch von seiner in Südostasien lebenden Großmutter O, die er sofort ins Herz schloss. Als O in gebrochenem Englisch von den schlimmen Zuständen in ihrem Heimatland und vom Elend todkranker Kinder erzählte, missverstand T (dessen Englisch kaum besser war) die Erzählung dahingehend, dass O selbst todkrank sei, unsäglich unter diesem Zustand leide und sich von T Erlösung von ihrem Leid wünsche. Schweren Herzens, aber von Mitleid erfüllt besorgte sich T eine Spritze mit einem todbringenden Gift und verabreichte diese der schlafenden O. Strafbarkeit des T?

Zur Vertiefung: *Kühl,* § 13 Rn. 16; *Roxin* I, § 12 Rn. 138 f.; *Küper,* Jura 2007, 260 ff.

T hat den **objektiven Tatbestand eines Totschlags** (§ 212) sowie auf Grund des objektiven Vorliegens einer Arg- und daraus resultierenden Wehrlosigkeit (vgl. PdW BT II, Fall 17) sogar die objektiven Voraussetzungen des Mordmerkmals „Heimtücke" erfüllt (wobei es bei letzterem subjektiv an der weiterhin geforderten feindlichen Willensrichtung gegenüber dem Opfer fehlen dürfte). Hätte die O den T indes tatsächlich – wie von ihm angenommen – **ausdrücklich und ernstlich um die Tötung gebeten,** hätte zugunsten des T die **Privilegierung** des § 216 (Tötung auf Verlangen) eingegriffen. Da also auch die Tötung „mit Einwilligung" tatbestandlich ist, kommt dem T **zwar nicht § 16 Abs. 1 Satz 1 zu Gute,** da er keinen Umstand verkannt hat, der zur Tatbestandslosigkeit seines Verhaltens geführt hätte; er hat sich aber Umstände vorgestellt, die zu einer **Privilegierung** geführt hätten. Für solche Fälle ordnet **§ 16 Abs. 2** an, dass der Täter gleichsam nur „entsprechend seiner Fehlvorstellung" bestraft wird, da das Vorsatzunrecht gemindert ist und nur auf der niedrigeren Stufe der Privilegierung vorliegt. T kann daher „nur" nach § 216 betraft werden. Die Formulierung in § 16 Abs. 2 „wegen vorsätzlicher Begehung" zeigt aber, dass eine Fahrlässigkeitsstrafbarkeit möglich bleibt, soweit die privilegierenden Umstände sorgfaltspflichtwidrig angenommen wurden. Dies wird man vorliegend bei einer so weit reichenden Entscheidung auf Grund einer doch recht unsicheren Kommunikationsgrundlage annehmen können, sodass idealkonkurrierend neben § 216 noch eine Strafbarkeit wegen fahrlässiger Tötung nach § 222 tritt.

III. Die Rechtswidrigkeit

1. Allgemeine Lehren

68. Bedeutung der Rechtswidrigkeit

Welche Bedeutung kommt im Verbrechensaufbau nach der Feststellung des Tatbestandes der Rechtswidrigkeitsprüfung zu?

Zur Vertiefung: *Kühl*, § 6 Rn. 1–4; *Rengier* AT, § 17 Rn. 1; *Roxin* I, § 14 Rn. 1–3; *Wessels/Beulke/Satzger*, Rn. 270.

Auf der Prüfungsstufe der Rechtswidrigkeit wird das **endgültige Unwerturteil** über die **Tat** gefällt. Sieht man durch die Bejahung der Tatbestandsmäßigkeit die Rechtswidrigkeit des Verhaltens als indiziert an, so wird hier geprüft, ob das durch den Tatbestand vertypte Unrecht sich auch in der konkreten Situation als Unrecht erweist oder ob ausnahmsweise das Verhalten gerechtfertigt und damit ein normalerweise verbotenes Verhalten von der Rechtsordnung erlaubt werden kann.

69. Festnahme

T hatte den ihm unbekannten O auf frischer Tat dabei ertappt, wie O daran ging, in das Ladengeschäft des L einzubrechen. T alarmierte mit seinem Handy die Polizei und hielt O, der fliehen wollte, fest, bis diese eintraf. O zeigte sich reuig, forderte aber die Polizisten auf, den T auch gleich mitzunehmen, da dieser sich durch das Festhalten wegen Nötigung strafbar gemacht habe. Als der Polizist erklärte, dazu sei T nach § 127 Abs. 1 StPO berechtigt gewesen, meinte O, das könne doch keine Rolle spielen, da diese Regelung sich nicht im StGB befinde und daher einer dort begründeten Strafbarkeit auch nicht entgegenstehen könne. Hat er damit Recht?

Zur Vertiefung: *Kühl*, § 6 Rn. 3; *Rengier* AT, § 17 Rn. 3; *Roxin* I, § 14 Rn. 3, 31; *Wessels/Beulke/Satzger*, Rn. 274.

Nein. Es ist im Grundsatz allgemein anerkannt, dass **Rechtfertigungsgründe** sich **nicht nur aus dem StGB** ergeben können, sondern dass auch Rechtfertigungsgründe aus anderen Gesetzen (z. B. §§ 228, 904 BGB; Befugnisnormen des Polizeirechts) für das Strafrecht von Bedeutung sind. Dies wird häufig mit dem Postulat der **„Einheit der Rechtsordnung"** begründet: Wenn die Rechtsordnung in einem Gesetz eine bestimmte Verhaltensweise erlaubt, so kann sie nicht nach einem anderen Gesetz verboten sein. Gerade die Zwangsmittel der StPO sind dabei klassische Rechtfertigungsgründe, da ohne sie (nicht nur wie hier bei § 127 Abs. 1 StPO der Bürger, sondern auch) die Strafverfolgungsorgane permanent Straftaten begehen würden: Hausfriedensbrüche bei Durchsuchungen (vgl. §§ 102 ff. StPO); Körperverletzungen bei körperlichen Untersuchungen (vgl. § 81a StPO); u. U. Diebstähle bei Beschlagnahmen (vgl. §§ 94 ff. StPO). Man könnte zwar meinen, auf Grund des besonderen Charakters des Strafrechts als *ultima ratio* seien im Einzelfall unterschiedliche Maßstäbe angebracht. Allerdings wäre es selbst dann jedenfalls konsequent, Rechtfertigungsgründe aus anderen Gebieten im Strafrecht anzuerkennen, da ein dort erlaubtes Verhalten erst recht nicht zu einer mit einem besonderen sozialethischen Vorwurf verbundenen Strafbarkeit führen kann.

70. Gemeinsamer Leitgesichtspunkt der Rechtfertigungsgründe

Angesichts der Vielzahl der möglichen Rechtfertigungsgründe innerhalb und außerhalb des StGB (vgl. Fall 69) fragt Student S in der Vorlesung, ob denn ein gemeinsamer Sachgrund der Rechtfertigungsgründe erkennbar sei. Professor P antwortet, dies sei eine schwierige Frage; aber fast immer spiele der Gesichtspunkt der Güterabwägung eine Rolle. S meint daraufhin, für den Notstand könne er das ja noch akzeptieren, aber schon bei den Standardrechtfertigungsgründen der Notwehr und der Einwilligung sei von einer Güterabwägung keine Rede. Was könnte P ihm antworten?

Zur Vertiefung: *Roxin* I, § 14 Rn. 38–44.

P könnte antworten, dass letztlich in allen Fällen eine Güterabwägung dazu führe, dass Verhaltensweisen bzw. Erfolge, welche die Rechtsordnung grundsätzlich untersage, ausnahmsweise erlaubt seien. **Unterschiedlich** sei dabei nur, **wer** die **Güterabwägung** treffe: Am klarsten erkennbar sei dies bei den Notständen (wie z. B. § 34), bei denen die Güter- bzw. Interessenabwägung ausdrücklich angeordnet sei und durch den Richter vorgenommen werde. Bei der Notwehr dagegen sei die Abwägung bereits durch den Gesetzgeber vorvollzogen, der von einem grundsätzlichen Überwiegen der Interessen des Verteidigers gegen einen rechtswidrigen Angreifer ausgehe (zur Begründung näher Fall 72); bei der Einwilligung schließlich werde die Güterabwägung vom „Opfer" selbst getroffen, das seinem Selbstbestimmungsrecht bzw. den mit der Einwilligung verbundenen Interessen subjektiv eben einen höheren Rang einräume als dem Schutz der verletzten Güter. Siehe die folgende Übersicht:

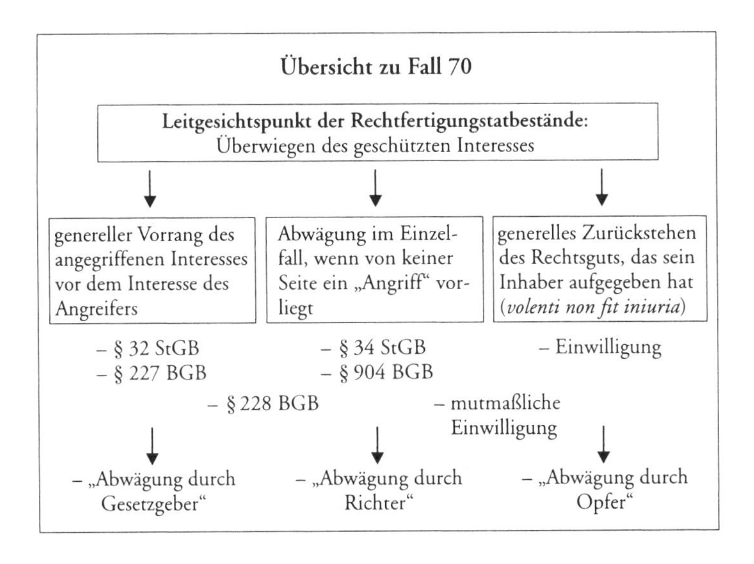

71. Der Grenzbaum fällt

Die Nachbarn T und O stritten schon lange um einen an der Grundstücksgrenze stehenden Baum. Kurz bevor O in den Urlaub fuhr, sprach er die Frau des T an und erklärte, wenn T den Baum unbedingt fällen wolle, solle er es eben in Gottes Namen nun während O's Urlaub tun. Die Frau des T vergaß, ihrem Mann von diesem Gespräch zu erzählen. Dennoch fasste T den Entschluss, die Abwesenheit des O zu nutzen und den Baum zu fällen. Als er seiner Frau nach dem Fällen davon erzählte, erfuhr er die Geschichte. Belustigt berichtete er dem O nach seiner Rückkehr von diesem Verlauf der Dinge. O hatte jedoch seinen Entschluss inzwischen bereut und drohte T, ihn wegen Sachbeschädigung anzuzeigen. Denn da T von seiner Einwilligung nichts gewusst habe, könne er auch nicht gerechtfertigt sein. Strafbarkeit des T?

Zur Vertiefung: *Kühl,* § 6 Rn. 14–16; *Rengier* AT, § 17 Rn. 13 ff.; *Roxin* I, § 14 Rn. 94 ff.; *Wessels/Beulke/Satzger,* Rn. 275, 278.

T hat durch das Umschlagen des Baumes den Tatbestand des § 303 erfüllt. Fraglich ist jedoch, ob er rechtswidrig gehandelt hat: Objektiv lag eine (nach h. M., vgl. näher Fall 114) rechtfertigende Einwilligung vor, da O als dispositionsbefugter Rechtsgutsinhaber nach außen erklärt hat, dass der Baum gefällt werden dürfte. Nach den Anhängern einer (heute allerdings nur noch selten vertretenen) objektiven Theorie soll schon deswegen die Rechtswidrigkeit des Verhaltens entfallen, da nicht rechtswidrig sein könne, was objektiv gerechtfertigt sei. Dem gegenüber verlangt die h. M. überzeugend auch ein **subjektives Rechtfertigungselement.** Dieses Erfordernis ergibt sich nicht nur bei einer Reihe von Rechtfertigungsgründen explizit aus dem Gesetz („um einen Angriff/eine Gefahr abzuwehren"), sondern überzeugt insbesondere bei Vorsatzdelikten deshalb, weil dort auch das Unrecht objektiv und subjektiv begründet wird. Entsprechend kann das Unrecht auch nur durch objektive und subjektive Rechtfertigungselemente vollständig kompensiert werden. Nach bestrittener, aber im Vordringen befindlicher Ansicht kommt beim Fehlen des subjektiven Rechtfertigungselements allerdings nur eine Strafbarkeit nach **Versuchsgrundsätzen** in Betracht. Denn die Situation, in der das Erfolgsunrecht durch die objektive Rechtfertigung kompensiert ist, das Handlungsunrecht aber bestehen bleibt, entspricht derjenigen beim Versuch, bei der ebenfalls zwar ein Handlungs-, aber kein Erfolgsunrecht vorliegt.

	Erfolgsunrecht	**Handlungsunrecht**
vollendetes Delikt	(+)	(+)
versuchtes Delikt	(–)	(+)
Fehlen des subjektiven Rechtfertigungselements	(–), da objektiv gerechtfertigt	(+)

2. Die Notwehr

72. Todbringende Flucht

P aus Fall 70 stellt in der Vorlesung folgenden Fall: O hat T entführt und hält ihn an einem geheimen Ort gefangen, an dem er ihn zwar am Leben lässt, aber über lange Zeit hinweg grausam quält. Eines Tages sieht T eine Chance zu entkommen, indem er den bewaffneten O, der sich kurz abwendet, von hinten mit einer Flasche niederschlägt. Da alles sehr schnell gehen muss, ist T gezwungen, so fest wie möglich zuzuschlagen, und nimmt dabei den Tod des O in Kauf, der auch eintritt. K meint, wenn T sich in dieser Situation auf Notwehr berufen könne, sei der Gedanke des überwiegenden Interesses doch nicht stimmig, da von einem Überwiegen der Freiheit und körperlichen Unversehrtheit des T gegenüber O's Leben ja wohl schwerlich gesprochen werden könne. Was wird P dem K erklären?

Zur Vertiefung: *Kühl,* § 7 Rn. 7–13; *Rengier* AT, § 18 Rn. 1; *Roxin* I, § 15 Rn. 1–3; *Wessels/Beulke/Satzger,* Rn. 339 f.; *Kühl,* JuS 1993, 177 ff.

P wird erklären, dass K's Betrachtung zutreffend ist, solange er nur die betroffenen Individualinteressen des T vor Augen hat. Die gesetzgeberische Grundentscheidung für ein schneidiges, auch Eingriffe in überwiegende Rechtsgüter des Angreifers rechtfertigendes Notwehrrecht beruht aber darauf, dass der Verteidiger neben seinen Individualinteressen auch die Rechtsordnung insgesamt schützt, die von dem rechtswidrigen Angreifer in Frage gestellt wird. Die Begründung des Notwehrrechts ist daher nach h. M. eine **dualistische,** die sowohl den **Selbstschutz- als auch den Rechtsbewährungsgedanken** umfasst. Da das Recht dem Unrecht nicht zu weichen braucht, hat der Gesetzgeber die Bewährung der Rechtsordnung bei seiner pauschalierenden Abwägung mit in Rechnung gestellt. Dadurch kommt es zu einem Vorrang der Interessen des Verteidigers, dessen Verhalten grundsätzlich **ohne Güterabwägung** im konkreten Fall gerechtfertigt ist. Konsequenterweise werden „sozialethische Einschränkungen" des Notwehrrechts (vgl. Fälle 95 ff.) u. a. auch in solchen Konstellationen diskutiert, in denen der Rechtsbewährungsgedanke stark in den Hintergrund tritt.

73. Voraussetzungen der Notwehr

Welche Voraussetzungen müssen nach § 32 für eine Rechtfertigung durch Notwehr vorliegen?

Zur Vertiefung: *Kühl,* § 7 Rn. 20a; *Rengier* AT, § 18 Rn. 4; *Wessels/Beulke/Satzger,* Rn. 352; *Kudlich,* JA 2014, 587 ff. (zu denkbaren Folgefragen, wenn einzelne Notwehrvoraussetzungen fehlen).

I. Notwehrlage (vgl. dazu Fälle 74 ff.)
- Angriff
- Gegenwärtigkeit
- Rechtswidrigkeit

II. Notwehrhandlung (vgl. dazu Fälle 87 ff.)
- Abwehr des Angriffs durch Eingriff in Rechtsgüter des Angreifers

– Erforderlichkeit
– Gebotenheit

III. Subjektives Rechtfertigungselement.

Ergänzende Bemerkung: Neben der Notwehr zur Verteidigung eigener Güter ist durch § 32 explizit auch die Nothilfe zu Gunsten Dritter (grundsätzlich im gleichen Rahmen) gedeckt (vgl. vertiefend *Kasiske*, Jura 2004, 832 ff.).

74. Angriff des Kampfhundes (I)

A traf den ihm verhassten B im Park. Er ergriff die Gelegenheit und hetzte seinen abgerichteten Hund auf B, der sich bei diesem aussichtslos festbiss. Passant T, der das Geschehen beobachtet hatte, schritt auf A zu und brachte diesen mit Tritten und Schlägen dazu, seinen Hund zurückzupfeifen. Kann T sich auf Nothilfe gemäß § 32 berufen?

Zur Vertiefung: *Kühl*, § 7 Rn. 26 f.; *Rengier* AT, § 18 Rn. 6 f.; *Roxin* I, § 15 Rn. 6; *Wessels/Beulke/Satzger*, Rn. 325.

Ja. Zwar ist **Angriff** im Sinne des § 32 Abs. 2 nur eine durch **menschliches Verhalten** drohende Verletzung rechtlich geschützter Güter oder Interessen. Die Verbote und Gebote der Rechtsordnung richten sich allein an Menschen, und daher kann auch nur menschliches Verhalten als „rechtswidrig" beurteilt werden. Die Abwendung von Gefahren, die von Tieren, **Sachen** oder Naturgewalten ausgehen, beurteilt sich demgegenüber grundsätzlich nach **Notstandsregeln** (vgl. § 34; §§ 228, 904 BGB). Danach scheint es zunächst so zu sein, als ob ein „Angriff" des Hundes, nicht aber des A auf den B vorlag. Im vorliegenden Fall tritt aber die Besonderheit auf, dass A seinen Hund willentlich auf B hetzte und ihn demnach wie ein Werkzeug zur Verletzung eines Individualrechtsgutes benutzte. Damit ist bei näherem Hinsehen A **selbst Angreifer,** und Notwehr bzw. Nothilfe ist ihm gegenüber gestattet. T berief sich somit zu Recht auf § 32.

75. Hochseil-Artisten bei der Arbeit

Die beiden Fensterputzer T und O waren gerade an der Außenwand im 33. Stock eines Hochhauses bei der Arbeit, als O plötzlich den Halt verlor und von der Plattform fiel. Ein Sturz in die Tiefe wurde durch ein Sicherungsseil verhindert, das den O mit der Plattform verband. Durch das Gewicht des an der Plattform hängenden O drohte jedoch auch die Plattform selbst herunterzustürzen. T, der dies erkannte und um sein Leben fürchtete, kam dem zuvor, indem er das Seil durchschnitt. Im Verfahren wegen Tötung des O stellte er sich auf den Standpunkt, sein Verhalten sei durch § 32 gerechtfertigt gewesen, da ihn O schließlich „angegriffen habe". Was ist davon zu halten?

Zur Vertiefung: *Kühl*, § 7 Rn. 28; *Rengier* AT, § 18 Rn. 6 f.; *Roxin* I, § 15 Rn. 8; *Wessels/Beulke/Satzger*, Rn. 325.

Nichts. Ein Angriff als menschliches Verhalten setzt ein **willensgetragenes** (willkürliches) **Handeln** voraus, sodass epileptische Anfälle, Reflexe oder Bewegungen im Schlaf möglicherweise eine Notlage, nicht aber eine Notwehrlage für andere auslösen können. Zwar wird von der ganz h. M. kein zielgerichtetes, vorsätzliches oder etwa gewalttätiges Verhalten verlangt. Hier stürzte O jedoch ganz plötzlich und demnach nicht willensmäßig beherrschbar von der Plattform, sodass es bereits an der Minimalvoraussetzung der Willkürlichkeit des Handelns und somit an einem „Angriff" im Sinne des § 32 fehlte. T kann sich aber u. U. auf die Regeln über den entschuldigenden Notstand (§ 35) berufen (vgl. auch Fall 139).

Ergänzende Bemerkung: Inwieweit objektiv sorgfaltsgemäße Handlungen eine Notwehrlage im Sinne des § 32 auslösen können, wird üblicherweise bei der „Rechtswidrigkeit" des Angriffs erläutert (vgl. unten Fall 84).

76. Die wollen doch nur spielen

Als die beiden Wehrpflichtigen G und H ihren früheren Sportlehrer L sahen, liefen sie laut schreiend auf diesen zu und fesselten ihn mit einem Knoten, den sie in der Grundausbildung gelernt hatten. L ließ sich das gerne gefallen. Der des Weges kommende T erkannte nicht, dass es sich nur um einen Scherz handelte. Da G und H auf einen entsprechenden Zuruf nicht reagierten, versetzte er ihnen einen Faustschlag, um L zu helfen. Hat sich T wegen Körperverletzung (§ 223) strafbar gemacht?

Zur Vertiefung: *Kühl,* § 7 Rn. 21; *Rengier* AT, § 18 Rn. 12 ff., § 30 Rn. 1; *Wessels/Beulke/Satzger,* Rn. 330, 457.

Nein. Zwar wird zur Frage, nach welchem Maßstab das Vorliegen eines Angriffs im Sinne des § 32 beurteilt werden muss, ganz überwiegend eine ***ex-post***-Betrachtung für richtig gehalten; dies hat zur Folge, dass nur ein **objektiv tatsächlich vorliegender Angriff** die Befugnisse aus dem Notwehrrecht auslöst. Für diese Betrachtung spricht insbesondere, dass sich mit Blick auf die dualistische Begründung des Notwehrrechts die weitreichenden Befugnisse des Notwehrübenden und die korrespondierende Belastung des Angreifers nur rechtfertigen lassen, wenn der Angreifer tatsächlich und nicht nur dem Anschein nach im Begriff ist, rechtlich geschützte Interessen zu verletzen. Im vorliegenden Fall lag aus der *ex-ante*-Sicht des T, nicht aber bei *ex-post*-Betrachtung ein Angriff auf L vor, da L mit der Fesselung durch G und H in Wahrheit einverstanden war. Bei einem solchen **Scheinangriff** versagt die überwiegende Meinung das Notwehrrecht. Da sich T aber irrigerweise die Voraussetzungen einer Nothilfesituation vorstellte, kann dies nach **Irrtumsregeln zu seiner Straflosigkeit** führen (sog. Putativnotwehr).

Ergänzende Bemerkung: Die Gegenmeinung lässt es demgegenüber genügen, wenn bereits aus der *ex-ante*-Sicht eines sorgfältigen und vernünftigen Beobachters ein Angriff vorzuliegen scheint. Danach würde man über die Anwendung des § 32 – die weiteren Voraussetzungen unterstellt – unmittelbar zur Straflosigkeit des T gelangen. T hat sich damit im Ergebnis nach beiden Ansichten nicht wegen Körperverletzung strafbar gemacht.

77. Ein Spanner im Kino

T war mit seiner Freundin im Kino. Nach dem Ende der Vorstellung warteten sie, bis alle anderen Besucher gegangen waren, und begannen daraufhin, auf den Sitzen Zärtlichkeiten auszutauschen. Plötzlich bemerkte T, dass er von einem Besucher auf den hinteren Plätzen beobachtet wurde. Erzürnt sprang er auf und vertrieb durch gezielte Faustschläge den „Eindringling". T war der Meinung, er sei befugt gewesen, den Angriff auf seine Intimsphäre abzuwehren. Mit Recht?
(vgl. BayObLG NJW 1962, 1782)

Zur Vertiefung: *Kühl,* § 7 Rn. 34 f.; *Rengier* AT, § 31 Rn. 12 f.; *Roxin* I, § 15 Rn. 30; *Wessels/Beulke/Satzger,* Rn. 482.

Nein. Für die Beantwortung der Frage, ob ein Angriff im Sinne des § 32 vorlag, ist zwar davon auszugehen, dass über die strafrechtlich geschützten Rechtsgüter wie Leben, körperliche Unversehrtheit, Eigentum, Freiheit usw. auch andere **Individualrechtsgüter** (vgl. § 32: „von sich oder einem anderen abzuwehren") notwehrfähig sind. Hierunter fallen u. a. das allgemeine Persönlichkeitsrecht, das Recht am eigenen Bild, das Hausrecht, das Vermögen selbst im Fall gewaltsamer Entziehung ohne Bereicherungsabsicht (d. h. auch wenn kein Fall der §§ 253, 255 vorliegt) oder das Eigentum bei bloßer nicht strafbarer Sachentziehung (d. h. auch wenn kein Fall der §§ 242, 303 vorliegt). Auch die **Intimsphäre im Privatbereich** als Ausprägung des allgemeinen Persönlichkeitsrechts gehört hierzu. Demgegenüber reicht der Schutz gegen Beobachten bzw. Belauschen in **öffentlich zugänglichen Bereichen** (Park, Bahnhof o. Ä.) nicht so weit. Solche Verhaltensweisen sind vielmehr als bloße Belästigung ebenso hinzunehmen wie das „Verfolgen" prominenter Personen in der Öffentlichkeit durch Presse oder Fans. Somit lag in der Beobachtung des T und seiner Freundin im Kino schon gar kein Angriff im Sinne des § 32 vor, den T hätte abwehren dürfen. Ein diesbezüglicher Irrtum des T wäre als – vermeidbarer – Verbotsirrtum nach § 17 (vgl. unten Fall 148) zu behandeln.

78. Der Moralapostel stinkt

T störte eine Aufführung des Films „Die Sünderin", indem er durch 15 junge Männer, mit denen er das Lichtspieltheater besuchte, während der Aufführung 40 bis 50 Stinkbomben zertreten ließ. Die Vorstellung musste deshalb 15 Minuten unterbrochen werden. T berief sich darauf, dass er gegen die sittliche und religiöse Anstößigkeit des Films habe vorgehen und die Besucher vor einer Verletzung ihres Empfindens habe bewahren wollen. Hat sich T wegen Nötigung (§ 240) strafbar gemacht?
(vgl. BGHSt 5, 245)

Zur Vertiefung: *Kühl,* § 7 Rn. 38; *Rengier* AT, § 18 Rn. 10, 50; *Roxin* I, § 15 Rn. 36 f.; *Wessels/Beulke/Satzger,* Rn. 332.

Ja. Zwar wird für die dualistische Begründung des Notwehrrechts die „Bewährung der Rechtsordnung" neben dem Individualrechtsgüterschutz herangezogen. Dies führt aber nicht dazu, dass der Notwehrübende auch Angriffe allein auf die „öffentliche Ordnung" abwehren darf. Die **Verteidigung von Allgemeininteressen** (z. B. Sicherheit des Straßenverkehrs, Reinheit der Gewässer usw.) obliegt allein den dazu berufenen **staatlichen Organen,** um jeglicher Selbstjustiz durch selbst ernannte „Ordnungshüter" entgegenzuwirken (staatliches Gewaltmonopol). Daher war T auch nicht berechtigt, eigenmächtig im Wege der Nothilfe gemäß § 32 die Kinobesucher vor einem sittlich oder religiös anstößigen Film durch Sabotieren der Vorstellung zu bewahren, um so die öffentliche Ordnung wiederherzustellen. T hat sich daher wegen Nötigung (§ 240) strafbar gemacht.

Ergänzende Bemerkung: Notwehr bzw. Nothilfe ist jedoch dann möglich, wenn neben der Gefährdung der öffentlichen Ordnung **zugleich** auch Individualrechtsgüter betroffen sind wie etwa im Fall, dass der Trunkenheitsfahrer über den Verstoß gegen § 316 hinaus (insoweit nur Beeinträchtigung der öffentlichen Ordnung) auch eine Gruppe spielender Kinder zu verletzen droht.

79. Angriff des Kampfhundes (II)

a) Wie wäre Fall 74 unter folgenden, abweichenden Umständen zu lösen: A hatte seinen Hund nicht auf B gehetzt, sondern dieser wurde durch das Aftershave des vorbeigehenden B plötzlich wild und biss sich bei B fest. A unternahm dagegen nichts, obwohl er ohne weiteres seinen Hund hätte bändigen können. T hatte das Geschehen beobachtet, schritt auf A zu und brachte diesen mit Tritten und Schlägen dazu, seinen Hund zurückzupfeifen.
b) B erlitt durch die Bisse stark blutende Verletzungen, die sofort behandelt werden mussten. Der zufällig vorbeikommende Jogger Dr. J wurde gebeten, die erforderliche und zumutbare Behandlung vorzunehmen. Als dieser sich weigerte, Hilfe zu leisten, wurde er von T unter Androhung von Schlägen zur Behandlung gezwungen. War T zur Nothilfe gemäß § 32 befugt?

Zur Vertiefung: *Kühl,* § 7 Rn. 29 f.; *Rengier* AT, § 18 Rn. 15; *Roxin* I, § 15 Rn. 11–13; *Wessels/Beulke/Satzger,* Rn. 326.

Zu a) Das Verhalten des T war gemäß **§ 32 gerechtfertigt.** Zwar griff A den B in diesem Fall nicht durch aktives Tun, wohl aber dadurch an, dass er es unterließ, seinen Hund zurückzupfeifen. Obwohl der Wortlaut des § 32 von „Angriff" spricht und damit eher ein aktives Tun nahe legt, ist nach überwiegender Ansicht auch ein **Angriff durch Unterlassen** von § 32 erfasst. Dafür ist jedoch erforderlich, dass durch Verletzung einer **rechtlichen Handlungspflicht** Individualrechtsgüter betroffen werden. Die genaue Konkretisierung der Handlungspflicht ist umstritten. Jedenfalls aber reichen hierfür **Garantenpflichten** im Sinne des § 13 aus. A hatte auf Grund seiner Eigenschaft als Hundebesitzer die rechtliche Verpflichtung, alle von dem Hund ausgehenden Gefahren für Dritte abzuwenden (Überwachergarant). Da er dies unterließ, griff er (durch Unterlassen) in die Rechte des B ein, wogegen T Nothilfe üben durfte.

Zu b) Nach vorzugswürdiger Ansicht: **nein.** Problematisch ist dabei, ob das Unterlassen der Behandlung durch J ebenfalls einen „Angriff" auf B im Sinne des § 32 darstellt, gegen den T durch Androhung der Schläge Nothilfe üben konnte. Schließlich verband J mit B im Gegensatz zu A allenfalls die **allgemeine Solidaritätspflicht**

aus § 323c. Ob dies eine für einen Angriff durch Unterlassen ausreichende Handlungspflicht darstellt, ist umstritten. Teilweise wird es mit dem Argument bejaht, dass den nach § 323c Verpflichteten eine Pflicht zur Hilfeleistung in der konkreten Situation treffe und § 323c damit jedenfalls auch eine individualrechtsschützende Komponente beinhalte. Andererseits ist die Legitimation einer allgemeinen Solidaritätspflicht in § 323c ohnehin fragwürdig, was dafür spricht, diese nicht noch zusätzlich durch das Nothilferecht eines Dritten abzusichern. Immerhin trifft den nach § 323c Verpflichteten gerade keine einem Garanten vergleichbare spezielle Zuständigkeit für das bedrohte Rechtsgut.

Ergänzende Bemerkung: Erwägenswert erscheint in Variante b) allerdings die Anwendung des § 34, da B's Gesundheit die Interessen des J wesentlich überwiegen dürfte.

80. Zwei Todfeinde

Zwischen T und O war es zu einer Auseinandersetzung gekommen, in deren Verlauf O den T mit einer Waffe bedroht hatte. Einige Tage später traf T erneut auf O. Als O nach seiner Brusttasche griff, in der sich eine geladene Pistole befand, zog T seinerseits eine Pistole und schoss auf O, um einem Angriff seitens des O zuvorzukommen. Der Schuss verfehlte O. Hat sich T wegen versuchten Totschlags (§§ 212, 22) strafbar gemacht?
(vgl. BGH NJW 1973, 255; vgl. auch BGH NStZ 2000, 365)

Zur Vertiefung: *Kühl,* § 7 Rn. 39 f.; *Rengier* AT, § 18 Rn. 19 f.; *Roxin* I, § 15 Rn. 21–29; *Wessels/Beulke/Satzger,* Rn. 328.

Nein, da der Schuss des T auf O gemäß § 32 gerechtfertigt war. **Gegenwärtig** im Sinne des § 32 ist ein Angriff, der unmittelbar bevorsteht, gerade stattfindet oder noch fortdauert. Die für die Lösung des Falles maßgebliche Frage, ab welchem Zeitpunkt ein Angriff bereits **unmittelbar bevorsteht,** wird nicht einheitlich beantwortet. Überwiegend wird hierfür auf die Formel des unmittelbaren Ansetzens im Rahmen des Versuchsbeginns zurückgegriffen, wobei aber auch ein „schmales Vorfeld des Versuchs" für ausreichend erachtet wird. Der BGH führt hierzu aus, als gegenwärtiger Angriff im Sinne des § 32 sei auch ein Verhalten anzusehen, „das zwar noch kein Recht verletzt, aber unmittelbar in eine Verletzung umschlagen kann, sodass durch das Hinausschieben der Abwehrhandlung deren Erfolg gefährdet würde". Auf Grund der früheren Auseinandersetzung mit O durfte T den Griff des O an die Brusttasche nicht nur als harmlose Vorbereitungshandlung, sondern als unmittelbar gefährliche Bedrohung werten, aus der sich in „Sekundenschnelle" eine Verletzungshandlung entwickeln konnte. Der Angriff war daher bereits zu diesem Zeitpunkt gegenwärtig, ein weiteres Abwarten des T bezüglich seiner Verteidigungshandlung somit nicht erforderlich.

81. Langhaarige Bombenleger

A war Mitglied einer terroristischen Zelle. Er hatte vor, ein Bankgebäude in der Großstadt S in die Luft zu sprengen. T, der Vermieter des A, argwöhnte

bereits seit einiger Zeit, dass mit A etwas nicht stimme. Als T den A eines Tages mit einer selbst gebastelten Bombe aus Plastiksprengstoff aus dem Haus gehen sah und die Worte „Nun ist es soweit. Wir schreiben jetzt Geschichte.“ seines Begleiters B vernahm, geriet er in Panik. Seine Bürgerpflichten vor Augen, wusste sich der gebrechliche T zur Abwendung des bevorstehenden Unheils nicht anders zu helfen, als A und B mit einem gezielten Schuss aus seinem Jagdgewehr niederzuschießen. Wegen zweifachen Totschlags angeklagt, ließ sich T dahingehend ein, er wisse gar nicht, warum man ihn belange, sein Verhalten müsse doch aus Nothilfe gemäß § 32 gerechtfertigt sein. Was ist davon zu halten?

Zur Vertiefung: *Kühl,* § 7 Rn. 42; *Rengier* AT, § 18 Rn. 22; *Roxin* I, § 15 Rn. 21–24; *Wessels/Beulke/Satzger,* Rn. 329.

Eine **Rechtfertigung** des T aus Nothilfe wird **ausscheiden,** da in dem Verhalten von A und B noch **kein gegenwärtiger** Angriff im Sinne des § 32 gesehen werden kann. Im Verlassen des Hauses auf dem Weg zum Tatort ist weder ein unmittelbares Ansetzen im Sinne des § 22, noch ein schmales Vorfeld des Versuchs (vgl. Fall 80) zu erblicken, da noch erhebliche Zwischenschritte (Fahrt zum Tatort, Installieren der Bombe usw.) zur Deliktsverwirklichung nötig waren. Nach h. A. konnte sich T somit mangels Gegenwärtigkeit des Angriffs nicht auf Nothilfe berufen. Ein kleinerer Teil der Literatur vertritt demgegenüber die **Effizienzlösung.** Danach ist ein bevorstehender Angriff schon dann gegenwärtig, wenn eine spätere Abwehr nicht mehr möglich wäre und das weitere Zuwarten die letzte oder sicherste Abwehrchance verstreichen ließe. Nach dieser Ansicht könnte sich T auf Nothilfe berufen, da eine spätere Abwehr des Attentats mangels Kenntnis vom Zielobjekt praktisch unmöglich, zumindest aber wesentlich erschwert war. Obwohl diese Ansicht eine „Verteidigungslücke“ schließen will, wird ihr entgegengehalten, die weitgehenden Eingriffsbefugnisse der Notwehr seien nur in der akuten Situation eines gegenwärtigen Angriffs legitimierbar und die präventive Gefahrenabwehr müsse Sache der staatlichen Organe bleiben. Folgt man der h. A., konnte sich T daher nicht auf Nothilfe berufen.

Ergänzende Bemerkung: Einschlägig sind in derartigen Fällen die §§ 34, 35, die jedoch hier mangels Vorliegens der Voraussetzungen (fehlende Verhältnismäßigkeit, keine Sympathieperson) nicht greifen. Zu erwägen wäre allenfalls eine Entschuldigung des T auf Grund übergesetzlichen entschuldigenden Notstandes.

82. Selbstschussanlage

In das Haus des allein lebenden T wurde bereits mehrmals eingebrochen. Als T sich auf eine längere Kreuzfahrt begeben wollte, installierte er in seinem Haus eine Selbstschussanlage, um weiteren Diebstählen einen Riegel vorzuschieben. Die Anlage war derart installiert, dass sie auf jede Person, die in das Wohnhaus gelangt war, einen in der Regel nicht tödlichen Schuss in Beinhöhe abgab. Vor der Einfahrt wies ein großes Warnschild auf die erfolgte Installation der Anlage hin. Dieb O wurde, nachdem er über das Gartentor

geklettert und über ein Fenster in das Gebäude eingedrungen war, angeschossen. Hat sich T strafbar gemacht?

Zur Vertiefung: *Kühl,* § 7 Rn. 43; *Rengier* AT, § 18 Rn. 52; *Roxin* I, § 15 Rn. 51; *Wessels/Beulke/Satzger,* Rn. 329a; *Kunz,* GA 1984, 539 ff.; *Rönnau,* JuS 2015, 881 ff.; *Schlüchter,* FS Lenckner, 1998, S. 313 ff.

T hat sich dann nicht wegen gefährlicher Körperverletzung gemäß §§ 223, 224 strafbar gemacht, wenn die Abgabe des Schusses durch Notwehr gerechtfertigt war. Die Behandlung der **antizipierten Notwehr,** z. B. in der Form von automatisierten Selbstschussanlagen, ist **umstritten.** Das Problem liegt darin, dass im **Zeitpunkt** des Verteidigungsverhaltens (d. h. hier des Installierens der Anlage durch T) nach keiner Auffassung bereits ein gegenwärtiger Angriff des O vorlag. O war zu diesem Zeitpunkt womöglich noch nicht einmal zu dem Einbruch entschlossen. Im Zeitpunkt aber, als der verletzende Schuss durch die Anlage abgegeben wurde, lag unzweifelhaft ein Angriff des O auf die Rechtsgüter des T (Hausrecht, Eigentum usw.) vor. Mit dem Hinweis auf die Installation als bloße Vorbereitung der Verteidigung gegen einen später vorliegenden, dann gegenwärtigen rechtswidrigen Angriff wird überwiegend das Gegenwärtigkeitserfordernis bei Selbstschussanlagen als erfüllt angesehen. Dies gilt jedoch nur, sofern die Anlage erst in Funktion tritt, nachdem der Eindringling mit dem Angriff begonnen hat, also z. B. in das Gebäude einzudringen versucht. So lag es im Sachverhalt. Da auch die weiteren Voraussetzungen des § 32, insbesondere die **Erforderlichkeit** der Verteidigung – nicht tödlicher Schuss und **Warnhinweis** – vorlagen, war T gerechtfertigt und hat sich daher nicht wegen gefährlicher Körperverletzung strafbar gemacht.

Ergänzende Bemerkung: Bei der selbständigen Gegenwehr durch entsprechende Anlagen ist stets die Erforderlichkeit der Verteidigung gewissenhaft zu prüfen. Hierfür ist wesentlich, wie die Anlage wirkt und ob dies dem Angreifer erkennbar ist. Tödlich wirkende Selbstschussanlagen ohne eindeutige Warnhinweise sind schlechterdings unzulässig.

83. Auf der Flucht

O war in das Haus des T eingebrochen und hatte eine wertvolle Uhr erbeutet. Als O gerade das Grundstück verlassen hatte, nahm T die Verfolgung auf, konnte O aber im angrenzenden Waldstück nicht mehr einholen. Durch einen gezielten Schuss in die Beine brachte T den O schließlich „zur Strecke“. Der den Fall bearbeitende Referendar R meint, T habe schlechte Karten, da der Diebstahl schließlich vollendet und damit der Angriff abgeschlossen sei. Was ist davon zu halten?
(vgl. BGH MDR/H 1979, 985)

Zur Vertiefung: *Kühl,* § 7 Rn. 45 f.; *Rengier* AT, § 18 Rn. 23 ff.; *Roxin* I, § 15 Rn. 28; *Wessels/Beulke/Satzger,* Rn. 328.

Nichts. Richtig ist zwar, dass der Diebstahl bereits mit dem Einstecken der Uhr vollendet war. O hatte jedoch während der Flucht noch **keinen gesicherten Gewahrsam** an der Uhr erlangt, sodass der Diebstahl zwar vollendet, aber **noch nicht beendet** war. Da sich durch die Flucht mit der Beute die Chance des

Eigentümers, die Sache wiederzuerhalten, weiter verringerte, intensivierte sich auch die durch den Dieb begangene Eigentumsverletzung noch so lange, bis der Dieb gesicherten Gewahrsam erlangt hatte. Für diesen Zeitraum blieb auch der Angriff auf das Eigentum des T weiterhin gegenwärtig. Daher ist unstreitig, dass nach vollendetem Diebstahl gegen den auf frischer Tat betroffenen, mit der Beute flüchtenden Dieb bis zur **Beendigung des Diebstahls Notwehr** bzw. Nothilfe geübt werden darf. Die Ansicht des Referendars war daher unzutreffend.

Ergänzende Bemerkung: Ist in Fällen der vorliegenden Art der Angriff bereits beendet (etwa weil der Täter die Beute bei Flucht nicht mitnimmt), ist immer noch an das Festnahmerecht nach § 127 Abs. 1 StPO (vgl. Fälle 122 ff.) zu denken.

84. Der Kinderfreund

O fuhr mit seinem Pkw durch die Stadt. Seine Geschwindigkeit war stets den Straßenverhältnissen angepasst und er beachtete auch sonst die Regeln des Straßenverkehrs. Dennoch gefährdete er in einer engen Straße eine Gruppe von spielenden Kindern, die sich – für O unerkennbar – hinter parkenden Pkws versteckt hatten und im Begriff waren, auf die Straße zu laufen. Der gerade aus einer Ausfahrt kommende T erkannte, dass O nicht mehr rechtzeitig werde bremsen können, um den Kindern auszuweichen. Er wusste sich, um die Gefahr für die Kinder abzuwenden, nicht anders zu helfen, als dem O mit voller Wucht in die Seite zu fahren. Dadurch wurde der Pkw des O gegen einen Baum geschoben, die Kinder blieben unverletzt. O erlitt leichte Verletzungen und sein Pkw einen Totalschaden. Strafbarkeit des T?

Zur Vertiefung: *Kühl,* § 7 Rn. 54–57; *Rengier* AT, § 18 Rn. 29; *Roxin* I, § 15 Rn. 14–16; *Wessels/Beulke/Satzger,* Rn. 331.

T hat zwar vorsätzlich die Straftatbestände von § 303 (Sachbeschädigung), § 224 (gefährliche Körperverletzung) sowie wohl auch § 315b Abs. 1 (gefährlicher Eingriff in den Straßenverkehr) erfüllt. Sein Verhalten könnte jedoch nach **§ 32 gerechtfertigt** sein. Hierfür ist entscheidend, ob die Autofahrt des O einen **rechtswidrigen Angriff** auf die spielenden Kinder darstellte. Rechtswidrig ist ein Angriff dann, wenn er den Bewertungsnormen der Rechtsordnung objektiv zuwiderläuft und nicht durch einen Erlaubnissatz gedeckt ist. Nach der herkömmlichen Auffassung kommt es hierfür allein auf den drohenden Rechtsgutsschaden im Sinne eines **Erfolgsunwertes** an. Diese Ansicht stützt sich insbesondere auf den von § 32 beabsichtigten Rechtsgüterschutz. Danach lag im Fall ein rechtswidriger Angriff des O auf die Kinder vor, da diese durch die Autofahrt des O in Leibes- bzw. sogar Lebensgefahr gerieten. Eine im Vordringen befindliche Auffassung fragt demgegenüber nach dem **Verhaltensunwert.** Da ein Verhaltensunwert in vorsätzlichem wie in fahrlässigem Verhalten liegt, wird für die Rechtswidrigkeit des Angriffs zumindest **objektiv sorgfaltswidriges Verhalten** des Angreifers gefordert. Diese Ansicht wird darauf gestützt, dass nicht jeder, der „schicksalhaft" eine Gefahr setzt, sogleich dem scharfen Notwehrrecht ausgesetzt sein darf. Nach dieser Ansicht lag im Fall kein rechtswidriger Angriff des O vor, da sich dieser objektiv sorgfaltsgemäß verhielt. Der Meinungsstreit sollte jedoch nicht überschätzt werden, da in derartigen Fällen eine Rechtfertigung nach § 34 zu prüfen bleibt. Da die Gefahr aus der Sphäre des in Anspruch Genommenen, hier O, herrührte, gelangt man unter Heranziehung des Rechtsgedankens aus § 228 BGB dazu, dass der Eingriff grundsätzlich gerechtfertigt ist, wenn nicht das geschützte Interesse wesentlich geringer wiegt als das geopferte. Danach war T, wenn nicht aus § 32, so doch aus § 34 gerechtfertigt.

84a. Nachts auf der Straße

A lief nachts durch die Stadt und stieß mit einer Gruppe von Jugendlichen zusammen. Zwischen diesen und A entwickelte sich ein – zunächst verbal ausgetragener – Streit, in dessen Verlauf A seine Gaspistole zog und Schüsse auf die Jugendlichen abgab. Nachdem ein Passant die Streitparteien getrennt und die Jugendlichen aufgefordert hatte, den A in Ruhe zu lassen, konnte dieser sich rückwärts entfernen. Der Jugendliche C verfolgte A weiter, entriss ihm die Gaspistole und nahm ihn in den Schwitzkasten. A zog daraufhin sein Messer aus der Tasche und fügte C durch mehrere Stiche in den Brustkorb erhebliche Verletzungen zu.
Der ermittelnde Staatsanwalt S meint, A habe sich wegen gefährlicher Körperverletzung (§§ 223, 224 Abs. 1 Nr. 2) strafbar gemacht. Eine Rechtfertigung durch Notwehr komme nicht in Betracht, da A ja der ursprüngliche Angreifer und nicht der Verteidiger war. Hat S Recht?
(vgl. BGH NStZ 2003, 420; vgl. auch BGH NStZ 2003, 599)

Zur Vertiefung: *Kühl,* § 7 Rn. 60; *Roxin* I, § 15 Rn. 14.

S hat insofern Recht, als **von A zunächst ein – rechtswidriger – Angriff** auf die Jugendlichen ausging, der für die Jugendlichen eine Notwehrlage begründete. Dies bedeutet jedoch nicht, dass die Jugendlichen, insbesondere C, für das gesamte Geschehen durch Notwehr gerechtfertigt waren und ihrerseits deswegen keinen rechtswidrigen Angriff auf A mehr verüben konnten. Für die Frage, ob A sich **im Moment des Zustechens** in einer Notwehrlage befand, ist vielmehr auf die **Situation in diesem Augenblick abzustellen und nicht auf den Beginn der Auseinandersetzung.** In diesem Augenblick führte C durch das Festhalten des A und das Entreißen der Gaspistole einen Angriff gegen A aus. Dieser Angriff war nicht mehr gerechtfertigt, weil A zuvor sein aggressives Verhalten aufgegeben hatte und versuchte, sich rückwärts zu entfernen. Damit war die **Notwehrlage zugunsten des C entfallen;** C selbst hatte nun die Rolle des (rechtswidrigen) Angreifers übernommen. S hat somit mit seiner Schlussfolgerung nicht Recht. Obwohl A ursprünglich Angreifer war, befand er sich doch zum Zeitpunkt der Stiche in einer Notwehrlage und war (Erforderlichkeit der Verteidigung vorausgesetzt) durch Notwehr gerechtfertigt.

85. Spirale der Gewalt

Zwischen T und O war es zum Streit gekommen, ohne dass einen der beiden eine Schuld traf. T griff den O mit einem harmlosen Schlag ins Gesicht an,

gegen den sich der körperlich überlegene O ohne weiteres mit einem Faustschlag hätte verteidigen können. O geriet jedoch derart in Angst und Schrecken, dass er sein langes Jagdmesser zückte und auf T in lebensbedrohlicher Weise einzustechen begann. T konnte diesen Angriff nur durch einen gezielten Schuss auf den Oberkörper des O abwehren, wodurch dieser schwer verletzt wurde. Staatsanwalt S meint, T habe sich wegen gefährlicher Körperverletzung (§ 224) strafbar gemacht, da das Verhalten des O gemäß § 33 entschuldigt war. Was ist davon zu halten?
(vgl. RGSt 66, 288)

Zur Vertiefung: *Kühl,* § 7 Rn. 58, 60, 67; *Rengier* AT, § 18 Rn. 30; *Roxin* I, § 15 Rn. 17–20; *Wessels/Beulke/Satzger,* Rn. 327.

Entgegen einer Mindermeinung in der Literatur ist für die Rechtswidrigkeit des Angriffs **schuldhaftes Verhalten nicht erforderlich.** Hierfür spricht der Wortlaut des § 32 Abs. 2 („rechtswidrig") vor dem Hintergrund des ansonsten klar zwischen Rechtswidrigkeit und Schuld unterscheidenden Gesetzgebers. Daher können auch Kinder, Geisteskranke oder Volltrunkene „rechtswidrig" angreifen. Für den Fall bedeutet dies, dass zwar O zunächst gegen den Angriff des T Notwehr nach § 32 üben durfte und T grundsätzlich „Notwehr gegen Notwehr" nicht gestattet war. Allerdings überschritt O die Grenzen der Erforderlichkeit der Verteidigung, sodass sein „Gegenangriff" nicht von Notwehr gedeckt und mithin rechtswidrig war. Dass sich O hierbei möglicherweise im Notwehrexzess befand und daher gemäß § 33 entschuldigt war, spielt nach oben Gesagtem keine Rolle. Gegen den rechtswidrigen Gegenangriff des O durfte T wiederum Notwehr üben. Selbst wenn man auf Grund von T's erstem Schlag eine fahrlässige Notwehrprovokation und daher eine Einschränkung des Notwehrrechts annehmen wollte (vgl. auch Fall 99), hätte in Anbetracht der lebensbedrohlichen Lage eine bloße schwächere „Schutzwehr" nicht genügt.

86. Und nimm keine Anhalter mit

O hatte den Anhalter T auf dem Weg von Berlin nach Hamburg mitgenommen. Als T in Hamburg am vereinbarten Ort nach wiederholter Aufforderung durch O nicht aussteigen wollte, stellte O verärgert das Auto ab, öffnete die Beifahrertür und versuchte, T aus dem Wagen „herauszuzerren". Als O trotz mehrfachen Widerspruchs von T nicht abließ, stieß T dem „Angreifer" mit bedingtem Tötungsvorsatz ein Messer in den Kopf. Wegen versuchten Totschlags (§§ 212, 22) angeklagt, verteidigt sich T damit, er sei schließlich angegriffen worden. Was ist davon zu halten?
(vgl. BGH NJW 1998, 1000)

Zur Vertiefung: *Kühl,* § 7 Rn. 62; *Rengier* AT, § 18 Rn. 28; *Roxin* I, § 15 Rn. 14; *Wessels/Beulke/Satzger,* Rn. 331.

Nichts, da sich T **keinem rechtswidrigen Angriff** des O gegenüber sah und daher zur Notwehrübung nach § 32 nicht befugt war. Die Rechtswidrigkeit eines Angriffs entfällt nämlich, sobald irgendeine Norm, sei es aus dem Strafrecht, Öffentlichen

Recht oder Zivilrecht, das konkrete Verhalten erlaubt **(Erlaubnissatz).** Das weitere, nicht der vorherigen Absprache entsprechende Verweilen des T im Auto des O stellte eine Besitzstörung im Sinne des § 858 Abs. 1 BGB dar, die O durch angemessene Gewalt gemäß **§ 859 Abs. 1 BGB (Besitzkehr)** beseitigen durfte. Hiergegen stand dem T ein Notwehrrecht nicht zu. T hat sich daher – ganz unabhängig von der Frage, ob der Messerstich für die Verteidigung überhaupt erforderlich bzw. geboten gewesen wäre – wegen versuchten Totschlags strafbar gemacht.

87. Kollateralschäden

T war von D bestohlen worden. Er schoss dem mit der Beute flüchtenden Dieb hinterher, traf jedoch den Spaziergänger O tödlich, was T hätte erkennen können. Im Prozess wegen fahrlässiger Tötung (§ 222) beruft sich T auf Notwehr. Zu Recht?

Zur Vertiefung: *Kühl,* § 7 Rn. 84; *Rengier* AT, § 18 Rn. 31; *Roxin* I, § 15 Rn. 124 ff.; *Wessels/Beulke/Satzger,* Rn. 333 f.

Nein. Notwehr erlaubt allein die **Verletzung der Rechtsgüter des Angreifers,** nicht aber derjenigen dritter Personen oder der Allgemeinheit. Gegenüber dem „Nichtangreifer" O konnte sich T daher nicht auf Notwehr berufen. Da auch § 34 (mangelndes Überwiegen des geretteten Interesses) und § 35 (Eigentum nicht notstandsfähig) nicht eingreifen, hat sich T gemäß § 222 strafbar gemacht.

88. Fotos vom Schlafzimmer

Angesichts einer Mängelanzeige besichtigte Vermieter O die Wohnung des T und fotografierte die fraglichen Stellen. Als O dazu überging, auch Fotos vom Schlafzimmer des T zu machen, stellte ihn dieser zur Rede und verlangte die Herausgabe des Films. Als alles nichts half, riss T dem O schließlich die Kamera aus der Hand. O zog sich dabei eine Distorsion (Verstauchung) des Handgelenks zu. T fand den Film aber nicht vor, da O diesen bereits während des Wortgefechts mit T aus der Kamera herausgenommen hatte. Hat sich T nach § 223 strafbar gemacht?
(vgl. OLG Düsseldorf NJW 1994, 1971)

Zur Vertiefung: *Kühl,* § 7 Rn. 98; *Rengier* AT, § 18 Rn. 33; § 30 Rn. 1; *Roxin* I, § 15 Rn. 42; *Wessels/Beulke/Satzger,* Rn. 335, 467.

Im Ergebnis: **Nein,** obwohl T nicht gerechtfertigt ist. Das Fotografieren der übrigen Wohnungsräume stellt einen rechtswidrigen Angriff auf das Persönlichkeitsrecht des T dar, der bis zur Entwicklung des Films und der Fertigung von Abzügen noch gegenwärtig ist. Hiergegen stand dem T grundsätzlich das Notwehrrecht aus § 32 zu. Im Rahmen der **Erforderlichkeitsprüfung** des § 32 Abs. 2 ist jedoch zu fragen, ob die Maßnahme zunächst **geeignet** war, den Angriff sofort und endgültig abzuwehren bzw. ihn zumindest abzuschwächen. Ein schon ungeeignetes Verhalten kann nicht erforderlich sein. Der Grad der Eignung ist zu Gunsten des Verteidigers niedrig anzusetzen, sodass nur von **vornherein aussichtslose Verteidigungshandlungen** ungeeignet sind. So liegt es aber im Fall, da sich mangels eines Films in der Kamera der beabsichtigte Abwehrerfolg, den Film zu erlangen, auf keinen Fall einstellen konnte. Da sich T jedoch irrtümlich die Eignung seiner Handlung vorstellte, fehlte ihm gemäß den Regeln über den Erlaubnistatumstandsirrtum (vgl. Fall 150) der Vorsatz, sodass eine Bestrafung wegen § 223 ausscheidet.

89. Räuber im Park

T wurde im Park von O angegriffen. Er hätte ohne weiteres weglaufen und so dem O entkommen können. Dies hätte er aber als Schande empfunden. Daher zog er sein Messer und stach es dem O in den Oberarm, um so den Angriff zu beenden. War dies durch Notwehr gerechtfertigt?

Zur Vertiefung: *Kühl,* § 7 Rn. 78, 87 f.; *Rengier* AT, § 18 Rn. 1 u. 38; *Roxin* I, § 15 Rn. 49; *Wessels/Beulke/Satzger,* Rn. 339.

Ja. Neben der Eignung der Verteidigungshandlung (vgl. Fall 88) ist im Rahmen der Erforderlichkeit weiter zu prüfen, ob der Angegriffene das **mildeste (= schonendste) Mittel** zur sicheren Abwehr des Angriffs eingesetzt hat. Unter mehreren, zur sofortigen und endgültigen Abwehr gleichermaßen tauglichen Mittel hat der Verteidiger das für die Rechtsgüter des Angreifers am wenigsten schädliche oder gefährliche zu wählen. Von diesem Grundsatz gibt es jedoch einige Auflockerungen: So wird dem Angegriffenen ein Ausweichen grundsätzlich nicht zugemutet, da zum einen § 32 ausdrücklich eine „Wehr" erlaubt und zum anderen „das Recht dem Unrecht" nicht zu weichen braucht. T durfte sich daher nach § 32 verteidigen, obwohl auch ein Weglaufen den Angriff „abgewendet" hätte.

Ergänzende Bemerkungen: (1.) Der Einsatz eines milderen Mittels ist dabei dem Angegriffenen nur dann zumutbar, wenn genügend Zeit zur Abschätzung der Lage besteht und die Wirksamkeit unzweifelhaft ist, vgl. BGH NStZ 2015, 151 m. Anm. *Eisele,* JuS 2015, 465.

(2.) Im Einzelfall ist möglich, dass auch für den Angreifer lebensgefährliche Verteidigungshandlungen vorgenommen werden. Davor ist dann allerdings eine besonders strenge Erforderlichkeitsprüfung durchzuführen (zu einem entsprechenden Fall vgl. den Sachverhalt in BGH NStZ 2006, 152).

90. Ich hab dich gewarnt

T und O waren im Straßenverkehr in Streit geraten. T, der dem O körperlich deutlich unterlegen war, bekam Angst vor O und rannte weg. Als T merkte, dass ihn O verfolgte und dicht hinter ihm war, drehte er sich um, zog eine Pistole und gab einen Warnschuss ab. Darauf reagierte O ebenso wenig wie auf die Aufforderung „Halt! Stehen bleiben!". In der Absicht, den Verfolger auszuschalten, schoss T nunmehr aus einer Entfernung von höchstens drei Metern die zweite und letzte Patrone auf den schnell auf ihn zukommenden O ab. Diese traf O in den Oberkörper und verletzte ihn tödlich. War dieses Verhalten durch Notwehr gerechtfertigt?

(vgl. BGH NStZ 1991, 32; vgl. auch BGH NJW 2001, 3200 und BGH NStZ 2004, 615)

Zur Vertiefung: *Kühl,* § 7 Rn. 105; *Rengier* AT, § 18 Rn. 36 f.; *Roxin* I, § 15 Rn. 43; *Wessels/Beulke/Satzger,* Rn. 337.

Ja. Beurteilungsmaßstab für die Erforderlichkeit im Sinne des § 32 Abs. 2 ist – anders als bei der Notwehrlage – (Fall 76) – das **objektive *ex-ante*-Urteil** eines verständigen Beobachters auf der Grundlage des zur Zeit der Handlung tatsächlich gegebenen Geschehens. Ein gezielter tödlicher Schuss ist danach als *ultima ratio* erst erforderlich, wenn ein weniger gefährlicher Waffeneinsatz (z. B. Warnschuss, Schuss in die Beine) in der konkreten Situation **(„konkrete Kampflage")** nicht ausreicht. Das wird insbesondere in „Nahkampfsituationen" bei realistischer Betrachtung seltener der Fall sein, als es die oft schematisch wiederholte „Stufenlehre" postuliert, da insbesondere ungeübte Waffennutzer in der Stresssituation eines Angriffs oft nicht in der Lage sein werden, ihre Waffe so sicher einzusetzen, dass sie sich das Beschreiten mehrerer Stufen „leisten" können. Bestehen **Unsicherheiten** über die Wirksamkeit einzelner Verteidigungshandlungen, muss sich der Angegriffene **nicht auf das Risiko einlassen,** sich durch ungenügende Maßnahmen weiter zu gefährden. Der BGH (NStZ 1991, 32) führte hierzu aus: „In einer derartigen Situation, in der [O] den [T] in kürzester Zeit erreicht hätte, erscheint es äußerst fragwürdig, ob ein einziger gegen ein Bein oder gar einen Fuß des Angreifers gerichteter Schuss den Angriff zweifelsfrei und sofort endgültig beseitigt hätte". Auch war die Möglichkeit, dass T „bei dem nach unten auf eine kleinere Fläche angesetzten Schuss sein Ziel verfehlt hätte" **(Fehlschlagrisiko),** nicht auszuschließen. Da somit ein (unsicherer) Schuss in die Beine des O nicht zum Kreis der möglichen Verteidigungsmittel gehörte und T auch sonst keine Verteidigungsmöglichkeiten besaß, durfte er seinen letzten Schuss auf den Körper des O abgeben. Das Verhalten des T war daher aus § 32 gerechtfertigt.

Ergänzende Bemerkung: Bestehen zum Zeitpunkt der Hauptverhandlung Unsicherheiten über den Sachverhalt (lässt sich z. B. nicht mehr aufklären, ob überhaupt eine Notwehrlage bestand, vgl. BGH NStZ 2005, 85), so ist der Grundsatz *„in dubio pro reo"* anzuwenden und der Angeklagte wegen der Möglichkeit einer Rechtfertigung durch Notwehr freizusprechen. Zur Pflicht, auch einen verteidigenden Messereinsatz gegebenenfalls anzudrohen, vgl. BGH NStZ-RR 2013, 105 m. Anm. *Hecker,* JuS 2013, 563.

91. Angriff mit der Spielzeugpistole

O hatte den T in Fall 90 mit einer täuschend echt aussehenden Spielzeugpistole bedroht. T, der um sein Leben bangte, zog seinerseits eine Pistole und schoss O in den Oberkörper, um ihn kampfunfähig zu machen. Staatsanwalt S meint, ob sich T hier auf Notwehr berufen könne, erscheine ihm doch sehr fraglich, da dieser zu keiner Zeit wirklich in Gefahr war. Was ist davon zu halten?

Zur Vertiefung: *Kühl,* § 7 Rn. 22, 108; *Rengier* AT, § 18 Rn. 13 f.; *Roxin* I, § 15 Rn. 46; *Wessels/Beulke/Satzger,* Rn. 338; *Amelung,* Jura 2003, 91 ff.; *Schröder,* JuS 2000, 235 ff.

Im Ergebnis besteht weitgehend Einigkeit darüber, dass **T straflos** ist, umstritten ist allerdings die Begründung: Zunächst könnte schon fraglich sein, ob überhaupt ein **Angriff** vorliegt (oder ob T sich nur auf eine Putativnotwehr berufen kann, vgl. Fall 76), da dessen Vorliegen nach h. M. objektiv *ex post* zu prüfen ist. Allerdings liegt hier – anders als bei bloßen Scherzangriffen (vgl. Fall 76) – auch *ex post* ein Angriff zumindest auf die Willensfreiheit des T in Gestalt einer Drohung vor. Somit verschiebt sich die Frage auf die Prüfung der **Erforderlichkeit.** Hier sprechen wegen des „prognostischen Elements" des Merkmals der Erforderlichkeit gute Gründe dafür, mit der h. M. eine **objektive *ex-ante*-Perspektive** eines besonnenen Beobachters in der **Situation des Angegriffenen** einzunehmen. Danach war hier aber der Schuss als Abwehrmittel auch erforderlich. Dieses Ergebnis ist auch wertungsmäßig überzeugend, denn bei einem **bewussten Scheinwaffeneinsatz** setzt sich der Angreifer bewusst der Gefahr eines dementsprechenden Gegenangriffs aus. Warum trotzdem der Angegriffene das Irrtumsrisiko tragen (und der Angreifer sich nicht beim Wort nehmen lassen) sollte, ist nicht nachvollziehbar.

Ergänzende Bemerkung: Wer mit einer Mindermeinung in der Literatur auch das Vorliegen eines Angriffs aus *ex-ante*-Perspektive beurteilt, muss den Angriff nicht so differenziert betrachten, da aus dieser Sicht bereits ein Angriff auf das Leben vorliegt. Wer umgekehrt auch die Erforderlichkeit streng *ex post* aus der Sicht eines überlegenen Beobachters beurteilt, müsste zu einer Lösung über die Irrtumsregeln kommen.

92. Pistole als Schlagwaffe

X wurde von mehreren Personen angegriffen. T kam ihm zu Hilfe, indem er seine geladene, aber gesicherte Pistole als Schlagwerkzeug gegen die Angreifer einsetzte, was objektiv erforderlich war. Beim zweiten Schlag löste sich ein Schuss, der den Angreifer O schwer verletzte. Der Staatsanwalt plädiert auf fahrlässige Körperverletzung (§ 229). Zu Recht?
(vgl. BGHSt 27, 313)

Zur Vertiefung: *Kühl,* § 7 Rn. 112 f.; *Rengier* AT, § 18 Rn. 44; *Roxin* I, § 15 Rn. 45; *Wessels/Beulke/Satzger,* Rn. 336.

Nein. Ist die konkrete Verteidigungshandlung erforderlich, sind es auch ungewollte Auswirkungen der Abwehrhandlung, die aus der **typischen Gefährlichkeit** des Abwehrmittels resultieren. Diese Gefahr (Schuss aus der Pistole) wurde bei der Erforderlichkeitsprüfung berücksichtigt. Wenn demnach der Einsatz der Pistole als Schlagwerkzeug in der konkreten Situation trotzdem gestattet war, kann T bezüglich der Realisierung der Gefahr (O wurde getroffen) kein Fahrlässigkeitsvorwurf gemacht werden.

Ergänzende Bemerkung: Anders wäre es, wenn T bei Gebrauch der Waffe bewusst oder unbewusst Sicherungsvorkehrungen außer Acht gelassen hätte, die ihm in der Situation zumutbar waren (z. B. vorherige Kontrolle des Sicherungsmechanismus) und die einen Schuss aus der Pistole verhindert hätten. Dafür gibt es vorliegend keine Anhaltspunkte.

93. Kneipenschlägerei (I)

T wurde als letzter Gast in einem Wirtshaus von O angegriffen, der es auf die (nicht ganz billige) Armbanduhr des T abgesehen hatte. Dem T blieb mangels fremder Hilfe nichts anderes übrig, als dem O einen Bierkrug auf den Kopf zu schlagen, um den Angriff abzuwehren. O erlitt eine Schädelfraktur. Student S, der davon in der Zeitung liest, meint, „wegen einer Uhr dürfe man sich doch nicht gleich die Köpfe einschlagen". Was würden Sie dem entgegnen?

Zur Vertiefung: *Kühl,* § 7 Rn. 116–118; *Rengier* AT, § 18 Rn. 38, 57 ff.; *Roxin* I, § 15 Rn. 47; *Wessels/Beulke/Satzger,* Rn. 343.

Eine **Güterabwägung** muss im Rahmen der Notwehr – im Unterschied zu § 34 – gerade **nicht stattfinden.** § 32 setzt ein angemessenes Verhältnis zwischen angegriffenem und durch die Verteidigung bedrohtem Rechtsgut nicht voraus. Daher dürfen Angriffe auf die körperliche Unversehrtheit oder (nur) das Vermögen in Extremfällen auch mit lebensgefährlichen Mitteln (Schuss auf den mit der Beute flüchtenden Dieb) abgewehrt werden. Ergibt sich aber ein **krasses Missverhältnis** zwischen angegriffenem und verletztem Rechtsgut, ist an eine „sozialethische" Einschränkung der Notwehr zu denken (siehe dazu Fall 95). Ein derartiges Missverhältnis ist im Fall (Uhr und körperliche Unversehrtheit des T/Schädelfraktur des O) aber noch nicht anzunehmen. T's Verhalten war daher gemäß § 32 gerechtfertigt.

94. Kneipenschlägerei (II)

Die Begleiterin des T wurde vor einer Kneipe „unsittlich" von O angefasst. Daraufhin kam es zu einer Auseinandersetzung zwischen T und O. O lief mit Drohgebärde und geballten Fäusten auf T zu und wurde hiervon auch nicht abgehalten, als T sein Messer zückte und es vor ihm hin und her zu schwenken begann. T, wütend und aufgebracht darüber, dass O seine Freundin angefasst hatte, wollte ihm nun einen „Denkzettel" verpassen. Bevor der weiter auf T zulaufende O zum Schlag ausholen konnte, wurde er durch das Hin- und Herschwenken des Messers durch T verletzt und erlitt Schnittwunden. Hat sich T strafbar gemacht?
(vgl. BGH NStZ 2000, 365)

Zur Vertiefung: *Kühl,* § 7 Rn. 124–130; *Rengier* AT, § 18 Rn. 104; *Roxin* I, § 15 Rn. 129 f.; *Wessels/Beulke/Satzger,* Rn. 350a.

Nein. Das Verhalten des T war durch Notwehr gerechtfertigt. T sah sich einem gegenwärtigen rechtswidrigen Angriff durch O ausgesetzt. Der Einsatz des Messers war auch erforderlich, da er die sofortige Beseitigung des Angriffs erwarten ließ. Schließlich handelte T auch mit dem für eine Notwehrrechtfertigung **geforderten Verteidigungswillen** (subjektives Rechtfertigungselement; siehe dazu auch Fall 71), selbst wenn man für diesen neben der Kenntnis der Notwehrlage auch den **zielgerichteten Willen zur Angriffsabwehr** („um […] abzuwenden") verlangt. Zwar handelte T aus Wut und Ärger und wollte dem O einen „Denkzettel" verpassen.

Derartige Begleitmotive sind aber unschädlich, solange sie den **Verteidigungszweck nicht völlig in den Hintergrund** drängen. Vorliegend hatte der Messereinsatz des T zumindest auch den Zweck, den O auf Abstand zu halten, sich also zu verteidigen. Demnach handelte T auch mit Verteidigungswillen und ist daher wegen Notwehr gerechtfertigt.

Ergänzende Bemerkung: Vielfach wird als subjektives Rechtfertigungselement auch die Kenntnis von der rechtfertigenden Situation als ausreichend erachtet (wobei bei § 32 Abs. 2 die Wendung „um [...] zu" für das Erfordernis eines Verteidigungswillens spricht). Ein graduell der billigenden Inkaufnahme bei dolus eventualis entsprechendes voluntatives Rechtfertigungselement wird allerdings ohnehin meist zu bejahen sein, wenn der Täter Kenntnis von den rechtfertigenden Umständen hat (vgl. aber auch Fall 135a).

94a. Rauch mich nicht an!

Die T besuchte eine Diskothek. Als sie darauf aufmerksam wurde, dass O mehrfach gegen das dort bestehende Rauchverbot verstieß, forderte sie ihn auf, das Rauchen einzustellen oder draußen weiter zu rauchen. O ignorierte diese Aufforderung und blies ihr aus einer Entfernung von weniger als einen Meter den Zigarettenqualm mit spürbar feuchter (mit Spuckepartikeln versetzter) Atemluft ins Gesicht. Durch dieses Anpusten wurden T's Schleimhäute merkbar gereizt. Zur Verhinderung weiterer „Rauchangriffe" warf T dem O ein Glas an den Kopf. Hat sich T wegen gefährlicher Körperverletzung strafbar gemacht? (vgl. AG Erfurt NStZ 2014, 160)

Zur Vertiefung: *Kühl,* § 7 Rn. 171 ff.; *Rengier* AT, § 18 Rn. 57 ff., insbesondere 63 ff.; *Wessels/Beulke/Satzger,* Rn. 343; *Jäger,* JA 2014, 472 ff.; *Jahn,* JuS 2014, 176 ff.

Der Wurf eines Glases an den Kopf stellt zumindest eine üble unangemessene Behandlung dar, die das körperliche Wohlbefinden des O nicht nur unerheblich beeinträchtigt haben dürfte **(körperliche Misshandlung);** zur Frage, ob auch eine Gesundheitsschädigung eingetreten ist (Schnittwunde; Gehirnerschütterung), teilt der Sachverhalt nichts mit. Fraglich ist jedoch, ob T durch die **Abwehr des „Rauchangriffs"** gerechtfertigt war. Im Anrauchen mit zuvor bereits inhaliertem und somit mit Atemluft und Speichel vermengten Zigarettenrauch ist jedenfalls eine Missachtung und damit ein Angriff auf die Ehre der T zu sehen; dass darüber hinaus – so das AG Erfurt – wegen der karzinogenen Anteile des Zigarettenrauchs und der potentiellen Viren bzw. Bakterien in den Spuckepartikeln auch ein Angriff auf die körperliche Unversehrtheit angenommen werden kann, ist gewiss fraglich, aber nicht unvertretbar (vgl. zum vergleichbaren Problem des „Anspruckens" aber auch PdW BT II Fall 42). Dieser Angriff war noch gegenwärtig, da das „Anrauchen" als solches bereits ein länger währender Vorgang ist und auch jederzeit mit einem zweiten Anpusten gerechnet werden konnte. Angesichts des dem Opfer eines Angriffs zuzugestehenden Prognosespielraums wird man auch die Geeignetheit und die Erforderlichkeit der Abwehrhandlung noch bejahen können. Selbst wenn man all diese Voraussetzungen bejaht, handelt es sich aber jedenfalls um einen geradezu klassischen **„Bagatellangriff",** der allenfalls knapp über der Schwelle der „Lästigkeit" liegt. Bei einem solchen ist aber an eine **sozialethische Einschränkung** des Notwehrrechts zu denken. Obwohl § 32 grundsätzlich keine Güterabwägung erfordert, erscheint doch in besonders harmlosen Fällen jedenfalls das „scharfe"

Notwehrrecht nicht angemessen So unangenehm es sein mag, angeraucht zu werden, darf auf einen solchen „Bagatellangriff" nach überzeugender Auffassung nur mit einem abgestuften Notwehrrecht geantwortet werden. Möchte man die T hier nicht auf die Möglichkeit des Ausweichens (z. B. durch Verlassen der Tanzfläche) verweisen, so müsste eine etwa ergriffene Trutzwehr jedenfalls ähnlich bagatellhaften Charakter (etwa in Gestalt einer Ohrfeige) haben. Der Wurf mit einem festen bzw. beim Zersplittern scharfen Gegenstand in den Bereich von Kopf und Gesicht dürfte hier als unverhältnismäßig anzusehen sein.

Ergänzende Bemerkung: Letztlich führt ein Bagatellangriff regelmäßig auch zur Frage des krassen Gütermissverhältnisses zwischen Angriff und Abwehr, welches als eigenständige Fallgruppe der sozialethischen Einschränkungen des Notwehrrechts diskutiert wird (vgl. sogleich Fall 95). Im Wortlaut des § 32 (vgl. Art. 103 Abs. 2 GG!) sind diese Einschränkungen am besten am Merkmal der „Gebotenheit" festzumachen. Dass dieses (ungeachtet etwaiger Bestimmtheitsbedenken) Anknüpfungspunkt einer Notwehreinschränkung sein kann, ergibt sich schon daraus, dass es anderenfalls neben dem Merkmal der Erforderlichkeit leer laufen würde.

95. Tod den Kirschendieben!

Der alte und gelähmte Bauer T musste von seinem Schaukelstuhl aus hilflos zusehen, wie zwei junge Burschen (O und P) die Abwesenheit des jungen Bauern nutzten, in den Kirschbaum kletterten und sich an den Kirschen bedienten. Da T keine andere Möglichkeit sah, griff er zu seinem Gewehr, das er stets neben dem Schaukelstuhl stehen hatte, und schoss O und P aus dem Baum. O wurde dabei – wie von T nicht beabsichtigt, aber für möglich gehalten – tödlich verletzt. Hat sich T wegen Totschlags (§ 212) strafbar gemacht?

Zur Vertiefung: *Kühl,* § 7 Rn. 117 f., 171–191; *Rengier* AT, § 18 Rn. 57 f.; *Roxin* I, § 15 Rn. 47, 55 ff.; *Wessels/Beulke/Satzger,* Rn. 342 f.; *Kühl,* Jura 1990, 244 ff.

Ja. Zwar liegt ein gegenwärtiger rechtswidriger Angriff durch O und P vor, zu dessen Abwehr das Vorgehen des T nach dem Sachverhalt auch erforderlich war, weil ein milderes Mittel nicht im Raume stand. Allerdings handelt es sich bei der tödlich wirkenden Verteidigung von ganz geringwertigem Sacheigentum um ein **krasses Gütermissverhältnis,** bei dem nach überzeugender Ansicht das Notwehrrecht ausgeschlossen sein soll. Zwar kennt die Notwehr – anders als der rechtfertigende Notstand nach § 34 – kein generelles Erfordernis einer Güterabwägung, da „das Recht dem Unrecht nicht zu weichen braucht" (vgl. Fälle 93, 94a). Bei **Missverhältnissen** der vorliegenden Art verlieren aber sowohl das Individualschutzprinzip als auch das **Rechtsbewährungsprinzip** an Gewicht, sodass kein völlig schrankenloses Notwehrrecht garantiert wird. Auch hier wäre die Notwehr also in dieser Form nicht „geboten".

96. Aus Kindern werden Leute

a) Die fünfjährigen O und S hatten am Strand ihre größte Freude daran, zwischen den Strandkörben herumzulaufen und mit Anlauf in die muschelverzierten Strandburgen der übrigen Urlauber zu springen. Als sie gerade schreiend auf die Sandburg von Herrn T zuliefen, streckte dieser sie durch

einen gezielten Schlag mit einem hölzernen Paddel nieder. Er verteidigt sich damit, dass er einen unmittelbar bevorstehenden Angriff abwehren wollte. Hat sich T strafbar gemacht?
b) O und S waren mittlerweile zwölf Jahre alt und hatten sich ein neues, noch viel lustigeres Spiel ausgedacht: Sie hatten die 75-jährige Frau F, die zur Kur an der See war, bis zum Kopf im Sand vergraben und machten „Zielwerfen“ mit leeren Cola-Dosen auf ihren gerade noch aus dem Sand ragenden Kopf. Als Herr T ihr zur Hilfe kommen wollte, erinnerten sie ihn daran, dass sie immer noch Kinder seien und er doch vor sieben Jahren gelernt habe, dass er sich gegen sie nicht gewaltsam wehren dürfe. Was ist davon zu halten?

Zur Vertiefung: *Kühl,* § 7 Rn. 192–197; *Rengier* AT, § 18 Rn. 66 f.; *Roxin* I, § 15 Rn. 61 ff.; *Wessels/Beulke/Satzger,* Rn. 344.

Zu a) Ja. T hat sich wegen gefährlicher Körperverletzung nach §§ 223, 224 Abs. 1 Nr. 2 (Verwendung eines gefährlichen Werkzeugs) strafbar gemacht. Obwohl auch T's Besitzrecht an seiner Sandburg ein grundsätzlich notwehrfähiges Rechtsgut sein kann, kann er sich im Ergebnis auf § 32 nicht berufen. Zum einen könnte man auch hier an ein krasses Gütermissverhältnis denken (vgl. Fall 95), wobei jedoch die Schläge mit dem Ruder nicht so intensiv in die Rechte der Angreifer eingreifen wie der Schuss mit einem Gewehr. Allerdings wird eine Einschränkung des Notwehrrechts auch bei **Kindern und anderen schuldlos handelnden Angreifern** diskutiert. Eine Notwehr ist hier zwar **nicht generell ausgeschlossen,** doch ist das Notwehrrecht mit Blick auf die bei schuldlos Handelnden geringere Bedeutung des Rechtsbewährungsprinzips nicht so „schneidig“ ausgestaltet wie sonst. Vielmehr ist im besonderen Maße ein **abgestuftes Vorgehen** erforderlich, bei dem auch (insbesondere geringfügige) Gütereinbußen zumutbar sind. Unter diesen Voraussetzungen war eine so intensive und verletzungsträchtige Abwehr der angreifenden Kinder zum bloßen Wohle einer Sandburg nicht geboten.

Zu b) Wie in Variante a) bereits angedeutet, ist gegenüber Kindern und schuldlos Handelnden das Notwehrrecht richtigerweise **nicht vollständig ausgeschlossen,** sondern nur als ein abgestuftes auszuüben. Angesichts der erheblichen Rechtsgutseinbußen, die hier der Angegriffenen F drohen, sowie der sonstigen, **Eile bietenden Umstände** wäre dem T grundsätzlich auch ein gewaltsames Vorgehen gegen die Kinder erlaubt, wenn nicht andere Mittel (Ermahnungen) augenscheinlich Erfolg versprechen.

97. Bis dass der Tod uns scheidet

Im Verlauf einer tätlichen Auseinandersetzung begann Ehemann O damit, seine Frau zu ohrfeigen. Um die Ohrfeigen zu stoppen, stieß die körperlich unterlegene Frau T dem O ein Messer in die Brust. Das Messer durchdrang das Herz, und O war sofort tot. Hat T sich wegen Körperverletzung mit Todesfolge (§ 227) strafbar gemacht?
(vgl. BGH NJW 1975, 62)

Zur Vertiefung: *Kühl,* § 7 Rn. 198–206; *Rengier* AT, § 18 Rn. 68 ff.; *Roxin* I, § 15 Rn. 93 ff.; *Wessels/Beulke/Satzger,* Rn. 345; *Wohlers,* JZ 1999, 434 ff.; *Zieschang,* Jura 2003, 527 ff.

Soweit – wofür hier zu wenig mitgeteilt ist – die Voraussetzungen der Erfolgsqualifikation (insbesondere „Unmittelbarkeitszusammenhang" und Fahrlässigkeit, vgl. § 18) erfüllt sind, **ja.** Zwar hat O hier einen gegenwärtigen, rechtswidrigen Angriff auf T verübt und der Sachverhalt weist auch keine mildere Möglichkeit auf, den Angriff vergleichbar sicher abzuwehren. Allerdings ist nach zwar bestrittener, im Ergebnis aber wohl herrschender Ansicht auch **im engeren Familienkreis** von einer sozialethischen Einschränkung des Notwehrrechts auszugehen. Diese führt selbstverständlich nicht dazu, dass man sich von Familienangehörigen wehrlos intensiv misshandeln lassen müsste. Angesichts der dem Angreifer gegenüber zugleich bestehenden **Garantenpflichten** wird man aber eine über das allgemeine Erforderlichkeitskriterium hinausgehende **Pflicht zur Rücksichtnahme** annehmen müssen. Diese hat zur Folge, dass insbesondere bei nicht allzu schwerwiegenden Angriffen eine mögliche Verteidigungshandlung unterbleiben muss, auch wenn mildere Abwehrmaßnahmen nicht genauso erfolgversprechend sind – m. a. W.: Vor der Tötung eines angreifenden Familienangehörigen ist auch die Gefahr von geringfügigen Verletzungen hinzunehmen. Da nach dem vorliegenden Sachverhalt davon auszugehen ist, dass T dem O auf Grund ihres Messers auch ohne tödliche Verteidigung nicht völlig hilflos ausgesetzt gewesen wäre, hätte sie zunächst eine mildere Abwehr selbst auf die Gefahr hin versuchen müssen, dass sie noch einige weitere Ohrfeigen bekommen hätte. Ihre Abwehrhandlung ist damit nicht im Sinne des § 32 geboten und ihr Verhalten deswegen rechtswidrig.

98. Ein provokanter Kollege

T wurde von seinem Bürokollegen O stets geärgert. Er beschloss daher, den ihm körperlich überlegenen O solange zu provozieren, bis dieser die Kontrolle verlieren und ihn tätlich angreifen würde. Als O kurze Zeit später an starken Kopfschmerzen litt, begann T laut zu pfeifen und zu singen und die Stifte auf O's Schreibtisch durcheinander zu bringen. Als O dies nicht mehr ertragen konnte, packte er den schmächtigen T am Kragen und begann, ihm Ohrfeigen zu geben. Wie schon vorher beabsichtigt, nahm T das zum Anlass, ein langes Messer zu ziehen und es O in den Bauch zu rammen. Hat T sich wegen gefährlicher Körperverletzung (§§ 223, 224 Abs. 1 Nr. 2) strafbar gemacht?

Zur Vertiefung: *Kühl*, § 7 Rn. 207 ff., insbesondere 228 ff.; *Rengier* AT, § 18 Rn. 84 ff.; *Roxin* I, § 15 Rn. 65 ff.; *Wessels/Beulke/Satzger*, Rn. 347; *Kühl*, Jura 1991, 57 ff., 175 ff.

Ja, insbesondere kann sich T nicht auf Notwehr (§ 32) berufen. Zwar liegt ein gegenwärtiger und auch rechtswidriger Angriff des O vor, da diesem seinerseits nicht schon auf Grund der Provokation durch T (lautes Pfeifen, Stifte durcheinander bringen) ein Notwehrrecht zustand. Allerdings war T's Verhalten hier gerade darauf gerichtet, den O in einen Angriff zu treiben und ihn dann **„unter dem Deckmäntelchen der Notwehr"** zu verletzen. In Fällen dieser sog. **Absichtsprovokation** ist nach ganz überwiegender Ansicht das Notwehrrecht grundsätzlich vollständig ausgeschlossen. Die Begründungen hierfür gehen jedoch auseinander:

Während teilweise das Fehlen eines Verteidigungswillens oder aber bereits das Fehlen eines Angriffs des Provozierten im Rechtssinne behauptet wird, sieht die überwiegende Ansicht in der Absichtsprovokation ein **rechtsmissbräuchliches Verhalten,** das zum Ausschluss der Gebotenheit der Notwehr führt.

99. Jamba-Fall

T saß zusammen mit dem Fahrgast *Jamba* (J) in einem Zugabteil der 1. Klasse, für die J keinen Fahrschein hatte. J war sichtlich alkoholisiert und hatte eine geöffnete Bierdose bei sich. T fühlte sich von J gestört und beschloss, diesen mit Kaltluft aus dem Abteil zu „ekeln", weshalb er das Fenster öffnete. J fror, stand auf und machte das Fenster wieder zu. T öffnete erneut das Fenster, das daraufhin wieder von J geschlossen wurde. Dieser Vorgang wiederholte sich mehrmals, wobei es zum Streit zwischen T und J kam. J drohte T Schläge für den Fall an, dass er das Fenster ein weiteres Mal öffnen würde. Daraufhin zog T für J sichtbar ein Messer aus seiner Jacke. T machte wiederum das Fenster auf, da er annahm, J werde durch das Messer von Tätlichkeiten abgeschreckt. J sprang jedoch auf und fasste dem sitzenden T mit beiden Händen ins Gesicht. T zog sein Messer und stach dem über ihn gebeugten J mit einer „ungezielten Aufwärtsbewegung" acht bis zehn Zentimeter tief in den Oberbauch. J verstarb am selben Abend an den Folgen dieses Stiches. Hat sich T wegen Körperverletzung mit Todesfolge (§ 227) strafbar gemacht?
(vgl. BGHSt 42, 97)

Zur Vertiefung: *Kühl,* § 7 Rn. 248 ff., insbesondere 258–259a; *Rengier* AT, § 18 Rn. 76 ff.; *Roxin* I, § 15 Rn. 72 ff.; *Wessels/Beulke/Satzger,* Rn. 348; *Bosch,* JA 2006, 490 f.; *Kühl,* Jura 1991, 175 ff.

Nach Ansicht des **BGH ja.** Ein Notwehrrecht des T soll nämlich auf Grund seines sozialethisch vorwerfbaren Vorverhaltens (sonstige vorwerfbare Provokation des Angriffs) **eingeschränkt** und daher mit Blick auf andere Verteidigungsmöglichkeiten (insbesondere um Hilfe rufen und hoffen auf das Eingreifen anderer Fahrgäste) ausgeschlossen sein. Die **sozialethische Vorwerfbarkeit** ergebe sich daraus, dass T kein Recht und mit Rücksicht auf eine noch beschränkte gemeinsame Reisezeit auch keinen verständlichen Anlass gehabt habe, den J durch die Zufuhr kalter Luft aus dem Abteil hinauszuekeln. Unter diesen Umständen drücke das wiederholte Öffnen des Fensters eine Missachtung des J aus, die ihrem Gewicht nach einer schweren Beleidigung gleich komme. Diese führe zwar nicht dazu, dass J sich seinerseits auf § 32 berufen könne, beschränke aber das Notwehrrecht des T im o. g. Sinne.

Zwingend erscheint diese Würdigung des Sachverhalts freilich **nicht:** Immerhin ist zu beachten, dass J sich eigentlich gar nicht in dem Abteil des T hätte aufhalten dürfen. Selbst wenn man davon ausgehen muss, dass dem T dadurch kein subjektives Recht auf die Entfernung des J aus dem Abteil erwuchs, erscheint T's Verhalten unter diesen Umständen etwas eher verständlich und daher **sozialethisch weniger vorwerfbar.** Auch hatte J deshalb umso weniger Anlass, auf die Provokationen des T in einer solchen gewalttätigen Weise zu reagieren. Sieht man deswegen das Notwehrrecht des T als nur **geringfügig eingeschränkt** an, so ist angesichts des **massiven Angriffes** durch J und der eingeschränkten Verteidigungsmöglichkeit des unter dem Angreifer liegenden T auch der Einsatz eines Messers nicht generell ausgeschlossen. Dies gilt umso mehr, als T nicht mit Tötungsvorsatz handelte und J sich seinerseits von der bloßen Existenz des Messers nicht hatte abschrecken lassen, sodass eine bloße Bedrohung mit der Waffe offensichtlich zur Abwehr des Angriffs nicht geeignet gewesen wäre.

Ergänzende Bemerkung: Überzeugender ist die Ablehnung einer notwehrausschließenden Provokation dagegen im Fall BGH NStZ 2009, 626: Hier hatte der Eigentümer eines Grundstücks das Fahrrad eines Eindringlings versteckt, den er von seinem Grundstück vertrieben hatte und der geflüchtet war. Als ein Freund des Eindringlings dieses Fahrrad zurückholen und dem Grundstückseigentümer dabei auch einen körperlichen „Denkzettel" erteilen wollte, verteidigte sich dieser in Todesangst mit einem Messer. Zutreffend führt der BGH aus: „Es ist schon zweifelhaft, ob das Verstecken des Fahrrades überhaupt zu einer Einschränkung des Notwehrrechts [...] hinsichtlich eines Angriffs auf die körperliche Integrität führen kann. Jedenfalls stand der Angriff [...] damit in keinem Zusammenhang. Er beruhte auf dessen Entscheidung [...], dem Angeklagten [...] eine Abreibung zu erteilen. Hierdurch war das Notwehrrecht des Angeklagten nicht eingeschränkt." Ergänzend könnte man noch anführen, dass die „Provokation Fahrrad-Verstecken" ihrerseits durch das Eindringen auf das Grundstück provoziert worden war. Weiteres Beispiel aus der jüngeren Rechtsprechung: BGH NStZ 2014, 451 m. Anm. *Hecker,* JuS 2014, 946.

100. Briefbeschwerer vs. Schrotflinte

T wollte sich an O für einen von diesem verursachten Unfall rächen. Unter dem Vorwand, sich mit O aussprechen zu wollen, bestellte T den O nach Hause. Dort wartete er auf O und hielt unter seiner Jacke eine Schrotflinte versteckt, mit der er O ins Knie schießen wollte. Als O im Wohnzimmer des T stand, trat T an ihn heran und holte aus, um O mit einem unerwarteten, wuchtigen Faustschlag zu Fall zu bringen und ihm sofort anschließend mit der Schrotflinte ins Knie zu schießen. O gelang es jedoch, den Faustschlag abzuwehren und T von sich zu stoßen. T fiel zu Boden. Der als jähzornig und leicht gewalttätig bekannte O ergriff einen auf dem Tisch stehenden Briefbeschwerer, stürzte sich auf den T, holte mit dem Briefbeschwerer aus und rief: „Du Schwein, dich bring ich um!". In Todesangst zog T die Schrotflinte unter der Jacke hervor und schoss mangels anderer Möglichkeiten dem O gerade noch aus 30 cm Entfernung in die Brust, bevor dieser ihn mit dem Briefbeschwerer treffen konnte. O war auf der Stelle tot. Die Staatsanwaltschaft ist der Ansicht, zwar sei der Schuss an sich gerechtfertigt; allerdings habe sich T bereits durch seinen Angriff auf O – außer wegen versuchter gefährlicher Körperverletzung – wegen fahrlässiger Tötung strafbar gemacht, weil dadurch pflichtwidrig eine Kausalkette in Gang gesetzt worden sei, an deren Ende O's Tod stand. Was ist davon zu halten?
(vgl. BGH NStZ 2001, 143)

Zur Vertiefung: *Kühl,* § 7 Rn. 255a; *Rengier* AT, § 18 Rn. 82 f.; *Wessels/Beulke/Satzger,* Rn. 350; *Kudlich,* JuS 2003, 32 ff.; *Mitsch,* JuS 2001, 751 ff.; *Roxin,* JZ 2001, 667 f.; *Schrödel,* JA 2003, 656 ff.; *Thoss,* Jura 2005, 128 ff.

Der Staatsanwaltschaft ist zunächst insoweit Recht zu geben, als sie in dem tödlichen Schuss des T eine **von § 32 gedeckte Notwehrhandlung** sieht. Zwar liegt in dem Verhalten des T eine vorwerfbare Provokation; allerdings handelt es sich dabei eindeutig um **keine** (das Notwehrrecht ausschließende) **Absichtsprovokation,** da es dem T gerade nicht darum ging, O „unter dem Deckmäntelchen der Notwehr" zu verletzen (vgl. Fall 98). Bei der sonstigen Provokation bleibt jedoch ein abgestuftes Notwehrrecht bestehen, das in der konkreten Situation (unmittelbar drohender, nicht anders abwendbarer Angriff auf das Leben des T) auch einen tödlichen Schusswaffeneinsatz erlaubt.

Sehr viel schwieriger zu beantworten ist dagegen die – vom BGH (NStZ 2001, 143) bejahte – Frage, ob eine Strafbarkeit nach **§ 222** unmittelbar an dem **provozierenden Verhalten** ansetzen kann: Wie etwa die Tatbestandslösung bei der *actio libera in causa* (vgl. Fall 130) zeigt, ist es im Strafrecht im Allgemeinen und bei der Fahrlässigkeitsdogmatik im Besonderen nichts generell Ungewöhnliches, wenn der strafrechtliche Vorwurf **nicht an der unmittelbar rechtsgutsverletzenden Handlung,** sondern an einer vorgelagerten Handlung ansetzt. Eine **Sorgfaltspflichtverletzung** des T könnte darin bestehen, den als jähzornig bekannten O trotz des angespannten Verhältnisses durch einen Angriff zu **provozieren,** der über einen „normalen" Kontakt oder auch nur „nachvollziehbare Vorhaltungen" weit hinausging. Allerdings wurde der Erfolg hier zumindest teilweise durch ein **eigenverantwortliches Handeln** des O mitvermittelt, das seinerseits rechtswidrig war und damit zu einer Notwehrlage führte. Eine trennscharfe Abgrenzung, wann eine (für die spätere Rechtfertigung unbeachtliche) Provokation hinreichend pflichtwidrig in Bezug auf einen späteren Fahrlässigkeitserfolg ist und wann nicht, lässt sich kaum treffen. Eine generelle Fahrlässigkeitshaftung in solchen Fällen aber würde das System der abgestuften Notwehrbefugnisse nicht unerheblich nivellieren. Das **Notwehrrecht** und die dazu mit Blick auf Provokationsfälle entwickelten Grundsätze liefern daher wichtige **Kriterien** für die Abgrenzung zwischen verbotenem und noch **erlaubtem Risiko.** Daher sollte grundsätzlich die Bewertung, die Pflichtwidrigkeit einer Handlung liege in der Verursachung einer späteren gerechtfertigten Verteidigung, ausgeschlossen sein. Die besseren Gründe sprechen daher in dieser – zugegebenermaßen ausgesprochen schwierigen – Frage dafür, eine Fahrlässigkeitshaftung nicht zuzulassen.

3. Der rechtfertigende Notstand

101. Regelungszweck des § 34

Lange vor Einführung des § 34 im Jahre 1975 hatte das RG zu entscheiden, ob ein Schwangerschaftsabbruch (der nach damals geltendem Recht ausnahmslos mit Strafe bedroht war) auch dann strafbar ist, wenn er nötig ist, um das Leben der Schwangeren zu retten. Das RG nahm einen sog. „übergesetzlichen Notstand" an und formulierte, „dass dann, wenn ein Ausgleich nicht anders möglich ist, als durch Vernichtung oder Schädigung des einen der beiden Rechtsgüter, das geringwertigere Gut dem höherwertigen weichen muss, der Eingriff in das geringwertigere also nicht rechtswidrig ist" (RGSt 61, 242, 254). Zu welcher zu kurz gegriffenen Annahme über das Regelungs-

prinzip des § 34 könnte es führen, wenn man diese Aussage als tragenden Grund der gesetzlichen Regelung verstünde?

Zur Vertiefung: *Kühl*, § 8 Rn. 1–10; *Rengier* AT, § 19 Rn. 1; *Roxin* I, § 16 Rn. 1–8; *Wessels/Beulke/Satzger*, Rn. 298, 316 ff.; *Erb*, JuS 2010, 17 ff.; 108 ff.; *Zieschang*, JA 2007, 679 f.

Man könnte annehmen, dass die *ratio* des § 34 ausschließlich in der **Optimierung der Güter** innerhalb der Gesellschaft besteht. Demnach wäre auch eine zwangsweise Blut- oder Organentnahme durch § 34 gerechtfertigt, wenn sie zur Rettung eines Menschenlebens nötig ist. Des Weiteren wäre es gerechtfertigt, einen Menschen zu töten, wenn dies zur Rettung mehrerer Menschen erforderlich ist. Die Rechtfertigung mit dem Argument der Nichtquantifizierbarkeit des Werts menschlichen Lebens abzulehnen, ginge hier fehl, da ein Leben gegen mehrere steht. Das Prinzip des § 34 ist daher vielmehr die Begründung einer begrenzten **Pflicht zur passiven Solidarität bzw. zur Erbringung eines Sonderopfers** zwischen grundsätzlich selbstverantwortlichen Individuen. Dabei ist das Wertgefälle zwischen den betroffenen Gütern zwar ein wichtiger und oft auch ausschlaggebender Faktor, aber eben nicht notwendig allein entscheidend. Daher spricht § 34 auch nicht von „Güter-", sondern von „Interessenabwägung".

102. Ein Abendspaziergang

T ging abends durch die Nachbarschaft spazieren, als ihn plötzlich ein großer Hund anfiel, der dem H entlaufen war. T brach daraufhin eine Latte aus dem Zaun des O und versetzte dem Hund einen schmerzhaften Schlag in die Flanke. Da dieser sich davon nicht im Mindesten beeindrucken ließ und weiter gefährlich nach T schnappte, erschlug dieser den Hund. Durch welche Notstandsregeln ist die Sachbeschädigung am Hund und am Zaun gerechtfertigt? Welchen Prinzipien folgen diese Regelungen?

Zur Vertiefung: *Kühl*, § 8 Rn. 13 ff.; *Rengier* AT, § 20 Rn. 1 f.; *Roxin* I, § 16 Rn. 107–114; *Wessels/Beulke/Satzger*, Rn. 293, 295 f.; *Pawlik*, Jura 2002, 26 ff.

Aus dem Grundsatz der Einheit der Rechtsordnung (vgl. Fall 69) folgt der Grundsatz der Spezialität der Rechtfertigungsgründe. Bei Eingriffen in fremdes Eigentum gehen daher die §§ 228, 904 BGB dem § 34 vor.

Die Sachbeschädigung am **Hund** war durch den sog. **Defensivnotstand gemäß § 228 BGB** gerechtfertigt, der die Beschädigung einer fremden Sache zulässt, von der die Gefahr ausgeht. Sein Prinzip ist es, die durch die Abwendung dieser Gefahr verursachten Schäden grundsätzlich dem Eigentümer der Sache aufzubürden, von der die Gefahr ausgeht. Daher darf auch eine wertvollere Sache zur Verteidigung eines weniger wertvollen Rechtsguts zerstört werden, solange der Schaden zum Nutzen nicht außer Verhältnis steht. Davon aber kann bei einer Bedrohung der körperlichen Unversehrtheit des T keine Rede sein.

Die Sachbeschädigung am **Zaun** war durch den sog. **Aggressivnotstand gemäß § 904 BGB** gerechtfertigt, der Eingriffe in fremde Sachen erlaubt, von denen keinerlei Gefahr für den Eingreifenden ausgeht. Dies ergibt sich bei § 904 BGB zwar nicht aus dem Wortlaut, aber aus einem gesetzessystematischen *argumentum e contrario* aus § 228 Satz 1 BGB. Das Prinzip ist wie bei § 34 eine begrenzte, passive Solidaritätspflicht, d. h. ein Eingriff in die Sache, von der keine Gefahr ausgeht, ist nur gerechtfertigt, wenn der drohende Schaden unverhältnismäßig groß ist. Dies ist im Verhältnis von T's Gesundheit zu einer einfachen Zaunlatte ohne weiteres zu bejahen.

103. Fall Daschner (Rettungsfolter)

G hatte den Millionärssohn J entführt und dessen Eltern mit J's Tötung gedroht, falls diese ihm nicht 1 Mio. EUR zahlten. Als kurze Zeit später ein dringender Tatverdacht auf G fiel, wurde er festgenommen und von dem Kriminalbeamten T verhört. T hatte bei der Befragung vorrangig das Ziel, den Aufenthaltsort des J herauszubekommen, weil er J – zutreffend – in ernster Lebensgefahr fürchtete. Nachdem sich G hartnäckig weigerte, das Versteck des J bekannt zu geben, drohte T ihm an, ihm erhebliche Schmerzen zuzufügen. Von dieser Drohung beeindruckt, verriet G das Versteck. War die von T begangene Nötigung rechtswidrig?
Wie wäre es, wenn G seiner unbeteiligten Freundin F von dem Versteck erzählt hätte und der Polizei keine Festnahme des G, jedoch eine Vernehmung der F gelungen wäre: Weigerung, Drohung und darauf folgende Auskunft erfolgten von bzw. gegenüber F.
(vgl. LG Frankfurt NJW 2005, 692)

Zur Vertiefung: *Kühl,* § 8 Rn. 179 f.; *Rengier* AT, § 18 Rn. 94 ff.; *Roxin* I, § 16 Rn. 103 f.; *Wessels/Beulke/Satzger,* Rn. 289a f.; *Erb,* Jura 2005, 24 ff.; *ders.,* NStZ 2005, 593 ff.; *Fahl,* Jura 2007, 743 ff.; *Kudlich,* JuS 2005, 376 ff.; *Norouzi,* JA 2005, 306 ff.

Eine Rechtfertigung durch **§ 32** kommt **nur im Grundfall,** nicht in der Abwandlung in Betracht, weil von der **unbeteiligten F** kein Angriff ausging. Dort könnte sich eine Rechtfertigung nur aus § 34 ergeben:

Der **Angriff des G** auf das Leben des J war **rechtswidrig** und **gegenwärtig,** sodass ihm gegenüber eine **Nothilfelage** bestand. Nach Ansicht des LG Frankfurt im bekannten „Fall Daschner" sind bei der Überprüfung von **Handlungen der Strafverfolgungsbehörden** an die **Erforderlichkeit** erhöhte Anforderungen zu stellen. Solange noch irgendwelche anderen Ermittlungsmethoden denkbar und nicht vollständig aussichtlos sind, müssen diese vorrangig angewendet werden, sonst ist an eine Rechtfertigung durch § 32 nicht zu denken. Doch selbst wenn auch nach diesem strengen Maßstab die Nötigung erforderlich ist, so soll eine Rechtfertigung durch Notwehr doch an der **Gebotenheit** scheitern. Eine Tat kann dann nicht durch Notwehr gerechtfertigt sein, wenn sie in die **unantastbare Menschenwürde** des Beschuldigten eingreift. Eine Abwägung gegen die ebenfalls betroffene Menschenwürde des Opfers verbiete sich hier, weil der Gesetzgeber durch die Ausgestaltung der Menschenwürde als erstes Grundrecht und durch dessen Unantastbarkeit klargestellt habe, dass – unbedingt und ohne Ausnahmen – keinerlei Eingriffe durch die staatliche Gewalt erlaubt sind.

In der Literatur wird demgegenüber verbreitet vertreten, das Notwehrrecht dürfe für hoheitlich handelnde Personen nicht weiter eingeschränkt werden als für jeden anderen Bürger. Das **Notwehrrecht** ist **Ausfluss der Menschenrechte des Angegriffenen,** und diese Menschenrechte dürfen nicht dadurch beeinträchtigt werden, dass ihre Verteidigung unter Strafe gestellt wird. Das bedeutet, dass sowohl der Angegriffene selbst als auch andere Privatpersonen als auch Staatsbedienstete im Rahmen der Erforderlichkeit berechtigt sind, gegen den Angreifer vorzugehen, ohne durch weitere, an der „Gebotenheit" festgemachte Einschränkungen behindert zu sein. Doch selbst wenn man eine Abwägung im Rahmen der Gebotenheit fordert, ist zu beachten, dass bei **J durchaus in mindestens gleicher Weise die Menschenwürde betroffen** war, die nicht nur zu achten, sondern auch zu schützen ist; zumindest auf dieser „gleichwertigen Ebene" muss auch eine Abwägung möglich sein, die hier klar zum Nachteil des G ausfällt. Im Ergebnis erscheint daher die Zubilligung einer Nothilfe gemäß § 32 vorzugswürdig.

Bei der Frage der **Rechtfertigung hoheitlich handelnder Personen** durch **§ 34** ist zu **differenzieren:** Diese ist grundsätzlich möglich, falls keine individuellen Grundrechte von Bürgern betroffen sind (z. B. bei der Freilassung eines Gefangenen durch den Generalstaatsanwalt auf Anordnung des Justizministers [§§ 120, 258a] zur Erfüllung der Forderung eines Geiselnehmers). Dagegen ist die Möglichkeit der **Rechtfertigung von Grundrechtseingriffen** (z. B. Rechtfertigung der „Kontaktsperre" zwischen RAF-Häftlingen und ihren Verteidigern während der Schleyer-Entführung durch § 34) **umstritten.** Während die h. M. diese bejaht, wird sie von anderen wegen des für Grundrechtseingriffe geltenden Gesetzesvorbehalts und der Wesentlichkeitstheorie verneint. Allerdings ist § 34 ohne Zweifel eine formelle Gesetzesnorm, und auch die polizeilichen Generalklauseln sind in höchstem Maße unbestimmt. Zwar regeln diese im Gegensatz zu § 34 immerhin die Zuständigkeit der handelnden Organe. Dennoch spricht im Ergebnis wohl mehr dafür, dass auch T in dieser Situation, die nicht durch Spezialgesetze abschließend geregelt ist, in gleicher Weise zur Rettung des J tätig werden durfte, wie es jeder sonstige Bürger gedurft hätte.

104. Am Sonntag will unser Vater mit uns segeln gehen

T war mit seinen kleinen Söhnen A und B segeln gegangen. Bei einem Manöver fielen beide Söhne über Bord. T entschied sich, den einzigen Rettungsring seinem Lieblingssohn A zuzuwerfen, der daher allein überlebte. Kann T sich auf § 34 berufen?

Zur Vertiefung: *Rengier* AT, § 49 Rn. 39 ff.; *Roxin* I, § 16 Rn. 115 ff.; *Wessels/Beulke/Satzger,* Rn. 735; *Satzger,* Jura 2010, 753 ff.

Nein, denn das Leben des A war nicht höherrangig als das des B. Allerdings kann sich T hinsichtlich der unterlassenen Rettung des B auf eine sog. rechtfertigende **„Pflichtenkollision"** berufen. Höherwertige Pflichten sind bevorzugt zu erfüllen, bei gleichwertigen Pflichten aber besteht ein Wahlrecht. T war hier daher wegen der Gleichwertigkeit der Rechtsgüter gerechtfertigt. Eine Mindermeinung hielte T dagegen nur für entschuldigt, was jedoch nicht recht überzeugen kann: Das Recht kann nichts Unmögliches und damit auch nicht die Erfüllung zweier miteinander objektiv unvereinbarer Pflichten verlangen.

105. *(entfallen)*

106. Erhalt von Arbeitsplätzen

Die Firma F hatte den Neubau einer Werkshalle ausgeschrieben. Bauunternehmer T, der einer der Anbieter war, steckte dem für die Auftragsvergabe zuständigen Angestellten der F 10 000 EUR zu, damit dieser ihm den Auftrag erteilt. Vor Gericht führte T zutreffend aus, er habe durch die Tat den Betrieb und die Arbeitsplätze gerettet. Strafbarkeit des T?

Zur Vertiefung: *Kühl,* § 8 Rn. 21 ff., 28; *Rengier* AT, § 19 Rn. 57; *Roxin* I, § 16 Rn. 91 ff.

T hat sich gemäß **§ 299 Abs. 2** strafbar gemacht. Er handelte zwar zumindest auch zur **Rettung des Betriebs** und der **Arbeitsplätze,** welche als von der Rechtsordnung anerkannte **Individualrechtsgüter** über die Aufzählung des § 34 hinaus notstandsfähig sind (und auch durch **Notstandshilfe** gerettet werden dürfen, wenn sie nicht aufgedrängt wird). Zu ihrer Rettung war allerdings Bestechung **kein angemessenes Mittel** im Sinne des § 34 Satz 2.

107. Ohne Schlüssel kann man nicht fahren

T sah, dass der stark betrunkene B vor einer Kneipe mit seinem Pkw losfahren wollte. Nachdem B auf gutes Zureden nicht reagierte, entriss ihm T den Pkw-Schlüssel, um B bis zum Eintreffen der Polizei am Losfahren zu hindern. Strafbarkeit des T?

Zur Vertiefung: *Rengier* AT, § 19 Rn. 57; *Roxin* I, § 16 Rn. 13; *Wessels/Beulke/Satzger,* Rn. 301.

T hat mangels Zueignungsabsicht hinsichtlich des Schlüssels keinen Diebstahl, sondern nur eine **Nötigung** zur Erhaltung der **Straßenverkehrssicherheit** begangen. Die Notstandsfähigkeit von **Rechtsgütern der Allgemeinheit** wird vereinzelt wegen des Wortlauts „[...] von einem anderen [...]“ abgelehnt. Nach h. M. sind diese aber jedenfalls dann notstandsfähig, wenn es sich um klar erfassbare, konkretisierte Allgemeininteressen handelt. Bei bloß abstrakten Gefährdungsdelikten mag man dies bezweifeln. Es sollte aber ausreichen, wenn eine abstrakte Gefahr nach der Lebenserfahrung jederzeit in eine konkrete Gefahr umschlagen kann. Daran besteht bei einem stark betrunkenen Autofahrer kein Zweifel. Ein eventueller Vorrang staatlicher Instanzen bzw. Verfahren ist keine Frage der Notstandsfähigkeit des Rechtsguts, sondern der Notstandshandlung. Da solche Möglichkeiten hier aber nicht ersichtlich sind, ist T durch § 34 gerechtfertigt.

Ergänzende Bemerkung: Eine Notstandsfähigkeit wird also großzügiger angenommen als eine Nothilfefähigkeit (vgl. auch Fall 78). Dies liegt in der schärferen Ausgestaltung des Notwehrrechts begründet.

108. Notoperation

Das Unfallopfer O wurde bewusstlos ins Krankenhaus eingeliefert. Dr. T erkannte zutreffend, dass nur eine sofortige Notoperation das Leben des O zu retten vermochte und nahm diese vor, ohne dass O's Einwilligung eingeholt hätte werden können. Strafbarkeit des T?

Zur Vertiefung: *Rengier* AT, § 23 Rn. 5, 47 ff.; *Roxin* I, § 18 Rn. 3–9; *Wessels/Beulke/Satzger,* Rn. 380 ff.

T hat jedenfalls nach Ansicht der Rechtsprechung den Tatbestand einer **Körperverletzung** gemäß § 223 Abs. 1 verwirklicht. An der grundsätzlichen Notstandsfähigkeit des Individualrechtsguts Leben besteht kein Zweifel, sodass eine Rechtfertigung gemäß § 34 angenommen werden könnte. Es ist jedoch zu beachten, dass dann, wenn Eingriffs- und Rettungsgut demselben Träger zustehen, das Institut der **mutmaßlichen Einwilligung** (vgl. Fall 121) spezieller ist. Dies wird bestätigt durch einen Blick auf das Regelungsprinzip des § 34: Sich selbst gegenüber ist man nicht passiv solidaritätspflichtig. T ist also nicht kraft Notstandes (§ 34), aber nach den Grundsätzen der mutmaßlichen Einwilligung gerechtfertigt.

109. Genug gestalkt (I)

T wurde des Nachts wiederholt von O belästigt, der in sein Haus eindrang und vor seinem Bett stand. Der Eindringling entkam stets, ohne jedoch etwas gestohlen zu haben. Weder eine Alarmanlage noch die Polizei konnten das nächtliche Erscheinen des O verhindern. T bekam Schlafstörungen und zog sich aus Angst mehr und mehr ins Private zurück. Eines Nachts wachte T auf und sah O vor seinem Bett stehen. Er ergriff seine rechtmäßig erworbene Pistole und verfolgte den flüchtenden O in den Garten. Als O nach einem Warnschuss nicht stehen blieb, schoss T dem O in die Beine, weil er keine andere Möglichkeit sah, das erneute Erscheinen des O zu verhindern und seinen „Seelenfrieden" wiederzuerlangen. Ist die Verletzung des O gerechtfertigt?
(vgl. BGH NJW 1979, 2053)

Zur Vertiefung: *Kühl,* § 7 Rn. 49–51; § 8 Rn. 23; *Rengier* AT, § 19 Rn. 15 f.; *Roxin* I, § 16 Rn. 21; *Wessels/Beulke/Satzger,* Rn. 303–307; *Schroeder,* JuS 1980, 336 ff.

Eine Rechtfertigung durch **Notwehr** scheidet aus, da der Angriff auf die Intimsphäre des T **nicht mehr gegenwärtig** war, als O flüchtete. Hierzu führt der BGH (NJW 1979, 2053) aus: „Der Angriff dauerte auch nicht deshalb fort, weil [O] etwas entwendet hatte und mit der Beute flüchten wollte […]. [O] hatte nichts weggenommen, und der Angeklagte wusste das. Die Befürchtung, [O] könne zu einem anderen unbestimmten Zeitpunkt nachts wiederkehren, begründet nicht die Annahme eines gegenwärtigen Angriffs. Dass ein solcher unmittelbar bevorgestanden habe, ist nicht festgestellt."

Allerdings kann sich T auf einen **rechtfertigenden Notstand** gemäß § 34 berufen: Die „Besuche" des O verletzten das allgemeine Persönlichkeitsrecht, die körperliche Unversehrtheit und das Hausrecht des T. Hier sprach alles dafür, dass O diese fortsetzen würde, sodass ein weiterer Schaden für die genannten Rechtsgüter drohte und diese mithin in Gefahr waren. Anders als ein gegenwärtiger Angriff im Sinne des § 32 soll eine Gefahr immer dann gegenwärtig sein, wenn die Rechtsgutsbedrohung bei natürlicher Weiterentwicklung jederzeit in einen Schaden umschlagen kann. Damit erfüllt nicht nur ein akut gefährlicher Zustand, sondern auch die sog. **Dauergefahr** diese Voraussetzung. Diese liegt zunächst vor, wenn die gefährliche Situation jederzeit den Schaden verursachen kann, auch wenn dies möglicherweise erst in geraumer Zeit passiert (Bsp.: vom Einsturz bedrohtes Haus). Des Weiteren ist sie gegeben, wenn der Schaden zwar erst in geraumer Zeit eintreten wird, aber nur durch sofortiges Handeln wirksam vermieden werden kann (str.). Im Beispielsfall drohte die Rückkehr des O frühestens am nächsten Abend, es hätte jedoch nach seiner Flucht **keine andere Möglichkeit** bestanden, diese zu verhindern, da weder Polizei noch Alarmanlage bislang geholfen hatten. Daher war ein sofortiges Handeln des T erforderlich und es lag eine Notstandslage vor.

110. Genug gestalkt (II)

War die Notstandshandlung in Fall 109 verhältnismäßig?

Zur Vertiefung: *Kühl,* § 8 Rn. 75 ff.; *Rengier* AT, § 19 Rn. 40; *Roxin* I, § 16 Rn. 72 ff.; *Wessels/Beulke/Satzger,* Rn. 308–312.

Der Schuss in die Beine des O müsste zunächst **erforderlich,** also das mildeste der relativ gleich geeigneten Mittel aus *ex-ante*-Sicht (h. M.) gewesen sein. Dies kommt im Gesetz durch den Terminus von der „nicht anders abwendbaren Gefahr" zum Ausdruck. Nach dem bereits zu Fall 109 Ausgeführten besteht an der Erforderlichkeit des Schusses kein Zweifel. Des Weiteren müsste der Schuss auch **verhältnismäßig** gewesen sein. Das ist der Fall, wenn das **gerettete Interesse** das beeinträchtigte Interesse **wesentlich überwiegt.** Der Wert der Güter und der Grad der ihnen drohenden Gefahren sind – anders als bei § 904 BGB – nur ein Aspekt dieser **umfassenden Interessenabwägung.** Hier lässt sich nicht behaupten, dass das Interesse des T, von Belästigungen des O verschont zu bleiben, die Verletzung von O's körperlicher Integrität wesentlich überwog. Hat jedoch der Träger des Eingriffsguts die **Gefahr verursacht,** so darf entsprechend dem Rechtsgedanken des § 228 BGB der angerichtete Schaden lediglich nicht außer Verhältnis zum abgewendeten Schaden stehen. Auch wenn ein Schuss ins Bein des „Gefahrverursachers" eine schwere Verletzung verursacht, wird man diese gegenüber den massiven Beeinträchtigungen des T nicht als unverhältnismäßig bezeichnen können.

Ergänzende Bemerkung: Da es nicht wie bei § 32 um Rechtsbewährung geht, könnte die Erforderlichkeit auch mit dem Hinweis auf ein Ausweichen oder das Holen hoheitlicher Hilfe abgelehnt werden, wenn dies eine geringere Beeinträchtigung des Eingriffsguts bewirkt. Im vorliegenden Fall führt dies freilich nicht weiter.

111. Zu Unrecht verurteilt

T war zu Unrecht zu zehn Jahren verurteilt worden und saß im Gefängnis. Nach wenigen Wochen entfernte er eines Nachts mit einer Säge, die seine Freundin F ihm in einem Stück Kuchen versteckt verschafft hatte, mehrere Gitterstäbe und entkam in die Freiheit. War die von T begangene Sachbeschädigung durch § 34 gerechtfertigt?

Zur Vertiefung: *Kühl,* § 8 Rn. 166–168, 178 und § 12 Rn. 78–80; *Rengier* AT, § 19 Rn. 57; *Roxin* I, § 16 Rn. 91 ff. und § 17 Rn. 11; *Wessels/Beulke/Satzger,* Rn. 318.

Zwar begründet die Inhaftierung des T zu dessen Gunsten eine **Notstandslage** und der Ausbruch war auch **erforderlich,** um die Freiheit schnellstmöglich wiederzuerlangen. Allerdings bildet darüber hinaus die Angemessenheitsklausel des § 34 Satz 2 eine Einschränkung des Notstandsrechts. Ein wichtiger Fall einer unangemessenen Abwehrhandlung ist dabei auch die Umgehung **abschließend geregelter,** rechtsstaatlicher **Verfahren.** Soweit solche zur Verfügung stehen, müssen sie beschritten werden, d. h. eine zu Unrecht erfolgte Verurteilung kann erst einmal nur mit dem Wiederaufnahmeverfahren gemäß §§ 359 ff. StPO angegriffen werden. T handelte daher rechtswidrig. Soweit es nur um eine Sachbeschädigung geht, ist allerdings eine Entschuldigung nach § 35 zu erwägen und wohl auch zu bejahen.

Ergänzende Bemerkung: Weitere Fallgruppen sind insbesondere:
- besondere Duldungspflichten des Täters (z. B. als Feuerwehrmann, Polizist);
- verschuldete Verursachung der Notstandslage (str.);
- Eingriffe in unantastbare Freiheitsrechte, wie die Menschenwürde und das Selbstbestimmungsrecht (daher keine zwangsweise Blut- oder Organentnahme zulässig, str.);
- Fälle des sog. Nötigungsnotstands, in denen sich derjenige, der wegen der Drohung eines Dritten eine Straftat begeht, „auf die Seite des Unrechts schlägt" und dem Opfer seiner Tat das Notwehrrecht nicht genommen werden soll (str.).

112. Erste Hilfe

Motorradfahrer M stürzte nachts auf einer wenig befahrenen Straße und zog sich einige stark blutende Schnitt- und Schürfwunden zu. Der einzige Zeuge des Unfalls wurde Fußgänger T, der herbeieilte und M helfen wollte. Um die dringend erforderlichen Verbandsmaterialien zu bekommen, schlug T die Heckscheibe eines in der Nähe geparkten, verschlossenen „Kombis" ein und versorgte M. T hatte sich allerdings vorher nicht vergewissert, ob das Fahrzeug eventuell unverschlossen war. Hat sich T wegen Sachbeschädigung strafbar gemacht?

Zur Vertiefung: *Kühl,* § 8 Rn. 186; *Rengier* AT, § 20 Rn. 4, § 30 Rn. 1 ff.; *Roxin* I, § 16 Rn. 12–15; *Wessels/Beulke/Satzger,* Rn. 295 f., 467.

Nach vorzugswürdiger Ansicht **nein.** An der Rechtfertigung der Sachbeschädigung der **Verbandsmaterialien** durch **§ 904 BGB** besteht kein Zweifel. Hinsichtlich der Rechtfertigung der **Sachbeschädigung der Heckscheibe** gilt Folgendes: Zwar lag eine Notstandslage vor und das Einschlagen der Scheibe war auch erforderlich, verhältnismäßig und angemessen. Dennoch lägen die Notstandsvoraussetzungen dann nicht vollständig vor, wenn man zusätzlich eine **„sorgfältige Prüfung"** des Vorliegens der rechtfertigenden Umstände verlangt. Gegen eine solche Prüfungspflicht spricht allerdings, dass sie **bei Vorliegen** der übrigen Notstandsvoraussetzungen **nutzlos** ist, da der Täter zunächst prüfen und den Eingriff in das Rechtsgut dennoch vornehmen würde. Wenn der Täter das Vorliegen der rechtfertigenden Umstände nicht geprüft hat, jedoch **irrig** von ihrem Vorliegen ausging, führen die Grundsätze über den **Erlaubnistatumstandsirrtum** (vgl. Fall 150) zu einer angemessenen Lösung. Sollte das Auto daher nicht verschlossen gewesen sein, so würde dem T jedenfalls ein Tatumstandsirrtum zugute kommen und er wäre ebenfalls nicht nach § 303 strafbar.

Ergänzende Bemerkung: Wer mit einer Mindermeinung in der Literatur eine solche Prüfungspflicht annimmt, müsste konsequenterweise bei der irrigen Annahme der übrigen Voraussetzungen einen Erlaubnistatumstandsirrtum ablehnen, da der Täter natürlich weiß, dass er nicht geprüft hat und sich somit nicht sämtliche, rechtfertigenden Umstände vorstellte. Im Ergebnis entspräche dies der (sonst bei Irrtümern im Rechtfertigungsbereich mittlerweile weitgehend abgelehnten) strengen Schuldtheorie.

4. Weitere Rechtfertigungsgründe

113. Haltet den Zechpreller!

T hatte auf einer Dienstreise im Lokal des O Speisen und Getränke im Wert von 30 EUR bestellt. Als er das Menü beendet hatte, schickte er sich an, das Lokal ohne Begleichung der Rechnung zu verlassen. O sah dies und stellte sich vor die Eingangstür, um T am Verlassen des Lokals zu hindern. Ihm war daran gelegen, den Preis für das servierte Menü von T zu erhalten. T, der den Preis nicht bezahlen wollte, schlug O mit seiner Aktentasche ins Gesicht und machte sich so den Weg frei. Hat sich T strafbar gemacht?
(vgl. BayObLG NStZ 1991, 133)

Zur Vertiefung: *Kühl,* § 7 Rn. 64; *Rengier* AT, § 21 Rn. 1 ff.; *Roxin* I, § 17 Rn. 29–31; *Wessels/Beulke/Satzger,* Rn. 284, 357; *Duttge,* Jura 1993, 416 ff.; *Schauer/Wittig,* JuS 2004, 107 ff.

T könnte sich wegen (eventuell sogar gefährlicher) Körperverletzung (§§ 223, 224 Abs. 1 Nr. 2) und Nötigung (§ 240) strafbar gemacht haben. Fraglich ist dabei vor allem, ob das von O beabsichtigte **Hindern** des T am Verlassen des Lokals einen **rechtswidrigen Angriff** auf dessen notwehrfähiges Individualrechtsgut der Fortbewegungsfreiheit durch O darstellte. Die Rechtswidrigkeit dieses Angriffs könnte dabei durch das **Selbsthilferecht aus § 229 BGB** ausgeschlossen sein. Dieses setzt voraus, dass beim tatsächlichen Bestehen eines **Anspruchs** obrigkeitliche Hilfe nicht erreichbar ist und eine **Gefährdung** des Anspruchs droht; in diesem Fall dürfen **zur vorläufigen Sicherung** Sachen weggenommen oder Personen festgenommen werden, wenn die Voraussetzungen eines dinglichen oder persönlichen Arrests gemäß §§ 917 bzw. 918 ZPO vorliegen. Da es O vorliegend gerade auf die Eintreibung des Geldes und nicht etwa auf eine (objektiv gerechtfertigte) Feststellung von T's Personalien ankam, ist er zwar nicht vollständig gerechtfertigt. Dennoch kann sich T nicht auf Notwehr berufen, denn nach h. M. lässt bereits das **objektive Vorliegen einer Rechtfertigungslage** (hier des § 229 BGB) die Rechtswidrigkeit des Angriffs entfallen, ohne dass subjektive Rechtfertigungselemente gegeben sein müssen. Da O den T jedenfalls zur Identitätsfeststellung gemäß § 229 BGB objektiv hätte festhalten dürfen, lag in seinem Verhalten kein rechtswidriger Angriff auf T. T hat sich daher mangels Notwehrrechtfertigung strafbar gemacht.

113a. Gib das Gras wieder her!

T hatte sich mit O auf den Verkauf von 3 kg Marihuana geeinigt, welches auf dem Parkplatz eines Baumarktes übergeben werden sollte. Auf eine nicht mehr aufklärbare Weise gelangte O in den Besitz des Rauschgifts und flüchtete damit zu Fuß, ohne den Kaufpreis zu bezahlen. Um O zu verfolgen und sich das Marihuana zurückzuholen, stieg T in seinen Pkw und machte sich auf die Suche nach O. Als er ihn schließlich auf dem linksseitigen Gehweg entdeckte, beschleunigte er sein Fahrzeug, lenkte dieses plötzlich über die Gegenfahrbahn hinweg auf den linksseitigen Gehweg und fuhr mit ca. 40 km/h auf O zu, um O durch ein An- oder Umfahren mit dem Pkw an der weiteren Flucht zu hindern, da er fürchtete, aufgrund seines starken Übergewichts den O nicht anderweitig stoppen zu können. Dabei nahm T den Tod des O billigend in Kauf, der jedoch im letzten Moment das Fahrzeug bemerkte und zur Seite sprang. Beim Versuch, O dennoch zu erfassen lenkte T seinen Pkw gegen einen Baum. Er stieg trotz seiner Verletzungen unmittelbar danach aus, lief O hinterher und brachte im Laufe einer körperlichen Auseinandersetzung das Marihuana wieder an sich. Hat sich T (neben anderen Delikten) auch nach §§ 249, 250 Abs. 2 Nr. 1 strafbar gemacht?
(vgl. BGH NJW 2015, 2898)

Zur Vertiefung: *Kühl*, § 9 Rn. 10 ff.; *Rengier* AT, § 21 Rn. 20 ff.; *Jäger*, JA 2015, 874 ff.; *Kudlich*, NJW 2015, 2901.

Ein **gefährlicher Eingriff in den Straßenverkehr** nach § 315b liegt durch die Zweckentfremdung des Autos als Angriffsmittel unproblematisch vor; eine Strafbarkeit wegen **versuchten Mordes** dürfte dagegen vorliegend ausscheiden, da T wohl von dem Tötungsversuch zurückgetreten ist, hätte er doch nach dem Erreichen des O die Möglichkeit gehabt, diesen Plan immer noch durchzuführen.

Fraglich ist dagegen, ob sich T auch wegen **schweren Raubes** strafbar gemacht hat. Da er aufgrund des Besitz- und Umgangsverbotes mit Betäubungsmitteln kein Eigentümer des Marihuana sein konnte, hatte er dem O mit dem Rauschgift eine für ihn selbst fremde Sache gewaltsam weggenommen. Die durchaus h. M. nimmt dabei die **Möglichkeit eines Raubes** an, obwohl auch das **Opfer** der Wegnahme **regelmäßig nicht der Eigentümer** ist. Die fehlende Verkehrsfähigkeit von Sachen führt also nicht automatisch zu ihrer Herrenlosigkeit (vgl. etwa BGH NStZ 2006, 170 m. Anm. *Kudlich*, JA 2006, 335 f. sowie PdW BT I Fall 8a). Insoweit könnte T aber (möglicherweise nicht bei dem sehr eingriffsintensiven Anfahren, wohl aber bei der für § 249 ebenfalls relevanten Wegnahme) nach § 859 Abs. 2 BGB wegen **Besitzkehr** gerechtfertigt sein. O hatte dem T als Besitzer die bewegliche Sache mittels verbotener Eigenmacht weggenommen, sodass dieser dem O als verfolgten Täter die Sache wieder gewaltsam abnehmen durfte. Nach Auffassung des BGH soll allerdings für eine Anwendung dieser Vorschrift **kein Raum** bestehen, „wenn der **konkrete Besitz** als solcher bei Strafe **verboten** ist [...] und eine im Anschluss an eine Besitzentziehung geübte Besitzkehr deshalb – wie hier – erneut zur strafrechtswidrigen Besitzlage führen würde". **Das überzeugt nicht wirklich:** Geht man nämlich – wie soeben beschrieben – trotz der stark eingeschränkten Verkehrsfähigkeit von Drogen von der Möglichkeit eines Diebstahls aus, so dient § 242 für die bestohlenen ursprünglichen Besitzer ohne Besitzerlaubnis realistischerweise betrachtet allein dem Gewahrsams- und nicht dem Eigentumsschutz. Dann wäre es aber an sich nur konsequent, insoweit auch die zivilrechtlichen Vorschriften über die Besitzkehr zur Anwendung zu bringen. Dass die tatsächliche Besitzposition des Erstbesitzers genügt, um trotz faktischer Nichtbetroffenheit des Eigentümers einen Diebstahl zu begründen, andererseits aber nicht geeignet sein soll, eine Besitzkehr zu ermöglichen, ist wertungsmäßig nicht konsistent.

114. Rechtsnatur der Einwilligung

Welche Rechtsfolgen sind als Wirkung einer Einwilligung des Rechtsgutsinhabers in die Verletzung eines ihm zugeordneten Rechtsguts vorstellbar?

Zur Vertiefung: *Kühl,* § 8 Rn. 20–24; *Rengier* AT, § 23 Rn. 1; *Roxin* I, § 13 Rn. 1–11; *Wessels/Beulke/Satzger,* Rn. 361 ff.; *Otto,* Jura 2004, 679 ff.; *Rönnau,* Jura 2002, 595 ff.; *ders.,* JuS 2007, 18 ff.

Die h. M. geht von einem besonderen **Rechtfertigungsgrund** aus. Demgegenüber soll nach einer in der Literatur verbreiteten Meinung der Einwilligung stets **tatbestandsausschließende Bedeutung** zukommen. Eine Verletzung mit vorheriger Einwilligung sei gar kein Eingriff in das Rechtsgut, da dieses nicht „nur um seiner selbst willen" geschützt sei. Mit Preisgabe durch den Rechtsgutsbesitzer unterfalle es nicht mehr dem strafrechtlichen Schutz. Im Gegenteil unterstütze der Eingriff gerade den Rechtsgutsinhaber bei der Verwirklichung seiner Handlungsfreiheit. Dabei wird allerdings nicht berücksichtigt, dass generell verbotene Eingriffe in fremde Rechtsgüter zunächst unabhängig vom Willen des Rechtsgutsinhabers einen abstrakten Unrechtsgehalt besitzen; das verletzte Rechtsgut bleibt trotz der Einwilligung weiterhin beeinträchtigt. Auch der Gesetzgeber scheint sich in § 228 gegen diese Ansicht auszusprechen, wenn er eine Körperverletzung als „trotz der Einwilligung" „rechtswidrig" bezeichnet. Insoweit ist die traditionelle Annahme eines Rechtfertigungsgrundes überzeugender.

Ergänzende Bemerkung: Etwas anderes gilt in Fällen, in denen bereits die Formulierung der Tathandlung denknotwendig ein Handeln ohne den Willen des Berechtigten voraussetzt (z. B. „eindringen" im Sinne des § 123, „nötigen" im Sinne des § 240 oder „wegnehmen" im Sinne des § 242). Hier wird auch von der h. M. ein Einverständnis mit tatbestandsausschließender Wirkung angenommen (vgl. Fall 47).

115. Voraussetzungen der Einwilligung

Welche sind die Voraussetzungen für eine wirksame Einwilligung?

Zur Vertiefung: *Kühl,* § 8 Rn. 27–41; *Rengier* AT, § 23 Rn. 8; *Wessels/Beulke/Satzger,* Rn. 371 ff.; *Rönnau,* Jura 2002, 665 ff.

– **Dispositionsbefugnis** des Einwilligenden
(⇨ Individualrechtsgut des Einwilligenden, über das er allein verfügungsberechtigt ist);
– **Erklärung** vor der Tat;
– **Einwilligungsfähigkeit**
(⇨ keine Geschäftsfähigkeit, aber Einsichts- und Urteilsfähigkeit);
– **Fehlen** von wesentlichen **Willensmängeln**
(⇨ insbesondere auf Grund von Drohung oder rechtsgutsbezogener Täuschung);
– Beachtung der **Grenzen der §§ 216, 228** (vgl. PdW BT II, Fälle 23 ff., 46);
– **Kenntnis des Täters** von der Einwilligung.

116. Fröhliche Apfelschlacht (oder: ein bisschen Tomatina)

Auf dem Markt eines Dorfes fand seit Generationen im Spätsommer eine Apfelschlacht statt, bei der sich Obsthändler mit nicht mehr zu verkaufenden Äpfeln bewarfen.
a) Der Wurf des Händlers T verursachte bei Händler O ein schmerzhaftes Hämatom. Strafbarkeit des T?
b) Wie wäre der Fall zu beurteilen, wenn T heimlich einen tiefgefrorenen Apfel benutzt hätte, um seinem Wurf mehr Wirkung zu verleihen, und dem O dabei die gleiche Verletzung wie in Variante a) entstand?
c) Könnte O auch noch nach der Verletzung in Variante b) seine Einwilligung erklären?

Zur Vertiefung: *Kühl*, § 8 Rn. 31 f.; *Rengier* AT, § 23 Rn. 7, 22; *Roxin* I, § 13 Rn. 42–48, 50; *Wessels/Beulke/Satzger*, Rn. 370, 378.

Zu a) T hat sich **nicht strafbar** gemacht. Lässt man die Handlung des T nicht schon als traditionsgemäßes und sozialadäquates Verhalten auf Tatbestandsebene ausscheiden, kommt jedenfalls eine **Einwilligung** des O in die Körperverletzung in Betracht. Der Einwilligende muss **ausdrücklich oder konkludent** auf den Rechtsgüterschutz verzichtet haben. O nahm in Kenntnis der Möglichkeit, beworfen zu werden, an der Apfelschlacht teil und brachte somit konkludent zum Ausdruck, die Gefahr üblicher Blessuren auf sich zu nehmen.

Zu b) Obwohl es erstaunen mag, dass dieselbe Verletzung in Variante a) gerechtfertigt ist, ist vorliegend die **Rechtfertigung** zu **verneinen.** Die konkludente Einwilligung umfasst gerade **nur typische Gefahren,** die von Äpfeln ausgeht, nicht aber die ungleich größere Gefahr durch hart gefrorene Äpfel.

Zu c) Nein. Eine nachträgliche Zustimmung mit *ex-tunc*-Wirkung wie die Genehmigung im Zivilrecht kennt das Strafrecht grundsätzlich nicht. Der **Verzicht** auf den Rechtsgüterschutz muss **vor der Verletzungshandlung** bestanden haben. Denn die **Rechtssicherheit** erfordert jedenfalls zur Zeit des Verletzungserfolges Klarheit darüber, ob dem Grunde nach eine Strafbarkeit vorliegt oder nicht.

117. Fahr du, du bist weniger betrunken

O und T hatten gemeinsam einen Abend in der Kneipe verbracht. Zu später Stunde wollten sie nach Hause. O nahm T's Angebot an, ihn nach Hause zu fahren. Dabei war O bewusst, dass T alkoholbedingt nicht mehr in der Lage war, sein Fahrzeug sicher im Straßenverkehr zu führen. Bei der Fahrt kam es zu einem Unfall, bei dem O verletzt wurde. Strafbarkeit des T nach §§ 315c, 316?

Zur Vertiefung: *Kühl,* § 8 Rn. 27–30; *Rengier* AT, § 23 Rn. 9, 11; *Roxin* I, § 13 Rn. 33 ff.; *Wessels/Beulke/Satzger,* Rn. 372 f.

T hat in fahruntüchtigem Zustand im Straßenverkehr ein Fahrzeug geführt und daher jedenfalls den Tatbestand des **§ 316** erfüllt. Dieser schützt als abstraktes Gefährdungsdelikt nur das **überindividuelle Rechtsgut** der Sicherheit des Straßenverkehrs. In dessen Verletzung konnte O mangels Dispositionsbefugnis nicht einwilligen. Ob T darüber auch den (§ 316 gegebenenfalls verdrängenden, vgl. § 316 Abs. 1 a. E.) Tatbestand des **§ 315c** Abs. 1 Nr. 1 Buchst. a, Abs. 3 Nr. 1 erfüllt, hängt davon ab, welche Rechtsgüter davon geschützt werden. Stellt man auch hier alleine auf die Sicherheit des Straßenverkehrs ab, war O nicht dispositionsbefugt, vgl. oben. Überzeugender erscheint allerdings die Annahme, dass der spezifische Unrechtsgehalt dieses konkreten Gefährdungsdelikts **auch den Individualrechtsgüterschutz** (Leben, körperliche Unversehrtheit, Eigentum) umfasst. Hinsichtlich dieser Schutzrichtung aber hat O durch das Einsteigen in das Auto konkludent in eine Gefährdung eingewilligt. Entfällt aber das Unrecht für diesen „Teil", so bleibt nur noch die überindividuelle Komponente bestehen, die für § 315c nicht genügt, dafür aber von § 316 vollständig erfasst wird.

Ergänzende Bemerkung: Dass selbst bei Individualrechtsgütern nicht uneingeschränkt in die Verletzung eingewilligt werden kann, zeigen § 216 (Tötung auf Verlangen) und § 228 (Strafbarkeit trotz Einwilligung bei sittenwidriger Tat; vgl. dazu auch *Bott/Volz,* JA 2009, 421 ff.).

118. Dick – und doof

Der betrügerische Arzt T spiegelte dem übergewichtigen O vor, nach einem erfolgreichen operativen Eingriff wieder uneingeschränkt essen zu können, ohne je Gewichtsprobleme fürchten zu müssen. Hat O wirksam in die operativ bedingte Körperverletzung eingewilligt?

Zur Vertiefung: *Kühl,* § 8 Rn. 37; *Rengier* AT, § 23 Rn. 25 ff.; *Roxin* I, § 13 Rn. 97 ff.; *Wessels/Beulke/Satzger,* Rn. 376 f.; *Rönnau,* Jura 2002, 665 ff.

Nein. Geht man mit dem Verweis auf das Erfordernis eines effektiven Schutzes vor eigenmächtiger Heilbehandlung grundsätzlich davon aus, dass auch medizinisch indizierte und kunstgerechte **Heileingriffe tatbestandsmäßig im Sinne des § 223** (gegebenenfalls sogar § 224 Abs. 1 Nr. 2) sind, könnte T nur durch eine **Einwilligung** des O gerechtfertigt sein, soweit diese nicht an einem **beachtlichen Willensmangel** litt. Während eine Ansicht bei jeder Täuschung einen Willensmangel annimmt, führen nach h. M. nur solche Täuschungen zur Unwirksamkeit der

Einwilligung, die **rechtsgutsbezogene Irrtümer** hervorrufen. T täuschte über die Auswirkung der Operation auf die zukünftige Funktion von körperlichen Abläufen bei O, was einen deutlichen Rechtsgutsbezug zur Gesundheit des O beinhaltet. Mangels wirksamer Einwilligung ist T daher nicht gerechtfertigt.

Ergänzende Bemerkung: Nach einer verbreiteten Ansicht in der Literatur sind Heileingriffe *lege artis* bereits nicht tatbestandsmäßig, da sie letztlich auf die Verbesserung des Gesundheitszustandes gerichtet sind.

119. Blutspende und Schlachtplatte

Bei einem Blutspendenaufruf wurde darüber getäuscht, dass es anschließend eine reichhaltige „Schlachtplatte" gäbe, während tatsächlich nur einige belegte Brötchen gereicht wurden. Liegt eine wirksame Einwilligung der Blutspender vor?

Zur Vertiefung: *Kühl,* § 8 Rn. 38; *Rengier* AT, § 23 Rn. 25 ff.; *Roxin* I, § 13 Rn. 97 ff.; *Wessels/Beulke/Satzger,* Rn. 376 f.

Ja. Der Irrtum über die „Entlohnung" war **nicht rechtsgutsbezogen** und somit für die Einwilligung in die Blutabnahme unbeachtlich.

120. Eine komplizierte Operation

Arzt T stellte bei O einen schweren Herzfehler fest, der einer sofortigen Operation bedurfte. Da T Sorge hatte, der ängstliche O vertrage die Wahrheit nicht und könnte eine Behandlung ablehnen, beschönigte T den Eingriff als völlig harmlos sowie routinemäßig und verschwieg die Gefahr einiger erheblicher Komplikationen. O willigte in den Eingriff ein. Steht T ein wirksamer Rechtfertigungsgrund zur Seite?

Zur Vertiefung: *Rengier* AT, § 23 Rn. 25 ff.; *Roxin* I, § 13 Rn. 97 ff.; *Wessels/Beulke/Satzger,* Rn. 376.

Nein. Die Einwilligung des O ist nur beachtlich, wenn der Patient die Risiken des Heileingriffs kannte. Diesbezüglich hat der Arzt vor Vornahme des Eingriffs eine Aufklärungspflicht über alle auch bei kunstgerechten Ausführungen unvermeidliche und nicht außerhalb der Erfahrung liegende Risiken. O hatte keine **Kenntnis von der wahren Tragweite und Bedeutung des Eingriffs.** Es war ihm somit unmöglich, ein Selbstbestimmungsrecht auszuüben und eine wirksame Einwilligung abzugeben. T kann sich des Weiteren nicht auf eine mutmaßliche Einwilligung berufen, da er gerade vom entgegenstehenden Willen des O ausging.

Ergänzende Bemerkung: Zur erforderlichen Aufklärung bei der geplanten Verwendung einer sog. Außenseitermethode vgl. BGH NStZ 2011, 343 m. Anm. *Jahn,* JuS 2011, 468.

121. Mutmaßliche Einwilligung

Was kennzeichnet die mutmaßliche Einwilligung im Gegensatz zur tatsächlichen Einwilligung und welche Fallgruppen umfasst sie?

Zur Vertiefung: *Kühl,* § 8 Rn. 45–47; *Rengier* AT, § 23 Rn. 49, 52 ff.; *Roxin* I, § 18 Rn. 3–27; *Wessels/Beulke/Satzger,* Rn. 380–385.

Unter dem Überbegriff „mutmaßliche Einwilligung" werden **zwei Konstellationen** zusammengefasst, in denen auch **ohne Äußerung der Einwilligung** für den Regelfall davon ausgegangen werden kann, dass der Rechtsgutsträger mit der – sein Rechtsgut formal berührenden – Handlung einverstanden ist:

– **Handeln im überwiegenden Interesse:**

Die Handlung entspricht dem mutmaßlichen, objektiv ableitbaren Interesse des Rechtsgutsinhabers (Bsp.: lebensrettende Operation bei einem Bewusstlosen; vgl. Fall 108):

– **Handeln bei mangelndem Interesse:**

Die Handlung beeinträchtigt nur kurzzeitig oder geringfügig geschützte Rechtsgüter, sodass davon ausgegangen werden kann, dass der Berechtigte keine Einwände gegen die Handlung hätte (Bsp.: Geldwechsel aus der Kasse eines Freundes).

Für beide Fälle gilt, dass die mutmaßliche Einwilligung subsidiär ist, d. h. dass sie

- nicht benötigt wird, wenn eine tatsächliche Einwilligung vorliegt;
- nicht eingreift, wenn der entgegenstehende Wille dem Täter bekannt ist;
- nicht eingreift, wenn es möglich wäre, die tatsächliche Einwilligung einzuholen (str. beim Handeln bei mangelndem Interesse).

Ergänzende Bemerkung: Zur Frage nach der Möglichkeit eines „mutmaßlichen Einverständnisses" vgl. *Marlie,* JA 2007, 112 ff.

121a. Wirbel um eine Wirbel-Operation

O begab sich auf Grund ihrer Rückenprobleme in Behandlung zu Neurochirurg T. T schlug O eine operative Behandlung vor, klärte sie ordnungsgemäß auf und führte eine Operation durch. Durch ein Versehen des T operierte er jedoch den falschen Wirbel. Da damit die Beschwerden der O nicht behoben waren, untersuchte T sie erneut und stellte seinen Fehler fest. Er verschwieg diesen der O jedoch und schob die fortbestehenden Beschwerden auf ein sog. Frührezidiv (d. h. eine Komplikation, die auch bei ordnungsgemäßer Operation eintreten kann und eine Nachoperation erforderlich macht). Vor dem erneuten Eingriff klärte er O formal abermals auf und führte nach ihrer Einwilligung in die Behebung des Rezidivs die tatsächlich erforderliche Operation am anderen Wirbel erfolgreich durch. Als die Sache ans Licht kommt und T wegen Körperverletzung angeklagt wird, beruft er sich darauf, dass O doch tatsächlich in die zweite Operation eingewilligt hat und im Übrigen auch ohnehin mutmaßlich in die zweite eingewilligt hätte. Wird ihm das helfen?
(vgl. BGH NStZ-RR 2004, 16)

Zur Vertiefung: *Kühl,* § 9 Rn. 47a; *Rengier* AT, § 23 Rn. 62; *Roxin* I, § 13 Rn. 119 ff.; *Wessels/Beulke/Satzger,* Rn. 384; *Eisele,* JA 2005, 252 ff.; *Otto/Albrecht,* Jura 2010, 264 ff.; *Rönnau,* JuS 2014, 882 ff.; *Sickor,* JA 2008, 11 ff.

Die von T vorgebrachten Gründe überzeugen zwar nicht; dennoch hat er im Ergebnis gute Chancen freigesprochen zu werden:

Soweit T auf eine **tatsächliche Einwilligung** abstellt, liegt diese zwar vor, ist aber auf Grund der durch **Täuschung über rechtsgutsrelevante Umstände** (tatsächlich durchgeführte Operation) erschlichenen Erteilung **unwirksam** (vgl. Fälle 118 f.). Auch eine mutmaßliche Einwilligung scheidet schon deshalb aus, weil vorliegend die tatsächliche Einwilligung bei O hätte eingeholt (bzw. hätte auch von ihr verweigert) werden können (Subsidiarität der mutmaßlichen Einwilligung, vgl. Fall 121).

Der BGH (NStZ-RR 2004, 16) hat jedoch in einem vergleichbar gelagerten Fall dennoch eine Straflosigkeit über den Gedanken einer „hypothetischen Einwilligung" angenommen, da bzw. soweit der Patient auch bei wahrheitsgemäßer Aufklärung (also hier: über den Fehler bei der ersten Operation und das Bedürfnis seiner Behebung) in die tatsächlich durchgeführte Operation eingewilligt hätte. Dies erscheint keinesfalls ausgeschlossen, da es dem Patienten ja vorrangig darum gehen wird, seine Beschwerden loszuwerden – die nun einmal entstandenen Fehler kann er ja auch nicht ungeschehen machen, indem er sich der zweiten Operation entziehen würde. Dogmatisch mag man diesen Gedanken als einen Zurechnungsausschluss mangels Pflichtwidrigkeitszusammenhangs auf Rechtfertigungsebene (vgl. dazu bei der Fahrlässigkeit auf Tatbestandsebene Fälle 174 f.) einordnen und auch wertungsmäßig begründen können, da die Aufklärung in solchen Fällen „nichts gebracht" hätte (vgl. *Kühl,* § 9 Rn. 47a). Es bleibt aber das Unbehagen, dass mit dieser Figur die das Selbstbestimmungsrecht des Patienten schützenden Voraussetzungen der traditionellen Einwilligungstatbestände ausgehöhlt werden, insbesondere wenn man die Figur mit dem Grundsatz *„in dubio pro reo"* kombiniert. Denn die Anfälligkeit von Ärzten dafür, eigene Fehler auf diese Weise zu „vertuschen" dürfte – nur allzu menschlich – nicht eben gering sein.

Ergänzende Bemerkung: In der Entscheidung BGH NStZ-RR 2007, 340 (m. Anm. *Bosch,* JA 2008, 70 ff. und *Jahn,* JuS 2007, 1145 ff.) betont der BGH, dass dies dann nicht gelten könne, wenn die zweite Operation nicht *lege artis* (im konkreten Fall: ohne geschultes Hilfspersonal und ohne Anästhesisten) durchgeführt wird, da bei einem solchen Eingriff regelmäßig auch eine tatsächliche Einwilligung wegen eines beachtlichen Willensmangels unwirksam wäre und die hypothetische Einwilligung insoweit nicht weiter gehen könne. Weitere Rechtsprechung zur hypothetischen Einwilligung auch bei BGH NStZ 2012, 205 sowie eingehend begründete Kritik bei AG Moers medstra 2016, 123 m. Anm. *Jäger,* JA 2016, 472.

122. Ein doppelfunktionales Brecheisen (I)

T überraschte O dabei, wie dieser mit einem Brecheisen einen fremden Pkw aufbrach, rief Passanten zu, sie sollten die Polizei benachrichtigen, und hielt O fest. O wehrte sich nach Kräften. Da er sich jedoch dem festen Griff des T nicht entziehen konnte, zog er ein Taschenmesser und versuchte, auf T einzustechen. T konnte sich nur damit helfen, dass er O mit dem noch auf

der Kühlerhaube liegenden Brecheisen zu Boden schlug. Hat sich T wegen Körperverletzung strafbar gemacht?

Zur Vertiefung: *Kühl,* § 8 Rn. 91; *Rengier* AT, § 22 Rn. 15 f.; *Roxin* I, § 17 Rn. 28; *Wessels/Beulke/Satzger,* Rn. 353; *Mitsch,* JA 2016, 161 ff.; *Satzger,* Jura 2009, 107 ff.; *Sickor,* JuS 2012, 1074 ff.

T hat zwar den Tatbestand einer gefährlichen Körperverletzung nach §§ 223 Abs. 1, 224 Abs. 1 Nr. 2 (Eisenstange) verwirklicht, handelte aber **gerechtfertigt.** Zwar kann er sich hinsichtlich der **Verletzung** (anders als hinsichtlich des Festhaltens, das im Übrigen den Tatbestand des § 239 erfüllen würde) **nicht** unmittelbar auf **§ 127 Abs. 1 StPO** berufen, da dieser nur ein „Festnehmen", nicht aber eine solche Gewaltanwendung deckt. Allerdings kann er sich auf **§ 32** berufen: Da er O auf frischer Tat „ertappt" hatte, durfte er ihn nach § 127 Abs. 1 StPO zur Fluchtverhinderung festnehmen. Da somit im Festhalten kein rechtswidriger Angriff des T lag, war O's Versuch zuzustechen seinerseits nicht durch Notwehr gerechtfertigt und mithin ein **rechtswidriger,** notwehrfähiger **Angriff** auf T. Selbst wenn man unterstellen würde, dass es ausgereicht hätte, dass T den O loslässt, wäre er dazu als Notwehrberechtigter nicht verpflichtet gewesen.

Ergänzende Bemerkung: Bei einer klausurmäßigen Bearbeitung im Gutachtenstil ist hier also eine Art Schachtelprüfung der Rechtswidrigkeit nach folgendem Muster erforderlich:

I. § 127 Abs. 1 StPO: (–), Maßnahme nicht gedeckt
II. § 32:
  1. Notwehrlage:
    a) Angriff des O durch Zustechen (+)
    b) Gegenwärtigkeit
    c) Rechtswidrigkeit: Ausgeschlossen durch Notwehrrecht des O?
      aa) Gegenwärtiger Angriff des T durch Festhalten (+)
      ab) Aber nicht rechtswidrig, da von § 127 Abs. 1 StPO gedeckt, damit keine Notwehr des O, damit rechtswidriger Angriff
  2. Notwehrhandlung (+)
  3. Subjektives Rechtfertigungselement.

123. Ein doppelfunktionales Brecheisen (II)

Hätte sich T beim Festhalten des O auch dann auf § 127 Abs. 1 StPO berufen können, wenn O tatsächlich sein eigenes Auto aufbrach, da er den Schlüssel verloren hatte, dies dem T allerdings nicht offenbarte, da er der Ansicht war, „einem Wildfremden gegenüber müsse er sich nicht rechtfertigen"?

Zur Vertiefung: *Kühl,* § 9 Rn. 83 ff.; *Rengier* AT, § 22 Rn. 7 ff.; *Roxin* I, § 17 Rn. 23 ff.; *Wessels/Beulke/Satzger,* Rn. 354.

Dies wird zumindest im Grundsatz von einer, insbesondere in der Rechtsprechung vertretenen, Auffassung tatsächlich bejaht: Nach dieser **„prozessualen Theorie"** soll nämlich bereits der dringende **Tatverdacht** genügen. Zur Begründung wird angeführt, dass sonst der Bürger, der als Helfer der Strafverfolgungsorgane tätig werden möchte, das Irrtumsrisiko tragen müsste; außerdem genüge auch für andere

Zwangsmaßnahmen im Strafprozessrecht jeweils ein Verdacht. Demgegenüber hat die **„materielle Theorie"**, die das **tatsächliche Vorliegen** einer Straftat fordert, nicht nur den Wortlaut („auf frischer Tat") für sich, sondern berücksichtigt das Interesse des Festgehaltenen, nicht ohne Anlass von irgendjemandem festgenommen werden zu dürfen. Anders als bei den übrigen prozessualen Eingriffsbefugnissen richtet sich § 127 Abs. 1 StPO ja nicht nur an die Strafverfolgungsbehörden, sondern an jedermann, was eine unterschiedliche Behandlung durchaus rechtfertigt. Diese „Risikoverteilung" bleibt auch für den Festhaltenden zumutbar, der über die Irrtumsregeln (vgl. Fall 150) ausreichend geschützt ist.

Ergänzende Bemerkung: Zur Erforderlichkeit einer Verteidigungshandlung gegenüber demjenigen, der sich schuldlos über die zur vorläufigen Festnahme nach § 127 StPO berechtigenden tatsächlichen Umstände irrt, vgl. OLG Hamm NJOZ 2015, 1863 = BeckRS 2015, 10734 m. Anm. *Kudlich,* JA 2016, 150.

124. Hausarrest

T's 14-jähriger Sohn S hatte Besuch von seinem gleichaltrigen Freund F. Um ihre Langeweile zu vertreiben, beschlossen die beiden autobegeisterten Jungen, eine „Spritztour" mit dem Porsche „Carrera Turbo" des T zu machen. S nahm auf dem Fahrersitz des Boliden neben F Platz und legte vermeintlich den Rückwärtsgang ein, um aus der Garage zu fahren. Da S tatsächlich jedoch den ersten Gang eingelegt hatte, durchbrachen die 420 PS des Sportwagens die Stirnwand der Garage. Als S und F sich den Staub von der Kleidung geklopft hatten, kam T nach Hause. Wutentbrannt versetzte er S und F eine kräftige Ohrfeige, packte S am Arm und sperrte ihn für den Rest des Tages in sein Zimmer ein. Strafbarkeit des T?

Zur Vertiefung: *Kühl,* § 8 Rn. 52–77b; *Roxin* I, § 17 Rn. 32–57; *Wessels/Beulke/Satzger,* Rn. 387–392; *Beulke,* FS Schreiber, 2003, S. 29 ff.; *Hoyer,* FamRZ 2001, 521 ff.; *Roxin,* JuS 2004, 177 ff.

T könnte sich sowohl gegenüber S als auch gegenüber F nach § 223 (und eventuell auch nach § 185), gegenüber S zusätzlich nach §§ 239, 240 strafbar gemacht haben. Entscheidende Frage ist hierbei, ob T's Sanktionen durch sein elterliches Erziehungsrecht aus Art. 6 Abs. 2 GG, §§ 1626 Abs. 1, 1631 BGB gedeckt sind. Lange Zeit war ein Rechtfertigungsgrund des **elterlichen Züchtigungsrechts** zu Gunsten des Erziehungsberechtigten gegenüber minderjährigen Kindern anerkannt, wenn ein **Züchtigungsanlass** vorlag, eine erforderliche und **angemessene,** insbesondere nicht entwürdigende **Bestrafung** erfolgte und dabei subjektiv mit **„Erziehungswillen"** gehandelt wurde. Durch zwei **Gesetzesänderungen** in den Jahren 1997 und 2000, durch die in **§ 1631 Abs. 2 BGB** zunächst „entwürdigende Erziehungsmaßnahmen, insbesondere körperliche und seelische Misshandlungen" untersagt wurden und nunmehr ein „Recht auf gewaltfreie Erziehung" **ohne „körperliche Bestrafungen,** seelische Verletzungen und andere entwürdigende Maßnahmen" garantiert wird, ist allerdings die Möglichkeit eines solchen Rechtfertigungsgrundes (jedenfalls hinsichtlich § 223) problematisch geworden. Da allerdings das Ziel einer „flächendeckenden" Erziehung ohne jegliche geringfügige körperliche Intervention (möglicherweise wünschenswert, aber jedenfalls) unrealistisch ist und auch der Gesetzgeber (in freilich offenkundig selbstwidersprüchlicher, alleine auf politische Symbolik statt auf Sinnhaftigkeit und Umsetzbarkeit der Regelung bedachten Weise) selbst die Eltern ausdrücklich nicht kriminalisieren wollte, erscheint es angemessen, bereits auf Tatbestandsebene *sub specie* Art. 6 Abs. 2 GG **verfassungskonform auszulegen.** Dieser Weg ist durch § 1631 Abs. 2 BGB nur versperrt, soweit körperliche Bestrafungen tatsächlich auch **entwürdigende Maßnahmen** darstellen, was aber nicht zwingend der Fall sein muss. Für unseren Beispielsfall ergibt sich daraus:

Gegenüber **S** ist mit der **kräftigen Ohrfeige** zwar eine Schwelle überschritten, die regelmäßig zur Strafbarkeit führen kann. Berücksichtigt man allerdings den **enormen Schaden** und das gravierende Fehlverhalten, steht eine einzige Ohrfeige noch in einem angemessenen Verhältnis, sodass keine „Entwürdigung" anzunehmen und bei einer restriktiven Auslegung des § 223 eine körperliche Misshandlung wohl noch verneint werden kann. Dies gilt erst recht für den Hausarrest, der in diesem Falle erforderlich, angemessen und vom Erziehungswillen des T getragen war, der völlig nachvollziehbar handelte.

Hinsichtlich des **F** dagegen ist die Ohrfeige tatbestandsmäßig nach § 223 und rechtswidrig, da ein (zu einer restriktiven Auslegung führendes) Züchtigungsrecht entgegen früher vielfach vertretenen Ansichten jedenfalls nicht gegenüber fremden Kindern besteht.

125. Finger in der Mausefalle

T war Lehrer an einer Grundschule. Eines Tages ging er durch die Reihen und kontrollierte in den Heften seiner Schüler eine Hausaufgabe. Als er das Heft des S aufschlug, schnappte eine Mausefalle entsprechend dem Plan des S zu und klemmte schmerzhaft einige der Finger des T ein. T lief vor Wut rot an und verpasste dem S eine kräftige Ohrfeige. Droht dem T eine Verurteilung wegen Körperverletzung, wenn die Eltern des S ihn anzeigen? (vgl. BGH NStZ 1993, 591)

Zur Vertiefung: *Kühl,* § 8 Rn. 78–82a; *Roxin* I, § 17 Rn. 52 ff.; *Wessels/Beulke/Satzger,* Rn. 390.

Möglicherweise ja. T hat durch die Ohrfeige den Tatbestand des § 223 Abs. 1 verwirklicht. Da er selbst nicht Erziehungsberechtigter ist, könnte ihm allenfalls ein abgeleitetes Züchtigungsrecht zustehen. Unabhängig von der Reichweite des **elterlichen Züchtigungsrechts** (vgl. Fall 124) kommt dessen **Übertragung nicht in Betracht.** Denn eine solche würde die amtlichen Befugnisse der Lehrer unzulässig erweitern und zu einer völlig unterschiedlichen Ausübung dieses Rechts in einer Klasse führen. Ein gewohnheitsrechtlich aus dem staatlichen Erziehungsrecht abgeleitetes **eigenes Züchtigungsrecht des Lehrers** besteht nach der h. L. und nunmehr auch nach dem BGH **nicht.** Dagegen sprechen neben einzelnen, landesrechtlichen Züchtigungsverboten vor allem der Vorbehalt des Gesetzes und die Wesentlichkeitstheorie. Demnach haben Lehrer kein Züchtigungsrecht gegenüber ihren Schülern, sodass dem T tatsächlich eine Verurteilung droht. Angesichts des gravierenden, vorsätzlich in die körperliche Unversehrtheit des T eingreifenden Anlasses sollte aber die Staatsanwaltschaft um eine Einstellung des Verfahrens bemüht sein.

IV. Die Schuld

1. Grundlagen

126. Im Vollrausch (II)

In Fall 46 meint der geschädigte O, durch eine Strafbarkeit des T nach der ihm als Laien völlig unbekannten Vorschrift des § 323a fühle er sich nicht ausreichend rehabilitiert. Er könne nicht einsehen, weshalb T nicht nach § 303 strafbar sei: Schließlich habe er eine fremde Sache kaputt gemacht, und ob er vorher – überdies völlig freiwillig – zu viel getrunken habe oder nicht, könne doch keine entscheidende Rolle spielen. Demgegenüber meint O's Sohn S, der gerade sein Jurastudium begonnen hat, sein Vater könne froh sein, wenn T wenigstens nach § 323a bestraft werde. Denn seiner Meinung nach sei T nicht nur schuldunfähig gewesen, sondern habe auf Grund seiner hohen Alkoholisierung überhaupt nicht mehr im strafrechtlichen Sinne gehandelt. Eine solche Handlung sei aber eigentlich Minimalvoraussetzung jeder Strafbarkeit. Wo liegt die Wahrheit?

Zur Vertiefung: *Kühl,* § 2 Rn. 4 ff.; § 10 Rn. 2, § 11 Rn. 1–5; *Rengier* AT, § 24 Rn. 1 ff.; *Roxin* I, § 19 Rn. 1, 18–49; *Wessels/Beulke/Satzger,* Rn. 393 ff.

Wie so oft: in der Mitte. O und S haben **beide nicht Recht.** Das oben in Fall 46 ermittelte Ergebnis ist weder zu streng noch zu großzügig, sondern entspricht genau dem Gesetz:

Sollte O der Ansicht sein, es käme für die Strafwürdigkeit nur auf das (objektiv und subjektiv) verwirklichte Unrecht an, würde das dem verfassungsrechtlich verankerten und etwa auch in § 46 Abs. 1 Satz 1 zu Grunde gelegten **Schuldprinzip** widersprechen. Die Konsequenz daraus zieht § 20: Ist jemand in einem Zustand, in dem ihm sein Unrecht nicht **persönlich vorwerfbar** ist, macht er sich nicht strafbar. Kommt es O dagegen eher auf den Aspekt an, dass T sich „freiwillig" in den schuldausschließenden Zustand versetzt hat, so übersieht er, dass § 20 diese Frage eben grundsätzlich nicht stellt. Gewisse Ausnahmen werden in den Fällen der sog. *actio libera in causa* diskutiert (vgl. Fälle 130 ff.), deren Voraussetzungen hier allerdings nicht vorliegen.

Umgekehrt schießt S übers Ziel hinaus. Trotz gelegentlich verwirrender Definitionen setzt eine Handlung im strafrechtlichen Sinne kein schuldhaftes, sondern allenfalls ein **willkürliches Verhalten** voraus. Ein solches liegt aber auch in Fall 46 vor, da nicht zu erkennen ist, dass T sein Handeln in einem tatsächlichen Sinne nicht mehr hätte beeinflussen können. Dass die verminderte Steuerungsfähigkeit, die zur Schuldunfähigkeit genügt, nicht zwangsläufig zum Ausschluss der Handlungsfähigkeit führt, ergibt sich aus der Regelung des § 20 selbst, die anderenfalls überflüssig wäre.

127. Im Vollrausch – es geht noch weiter

O's Frau F meint, im konkreten Fall sei ja nun nichts wirklich Schlimmes passiert. Aber was wäre denn, wenn ein Gewohnheitstrinker oder aber

vielleicht sogar ein Geisteskranker immer und immer wieder schwerste Straftaten begingen. Hier würde die von § 323a ermöglichte Freiheitsstrafe kaum genügen, die erforderliche Sicherung der Bevölkerung zu garantieren; und bei einem dauerhaft geisteskranken Täter bestehe nicht einmal die Möglichkeit, auf diese Vorschrift zurückzugreifen. Kann man F hier beruhigen?

Zur Vertiefung: *Kühl,* § 10 Rn. 2; *Rengier* AT, § 24 Rn. 10; *Roxin* I, § 3 Rn. 63 ff.; *Wessels/Beulke/Satzger,* Rn. 396.

Ja. Der Gesetzgeber hat diese „Lücke" gesehen und sie mit den Maßregeln der Besserung und Sicherung als „zweiter Spur" des strafrechtlichen Reaktionensystems geschlossen. Nach § 63 kann wegen einer im schuldunfähigen Zustand begangenen, rechtswidrigen Tat die Unterbringung in ein **psychiatrisches Krankenhaus** angeordnet werden, wenn vom Täter „infolge seines Zustandes erhebliche rechtswidrige Taten zu erwarten sind und er deshalb für die Allgemeinheit gefährlich ist". Nach § 64 kann beim Hang zum Alkoholmissbrauch und dem Vorliegen einer im Rauschzustand begangenen Straftat eine stationäre **Unterbringung in einer Entziehungsanstalt** angeordnet werden.

2. Die Schuldfähigkeit

128. Sind wir nicht alle ein bisschen Bluna?

Könnte sich ein Täter auf folgende Argumentation berufen: Angesichts der Vielfalt und des vorübergehenden Charakters der Schuldausschließungsgründe des § 20 könnte die Schuldunfähigkeit letztlich so gut wie nie ausgeschlossen werden. Wer sich darauf berufe, müsse dann nach dem Grundsatz *„in dubio pro reo"* immer freigesprochen werden. Das wäre dann trotz der in Fall 127 dargelegten Umstände umso günstiger für den Täter, da bei bloßen Zweifeln an der Schuldunfähigkeit eine Maßnahme nach § 63 nicht angeordnet werden dürfe.

Zur Vertiefung: *Rengier* AT, § 24 Rn. 13; *Roxin* I, § 20 Rn. 1; *Wessels/Beulke/Satzger,* Rn. 412, 414.

Die hier zutreffend aufgezeigten Konsequenzen bei Zweifeln über die Voraussetzungen des § 20 wären tatsächlich für den Täter günstig, jedoch für die Strafrechtspflege misslich. Allerdings liegen diese **„Zweifelsvoraussetzungen"** wesentlich **seltener** vor, als unser imaginärer Täter es sich vorstellt. Obwohl § 20 eine Reihe unterschiedlichster Gründe für einen Schuldausschluss kennt, ändert er nichts daran, dass im **Regelfall** von der **Schuldfähigkeit** auszugehen ist. Anders als insbesondere bei Jugendlichen, bei denen nach § 3 JGG die Schuldfähigkeit positiv festgestellt werden muss, besteht bei Erwachsenen (in Praxis und Klausur gleichermaßen!) nur dann überhaupt Anlass, sich über eine Schuldunfähigkeit Gedanken zu machen, wenn konkrete Anhaltspunkte dafür bestehen. Ein einseitiges „Berufen des Täters" darauf kann jedenfalls nicht genügen.

129. Der schönste Rausch ist der Blutrausch

Die T geriet mit der O in Streit. Als O begann, sie übel zu beschimpfen, griff T nach einem Beil und schlug damit mit Tötungsvorsatz auf O ein, die durch etwa 30 Beilhiebe zu Tode kam. Im Rahmen der Verhandlungen gegen T sagten die Sachverständigen übereinstimmend aus, dass T mit großer Wahrscheinlichkeit nach den ersten (noch nicht tödlichen) Beilhieben in eine tiefgreifende Bewusstseinsstörung im Sinne des § 20 („Blutrausch") und damit in einen Zustand der Schuldunfähigkeit verfallen sei. T's Verteidiger V beantragte daher, dass T nur wegen versuchten Totschlags in einem minder schweren Fall (§§ 212, 213, 22) verurteilt werden könne, da T bei den eigentlichen todbringenden Schlägen schuldunfähig gewesen sei. Was ist davon zu halten?
(vgl. BGHSt 7, 326)

Zur Vertiefung: *Kühl,* § 11 Rn. 25; *Roxin* I, § 20 Rn. 13–20; *Wessels/Beulke/Satzger,* Rn. 409, 411.

Dem V ist **nicht zuzustimmen.** Nach § 20 muss der Täter „bei Begehung der Tat" schuldfähig sein. Diese Voraussetzung lag bei T zwar bei den eigentlichen todbringenden Schlägen nicht mehr vor, sehr wohl aber bei den ersten Schlägen, die T in Tötungsabsicht gegenüber O ausführte und mit denen sie daher **ins Versuchsstadium eintrat.** Damit läuft alles auf die Frage zu, ob der im schuldunfähigen Zustand durch die weiteren Schläge verursachte Todeserfolg der T noch als (durch ihr Verhalten im schuldfähigen Zustand) vorsätzlich bewirkt zugerechnet werden kann: Die Art und Weise dieses Erfolgseintritts könnte eine wesentliche **Abweichung vom** vorgestellten **Kausalverlauf** darstellen. Der BGH (BGHSt 7, 326) ging jedoch überzeugend davon aus, dass die Abweichung unwesentlich war, da sie sich noch innerhalb der Grenzen des nach allgemeiner Lebenserfahrung Voraussehbaren hielt und keine andere Bewertung der Tat rechtfertigte. Insoweit besteht eine deutliche Parallele zu den sog. *dolus-generalis*-Fällen (vgl. Fall 65).

130. Mut angetrunken

T war als Zeuge in einem Strafverfahren gegen seinen Freund F geladen. Da er F bei wahrheitsgemäßer Aussage belasten müsste, beschloss er, zu Gunsten des F zu lügen und die falsche Aussage erforderlichenfalls auch zu beschwören. Um den dafür nötigen Mut zu fassen, trank T in größeren Mengen Alkohol und nahm dazu eine Hand voll Beruhigungstabletten, sodass er in einem im Sinne des § 20 schuldausschließenden Zustand vor Gericht erschien. Da das Gericht dies zunächst nicht bemerkte, wurde T vernommen und sagte unter Eid vorsätzlich falsch aus. Erst als T kurz nach Abschluss seiner Vernehmung zusammenbrach, wurde man auf seinen Zustand aufmerksam. Im Laufe der folgenden Untersuchung kam die Angelegenheit ans Licht. Als der Staatsanwalt davon erfuhr, überlegte er, ob T nicht wegen Meineids nach § 154 anzuklagen sei. Es handle sich geradezu um einen klassischen Fall der *actio libera in causa* und auch die einschränkende Recht-

sprechung des 4. Strafsenats stehe dem nicht entgegen, da diese ja nur Straßenverkehrsdelikte betreffe. Was ist davon zu halten? (vgl. auch BGHSt 42, 235)

Zur Vertiefung: *Kühl,* § 11 Rn. 6 ff.; *Rengier* AT, § 25 Rn. 1 ff.; *Roxin* I, § 20 Rn. 56–76; *Wessels/Beulke/Satzger,* Rn. 415 ff.; *Rönnau,* JA 1997, 599 ff.; *Salger/Mutzbauer,* NStZ 1993, 561 ff.; *Satzger,* Jura 2006, 513 ff.

Nichts. Die lange Zeit in der Rechtsprechung und der überwiegenden Lehre anerkannten Grundsätze der sog. ***actio libera in causa*** (a. l. i. c.) besagen, dass der Täter trotz Schuldunfähigkeit im Moment der Tathandlung wegen eines Vorsatzdelikts bestraft werden kann, wenn er sich selbst in den schuldausschließenden Zustand versetzt hat und dabei sowohl hinsichtlich dieser Handlung (sog. *actio praecedens*) als auch der späteren Tat (sog. *actio succedens*) mit Vorsatz handelte. Zieht man diese Voraussetzungen heran, liegt die Annahme einer Strafbarkeit nach § 154 i. V. m. den Grundsätzen der a. l. i. c. in der Tat nahe.

Allerdings hat der 4. Strafsenat des BGH (BGHSt 42, 235) unter Billigung weiter Teile der Literatur in einer Entscheidung zu §§ 315c, 316 den **Anwendungsbereich** der a. l. i. c. mit überzeugenden Argumenten zumindest stark **eingeschränkt,** da die Begründungsmodelle für diese Rechtsfigur nicht oder nicht uneingeschränkt tragfähig sind:

- Die Annahme, die a. l. i. c. sei eine ungeschriebene **Ausnahme** zu § 20, dürfte mit Art. 103 Abs. 2 GG unvereinbar sein.
- Die stattdessen vorgeschlagene Auslegung des § 20 dahingehend, der Terminus „bei Begehung der Tat" sei so auszulegen, dass er auch Vorbereitungshandlungen umfasse **(Ausdehnungslösung),** kann – insbesondere auch mit Blick auf das Verständnis der identischen Passage in §§ 16, 17 – ebenfalls nicht überzeugen.
- Ein dritter Ansatz sieht in der a. l. i. c. einen Sonderfall der **mittelbaren Täterschaft,** in dem der Täter im schuldfähigen Zustand sich selbst im schuldunfähigen Zustand als Werkzeug benutzt; indes dürfte auch dies mit dem Wortlaut des § 25 Abs. 1 Alt. 2 kaum zu vereinbaren sein (vgl. Art. 103 Abs. 2 GG), da das Merkmal „anderer" wohl zwingend die Personenverschiedenheit voraussetzt. Speziell für die Straßenverkehrsdelikte hat der 4. Senat außerdem die a. l. i. c. abgelehnt, da es sich bei diesen um **eigenhändige Delikte** handelt.
- Möglicherweise tragfähig sei daher alleine ein Ansatz, der in dem Sich-Berauschen bereits den Beginn der **tatbestandlichen Handlung** in dem Sinne sieht, dass damit eine Kausalkette in Gang gesetzt wird, an deren Ende der tatbestandliche Erfolg steht (sog. **Tatbestandslösung**). Allerdings versage diese Lösung bei den Straßenverkehrsdelikten, da diese (schlichte) Tätigkeitsdelikte seien, die nicht (oder nicht nur) die Verursachung eines Erfolges verlangten, sondern das strafwürdige Verhalten des „Fahrzeug-Führens" exakt umschrieben. „Sich-Betrinken" sei aber nun einmal kein „Fahrzeug-Führen".

Obwohl der 4. Senat sich selbst auf die Straßenverkehrsdelikte beschränkte und der 3. Senat kurze Zeit später mit Blick auf diese Beschränkung ohne nähere Diskussion die a. l. i. c. im Fall eines Totschlags anwendete, sind die Überlegungen zumindest auf die **Aussagedelikte** übertragbar. Denn auch diese sind **eigenhändige** und zugleich **schlichte Tätigkeitsdelikte.** Die überzeugenden vom 4. Senat entwickelten Grundsätze sind daher jedenfalls auf die Aussagedelikte uneingeschränkt **übertragbar.** Siehe auch die folgende Übersicht:

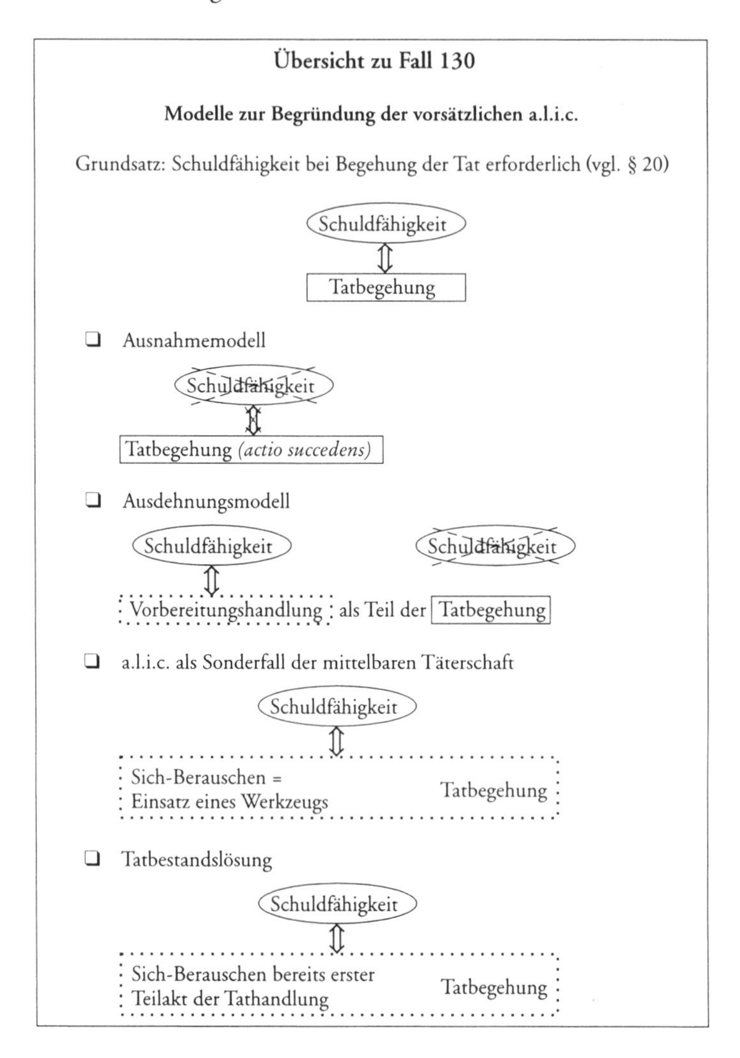

131. Noch mal Mut angetrunken

T beschloss, dem O in einem Hinterhalt aufzulauern und ihn dann von hinten zu erschießen. Ehe er sich in den Hinterhalt legte, trank er sich „kräftig Mut an", sodass er schließlich eine die Schuldfähigkeit ausschließende Menge Alkohol zu sich genommen hatte. Als später der X am Hinterhalt des T vorbei kam, hielt T ihn für O und erschoss ihn. Hat sich T wegen eines vollendeten Tötungsdelikts (§§ 212, 211) strafbar gemacht?
(vgl. auch BGHSt 21, 381)

Zur Vertiefung: *Kühl,* § 11 Rn. 6–18a, 23; *Rengier* AT, § 25 Rn. 23; *Roxin* I, § 20 Rn. 56ff.; *Wessels/Beulke/Satzger,* Rn. 415, 418–420.

Das ist vor allem aus zwei Gründen problematisch: Zum einen mit Blick auf die generell umstrittene Anwendbarkeit der Grundsätze der *actio libera in causa,* zum anderen wegen des Irrtums, der dem T im Zustand der Schuldunfähigkeit unterlaufen ist.

Wie sich aus Fall 130 mittelbar ergibt, lässt sich die Figur der *actio libera in causa* bei vorsätzlichen Erfolgsdelikten über die sog. **Tatbestandslösung** mehr oder weniger überzeugend begründen. Zwar bleiben auch hier gewisse Zweifel offen, da das Abstellen auf einen zeitlich so weit vorgelagerten Moment mit der üblichen Zurechnungsdogmatik beim Vorsatzdelikt nicht ohne weiteres übereinstimmt (vgl. vertiefend zu Probleme der Tatbestandslösung *Schweinberger,* JuS 2006, 507ff.). Allerdings soll für die folgenden Überlegungen hier die Tragfähigkeit der Tatbestandslösung einmal unterstellt werden, da die Einwände gegen sie weniger zwingend sind, als gegen andere Erklärungsversuche und da die Rechtsprechung für vorsätzliche Erfolgsdelikte nach wie vor von der Anwendbarkeit der *actio libera in causa* ausgeht.

Fraglich ist jedoch, wie sich der **Irrtum** des T im Zustand der Schuldunfähigkeit auswirkt: Aus Sicht eines „nüchternen" Alleintäters würde es sich vorliegend um einen unbeachtlichen ***error in persona*** handeln, da sich T's Vorsatz gerade auf X konkretisiert hatte und X und O dabei tatbestandlich gleichwertig waren (vgl. Fall 61). Im Fall der *actio libera in causa* dagegen nimmt ein großer Teil der Literatur entgegen dem BGH (BGHSt 21, 381) eine wesentliche Abweichung gegenüber dem im defektfreien Zustand gefassten Vorsatz an. Dem Täter sei nämlich der Irrtum bei der Objektsindividualisierung erst nach dem Verlust der Schuldfähigkeit unterlaufen und damit die den Schuldvorwurf tragende Verbindung zwischen Tatplan und Tatgestaltung beseitigt. Andererseits ist zu beachten, dass der Eintritt einer Personenverwechslung (gerade im schuldunfähigen Zustand!) **keinesfalls außerhalb der Lebenswahrscheinlichkeit** liegt. Hinzu kommt, dass auch nach dem Tatplan während des Betrinkens als Tathandlung nach der Tatbestandslösung die eigentliche Konkretisierung und Individualisierung des Opfers erst im schuldunfähigen Zustand erfolgen sollte. In Anlehnung an die Lösungsansätze zur Frage der Auswirkung eines *error in persona* des Täters für andere Beteiligte könnte man also sagen: Der Täter hat im nüchternen Zustand die spätere Individualisierung des Opfers bewusst auf den betrunkenen Zustand verschoben und insoweit eine gewisse „Streubreite des Risikos" eröffnet. Daher erscheint es überzeugender, mit dem BGH zumindest grundsätzlich den *error in persona* auch für den Täter bei der *actio libera in causa* für unbeachtlich zu halten.

132. Ein Bier, ein Korn

T hatte den Entschluss gefasst, sich zu betrinken, um den O im schuldunfähigen Zustand zu verprügeln. Als er nach dem Genuss größerer Mengen Bier und Korn mit einer BAK von 3,7‰ und einem Knüppel in der Hand auf das Haus des O zuwankte, kam O ihm entgegen. Da O dachte, der wankende T würde fallen, lief er rasch auf ihn zu, um ihn zu stützen. T dagegen dachte,

O habe seine Pläne durchschaut und greife ihn an. Er holte daher aus und schlug O mit dem Knüppel zu Boden. Strafbarkeit des T, wenn davon auszugehen ist, dass der konsumierte Alkohol hier zu einem Schuldausschluss zur Zeit der Tatbegehung geführt hat?

Zur Vertiefung: *Kühl,* § 11 Rn. 23; *Rengier* AT, § 24 Rn. 1 ff.; *Wessels/Beulke/Satzger,* Rn. 415, 417 f.

Eine Strafbarkeit nach **§§ 223, 224 Abs. 1 Nr. 2** wäre allein über die Grundsätze der ***actio libera in causa*** zu begründen, die beim vorsätzlichen Erfolgsdelikt noch am ehesten überzeugen können (vgl. Fälle 130 f.). Allerdings wäre selbst bei einem Handeln im schuldfähigen Zustand eine Vorsatzstrafbarkeit hier wohl abzulehnen, da T sich Umstände vorstellte, die bei ihrem tatsächlichen Vorliegen zu einem Rechtfertigungsgrund geführt hätten. Im Fall eines solchen Erlaubnistatbestandsirrtums (oder **Erlaubnistatumstandsirrtums**) ist nach h. M. eine Vorsatzstrafbarkeit ausgeschlossen (vgl. näher unten Fall 150). Es ist naheliegend, dass T insoweit dann auch (und erst recht) **nicht strafbar** sein kann, wenn er zusätzlich noch bei der Tatbegehung schuldunfähig war; fraglich ist alleine die Begründung: Nach dem (hier mit Blick auf Art. 103 Abs. 2 GG abgelehnten, aber in der Literatur häufiger vertretenen) **Ausnahmemodell** könnte man schlicht darauf hinweisen, dass auch bei einem „Hinwegdenken" des § 20 vorliegend entsprechend § 16 Abs. 1 Satz 1 eine Vorsatzstrafbarkeit ausscheide. Bei der (wohl als einzige überhaupt tragfähigen) **Tatbestandslösung** dagegen ist die Begründung schwieriger, da man ja auf einen Augenblick abstellt, in dem der Irrtum noch gar nicht eingetreten war. Man müsste dann wohl eine Lösung über den Ausschluss der **objektiven Zurechnung** oder aber eine wesentliche Abweichung vom vorgestellten Kausalverlauf suchen. Denn es ist einigermaßen unwahrscheinlich, dass man gerade in dem berauschten Zustand auch noch in einen Erlaubnistatbestandsirrtum gerät. Schließlich realisiert sich in einer Verletzung, die dem Opfer aus einer vermeintlichen Verteidigungssituation heraus beigebracht wurde, auch nicht die typische Gefahr des Sich-Betrinkens als Tathandlung nach der Tatbestandslösung.

Eine auch beim Erlaubnistatbestandsirrtum immer vorstellbare Fahrlässigkeitsstrafbarkeit **(§ 229)** dürfte ausscheiden, da T im Zeitpunkt der eigentlichen Handlung schuldunfähig war und zum Zeitpunkt des Sich-Betrinkens kaum vorhersehbar war, dass er in die Irrtumssituation kommen würde. War der Irrtum über das Vorliegen eines Rechtfertigungsgrundes konkret vermeidbar, bleibt aber eine Strafbarkeit nach **§ 323a** i. V. m. § 229, da die Strafbarkeit wegen § 229 dann nur an der mangelnden Schuldfähigkeit gescheitert wäre.

Ergänzende Bemerkung: Als Faustregel wird mitunter aufgestellt, dass ab einer BAK von 2,0 ‰ eine verminderte Schuldfähigkeit, ab einer solchen von 3,0 ‰ der Ausschluss der Schuldfähigkeit im Raum stünden, wobei bei schwerwiegenden Straftaten (insbesondere Kapitaldelikten) die Grenzen 10 % höher angesetzt werden könnten. Wichtig ist hier, dass dies wirklich nur ein ungefährer Erfahrungssatz ist und dass es keine verbindlichen allgemeinen Grenzwerte zu den §§ 20, 21 gibt. So hat der BGH in der neueren Rechtsprechung (BGH NStZ 2012, 560 m. Anm. *Kudlich,* JA 2012, 871) sogar gebilligt, dass das Tatgericht § 21 ausgeschlossen hat, obwohl die BAK über 3,0 ‰ lag. Entscheidend sind eben auch weitere psychodiagnostische Anzeichen für oder gegen die Steuerungsfähigkeit (etwa ein planvolles und zielgerichtetes Agieren bei und nach der Tatbegehung).

133. Früchte des Zorns (I)

O hatte den erheblich (d.h. zur Anwendung des § 21 führend) geistesschwachen T im Sinne des § 213 „zum Zorn gereizt". T erschlug daraufhin den O. Kann das Gericht anstelle der aus § 212 i.V.m. §§ 21, 49 Abs. 1 zu entnehmenden, ihm schuldunangemessen hoch erscheinenden Strafe auch unter Heranziehung des § 213 eine Freiheitsstrafe von 15 Monaten verhängen?
(vgl. BGHSt 16, 360)

Zur Vertiefung: *Roxin* I, § 20 Rn. 33 ff.

Ja. Die §§ 21, 49 stellen nur das **Mindestmaß** der Milderungsmöglichkeit bei verminderter Schuldfähigkeit dar. Statt einer Strafmilderung nach diesen Vorschriften kann das Gericht daher auch die Vorschriften über minder schwere Fälle (hier also § 213) heranziehen. Das kommt insbesondere dann in Betracht, wenn die Strafmilderung nach §§ 21, 49 aus Schuldgesichtspunkten nicht ausreichend ist.

134. Früchte des Zorns (II)

In Fall 133 erwägt das Gericht, nur auf eine Freiheitsstrafe von fünf Monaten zu erkennen, indem es die bei Vorliegen eines minder schweren Falles mögliche Mindeststrafe des § 213 nach §§ 21, 49 nochmals mildert. Der Staatsanwalt meint in seinem Abschlussplädoyer, einer solchen doppelten Milderung stehe § 50 entgegen, da ein „Umstand, der allein oder mit anderen Umständen die Annahme eines minder schweren Falles begründet und der zugleich ein besonderer gesetzlicher Milderungsgrund nach § 49 ist [...] nur einmal berücksichtigt werden darf". Daher könne die Geistesschwäche des T nicht zugleich die Annahme eines minder schweren Falles nach § 213 sowie die Anwendung des § 49 begründen. Ist diese Annahme zutreffend?

Es kommt darauf an, wie das Gericht seinen Schuldspruch begründen wird: Zwar hat der Staatsanwalt mit seiner Annahme Recht, dass nach § 50 die **Geistesschwäche** des T **nur einmal** strafmildernd berücksichtigt werden darf. Allerdings ergibt sich daraus nur ein Problem, wenn diese Geistesschwäche überhaupt zur Begründung des minder schweren Falles herangezogen wird. § 50 verbietet nämlich nur, **denselben Umstand** nach § 49 und einer anderen Milderungsvorschrift (hier § 213) zu berücksichtigen. Hier lagen jedoch **zwei Umstände** besonderer Art vor (erhebliche Reizung und verminderte Schuldfähigkeit des T). Diese können im dargelegten Sinne auch nach verschiedenen Milderungsvorschriften wirksam werden, wenn das Gericht der Meinung ist, dass die Provokation durch O hier alleine ausreichend ist, um eine Anwendung des § 213 zu begründen.

3. Notwehrüberschreitung und entschuldigender Notstand

135. Geräusche im Erdgeschoss

T wurde nachts wach, weil er im Erdgeschoss Geräusche hörte. Er ging die Treppe hinunter und entdeckte den Einbrecher O, der gerade dabei war, Wertgegenstände in einen Sack zu stecken. T rief laut: „Lassen Sie das und geben Sie sofort die Sachen wieder her!" O versuchte den T zu überwältigen, um mit dem Sack zu entkommen. Obwohl T dem O körperlich wesentlich überlegen war und ihn mit bloßen Händen leicht hätte abwehren können, griff T in seinem Schrecken über den plötzlichen Angriff des O zu einem auf dem Schreibtisch liegenden Brieföffner und stach O damit nieder. O verstarb nach wenigen Minuten. T's Verteidiger V meinte, T sei durch Notwehr gerechtfertigt. Staatsanwalt S dagegen ist der Ansicht, T habe sich wegen Totschlags strafbar gemacht. Wer von beiden hat Recht?

Zur Vertiefung: *Kühl,* § 12 Rn. 132–134; *Rengier* AT, § 27 Rn. 6; *Roxin* I, § 22 Rn. 68–81; *Wessels/Beulke/Satzger,* Rn. 446.

Keiner. T ist zwar **nicht gerechtfertigt,** da er die Grenzen der **Erforderlichkeit** überschritten hat. Diese setzen voraus, dass der Täter das mildeste Mittel zur sicheren Abwehr des Angriffs wählt. Dies war hier auf Grund der körperlichen Überlegenheit des T jedoch nicht der tödliche Einsatz des Brieföffners. Allerdings ist T nach § 33 **entschuldigt.** Er hat die Grenzen der Erforderlichkeit aus **„Schrecken"** und damit aus einem der in § 33 aufgezählten sog. asthenischen Affekte überschritten. In Fällen eines solchen intensiven Notwehrexzesses (d. h. bei der Überschreitung der Grenzen der Erforderlichkeit der Notwehr) ist die Anwendung des § 33 unstreitig.

Ergänzende Bemerkung: Dagegen wendet die h. M. § 33 nicht an, wenn ein sog. extensiver Notwehrexzess vorliegt, d. h. wenn die zeitlichen Grenzen der Notwehr überschritten werden. Eine beachtliche Mindermeinung möchte hiervon jedoch eine Ausnahme machen, soweit es um den „nachzeitig" extensiven Notwehrexzess geht. Ein solcher liegt vor, wenn der Täter einen Angriff gerechtfertigter Weise abgewehrt hat, seine Verteidigungshandlung jedoch danach aus Verwirrung, Furcht oder Schrecken nicht sofort einstellt.

135a. Zeckenalarm

Der Rechtsradikale T erklärte in einem Internetchat, dass er nur darauf warte, von einem Linksradikalen angegriffen zu werden und ihn dann „die Klinge fressen lassen" könne. Denn: „Das Schöne daran, es wäre sogar Notwehr! Man stelle sich das mal bildlich vor! So 'ne Zecke greift an und du ziehst ein Messer …". Als einen Monat später ein Treffen der rechten Szene stattfinden sollte, welches eine Gruppe Linksradikaler (unter ihnen auch O) stören wollte, wurde T von dieser Gruppe als Teilnehmer identifiziert. Die Gruppe machte sich vermummt und mit Reizgas bewaffnet auf den Weg, um T nötigenfalls unter Einsatz von Gewalt zu vertreiben. T saß gerade in seinem Auto und fuhr, als er die Gruppe sah, mit Vollgas auf diese los. Dabei war er sich bewusst, dass er diese dadurch in erhebliche Gefahr brachte,

rechnet jedoch nicht damit, jemanden tödlich zu verletzen. Während die übrigen Mitglieder der Gruppe sich vor dem herannahenden Fahrzeug mit einem Sprung retteten, sprang O aus ungeklärtem Grund auf die Motorhaube und wurde schwer verletzt. Im Strafverfahren gegen T macht dieser geltend, dass er in Notwehr gehandelt und außerdem Angst um sein Leben gehabt habe, während die Staatsanwaltschaft argumentiert, dass er den Parkplatz, auf dem er stand, auch über eine andere Auffahrt hätte verlassen können. Wer von beiden hat Recht?
(vgl. BGH NJW 2013, 2133)

Zur Vertiefung: *Kühl,* § 12 Rn. 149a; *Rengier* AT, § 27 Rn. 28; *Wessels/Beulke/Satzger,* Rn. 446; *Jäger,* JA 2013, 708 ff.

Auch hier (vgl. auch Fall 135) liegen **jedenfalls in der Begründung** sowohl T als auch der Staatsanwalt wohl **beide falsch;** im Ergebnis dürfte sich T jedoch strafbar gemacht haben. Tatbestandlich hat T hier eine vollendete sowie hinsichtlich der zur Seite gesprungenen Gruppenmitglieder eine versuchte gefährliche Körperverletzung sowie auch einen gefährlichen Eingriff in den Straßenverkehr nach § 315b Abs. 1 Nr. 3, Abs. 3 i. V. m. § 315 Abs. 3 Nr. 2 StGB begangen. Mit Blick auf § 32 hat sich T zwar objektiv in einer **Notwehrlage** befunden, dürfte aber wohl die Grenzen der **Erforderlichkeit überschritten** haben, da er nicht „mit Vollgas" auf die Angreifer hätte zufahren müssen. Fraglich ist allerdings, ob diese Überschreitung nicht aufgrund der zahlmäßig überlegenen und bewaffneten Angreifer aus Verwirrung, Angst oder Schrecken erfolgt ist. Der BGH hat hieran im zu Grunde liegenden Fall Zweifel, da **auch im Rahmen des § 33** erforderlich sei, dass der Täter den Angriff abwehren will, mithin also nicht nur in Kenntnis der Notwehrlage, sondern auch mit **Verteidigungswillen** gehandelt hat. Angesichts des im Rahmen des Chats geäußerten Willens des T, einen seiner politischen Gegner „endlich mal die Klinge fressen lassen" zu können, sei nicht fernliegend, dass es dem Handeln des T an einem Verteidigungswillen gefehlt habe.

Ergänzende Bemerkung: Der BGH hat den auf § 33 gestützten Freispruch im vorliegenden Fall aufgehoben und den Fall zur neuen Verhandlung an das LG zurückverwiesen. Eine andere Möglichkeit hat ein Revisionsgericht auch gar nicht, wenn es die Gründe für einen Freispruch für fehlerhaft hält. Jenseits dessen war vorliegend aber für den BGH auch gar nicht wirklich klar, ob der Verteidigungswille nun fehlte oder nicht, was erst durch das neue Tatgericht festgestellt werden musste. In einer Klausursituation ist insoweit mit einem feststehenden Sachverhalt zu rechnen, aus dem sich die Antwort auf diese Frage eindeutig ergeben müsste. Ist ein solches Fehlen des Verteidigungswillens positiv festgestellt, wäre dann in einer Klausur „nur" noch der Schritt zu gehen, das Fehlen eines solchen Willens als auch für die Anwendung von § 33 relevant zu erkennen.

136. Geräusche im Erdgeschoss – Abwandlung

Wie wäre die Situation in Fall 135, wenn sich das Geschehen wie folgt abgespielt hätte: Dem T war bekannt, dass ein Einbrecher in der Gegend sein Unwesen trieb. Er erkannte auch, wie in der Dunkelheit eine Gestalt durch das Kellerfenster in das Haus einstieg. Anstatt die Polizei zu rufen, wollte er dem Einbrecher jedoch selbst „zeigen, wer Herr im Haus ist", und setzte sich in der Dunkelheit ins Wohnzimmer. Nachdem O angefangen hatte, Wert-

gegenstände in seinen Sack zu packen, wurde er von T angesprochen und das Geschehen verlief so weiter, wie in Fall 135 geschildert.
(vgl. auch BGHSt 39, 133)

Zur Vertiefung: *Kühl,* § 12 Rn. 151 ff.; *Rengier* AT, § 27 Rn. 14 f.; *Roxin* I, § 22 Rn. 93; *Wessels/Beulke/Satzger,* Rn. 446a; *Müller-Christmann,* JuS 1994, 652 ff.

Vorliegend ist fraglich, ob T sich vielleicht deswegen nicht auf die Vorschrift des § 33 berufen kann, weil er die **Notwehrlage** gewissermaßen **selbst herbeigeführt** hat: Dies wäre jedenfalls dann der Fall, wenn dem T deswegen kein Notwehrrecht zustünde; denn dann wäre es inkonsequent, den Täter im Notwehrexzess zu privilegieren. Eine das Notwehrrecht ausschließende **Absichtsprovokation** (vgl. auch Fall 98) liegt hier jedoch nicht vor, da T nicht etwa handelte, um O „unter dem Deckmäntelchen der Notwehr" verletzen zu können. Nach Ansicht des BGH (BGHSt 39, 133; bestätigt in BGH NStZ 20126, 84 m. Anm. *Hecker,* JuS 2016, 177) kommt aber ein entschuldigender Notwehrexzess auch dann nicht in Betracht, wenn der Täter sich planmäßig und unter Umgehung möglicher polizeilicher Hilfe **auf** eine **Auseinandersetzung** mit seinem Gegner **eingelassen** hat. In einem solchen Fall liege nämlich die „eigentliche" Ursache für die Überschreitung der Notwehrlage nicht in den asthenischen Affekten des § 33, sondern in **sthenischen Affekten** wie Wut und Kampfeslust begründet. Zum einen fügt sich jedoch eine solche Einschränkung des § 33 nicht in das System von Notwehr, Notwehrexzess und anderen Entschuldigungsgründen ein, da § 33 anders als etwa die ausdrückliche Regelung in § 35 Abs. 1 Satz 2 gerade **keinen Vorbehalt** für verschuldete Notlagen enthält. Zum anderen lässt der vorliegende Sachverhalt auch nicht erkennen, dass T gerade eine tätliche Auseinandersetzung mit O suchte. Im Ergebnis ist T daher auch in dieser Variante nach § 33 entschuldigt.

137. Ein Arzt auf der falschen Spur

Doktor T bekam einen Anruf von Frau O aus der Nachbarschaft, deren Mann einen Herzinfarkt erlitten hatte. Um so schnell wie möglich zu O zu gelangen, durchfuhr T eine Einbahnstraße in verkehrter Richtung. Polizist P sah den T und heftete sich an seine Fersen. Bei O angekommen, begriff zwar auch P rasch den Grund für die verkehrswidrige Fahrt. Er erklärte dem T jedoch, dieser könne sich nicht auf § 35 berufen, da er nicht zur Rettung eines Angehörigen oder einer anderen ihm nahe stehenden Person gehandelt habe. Trifft das zu?

Zur Vertiefung: *Kühl,* § 12 Rn. 13–15; *Rengier* AT, § 26 Rn. 1 f.; *Roxin* I, § 22 Rn. 30 f.; *Wessels/Beulke/Satzger,* Rn. 434 f.; *Bosch,* Jura 2015, 347 ff.; *Hörnle,* JuS 2009, 873 ff.; *Zieschang,* JA 2007, 679 ff.

Ja, aber es ist unerheblich. Zutreffend ist zwar, dass der Anwendungsbereich des **§ 35** nicht auf andere als die **in ihm genannten Personen** ausgedehnt werden kann. Ob die Voraussetzungen des § 35 vorlagen, spielt hier aber keine Rolle. Denn T's Fahrt ist durch § 34 (§ 16 OWiG) **gerechtfertigt.** Denn das Leben des O überwog die Sicherheit des Straßenverkehrs im konkreten Fall wesentlich. Die Frage nach einem Schuldausschluss gemäß § 35 stellt sich daher überhaupt nicht mehr.

138. Nötigungsnotstand

M hatte eine heftige Auseinandersetzung mit O gehabt, bei der O ihn zutiefst beleidigt hatte. Um sich an O zu rächen, begab er sich zu dessen Haus und wollte dort eine Scheibe einwerfen. Als der schmächtige Spaziergänger T vorbei kam, kam M jedoch eine Idee, wie er sich selbst „die Hände nicht schmutzig zu machen“ brauchte. Er packte den körperlich weit unterlegenen T am Kragen und drohte ihm an, ihn fürchterlich zu verprügeln, wenn dieser nicht mit einem Stein eine Scheibe des O einwerfe. T tat wie ihm befohlen, da er um seine Gesundheit fürchtete. Strafbarkeit von T und M?

Zur Vertiefung: *Kühl,* § 8 Rn. 127–133; *Rengier* AT, § 19 Rn. 51 ff. und § 26 Rn. 15 f.; *Roxin* I, § 16 Rn. 58–61 und § 22 Rn. 16, 19; *Wessels/Beulke/Satzger,* Rn. 317, 442; *Brand/Lenk,* JuS 2013, 883 ff.; *Neumann,* JA 1988, 329 ff.

T hat sich nicht strafbar gemacht. Zwar kann er sich **nicht** auf **Notwehr** berufen, da er zwar einem gegenwärtigen rechtswidrigen Angriff des M ausgesetzt ist, seine Notwehrhandlung sich jedoch nicht gegen Rechtsgüter des M richtet. Auch eine Rechtfertigung durch **Notstand** (§ 34) **scheidet** nach überwiegender Ansicht **aus,** da T's Gesundheit zwar das Eigentum des O überwiegen mag, allerdings seine Rettungshandlung **nicht „angemessen“** im Sinne des § 34 war. An einer solchen Angemessenheit soll es nämlich fehlen, wenn der Täter sich „auf die Seite des Unrechts schlägt“. Eine Rechtfertigung des T wäre aber auch deswegen bedenklich, weil O dann in diesem Fall keine Notwehr gegen das Einwerfen seiner Scheibe üben dürfte. Wenn man daher § 34 ablehnt, liegt aber jedenfalls ein Fall des **entschuldigenden Notstandes** nach § 35 vor, da T handelte, um eine gegenwärtige, nicht anders abwendbare Gefahr für seine Gesundheit abzuwehren. Die Anwendung des § 35 ist interessengerecht, da sie einerseits die Notlage des T ausreichend berücksichtigt, andererseits das Notwehrrecht des O nicht unmäßig einschränkt.

M hat sich gegenüber T wegen **Nötigung** (§ 240) strafbar gemacht. Hinsichtlich der Sachbeschädigung an O's Fenster ist M **mittelbarer Täter** kraft Nötigungsherrschaft (vgl. §§ 303, 25 Abs. 1 Alt. 2).

139. „Brett des Karneades“ (I)

Bei einem Schiffsunglück bekamen T und O beide zeitgleich eine Planke zu fassen, um sich über Wasser zu halten. Es stellt sich aber schnell heraus, dass die Planke zwar wohl einen, nicht aber zwei Männer tragen werde. T stieß den O von der Planke, obwohl er zutreffend davon ausging, dass dieser im Wasser den sicheren Tod finden würde. T überlebte. Er fühlte sich dabei „im Recht“, da O hier „kraft seiner bloßen Existenz“ einen rechtswidrigen Angriff auf sein Leben verübt habe, den er in Notwehr habe abwehren dürfen. Strafbarkeit des T?

Zur Vertiefung: *Kühl,* § 12 Rn. 13; *Wessels/Beulke/Satzger,* Rn. 434; *Roxin,* JA 1990, 97 ff., 137 ff.

T ist **straflos.** Zwar ist er entgegen seiner Vorstellung **nicht gerechtfertigt,** da in der „bloßen Existenz" des O kein rechtswidriger Angriff lag. Die Tatsache, dass sein Gewicht einen Beitrag zum Sinken der Planke leisten würde, beruht alleine auf einem Zusammenspiel der physikalischen Gesetze über Schwerkraft und Auftrieb und führt noch nicht dazu, dass eine Handlung im strafrechtlichen Sinne vorliegt. Ein dahingehender Irrtum des T würde als vermeidbarer Verbotsirrtum die Strafbarkeit als solche jedenfalls unberührt lassen (vgl. § 17 sowie Fälle 147 f.). Allerdings kann sich T auf einen **entschuldigenden Notstand** (§ 35) berufen, da er handelte, um sich aus einer nicht anders abwendbaren Gefahr für sein Leben zu retten.

140. „Brett des Karneades" (II)

T hört sich die Antwort zu Fall 139 an und meint, das sei ja alles schön und gut, aber eben typisch juristisch: nur Wortklauberei und Theorie ohne Auswirkungen auf das Ergebnis. Er sei doch schließlich so oder so straflos. Was könnte man ihm darauf antworten?

Zur Vertiefung: *Kühl,* § 12 Rn. 16; *Rengier* AT, § 26 Rn. 12; *Wessels/Beulke/Satzger,* Rn. 284, 442, 435.

Zunächst einmal ist T zuzugeben, dass er in seinem konkreten Fall natürlich **Recht** hat, was das Ergebnis der **Straflosigkeit** angeht. Ferner muss man sogar eingestehen, dass die der deutschen Dogmatik bekannte Unterscheidung zwischen Rechtfertigungs- und Entschuldigungsgründen nicht in allen ausländischen Strafrechtsordnungen in ähnlicher Konsequenz durchgehalten wird; insoweit könnte man also tatsächlich von einer Systembildung sprechen, die nicht uneingeschränkt sachnotwendig und unverzichtbar ist. Die Konstruktion des deutschen Strafrechts bewirkt allerdings jenseits der Straflosigkeit des T durchaus **unterschiedliche Rechtsfolgen:** Wäre T gerechtfertigt, dürfte O gegen den Angriff z. B. **keine Notwehr** üben (was im vorliegenden Fall dagegen erlaubt wäre); freilich könnte man diesen Unterschied hier für weniger beachtlich halten, da O seinerseits jedenfalls nach § 35 entschuldigt und damit straflos wäre. Noch bedeutsamer ist daher der Unterschied für einen **Teilnehmer:** Würde etwa O's geschäftlicher Konkurrent K die Gelegenheit günstig finden, den O loszuwerden, und T daher helfen, so könnte er zu einer rechtswidrigen, aber entschuldigten Tat Beihilfe leisten, während eine gerechtfertigte Tat nicht teilnahmefähig ist.

141. „Brett des Karneades" (III)

Wie wäre bei dem Schiffsuntergang in Fall 139 die Situation zu beurteilen, wenn T sich nicht selbst zutraut, den O von der Planke zu stoßen und daher dem ihm unbekannten X, der in einem Rettungsboot untergekommen ist, zurufen würde, X solle dem O mit dem Ruder über den Kopf schlagen, was X auch tut?

Zur Vertiefung: *Rengier* AT, § 26 Rn. 1 f.; *Roxin* I, § 22 Rn. 66 f.; *Wessels/Beulke/Satzger,* Rn. 434 f.

X hat zwar zur Rettung eines anderen Menschen gehandelt. Da O jedoch den T nicht angegriffen hatte und auch T's Leben dasjenige des O nicht wesentlich überwog, kommt **keine Rechtfertigung** nach §§ 32, 34 in Betracht. Auch ein **entschuldigender Notstand** nach § 35 scheidet für X aus, da die gerettete Person zu ihm in keinem von § 35 Abs. 1 Satz 1 umschriebenen **Näheverhältnis** stand.

T ist Anstifter zur (nicht gerechtfertigten, vgl. oben) Tat des X. Allerdings kann er sich auch als ein solcher auf **§ 35** berufen, da eine **„rechtswidrige Tat"** im Sinne des § 35 Abs. 1 nicht nur die täterschaftliche Tatbestandsverwirklichung, sondern jede Art tatbestandsmäßig-rechtswidrigen Handelns ist (vgl. § 11 Abs. 1 Nr. 5), mithin also auch die **Anstiftung** eines selbst nicht unter den Voraussetzungen des § 35 handelnden Täters.

142. Kamele im Sandsturm (I)

Die Hotelgäste T und O nahmen an einem zweitägigen Kamelritt durch die Wüste teil. Entgegen den Warnungen des Veranstalters hielt T es nicht für erforderlich, für mehr als einen Tag Wasser mitzunehmen, da er davon ausging, dass er den zweiten Tag „auch so durchstehen und am Abend ja ohnehin etwas zu trinken bekommen" werde. Auf Grund eines Sandsturmes, vor dessen möglichen Eintreten der Veranstalter ebenfalls gewarnt hatte, konnten T und O jedoch ihren Trip zwei Tage lang nicht fortsetzen. Nachdem T einen halben Tag lang von O mit Wasser mitversorgt worden war, wies O ihn darauf hin, dass er das verbleibende, für maximal einen Tag reichende Wasser nunmehr selbst trinken müsse. Als T nach einem weiteren Tag kurz vor dem Verdursten stand und noch keine Rettung in Sicht war, erschlug er O, um an seine Wasserreserven zu kommen. Einen weiteren Tag später wurde T, kurz vor dem Verdursten stehend, gerettet. Strafbarkeit des T?

Zur Vertiefung: *Kühl,* § 12 Rn. 62–65; *Rengier* AT, § 26 Rn. 17 ff.; *Roxin* I, § 22 Rn. 44–51; *Wessels/Beulke/Satzger,* Rn. 440.

T hat sich wegen Totschlags (§ 212) strafbar gemacht. Eine **Rechtfertigung** des T nach § 32 **scheidet aus,** weil in der unterlassenen Wasserversorgung durch O kein „Angriff durch Unterlassen" im Sinne des § 32 gesehen werden kann: Es ist nach dem Sachverhalt (keine ernsthafte Expedition, sondern bloßes Urlaubsvergnügen) bereits fraglich, ob eine Garantenstellung des O kraft Gefahrengemeinschaft angenommen werden kann; jedenfalls aber war ihm eine weitere Versorgung des T angesichts der lebensbedrohenden Situation nicht mehr zuzumuten. Ferner ist T auch **nicht** nach § 35 **entschuldigt.** Zwar tötete er den O, um eine gegenwärtige, nicht anders abwendbare Gefahr für sein eigenes Leben von sich abzuwehren; jedoch wäre dem T hier – selbst bei drohendem tödlichen Ausgang – eine Hinnahme der **Gefahr zuzumuten** gewesen, da er die Gefahr selbst im Sinne des § 35 Abs. 1 Satz 2 in höchst nachlässiger und damit schuldhafter Weise herbeigeführt hat.

143. Kamele im Sandsturm (II)

a) Wie wäre Fall 142 zu lösen, wenn nicht T den O erschlagen hätte, sondern T's Vater V dies tat, der ebenfalls an dem Kamelritt teilgenommen hatte und selbst zwar genügend Wasser dabei hatte, jedoch nicht so viel, dass er den T mitversorgen konnte?
b) Wie wäre in Fall 142 zu entscheiden, wenn nicht T, sondern V den O erschlagen hätte, und V eigentlich auch für T ausreichend Wasser hätte mitnehmen sollen, dies jedoch vergessen hatte?

Zur Vertiefung: *Kühl*, § 12 Rn. 66–68; *Roxin* I, § 22 Rn. 48, 50 f.; *Wessels/Beulke/Satzger*, Rn. 441.

Beide Varianten sind dadurch gekennzeichnet, dass nicht derjenige, der die Gefahr für sich selbst verursacht hat, zur Rettung in fremde Rechtsgüter eingreift, sondern dass es um Fälle der **Notstandshilfe** geht. Die Behandlung beider Konstellationen ist ausgesprochen **umstritten,** da in einem Fall (hier Variante a) die **Schutzwürdigkeit** des Geretteten, im anderen (hier Variante b) dagegen die Schutzwürdigkeit des Täters geringer ist. Obwohl der Wortlaut des § 35 Abs. 1 Satz 2 nahe zu legen scheint, dass es stets nur auf den Täter, d. h. den Handelnden, ankommen kann, erscheint es überzeugender (und wegen der allgemeinen Zumutbarkeitsklausel auch mit dem Wortlaut noch zu vereinbaren), jeweils auf die **Gefahrverursachung durch den Geretteten** abzustellen:

Zu a) Hier hat T die Gefahr selbst verursacht. Es ist aber unangemessen, dem V eine Notstandshandlung zuzubilligen, die T selbst nicht hätte durchführen dürfen. Zwar kann V nichts für die Gefahr; sein **Motivationsdruck** kann dennoch **nicht stärker** sein als derjenige des T selbst, sodass normativ auch von ihm erwartet werden kann, den O nicht für T „zu opfern".

Zu b) In dieser Variante wäre **V dagegen entschuldigt.** Auf Grund seines Vorverhaltens ist ihm zwar eine seelische Zwangslage eher zuzumuten; dies wird jedoch dadurch ausgeglichen, dass er auf Grund seiner eigenen Nachlässigkeit einen umso größeren Druck empfinden wird, dem T zu helfen. Hinzu kommt, dass den T selbst kein Verschulden trifft, sodass es auch angemessen ist, seine Rettung straffrei zu stellen.

144. Kamele im Sandsturm (III)

In Fall 143 unternahmen V und T die Expedition allein und hatten beide auch genügend Wasser mitgenommen. Auf Grund eines Unfalls, bei dem ein Kamel verstarb und die Wasserration des T im Sand versickerte, gerieten beide in Lebensgefahr. V versorgte den T mit Wasser, solange er es für möglich hielt, verbrauchte aber die letzten Reste für sich alleine, um nicht zu verdursten. T verdurstete. In einem wegen Totschlags durch Unterlassen gegen V eingeleiteten Verfahren verteidigt sich dieser mit dem Hinweis auf § 35. Der Staatsanwalt erwidert, als Vater sei V auf Grund seines besonderen Rechtsverhältnisses zur Rettung des T verpflichtet gewesen, sodass § 35 nicht einschlägig sei. Was ist davon zu halten?

Zur Vertiefung: *Kühl,* § 12 Rn. 69 f.; *Rengier* AT, § 26 Rn. 17 ff.; *Roxin* I, § 22 Rn. 39–43; *Wessels/Beulke/Satzger,* Rn. 440 ff.

Die Auffassung des Staatsanwaltes ist aus zwei Gründen **unzutreffend:**

Ein besonderes Rechtsverhältnis im Sinne des § 35 Abs. 1 Satz 2 wird **nicht** durch **jede Garantenpflicht** beliebigen Ursprungs begründet. Vielmehr trifft sie nur solche Personen, die eine besondere Schutzpflicht **gegenüber der Allgemeinheit** übernommen haben, auf Grund der sie verpflichtet sind, eine Gefahr für sich hinzunehmen. Die Sorgepflicht eines Vaters für seinen erwachsenen Sohn reicht insoweit also keinesfalls aus.

Überdies ist nach § 35 Abs. 1 Satz 2 der Notstand auch nur dann ausgeschlossen, wenn dem Täter wegen dieses besonderen Rechtsverhältnisses **zugemutet** werden kann, die Gefahr hinzunehmen. Bei einer nahe liegenden, aber nicht vom Notstandstäter selbst verursachten Gefahr für das eigene Leben wird diese Zumutbarkeit zumeist ausscheiden.

Unabhängig vom Notstand nach § 35 Abs. 1 Satz 2 wird die **Unzumutbarkeit normgemäßen Verhaltens** auch als spezieller Entschuldigungsgrund bei den unechten Unterlassungsdelikten weithin anerkannt. Eine solche Unzumutbarkeit könnte hier entsprechend begründet werden.

4. Unrechtsbewusstsein und Irrtumslehre

145. Flucht über die grüne Grenze

Polizist T verfolgte den bewaffneten Gewaltverbrecher O. Kurz bevor O über die grüne Grenze ins Ausland zu verschwinden drohte, sah T die Möglichkeit, ihn mit einem gezielten Schuss noch aufzuhalten, der allerdings für O höchste Lebensgefahr begründet hätte. T fürchtete im Falle eines Schusses eine Strafbarkeit wegen Körperverletzungs- bzw. Tötungsdelikten, im Falle des Unterlassens eines Schusses eine Strafbarkeit wegen Strafvereitelung im Amt (vgl. § 258a). Angesichts dieser Zweifel wollte er das für O (und vermeintlich auch für sich selbst) kleinere Risiko wählen und ließ O laufen. Als T einen wahrheitsgemäßen dienstlichen Bericht über diese Geschehnisse abfasste, erwog Staatsanwalt S ein Ermittlungsverfahren wegen Strafvereitelung im Amt einzuleiten. Was ist davon zu halten, wenn einmal unterstellt wird, dass ein Schusswaffeneinsatz des T hier tatsächlich gerechtfertigt gewesen wäre?

Zur Vertiefung: *Kühl,* § 11 Rn. 30 und § 13 Rn. 59a; *Rengier* AT, § 31 Rn. 4 ff.; *Roxin* I, § 21 Rn. 29–34; *Wessels/Beulke/Satzger,* Rn. 430; *Lesch,* JA 1996, 504 ff.

Nach vorzugswürdiger Ansicht ist davon auszugehen, dass T sich **mangels ausreichenden Unrechtsbewusstseins nicht strafbar** gemacht hat. Zwar liegt grundsätzlich ein ausreichendes Unrechtsbewusstsein vor, wenn der Täter sich der Rechtswidrigkeit seines Tuns zwar nicht sicher ist, diese jedoch für möglich hält (sog. **bedingtes Unrechtsbewusstsein**). Denn grundsätzlich kann derjenige, der an der Rechtmäßigkeit seines Vorhabens Zweifel hat, von diesem Abstand nehmen. Allerdings gilt dies nur, wo es um ein bloßes Durchführen oder Unterlassen einer ganz bestimmten Handlung geht. Dagegen sollte bei in der konkreten Situation unbehebbaren Unrechtszweifeln wenigstens dann eine Straffreistellung möglich sein, wenn der Täter nur die Wahl zwischen zwei Verhaltensweisen hat, die er beide für möglicherweise strafbar hält. In solchen **„Zwickmühlefällen"** kann vom Täter nicht mehr verlangt werden, als eine gewissenhafte Entscheidung auf der Grundlage einer Abwägung der im Widerstreit stehenden Rechtsgüter und der Wahrscheinlichkeit der Unrechtmäßigkeit der jeweiligen Verhaltensalternative. Angesichts des erheblichen Gefälles der beiden Rechtsgüter „Leben" und „effektive Strafverfolgung" ist von einer solchen gewissenhaften Abwägung des T hier auszugehen. In **entsprechender Anwendung des § 17** kann er daher behandelt werden wie ein Täter im unvermeidbaren Verbotsirrtum.

146. Einer von vielen schwarzen Mänteln

T verließ nach dem Essen eine Gaststätte und nahm einen schwarzen Mantel mit, den er für seinen eigenen hielt. In Wahrheit war es jedoch der zum Verwechseln ähnliche Mantel des O, der auch die gleiche Größe hatte wie T's. Hat sich T strafbar gemacht?

Zur Vertiefung: *Kühl,* § 13 Rn. 11; *Rengier* AT, § 15 Rn. 1 f.; *Roxin* I, § 12 II Rn. 100; *Wessels/Beulke/Satzger,* Rn. 455 ff.

Nein. Zwar hat er eine fremde bewegliche Sache weggenommen und so den objektiven Tatbestand des § 242 Abs. 1 erfüllt. Allerdings wusste er – hier auch eindeutig aus rein tatsächlichen Gründen – nicht, dass der Mantel „fremd" im Sinne des § 242 war. Damit **kannte** er einen **Umstand nicht,** dessen objektives Vorliegen Voraussetzung des gesetzlichen Tatbestandes ist und ihm fehlte gemäß § 16 Abs. 1 der Vorsatz.

Ergänzende Bemerkung: Obwohl die Fremdheit ein normatives Tatbestandsmerkmal ist, liegt hier kein ernsthaftes Abgrenzungsproblem zwischen Tatbestands- und Verbotsirrtum vor. Denn T hatte keine Fehlvorstellung von der Bedeutung des Merkmals „fremd" oder seinen zivilrechtlichen Voraussetzungen, sondern irrte schlicht über die Identität des Tatobjekts. Man könnte diesen Fall auch als beachtlichen *error in objecto* bezeichnen, da eigener und fremder Mantel eben tatbestandlich nicht gleichwertig sind.

147. Reflektierende Schutzfolie

Autofahrer T hatte das Kennzeichen seines Wagens mit einer reflektierenden Schutzfolie überklebt, die – wie T wusste – dazu führte, dass das Kennzeichen bei einer Geschwindigkeitsmessung auf einem Foto regelmäßig nicht erkannt werden würde (strafbar nach § 22 Abs. 1 Nr. 3 StVG; nach der zweifelhaften Ansicht des OLG Düsseldorf auch nach § 267 Abs. 1). T verteidigte sich damit, ihm sei zwar klar gewesen, dass ein solches Vorgehen „illegal" sein könne, er habe aber nie daran gedacht, es könne sich insoweit „um eine strafbare Handlung handeln". Hat sich T strafbar gemacht?
(vgl. auch OLG Düsseldorf JR 1998, 303 sowie BGH JZ 2000, 424)

Zur Vertiefung: *Kühl,* § 13 Rn. 49–51, 58; *Rengier* AT, § 31 Rn. 4 f.; *Roxin* I, § 21 II Rn. 12 f.; *Wessels/Beulke/Satzger,* Rn. 461; *Hinderer,* JA 2009, 864 ff.

Ja, T hat sich nach vorzugswürdiger Ansicht gemäß § 22 Abs. 1 Nr. 3 StVG strafbar gemacht. Dabei handelte er auch nicht etwa deswegen in einem schuldausschließenden Verbotsirrtum nach § 17, weil er eine Strafe nicht erwartet hat. Denn § 17 schließt nicht schon dann die Schuld aus, wenn der Täter bloß keine Kenntnis der Strafbarkeit hatte. Vielmehr knüpft das Gesetz an der **Einsicht** an, die spezifische Rechtsgutsverletzung **als Unrecht** zu erkennen. T erkannte jedoch, dass sein Vorgehen „illegal" und damit Unrecht ist.

Ergänzende Bemerkungen: (1.) Zusammenfassend kann man das erforderliche Unrechtsbewusstsein also so beschreiben: Der Täter muss wissen, dass sein Handeln rechtlich (und nicht nur sittlich oder moralisch), nicht aber dass es auch gerade strafrechtlich untersagt ist.

(2.) Die Frage der Vermeidbarkeit des Verbotsirrtums (dazu sogleich Fall 148) stellt sich nicht, solange noch nicht festgestellt ist, dass der Täter überhaupt im Verbotsirrtum handelt. Das Vorliegen eines Verbotsirrtums kann auch nicht etwa mit Hinweis auf die „jedenfalls-Vermeidbarkeit" offen gelassen werden.

148. Vergessene Monatskarte

Jurastudent T war gerade dabei, eine Straßenbahn zu besteigen, als ihm einfiel, dass er seine übertragbare Monatskarte am Wochenende seiner Großmutter geliehen hatte und die Karte deswegen immer noch zu Hause auf einem Tisch im Wohnzimmer lag. Da er in der Vorlesung gehört hatte, dass das OLG Koblenz (NJW 2000, 86 ff.) unter Billigung eines großen Teils der Literatur davon ausgeht, dass eine Straftat nach § 265a nicht vorliegt, wenn der Täter Inhaber einer – übertragbaren oder auch nicht übertragbaren – Monatskarte ist, die er nur nicht bei sich führt, stieg T dennoch in die Straßenbahn. Bei einer Kontrolle wurde T erwischt. Er wies den Kontrolleur nicht nur auf die Entscheidung des OLG Koblenz hin, sondern betonte ferner, dass er selbst einer in der Literatur im Vordringen befindlichen Meinung anhänge, die abweichend von der Rechtsprechung im bloßen Betreten eines öffentlichen Verkehrsmittels ohne Umgehung von Kontrollen tatbestandlich ohnehin nie ein Erschleichen sehe. Könnte sich T auf einen unvermeidbaren Verbotsirrtum berufen, wenn das Gericht im Falle eines Verfahrens in Fortführung der bisherigen Rechtsprechung das bloße Betreten für ein Erschleichen der Leistung im Sinne des § 265a grundsätzlich genügen lässt, gleichzeitig aber abweichend vom OLG Koblenz (mit guten Gründen) die Existenz einer übertragbaren Monatskarte nicht genügen lassen möchte, um den Tatbestand abzulehnen?

Zur Vertiefung: *Kühl,* § 13 Rn. 61; *Rengier* AT, § 31 Rn. 17 ff.; *Roxin* I, § 21 Rn. 14; *Wessels/Beulke/Satzger,* Rn. 466; *Lesch,* JA 1996, 607 ff.; *Nestler,* Jura 2015, 562 ff.

Hier ist zu unterscheiden:

Hinsichtlich der Kritik in der Literatur, das **bloße Betreten** eines Verkehrsmittels ohne Überwinden von Kontrollmöglichkeiten sei begrifflich nie ein Erschleichen, war dem T selbst bekannt, dass die **Rechtsfrage umstritten** ist und in der **Praxis** vielfach anders entschieden wird. Würde das Gericht also insoweit eine Strafbarkeit annehmen, wäre aus dieser Perspektive der Verbotsirrtum des T **gewiss vermeidbar.**

Anders sieht dies dagegen hinsichtlich der zwar nicht mitgeführten, aber **existierenden übertragbaren Monatskarte** aus: Zwar sprechen hier in der Tat die besseren Gründe für eine Differenzierung zwischen nicht übertragbaren und übertragbaren Dauerkarten. Denn im letzten Fall kann der Anspruch auf die Beförderung vernünftigerweise noch nicht mit dem Erwerb der Karte entstehen, sondern erst durch das Betreten des Verkehrsmittels unter Mitführen der Karte bei ihrem jeweiligen Inhaber konkretisiert werden. Allerdings ist auch die Vorstellung plausibel, dass der Erwerber einer übertragbaren Dauerkarte auch dann einen Beförderungsanspruch hat, wenn nicht gerade ein anderer sie benutzt. Eine dahingehende Entscheidung eines Obergerichts ist auch auf wenig Widerspruch in der Literatur gestoßen. Selbst wenn man daher diese Frage anders entscheiden möchte, kann T wohl nicht vorgeworfen werden, dass er sich hier an der überwiegenden Ansicht orientierte und von einer Straflosigkeit ausging. Angesichts der Gesamtumstände war von T auch nicht zu erwarten, erst aufwendig weiteren juristischen Rat einzuholen.

149. Zucht und Ordnung im Erziehungsheim

T war schon lange als Verwalter und Erzieher in einem Erziehungsheim tätig. Ihm stand nach damaligem Rechtsverständnis ein Züchtigungsrecht nach den landesrechtlichen Vorschriften ebenso zu wie den Eltern der Zöglinge. Hat T sich wegen Körperverletzung strafbar gemacht, wenn er den ausgerissenen Zögling O in großer Wut mit einem Gummischlauch wahllos über Rücken, Nacken und Kopf schlug und diesem dadurch erhebliche Schmerzen beibrachte?
(vgl. BGHSt 3, 105)

Zur Vertiefung: *Kühl,* § 13 Rn. 53 f.; *Rengier* AT, § 31 Rn. 12; *Roxin* I, § 14 Rn. 79 ff. und § 21 Rn. 21; *Wessels/Beulke/Satzger,* Rn. 482 f.

Im Ergebnis **ja.** Tatbestandlich liegt in der Handlung des T eine (zumindest einfache, möglicherweise aber auch nach § 224 Abs. 1 Nr. 2 qualifizierte) **Körperverletzung.** Diese ist auch nicht mehr durch ein **Züchtigungsrecht** gerechtfertigt, das gewiss auch nach damaligem Rechtsverständnis durch ein wahlloses Prügeln mit einem Gummischlauch **überschritten** wurde. Selbst falls T angenommen haben sollte, den O in dieser Form züchtigen zu dürfen, würde ihm das nicht helfen. Denn dieser ebenfalls nach § 17 zu behandelnde **Erlaubnisirrtum** über die Grenzen eines Rechtfertigungsgrundes war für T auf Grund seiner beruflichen Stellung gewiss vermeidbar.

Ergänzende Bemerkungen: (1.) Nach heutigem Recht(sverständnis) dürfte ein körperliches Züchtigungsrecht eines Erziehers in der Regel ohnehin von vornherein ausgeschlossen sein, sodass nicht nur ein Irrtum über die Grenzen, sondern bereits über den Bestand des Erlaubnissatzes anzunehmen wäre.

(2.) Auch ein Irrtum über die zeitlichen Grenzen eines Rechtfertigungsgrundes ist nach § 17 zu behandeln – so etwa, wenn der Täter glaubt, auch gegenüber einem bereits abgeschlossenen Angriff noch Notwehrbefugnisse zu haben (vgl. BGH NStZ 2003, 596 f.).

150. Der Frikadellenmörder (I)

Als T durch den Wald ging, hörte er aus einer kleinen Waldhütte die angstvollen Rufe einer jungen Frau sowie das monotone Surren und Schmatzen eines Fleischwolfs. T stürzte in das Haus und schlug mit einem herumstehenden Stuhl einen jungen Mann zu Boden, der gerade mit irrem Gesichtsausdruck dabei war, den Kopf der sich sträubenden Frau in den Fleischwolf zu schieben. Zu T's Erstaunen war aber die junge Frau darüber genauso wenig begeistert wie Regisseur R und die übrige Filmcrew, die gerade ein Remake des Horror-B-Movie „Der Frikadellenmörder" drehten. Strafbarkeit des T?

Zur Vertiefung: *Kühl,* § 13 Rn. 63–77; *Rengier* AT, § 30 Rn. 1, 15 ff.; *Roxin* I, § 14 Rn. 52–78; *Wessels/Beulke/Satzger,* Rn. 467, 470 ff.; *Christoph,* JA 2016, 32 ff.; *Herzberg/Scheinfeld,* JuS 2002, 649 ff.; *Heuchemer,* JuS 2012, 795 ff.; *Momsen/Rackow,* JA 2006, 550 ff., 654 ff.

T ist jedenfalls nicht wegen vorsätzlicher Körperverletzung strafbar. Zwar liegt hier **keine Rechtfertigung** durch Notwehr vor, da es schon an einem tatsächlichen Angriff auf ein Rechtsgut fehlt. Die vorsätzliche Körperverletzung scheitert hier jedoch daran, dass T einem sog. **Erlaubnistatbestandsirrtum** (bzw. Erlaubnistatumstandsirrtum) unterlag. Bei einem solchen irrt der Täter über das Vorliegen der **tatsächlichen Voraussetzungen** eines anerkannten Rechtfertigungsgrunds. Nach umstrittener, aber vorzugswürdiger Auffassung richten sich die **Folgen** eines solchen Irrtums nach **§ 16** in direkter bzw. analoger Anwendung (sog. eingeschränkte Schuldtheorie in verschiedenen Spielarten). Danach soll entweder der Vorsatz oder der Vorsatzschuldvorwurf ausgeschlossen sein. Die Orientierung an § 16 (und nicht an § 17) ist deswegen überzeugend, weil auch hier der Täter „an sich rechtstreu" ist, d. h. sich in seinen Wertungen im Einklang mit der Rechtsordnung befindet, aber einem Irrtum **im tatsächlichen Bereich** unterliegt. Konnte T diesen Irrtum freilich im konkreten Fall vermeiden, kommt eine Strafbarkeit wegen fahrlässiger Körperverletzung in Betracht (vgl. auch § 16 Abs. 1 Satz 2).

Ergänzende Bemerkungen: (1.) Historische Ausgangspunkte des Streitstandes sind die so nicht oder fast nicht mehr vertretenen Vorsatz- und strenge Schuldtheorie. Nach der Vorsatztheorie soll das Unrechtsbewusstsein Bestandteil des Vorsatzes sein, was dem Regelungssystem der §§ 16, 17 aber offenbar nicht gerecht wird. Nach der strengen Schuldtheorie soll das fehlende Unrechtsbewusstsein stets nach § 17 zu behandeln sein, was aber die Unterscheidung zwischen Tatsachen- und Rechtsirrtümern in §§ 16, 17 nicht ausreichend berücksichtigt.

(2.) Nach BGH NStZ 2011, 336 können auch wahnbedingt vorgestellte Bedrohungslagen im Einzelfall einen Erlaubnistatbestandsirrtum begründen (und zwar auch dann, wenn der Wahn noch keinen Grad erreicht hat, der etwa die Schuldfähigkeit nach § 20 berühren würde).

150a. Hells Angels

T war ein führendes Mitglied des umstrittenen Motorrad- und Rockerclubs „Hells Angels". Er hatte glaubhaft erfahren, dass ein Mitglied des konkurrierenden Rockerclubs „Bandidos" irgendein Mitglied der „Hells Angels" töten wollte. Als im Rahmen eines Ermittlungsverfahrens u. a. ein Durchsuchungsbeschluss für die Wohnung des T erlassen und mit der Durch-

suchung ein Sondereinsatzkommando der Polizei (SEK) beauftragt wurde, versuchte dieses SEK gegen 6.00 Uhr die Tür des Wohnhauses des T aufzubrechen, um ihn im Schlaf zu überraschen. T wachte jedoch auf, bemerkte Geräusche und Stimmen an der Haustür, nahm seine Waffe und begab sich ins Treppenhaus. T sah Personen vor der Haustür, konnte diese jedoch nicht als Polizisten identifizieren und hielt sie deshalb für Mitglieder der „Bandidos", die gekommen seien, um ihn zu töten. Er rief laut: „Verpisst euch". Sowohl auf das eingeschaltete Licht als auch auf die Ausrufe des T reagierten die SEK-Beamten nicht, sondern versuchten weiter, die Tür aufzubrechen, ohne sich als Polizisten zu erkennen zu geben. Als bereits zwei der drei Verriegelungen aufgebrochen waren, schoss T ohne Vorwarnung gezielt zweimal durch die Tür auf die vermeintlichen Angreifer, wobei er es billigend in Kauf nahm, dass ein Mensch tödlich getroffen werden könnte. Das zweite Geschoss traf einen der SEK-Beamten tödlich. Als T merkte, dass es sich um Polizeibeamte handelte, lies er sich widerstandslos festnehmen. Strafbarkeit des T nach § 212?

Zur Vertiefung: *Kühl,* § 13 Rn. 63–77; *Rengier* AT, § 30 Rn. 1, 15 ff.; *Roxin* I, § 14 Rn. 52–78; *Wessels/Beulke/Satzger,* Rn. 467, 470 ff.; *Jäger,* JA 2012, 227 ff.; *Kraatz,* Jura 2014, 787 ff.

T hat den Beamten bedingt vorsätzlich getötet, und da die **Durchsuchung** mit richterlicher Anordnung **kein rechtswidriger Angriff** war, ist T auch **tatsächlich nicht** nach § 32 **gerechtfertigt.** Möglicherweise kann T sich aber auf einen **Erlaubnistatbestandsirrtum** berufen, welcher die Vorsatzstrafbarkeit entfallen lässt. Grundsätzlich ist das bei einem Erlaubnistatbestandsirrtum nach herrschender und überzeugender Auffassung jedenfalls im Ergebnis der Fall (vgl. Fall 150). Allerdings kann sich der Täter auf einen Erlaubnistatbestandsirrtum selbstverständlich nur dann berufen, wenn **auf der Grundlage seiner Vorstellung überhaupt alle Voraussetzungen** eines Rechtfertigungsgrundes vorliegen würden – m. a. W.: Auf der Grundlage der Tätervorstellung müsste er tatsächlich gerechtfertigt sein, sodass der entsprechende Rechtfertigungsgrund nicht nur summarisch behauptet, sondern auf der Grundlage der Tätervorstellung ebenso sorgfältig geprüft werden muss wie dies im Rahmen der Rechtfertigungsprüfung erfolgen würde. Im konkreten Fall ist also gedanklich zwar zu unterstellen, dass keine Beamten eines SEK, sondern Mitglieder der Bandidos in die Wohnung eindringen wollten. Aber selbst dann bedarf es näherer Begründung, ob T ohne Warnschuss sofort tödliche Schüsse abgeben durfte. Der BGH hat dies in einer viel diskutierten, aber im Ergebnis wohl zustimmungswürdigen Entscheidung bejaht, weil die **Notwendigkeit eines Warnschusses nur besteht,** wenn ein solcher auch dazu geeignet gewesen wäre, den Angriff endgültig abzuwehren bzw. die damit verbundene Verzögerung der Gegenwehr kein unzumutbares Risiko für den Angegriffenen mit sich bringt. Vorliegend aber konnte T damit rechnen, seinerseits durch die Tür hindurch beschossen zu werden, was unmittelbar bevorstehen könnte, sodass keine ausreichende Zeit zur Abschätzung des schwer kalkulierbaren Risikos gegeben war. Auch wäre bei den die Tür aufbrechenden Bandidos kaum zu erwarten, dass ein Warnschuss zur Deeskalation geführt hätte, sondern dass ein Warnschuss diese nur auf T's Abwehrbereitschaft aufmerksam gemacht hätte. Auf einen Kampf mit ungewissem Ausgang musste T sich dabei nicht einlassen. Da sich die Mitglieder des SEK nicht als solche zu erkennen gegeben hatten, lehnte der BGH im Übrigen auch eine Strafbarkeit nach § 222 (i. V. m. § 16 Abs. 1 Satz 2) ab.

150b. Ich hab gedacht, der simuliert nur

O besuchte den T in dessen Wohnung. Im beiderseits deutlich alkoholisierten Zustand kam es zu einer Auseinandersetzung, bei der O zunehmend aggressiv wurde und auf T einschlug. Auch als T dem O die Hand auf den Rücken drehte, versuchte O mehrfach, sich gewaltsam wieder zu lösen. Da T fürchtete, O könnte, wenn er sich befreit, erneut auf ihn losgehen und auf ihn einschlagen, nahm er den O in den Schwitzkasten und drückte zu. Auch als O dadurch schwächer wurde und schließlich regungslos zu Boden ging, hielt T ihn über eine weitere Minute lang im Schwitzkasten, da er nicht sicher war, ob O nicht lediglich simulierte. Als T bemerkte, dass O nicht mehr atmete, ließ er ihn los und rief den Notarzt an, der O jedoch nicht mehr reanimieren konnte. Hat sich T wegen Körperverletzung mit Todesfolge strafbar gemacht?
(vgl. BGH NJW 2014, 1121)

Zur Vertiefung: *Kühl,* § 13 Rn. 67 ff.; *Rengier* AT, § 30 Rn. 23; *Wessels/Beulke/Satzger,* Rn. 467 ff.; *Kudlich,* JA 2014, 153 ff.

Ein längerwährendes Im-Schwitzkasten-Halten ist gewiss als **tatbestandliche Körperverletzung** anzusehen, aus welcher auch in wohl für T vorhersehbarer Weise letztlich der Tod des O resultierte. Eine Strafbarkeit nach § 227 setzt jedoch voraus, dass T auch hinsichtlich des Grunddelikts rechtswidrig und schuldhaft gehandelt hat. Eine Rechtfertigung durch **Notwehr scheidet** dabei **aus,** da jedenfalls in dem Moment, in dem O kampfunfähig zu Boden ging, objektiv **kein gegenwärtiger Angriff mehr** vorlag; dies schließt auch einen entschuldigenden Notwehrexzess nach § 33 aus. Fraglich ist jedoch, ob T nicht einem **Erlaubnistatbestandsirrtum** erlegen ist. Dies setzt insbesondere voraus, dass auf der Grundlage der irrigen Vorstellung des T tatsächlich eine Rechtfertigung eingetreten wäre (vgl. Fälle 150, 150a). Unterstellt man, dass T nicht erkannt hat, dass der Angriff infolge der eingetretenen Kampfunfähigkeit des O abgeschlossen war, würde er sich eine Situation vorstellen, in welcher er noch Notwehr üben dürfte. Hierin liegt ein Erlaubnistatbestandsirrtum, welcher nach den in Fall 150 näher erläuterten Grundsätzen jedenfalls im Ergebnis zum Ausschluss einer Vorsatzstrafbarkeit führt.

151. Der Frikadellenmörder (II)

Wie wäre in Fall 150 die Strafbarkeit des X zu beurteilen, wenn dieser den T bei seinem Spaziergang begleitet und die Situation im Haus sofort durchschaut hätte, allerdings den T nicht aufgeklärt, sondern ihm den Stuhl gereicht hätte?

Zur Vertiefung: *Kühl,* § 20 Rn. 141–143; *Rengier* AT, § 30 Rn. 20; *Roxin* I, § 14 Rn. 72–75; *Wessels/Beulke/Satzger,* Rn. 474, 477, 481.

Hier scheint es auf den ersten Blick darauf anzukommen, ob beim Erlaubnistatbestandsirrtum nach § 16 Abs. 1 (direkt oder analog) der **Vorsatz oder nur die Vorsatzschuld** entfällt. Denn eine Beihilfe käme nach allgemeinen **Akzessorietätsgrundsätzen** nur in Betracht, wenn T zumindest vorsätzlich und rechtswidrig gehandelt hätte. Allerdings wird teilweise vorgeschlagen, einen spezifischen Vorsatzbegriff für das Erfordernis der vorsätzlichen Haupttat im Sinne der §§ 26, 27 anzunehmen, der nur Tatsachenkenntnis von der Erfüllung der Tatbestandsmerkmale umfassen würde. Letztlich verliert der Streit aber bei genauerer Betrachtung an Bedeutung, wie der vorliegende Fall zeigt: Denn am treffendsten lässt sich die Beteiligung des X hier und oft auch in vergleichbaren Fällen als **mittelbare Täterschaft** kraft überlegenen Wissens beurteilen. Für deren Vorliegen aber ist es wiederum gleichgültig, auf welcher Prüfungsstufe die Vorsatzstrafbarkeit des T abgelehnt wird. Wirklich bedeutsam ist das Problem dagegen in Fällen, in denen die Annahme einer mittelbaren Täterschaft versperrt wäre, z. B. wenn der Täter eines Sonderdelikts einem Erlaubnistatbestandsirrtum unterliegt.

152. Lehrerin mit Schlüsselbund

Lehrerin T war wegen ihrer autoritären Erziehungsmethoden berüchtigt. Als im Unterricht ein Gegenstand nach vorne flog, während sie etwas an die Tafel schrieb, glaubte sie, den O als Übeltäter erkannt zu haben. In Wahrheit war es aber sein Nachbar N. T schlug dem O ihren schweren Schlüsselbund ins Gesicht. Wegen gefährlicher Körperverletzung angeklagt, führte T's Anwalt V aus, der T habe wegen ihres Irrtums über den wahren „Täter" ein Vorsatz bzw. eine Vorsatzschuld gefehlt, da es sich doch ersichtlich um einen Erlaubnistatbestandsirrtum gehandelt habe. Hat V damit Recht?

Zur Vertiefung: *Kühl,* § 13 Rn. 80; *Rengier* AT, § 31 Rn. 15; *Wessels/Beulke/Satzger,* Rn. 485 f.; *Schuster,* JuS 2007, 617 ff.

Nein, denn T hat sich wegen gefährlicher Körperverletzung (§§ 223, 224 Abs. 1 Nr. 2) strafbar gemacht. T irrte nämlich nicht „nur" über den wahren Täter, sondern auch über die Grenzen ihres Züchtigungsrechts; falls ihr ein solches überhaupt zustand, dann durfte sie es jedenfalls nicht in dieser Form ausüben. Oft wird hier auch von einem **„Doppelirrtum"**, also einer Kombination aus Erlaubnistatbestands- und Erlaubnisirrtum, gesprochen. In der Sache wird diese Kombination wie ein Erlaubnisirrtum behandelt, wofür zwei Begründungen vorstellbar sind: Entweder man stellt darauf ab, dass dem Täter, der dem „strengeren" und den Vorsatz unberührt lassenden § 17 unterfällt, nicht noch zugute kommen kann, wenn er **zusätzlich** auch noch im tatsächlichen Bereich geirrt hat. Oder aber man lehnt bei genauer Betrachtung schon das Vorliegen eines Erlaubnistatbestandsirrtums ab, da dieser ja voraussetzt, dass der Täter gerechtfertigt wäre, wenn seine tatsächlichen Vorstellungen zuträfen – und dies ist hier gerade nicht der Fall. Im Ergebnis ist T hier daher nach § 17 zu behandeln, wobei der Erlaubnisirrtum hier für sie sicher vermeidbar war.

153. Katzenkönig-Fall

T, G und W lebten in einem „von Mystizismus, Scheinerkenntnis und Irrglauben geprägten neurotischen Beziehungsgeflecht" zusammen. Da T die O hasste, überzeugte sie mit G zusammen den leichtgläubigen W davon, dass der „Katzenkönig" die Welt bedrohe und nur durch ein Menschenopfer in Gestalt der O davon abgehalten werden könne, viele Menschen, darunter auch W und dessen Eltern, zu vernichten. W versuchte, die O zu töten, was allerdings misslang. Hat sich W wegen versuchten Totschlags (§§ 212, 22, 23) strafbar gemacht?
(vgl. BGHSt 35, 347, abgewandelt)

Zur Vertiefung: *Kühl,* § 13 Rn. 55, § 12 Rn. 99; *Rengier* AT, § 32 Rn. 1 ff.; *Wessels/Beulke/Satzger,* Rn. 487 ff.; *Küper,* JZ 1989, 617 ff.

Ja. Der BGH hat dies in einem ganz ähnlich gelagerten Fall damit begründet, dass der Täter einem vermeidbaren Verbotsirrtum unterlegen wäre, soweit er davon ausgehen würde, seine Tat sei nach § 34 gerechtfertigt, da eine Abwägung vieler Menschenleben gegen ein Menschenleben in § 34 nicht zulässig sei. Näher liegt aber – auch vom Ausgangspunkt des BGH aus – die Bewertung als **Irrtum über die tatsächlichen Voraussetzungen eines entschuldigenden Notstandes** nach § 35: Hätte der Katzenkönig tatsächlich (auch) W und seine Eltern bedroht, so würde man kaum daran zweifeln, dass W sich auf § 35 hätte berufen können. Da er über diese Tatsache irrte, kommt es nach § 35 Abs. 2 wiederum darauf an, ob der Irrtum – hier aber nicht der rechtliche, sondern der tatsächliche Irrtum – vermeidbar gewesen wäre. Davon ist bei der Bedrohung mit dem „Katzenkönig" gewiss auszugehen.

Ergänzende Bemerkungen: (1.) Im Original-Katzenkönig-Fall war nicht festgestellt, dass W bei der beabsichtigten Rettung der Menschheit auch an die Rettung von sich selbst oder eventuellen Sympathiepersonen im Sinne des § 35 dachte. Davon abgesehen, dass diese Annahme unrealistisch ist, käme dann immer noch ein nach § 35 Abs. 2 analog zu behandelnder Irrtum über die tatsächlichen Voraussetzungen eines übergesetzlichen Notstandes in Betracht.

(2.) Eine ganz andere Frage ist, ob man den Irrtum über Gefahren solch „irrealen", „abergläubischen" Ursprungs überhaupt für rechtlich relevant hält. Es spricht einiges dafür, sie in einem säkularisierten Strafrecht aus grundsätzlichen Erwägungen für unbeachtlich zu halten, d. h. sie gewissermaßen „normativ aus der Betrachtung auszublenden". Ähnlich verfährt die h. M. in der umgekehrten Konstellation des sog. abergläubischen Versuchs (vgl. Fall 213).

154. „Brett des Karneades" (IV)

Nach dem Untergang eines Schiffes erreichten die Schiffbrüchigen T und O gemeinsam eine Planke, welche beide gerade noch trug. Als sie eine Zeit lang dahin getrieben waren, sahen sie in einiger Entfernung X, die T auf dem Schiff flüchtig kennen gelernt hatte und die er sympathischer fand als O. Daher packte er kurzerhand O am Kopf und tauchte ihn unter Wasser, bis dieser das Bewusstsein verlor. Dann paddelte er zu X und rettete diese. Dabei war T zwar klar, dass er rechtswidrig handelte. Da er aber einmal die Geschichte vom „Brett des Karneades" gehört hatte, dachte er, er sei zumin-

dest entschuldigt, wenn er damit die Rettung eines anderen Menschen bezwecke. Hat sich T wegen Totschlags (§ 212) strafbar gemacht?

Zur Vertiefung: *Kühl,* § 13 Rn. 85; *Roxin* I, § 22 Rn. 65; *Wessels/Beulke/Satzger,* Rn. 490.

T ist nach § 212 **strafbar.** Zwar hat T prinzipiell Recht, wenn er denkt, dass in Extremfällen sogar die Tötung eines Menschen gemäß § 35 entschuldigt sein kann. Allerdings kann dies auch nur für den in § 35 genannten Personenkreis gelten. X ist jedoch **keine Angehörige** von T. Genauso wenig kann man bei X von einer ihm nahe stehenden Person sprechen, wenn T sie bloß flüchtig auf dem Schiff kennen gelernt hat. Ein **Irrtum über die rechtlichen Grenzen eines Entschuldigungsgrundes** wird von der h. M. für generell unbeachtlich gehalten (d. h. es wird nicht einmal nach seiner Vermeidbarkeit gefragt). Dies wird auf den ersten Blick plausibel damit begründet, dass der Täter ja wisse, dass er Unrecht tue, und dass die Entscheidung, in welchen Fällen ausnahmsweise trotz eines Vorliegens von Unrecht auf einen Vorwurf verzichtet werde, dem Gesetzgeber alleine zustehe. Allerdings ist zu berücksichtigen, dass viele Täter sich gar nicht so genaue Gedanken darüber machen werden, ob ihr Handeln entschuldigt oder gerechtfertigt ist – m. a. W.: Um zumindest noch die Chance einer Prüfung der Vermeidbarkeit des Irrtums bzw. einer Strafmilderung nach § 17 Satz 2 i. V. m. § 49 zu erlangen, müsste T's Verteidiger ihm raten zu behaupten, er habe sich nicht entschuldigt, sondern im Gegenteil gerade gerechtfertigt geglaubt.

Übersicht zu den Fällen 146–154

Überblick zu den Irrtumsarten

	Irrtümer über Tatsachen	Irrtümer über Normen
Tatbestand	Tatumstandsirrtum (Tatbestandsirrtum)	direkter Verbotsirrtum
Rechtswidrigkeit	Erlaubnissachverhaltsirrtum (Erlaubnistatbestandsirrtum)	Erlaubnisirrtum (Erlaubnisgrund- und Erlaubnisnormirrtum oder indirekter Verbotsirrtum)
Schuld	Entschuldigungssachverhaltsirrtum	Entschuldigungsnormirrtum

V. Weitere Bedingungen der Strafbarkeit

155. Tanzvergnügen auf dem Juristenball

Auf dem jährlichen Juristenball sorgten die Jurastudenten T und M mit ihrem unkonventionellen Tanzstil für ein gewisses Befremden. Die Top-Junganwälte O und P sahen die Gelegenheit, Abwechslung in ihr monotones *Back-Office*-Leben zu bringen und stürzten sich mit T und M in eine handfeste Schlägerei auf dem Tanzparkett, welche diese freudig „annahmen". Der

auf Grund seines zeitaufwendigen Studiums unsportliche M suchte bereits nach kurzem eine Erfrischung an der Bar. Zu diesem Zeitpunkt zückte P, dessen aufgestaute Frustrationen überhand nahmen, ein mitgeführtes Taschenmesser und drängte auf den überraschten T ein. In Todesangst griff dieser nach einem am Parkettrand stehenden Stuhl und schlug ihn P im letzten Moment auf den Kopf. Vom Stuhlbein unglücklich getroffen, verlor P das linke Auge.
Strafbarkeit von T und M gemäß § 231 Abs. 1?

Zur Vertiefung: *Kühl,* § 1 Rn. 30; *Roxin* I, § 23 Rn. 1 f.; *Wessels/Beulke/Satzger,* Rn. 148 f.; *Satzger,* Jura 2006, 108 ff.

Sowohl T als auch M haben sich wegen Beteiligung an einer Schlägerei nach § 231 strafbar gemacht. Tatbestandsmäßiges Verhalten ist hierbei auf Grund der **Eskalationsgefahr** von Schlägereien zwischen mehreren Beteiligten bereits die **bloße Beteiligung.** Auch die schwere Folge in Form einer schweren Körperverletzung ist mit dem Verlust eines Auges (§ 226 Abs. 1 Nr. 1) des P eingetreten.

T könnte zwar einwenden, in Notwehr die schwere Folge verursacht zu haben. Allerdings handelt es sich bei der schweren Folge im Unterschied zu den Tatbestandsmerkmalen um eine **objektive Bedingung der Strafbarkeit,** also eine **unrechts- und schuldgelöste Voraussetzung.** Zu fordern ist allein ein **ursächlicher Zusammenhang** zwischen Schlägerei und schwerer Folge. T ist zwar hinsichtlich § 226 Abs. 1 Nr. 1, nicht jedoch hinsichtlich § 231 gerechtfertigt.

Auch **M** ist nach h. M. zu bestrafen, obwohl er die Schlägerei zum Zeitpunkt des Eintritts der schweren Folge bereits verlassen hatte. Dies erscheint auch überzeugend, da er zu Anfang durch die Beteiligung ebenfalls einen Beitrag zur Gefährlichkeit der Schlägerei geleistet hat.

Ergänzende Bemerkung: Die objektive Bedingung der Strafbarkeit sollte als eigenständiger Prüfungspunkt nach dem subjektiven Tatbestand folgen. Dies dient der Klarstellung, dass es sich um eine vorsatz- und schuldgelöste materielle Strafbarkeitsvoraussetzung handelt.

156. Ein reicher Bruder

T wünschte sich auch den Reichtum seines Bruders O. Zur Geburtstagsfeier im Haus des O sah T die Gelegenheit, in einem unbeobachteten Moment eine kleine Schatulle mit wertvollem Inhalt ohne Wissen des O mitzunehmen. O wollte T zwar zur Rechenschaft gezogen wissen, ihn aber nicht selbst anzeigen, um den Familienfrieden zu sichern. Die Staatsanwaltschaft teilt O mit, unter diesen Umständen sei ein Verfahren nicht möglich. Warum?

Zur Vertiefung: *Wessels/Beulke/Satzger,* Rn. 113.

Bei einigen ausdrücklich im Gesetz genannten Delikten (z. B. §§ 123 Abs. 2, 247, 194) bedarf es als Verfahrensvoraussetzung eines **Strafantrags** (§§ 77–77e). In diesen Fällen soll eine unbedingte Durchsetzung des staatlichen Strafanspruchs bei entgegenstehendem privaten Interesse vermieden werden, d. h. es liegt eine Einschränkung des Offizialprinzips (Strafverfolgung alleine von Amts wegen) vor.

Antragsberechtigt ist gemäß § 77 Abs. 1 grundsätzlich allein der Verletzte. O ist Opfer eines Familiendiebstahls nach **§ 247,** dessen Tatbestand einen Strafantrag zwingend voraussetzt. Der Staatsanwaltschaft gegenüber hat er seinen Wunsch nach einer Strafverfolgung nicht zum Ausdruck gebracht, was die strafrechtliche Verfolgung des T ausschließt.

157. Spätfolgen

Da O sich als „harten Kerl" betrachtete, sah er nach einem Faustschlag des T gegen seinen Kopf von einem Strafantrag ab. Nach vier Monaten stellte sich bei einer Untersuchung allerdings heraus, dass der Schlag zu irreversiblen inneren Kopfverletzungen geführt hat. Kann O nun doch noch eine Strafverfolgung des T erreichen?

Ja. Zwar muss nach § 77b der Strafantrag innerhalb einer Dreimonatsfrist ab Kenntnis von Tat und Täter gestellt werden, die hier bereits verstrichen sein könnte. Allerdings beginnt die Frist erst, wenn der Antragsberechtigte nicht nur von der Verletzungshandlung, sondern auch von dem konkreten Verletzungserfolg Kenntnis hat. Das Ausmaß der Verletzungen ist hier für O also entscheidungserheblich, sodass der Antrag noch gestellt werden kann. Sähe man dies anders, hätte O aber auch noch die Möglichkeit, der Staatsanwaltschaft von dem Vorfall zu berichten und zu hoffen, dass diese ein besonderes öffentliches Interesse an der Strafverfolgung bejaht, was bei § 230 (anders als z. B. bei § 247 in Fall 156) den Strafantrag ersetzen kann.

Ergänzende Bemerkung: Ebenfalls keines Antrags bedürfte es, wenn man im konkreten Fall keine einfache, sondern eine gefährliche (oder je nach Art der irreversiblen Folgen eine schwere) Körperverletzung annehmen würde.

158. Erpresste Gesellschaft

Die O-GmbH wurde um einen Millionenbetrag erpresst. Um der Forderung Nachdruck zu verleihen, drangen die Erpresser in die Geschäftsräume der O-GmbH ein und zerstörten Einrichtungsgegenstände.
a) Die O-GmbH möchte Strafantrag stellen. Wer wäre hierzu berechtigt?
b) Aus Angst vor angedrohten Personenschäden wollte die O-GmbH doch von einer Strafverfolgung absehen und auf die Forderung der Erpresser eingehen. Staatsanwalt S entschied sich, auf Grund der Schwere des Falles und der Wiederholungsgefahr trotzdem ein Strafverfolgungsverfahren einzuleiten. Durfte er das?

Zu a) Grundsätzlich ist nach § 77 Abs. 1 der Verletzte antragsberechtigt. Dabei ist jedoch fraglich, wer dies ist, wenn **keine natürliche Person** als Verletzter ersichtlich ist. Bei einer Sachbeschädigung (§ 303) ist grundsätzlich der Eigentümer antragsberechtigt. Bei juristischen Personen erfolgt die Ausübung des Antragsrechts durch ihre Organe, bei einer GmbH also durch den Geschäftsführer.

Zu b) Ja. Bei bestimmten Antragsdelikten (z. B. §§ 230, 303c) kann die Staatsanwaltschaft auch ohne Strafantrag von Seiten des Verletzen die Strafverfolgung aufnehmen **(relative Antragsdelikte).** Voraussetzung ist allerdings, dass ein **besonderes öffentliches Interesse** für geboten gehalten wird (vgl. auch Fall 157). Dieses liegt aus Sicht des S vor. Außerdem ist selbstverständlich auch ganz unabhängig von einem Strafantrag eine Verfolgung wegen der (versuchten bzw. vollendeten) Erpressung möglich.

159. Viele Jahre später ...

Vor 32 Jahren hatte die unglückliche Ehefrau A den Auftragskiller T engagiert, ihren Mann umzubringen, um mit ihrem Liebhaber L den Bund der Ehe eingehen zu können. Die Tat konnte nie aufgeklärt werden. Als auch diese Beziehung bröckelte, wollte L sich an A rächen, indem er der Polizei belastende Hinweise zu dem Verbrechen zuspielte. Können A und T wegen §§ 211, 212 bestraft werden?

T hat ein vorsätzliches Tötungsdelikt begangen, A ihn dazu angestiftet. Allerdings können beide nur dann bestraft werden, wenn dem keine Verjährung entgegensteht. Grundsätzlich ist zwischen **Verfolgungsverjährung** (§§ 78 ff.) und Vollstreckungsverjährung (§§ 79 ff.) zu unterscheiden, wobei erstere bereits die Verfolgung der Straftat, letztere die Vollstreckung eines rechtskräftigen Urteils verhindert. Folge des Verjährungseintritts ist kein Freispruch, sondern die **Einstellung des Verfahrens.** Die Verjährungsfristen richten sich gemäß § 78 Abs. 3 nach der im Tatbestand angedrohten Strafe. Eine wichtige Ausnahme stellt aber gemäß § 78 Abs. 2 der **Mord** dar. Diese Tat **verjährt nicht,** was sich auch auf den Versuch (§ 22), die Teilnahme (§§ 26, 27) und die versuchte Beteiligung (§ 30) erstreckt. Geht man davon aus, dass T als Auftragskiller aus Habgier und A aus niedrigen Beweggründen handelte, können beide weiterhin wegen Mordes bzw. Anstiftung zum Mord verurteilt werden.

Ergänzende Bemerkung: Da die Unverjährbarkeit nur für Mord und nicht für Totschlag gilt, ist die Frage nach der Verjährung ein weiteres Feld, bei dem sich u. U. der Streit um die Anwendung von § 28 Abs. 1 oder Abs. 2 nach Rechtsprechung bzw. h. L. auswirken kann, wenn bei einem Beteiligten täterbezogene Mordmerkmale fehlen.

160. Auftragsdiebstahl

A verdiente mit Diebstählen seinen Lebensunterhalt. Als neues Opfer hatte er sich den in einer Villa am Hamburger Alsterufer wohnenden O ausgesucht. Allerdings wollte A kein unnötig großes Risiko eingehen und beauftragte den leicht beeinflussbaren, aber bisher strafrechtlich nie in Erscheinung getretenen T, für ihn wertvolle Gegenstände aus der Villa zu entwenden. Welche Verjährungsfristen würden laufen, wenn T eine nach § 242 Abs. 1 zu beurteilende Tat begeht?

Für **T** als Haupttäter bemisst sich die Verjährung nach **§ 78 Abs. 3 Nr. 4** auf fünf Jahre, da für den Diebstahl eine Höchststrafe von fünf Jahren angedroht ist. Diese

Frist beginnt nach § 78a mit der Beendigung der Tat (die beim Diebstahl u. U. vom Zeitpunkt der formellen Vollendung abweichen kann).

Mangels abweichender Regelungen bestimmt sich die Frist auch für Teilnehmer grundsätzlich nach der Haupttat. Vorliegend stellt sich allerdings die Frage, ob es sich auswirkt, dass **A** in seiner Person das – wie ein besonderes persönliches Merkmal im Sinne des § 28 Abs. 2 zu behandelnde – **Regelbeispiel** des **gewerbsmäßig** betriebenen Diebstahls erfüllt hat. Da seine Anstiftung zum Diebstahl im besonders schweren Fall gemäß § 243 Abs. 1 Nr. 3 mit Freiheitsstrafe bis zu zehn Jahren bestraft werden kann, könnte man daran denken, nach § 78 Abs. 3 Nr. 3 eine zehnjährige Verjährung anzunehmen. Allerdings sind Strafschärfungen für besonders schwere Fälle nach **§ 78 Abs. 4** bei der die Verjährung bestimmenden Strafdrohung nicht zu berücksichtigen, sodass auch A's Anstiftung nach fünf Jahren verjährt wäre.

C. Besondere Verbrechensformen

I. Das Fahrlässigkeitsdelikt

161. Tödlicher Meteorit

T verabredete sich mit seiner Freundin O zu einem Rendezvous am Waldrand. O kam bereits wenige Minuten vor T und wurde beim Warten von einem Meteoriten erschlagen. Staatsanwalt S meinte, T könne froh sein, dass man ihm seine „Fahrlässigkeitsschuld" nicht nachweisen könne, sodass er für sein Unrecht nicht bestraft werden könne. Was ist davon zu halten?

Zur Vertiefung: *Kühl*, § 17 Rn. 9; *Rengier* AT, § 52 Rn. 2, 5; *Roxin* I, § 24 Rn. 1–13; *Wessels/Beulke/Satzger*, Rn. 656 f.

S hätte Recht, wenn man mit der früher herrschenden klassischen Lehre davon ausgehen würde, dass die Fahrlässigkeit (ausschließlich) eine gegenüber dem Vorsatz minder schwere Schuldform sei. Dann würde der Tatbestand des Fahrlässigkeitsdelikts außer der Kausalität keine Voraussetzungen erfordern und T hätte tatsächlich tatbestandliches Unrecht nach § 222 verwirklicht. Die heute h. M. sieht in der Fahrlässigkeit aber einen **eigenen tatbestandlichen Deliktstyp.** Vertyptes Unrecht kann aber nicht nur in der Erfolgsverursachung liegen. Da beim Fahrlässigkeitsdelikt die subjektive Komponente des Vorsatzes nicht hinzukommt, verlangt die h. M. als zusätzliches objektives Unrechtselement zumindest das Vorliegen einer **objektiven Sorgfaltspflichtverletzung.** An einer solchen fehlt es hier ersichtlich. T hat also bereits den Tatbestand des § 222 nicht erfüllt.

162. Ja Grüß dich Gott

T setzte sich in einer Gastwirtschaft an einen Tisch, an dem bereits O saß. O wollte T begrüßen und streckte ihm die rechte Hand entgegen. Statt ihm die Hand zu geben, brachte T dem O jedoch mit einem Taschenmesser eine Schnittwunde von 4 cm Länge auf dem Handrücken bei, da er eine solche Begrüßung des O nicht mochte. Im gegen T eingeleiteten Strafverfahren ließ sich nicht mehr klären, ob T den O verletzen oder aber nur erschrecken wollte, indem er die ausgestreckte Hand mit dem Messer berührte.
Der Verteidiger des T meint, da nicht klar sei, ob T vorsätzlich oder fahrlässig handelte, müsse er *in dubio pro reo* freigesprochen werden. Zu Recht? (vgl. BGHSt 17, 210)

Bei Sachverhaltsungewissheiten kommt zwar grundsätzlich eine Anwendung des Grundsatzes *in dubio pro reo* in Betracht. Allerdings gilt dies nicht, wenn zwischen zwei Möglichkeiten (neben denen eine dritte – hier ein nicht einmal fahrlässiges Handeln des T – ausgeschlossen werden kann) ein **Stufen- bzw. Auffangverhältnis** besteht. Gegen die Annahme eines solchen Verhältnisses könnte sprechen, dass das Fahrlässigkeitsdelikt nach heute h. M. nicht nur als besondere Schuldform, sondern als eigenständiger Verbrechenstatbestand verstanden wird (vgl. Fall 161). Dennoch hat der BGH im vorliegenden Fall überzeugend **keinen Freispruch *in dubio pro reo,*** sondern eine Fahrlässigkeitsstrafbarkeit angenommen. Denn die Tatsache, dass das Fahrlässigkeitsdelikt eigene Prüfungsanforderungen im Tatbestand kennt, steht nicht zwingend der Annahme entgegen, dass es in gewisser Weise auch ein „Minus" zum Vorsatzdelikt ist.

163. Prüfungsschema zum Fahrlässigkeitsdelikt

Welches sind die wesentlichen (zusätzlichen oder modifizierten) Prüfungspunkte beim Fahrlässigkeitsdelikt gegenüber den Vorsatzdelikten und nach welchem Schema lässt sich das Fahrlässigkeitsdelikt prüfen?

Zur Vertiefung: *Rengier* AT, § 52 Rn. 12; *Wessels/Beulke/Satzger,* Rn. 875; *Beck,* JA 2009, 111 ff.; 268 ff.; *Kaspar,* JuS 2012, 16 ff.; 112 ff.

Charakteristisch ist zunächst **das Fehlen eines subjektiven Unrechtstatbestandes.** Im nach h. M. rein objektiv zu prüfenden Tatbestand ist nach gängiger Auffassung das Vorliegen einer **Sorgfaltspflichtverletzung** das zentrale Merkmal. Dieses wird ergänzt durch das Merkmal der (objektiven) **Vorhersehbarkeit,** nach teilweise vertretener Ansicht auch durch das der Vermeidbarkeit. Im Rahmen der Schuld sind subjektive Vorhersehbarkeit und Sorgfaltspflichtverletzung zwei zusätzliche Prüfungspunkte, die so vom Vorsatzdelikt her nicht bekannt sind.

Daraus ergibt sich folgendes **Prüfungsschema:**

I. Tatbestand
- Eintritt des Erfolges
- Kausalität
- objektive Sorgfaltspflichtverletzung (dazu Fälle 165 ff.)
- objektive Zurechnung (dazu Fälle 174 ff.)
- objektive Vorhersehbarkeit

II. Rechtswidrigkeit (dazu Fall 178)

III. Schuld (insbesondere subjektive Sorgfaltspflichtverletzung und Vorhersehbarkeit)

164. Das vergessene Attentat

T hörte in der Straßenbahn zufällig, dass zwei andere Fahrgäste am Abend planten, den Bürgermeister zu erschießen. T wollte bei der nächsten Haltestelle aussteigen, um die Polizei zu informieren. Da ihn vorher jedoch sein Bekannter B ansprach, vergaß T die Unterhaltung und erinnerte sich erst wieder daran, als er abends in den Nachrichten von dem Attentat hörte. Kann sich T damit verteidigen, dass ein „bloßes Vergessen", also eine unbewusste Fahrlässigkeit, keinesfalls ein „leichtfertiges Unterlassen" der Anzeige eines Verbrechens (vgl. § 138 Abs. 3) sein kann?

Zur Vertiefung: *Kühl,* § 17 Rn. 44; *Roxin* I, § 24 Rn. 77 ff.; *Wessels/Beulke/Satzger,* Rn. 662.

Nein. Ähnlich wie das Vorsatzdelikt kennt auch das Fahrlässigkeitsdelikt verschiedene „Intensitätsstufen", von denen die **Leichtfertigkeit** die schwerste und ungefähr mit der groben Fahrlässigkeit des Zivilrechts zu vergleichen ist. Zwar verlangt § 138 Abs. 3 gerade eine solche Leichtfertigkeit. Allerdings kommt es für deren Vorliegen nicht alleine darauf an, ob bewusste oder unbewusste Fahrlässigkeit gegeben ist, sondern auf das **Maß des Sorgfaltsverstoßes.** In den in § 138 genannten Fällen kann nun aber ein besonders schwerwiegender Sorgfaltsverstoß gerade darin gesehen werden, dass der Täter das drohende Verbrechen vergisst. Manche Dinge darf man eben nicht so einfach vergessen. Tut man es doch, begründet alleine das den Vorwurf der Leichtfertigkeit.

165. Gefährlicher Hausflur

T öffnete seine nach innen aufgehende Haustüre. Dabei traf er Fernmeldetechniker O mit der Türe am Kopf, der gerade im Flur von T's Wohnung kniete und eine Telefondose installieren wollte. O erstattete Anzeige wegen fahrlässiger Körperverletzung (§ 229). Zur Begründung führt er aus, T habe klar ersichtlich die sich aus § 229 ergebende Sorgfaltspflicht verletzt, niemanden körperlich zu verletzen. Was wird sich der Staatsanwalt S, der die Anzeige zu bearbeiten hat, überlegen?

Zur Vertiefung: *Kühl,* § 17 Rn. 22 ff.; *Rengier* AT, § 52 Rn. 13 ff.; *Roxin* I, § 24 Rn. 4; *Wessels/Beulke/Satzger,* Rn. 657, 667; *Schünemann,* JA 1975, 149 ff.

S wird – dies nur am Rande – feststellen, dass in der Anzeige der erforderliche Strafantrag nach § 230 Abs. 1 Satz 1 gesehen werden kann. Außerdem wird er sich denken, dass O **das Erfordernis der Sorgfaltspflichtverletzung** missverstanden hat. Denn das von O zum Ausdruck gebrachte Verständnis würde das verantwortungsbegrenzende und das Fahrlässigkeitsdelikt kennzeichnende Merkmal der Sorgfaltspflichtverletzung **leer laufen** lassen. Es wäre immer erfüllt, wenn es zu einem Taterfolg im Sinne der Rechtsgutsverletzung kommt, sodass der Fahrlässigkeitstatbestand auf die bloße Kausalität beschränkt wäre. S muss sich daher Gedanken darüber machen und gegebenenfalls weiter ermitteln, ob die konkreten Umstände des Einzelfalles einen Sorgfaltsverstoß des T erkennen lassen (so z. B. wenn T wusste, dass O zu dieser Zeit an der türnahen Dose arbeitete, und er die Tür besonders schnell und heftig öffnete).

166. Ein besonnener Bürger (I)

T aus Fall 165 wischte nach dem Vorfall mit O im Flur noch auf, um den durch die Installationsarbeiten verursachten Schmutz zu beseitigen. Sein Putzwasser kippte er anschließend achtlos auf die Eingangsstufen, obwohl es draußen ungefähr 10 Grad unter Null hatte. Als O nach einer halben Stunde noch einmal zur Wohnung des T wollte, um einen liegen gelassenen Schraubenzieher zu holen, rutschte er auf den inzwischen von einer Eisschicht überzogenen Stufen aus und verstauchte sich den Knöchel. T sah mit Blick auf die Ausführungen zu Frage 165 auch hier einer Anzeige gelassen ent-

gegen: Da nämlich offenbar aus § 229 selbst keine Sorgfaltspflichten abzuleiten seien, andererseits aber das Ausschütten von Wasser nirgends unter Strafe gestellt sei, könne er offenkundig auch hier nicht bestraft werden. Was wird ihm der Staatsanwalt insoweit sagen?

Zur Vertiefung: *Kühl,* § 17 Rn. 22; *Rengier* AT, § 52 Rn. 15; *Roxin* I, § 24 Rn. 39 f.; *Wessels/Beulke/Satzger,* Rn. 669 ff.

Er wird ihm sagen, dass er hier etwas falsch verstanden hat: Zwar ist richtig, dass sich aus § 229 kein Sorgfaltsmaßstab (und insbesondere nicht die Annahme einer automatischen Sorgfaltspflichtverletzung durch jede Körperverletzung) ableiten lässt. Das ändert aber nichts daran, dass nach § 229 strafbar ist, wer einen anderen verletzt und dabei eine tatsächlich existierende Sorgfaltspflicht missachtet. Diese **Sorgfaltspflicht** muss aber **weder eine strafbewehrte sein noch auch nur gesetzlich niedergelegt** werden. Vielmehr ergibt sich die einzuhaltende Sorgfalt jedenfalls aus der Betrachtung eines **hypothetischen, sorgfältigen und umsichtigen Bürgers in der Situation des Täters.** Wie dieser sich verhalten würde, ist auf Grund einer Interessenabwägung zwischen dem Risiko für das Rechtsgut (Wahrscheinlichkeit des Schadenseintritts, Ausmaß des drohenden Schadens) und der Beeinträchtigung der allgemeinen Handlungsfreiheit (der soziale Verkehr soll nicht zum Erliegen kommen) zu bestimmen. Ein solcher besonnener Bürger würde aber bei tiefen Minusgraden kein Wasser auf eine Treppe schütten. Denn einerseits birgt dies ein erhebliches Verletzungsrisiko, andererseits würde die Handlungsfreiheit durch eine weniger gefährliche Entsorgung des Putzwassers nicht nennenswert eingeschränkt.

167. Ein besonnener Bürger (II)

T aus Fall 166 war mit der dort gegebenen Antwort naturgemäß weniger zufrieden als mit der aus Fall 165. Verärgert fuhr er von seiner polizeilichen Anhörung nach Hause und überschritt dabei auf einer breiten Hauptstraße die zulässige Höchstgeschwindigkeit von 60 km/h um 20 km/h. Ganz unvorhergesehen wollte ein Jugendlicher über die Straße spurten, dem T nicht mehr ausweichen konnte. Er wurde wegen fahrlässiger Körperverletzung angeklagt, da ein Sachverständiger feststellte, dass es bei einer Geschwindigkeit von 60 km/h zu keinem Unfall gekommen wäre. T meinte dazu, auch ein „besonnener und sorgfältiger Bürger" könne an dieser Stelle unproblematisch mit 80 km/h fahren. Die Beschränkung auf gerade 60 km/h sei letztlich völlig willkürlich. Daher müsse ihm der Maßstab des besonnenen Bürgers hier doch zugute kommen. Hat T damit Recht?

Zur Vertiefung: *Kühl,* § 17 Rn. 36 f.; *Rengier* AT, § 52 Rn. 16; *Roxin* I, § 24 Rn. 15–17; *Wessels/Beulke/Satzger,* Rn. 672.

T hat mit zweierlei sicher Recht: Zum einen damit, dass Maßstäbe wie die Beschränkung auf 60 km/h durch ein Schild (aber auch auf grundsätzlich 50 km/h in Ortschaften unmittelbar durch die StVO) letztlich willkürliche Grenzen setzen. Und zum anderen auch damit, dass gesetzliche Sorgfaltsanforderungen oder untergesetzliche Gepflogenheiten bestimmter Verkehrskreise (z. B. FIS-Regeln auf Skipisten) nur **„geronnene Wertungen"** dessen darstellen, wie sich der besonnene Bürger verhalten sollte – diese Maßstabsfigur ist also auch hier nicht völlig sachfremd. Dennoch wird er sich im Ergebnis nicht mit Erfolg auf diese Überlegungen berufen können: Das „Willkürargument" kann nicht ausschlaggebend sein, da **irgendwo eben Grenzen gezogen** werden müssen. Ferner ist zu beachten, dass etwa auch andere Verkehrsteilnehmer sich bei ihrem Verhalten zumindest teilweise gerade vom **Vertrauen** auf diese gesetzlichen Höchstwerte lenken lassen. Zuletzt ist zu berücksichtigen, dass Autofahren auf Grund der Fortbewegung mit einer für das menschliche Wahrnehmungssystem nicht unbedingt angemessenen Geschwindigkeit und der Verletzungseignung eines schnellen und massereichen Pkw durchaus eine mehr oder weniger „generell gefährliche" Aktivität ist. Erlaubt der Gesetzgeber sie dennoch grundsätzlich, um die gesellschaftliche Mobilität zu erhöhen und persönliche Bequemlichkeiten zu fördern, muss es ihm grundsätzlich auch gestattet sein, gewisse einzuhaltende Geschwindigkeitsgrenzen zu setzen, selbst wenn man diese theoretisch auch höher oder tiefer festsetzen könnte.

167a. Leckerer Apfellikör

T verkaufte an den offensichtlich nur 13 Jahre alten O zwei 0,7 l-Flaschen 16%igen Apfellikör. O trank beide Flaschen im Laufe des Nachmittags fast vollständig aus. Er war daraufhin nicht mehr ansprechbar und musste in der Notaufnahme einer Klinik wegen akuter Alkoholintoxikation behandelt werden. Wie haben die Beteiligten sich strafbar gemacht?
(vgl. AG Saalfeld NStZ 2006, 100)

Zur Vertiefung: *Kühl,* § 17 Rn. 11 ff.; *Rengier* AT, § 52 Rn. 19 f.; *Roxin* I, § 24 Rn. 14 ff.; *Wessels/Beulke/Satzger,* Rn. 655 ff.; *Kudlich,* JA 2006, 570 ff.

O ist noch nicht strafmündig (§ 19), und es wäre auch kein von ihm verwirklichter Tatbestand ersichtlich.

Für T hingegen kommt eine **Strafbarkeit nach § 229** in Betracht. Er war durch den Verkauf des Alkohols an O mitursächlich dafür, dass dieser in einen pathologischen Zustand geriet und sein körperliches Wohlbefinden nicht nur unerheblich beeinträchtigt wurde. Das begründet objektiv eine **Gesundheitsschädigung** und eine körperliche **Misshandlung.** Subjektiv hat er diesen Erfolg nicht vorausgesehen, sodass nur eine fahrlässige Tat vorliegen kann. Dabei hat T jedenfalls mit dem Verkauf **gegen § 9 Abs. 1 Nrn. 1 und 2 JuSchG verstoßen,** sodass sein Verhalten **sorgfaltspflichtwidrig** war. Der Eintritt des Erfolges war objektiv für T **vorhersehbar und vermeidbar.** Im Erfolg hat sich ein typisches Risiko des Verhaltens des T realisiert, und das Verbot des § 9 JuSchG besteht gerade zur Verhinderung solcher Erfolge; Pflichtwidrigkeits- und Schutzzweckzusammenhang sind also zu bejahen. Zuletzt ist die Verantwortung des T auch **nicht etwa** durch **eigene Verantwortung des O** für sein Verhalten ausgeschlossen: Zwar gehört die berauschende Wirkung von Alkohol zumindest grundsätzlich und in groben Zügen durchaus zum Wissenshorizont auch eines 13-Jährigen; dennoch ist – gerade auch auf Grund der Wertung des § 19 – davon auszugehen, dass O als Kind diese Gefahren seines Verhaltens noch nicht hinreichend überblickte, während der erwachsene T **wesentlich überlegenes Sachwissen und Risikokenntnis** besaß und damit tatherrschaftlichen Einfluss auf das Geschehen hatte. Da auch nicht erkennbar ist, dass T subjektiv nicht pflichtgemäß handeln oder den Erfolg nicht vorhersehen konnte, ist er wegen fahrlässiger Körperverletzung zu bestrafen.

168. Wie geht eigentlich so 'ne Herz-OP?

O kam mit Herzproblemen ins Krankenhaus. Er wurde dort von Dr. T am Herzen operiert. T hatte vorher noch nie eine Herzoperation gesehen oder gar durchgeführt, meinte aber, es sei interessant, einmal eine solche zu probieren. Auf Grund eines Kunstfehlers, den jeder durchschnittlich ausgebildete Chirurg vermieden hätte, verstarb O. T meinte, es könne von ihm doch wohl nichts verlangt werden, was für ihn unmöglich sei. Er habe daher nicht fahrlässig gehandelt. Trifft dieses Argument zu?

Zur Vertiefung: *Kühl,* § 17 Rn. 35, 90 f.; *Rengier* AT, § 52 Rn. 24, 70 ff.; *Roxin* I, § 24 Rn. 34, 36, 54; *Wessels/Beulke/Satzger,* Rn. 668–672a, 692.

Nein, oder genauer: T zieht aus richtigen Ansätzen letztlich einen falschen Schluss. Ob – gemessen am einschlägigen Verkehrskreis – unterdurchschnittliche Fähigkeiten schon im Fahrlässigkeitstatbestand zu berücksichtigen sind, ist umstritten. Die h. M. tut dies erst auf der Schuldebene und bestimmt den Maßstab der **einzuhaltenden Sorgfalt im Tatbestand objektiv.** Das erscheint überzeugend. Denn zum einen geht es an dieser Stelle um die Rechtswidrigkeit, d. h. die objektivierte Beurteilung des Verhaltens durch die Rechtsordnung, und noch nicht um die persönliche Vorwerfbarkeit; zum anderen liegt ein nicht individuell-herabgestufter Maßstab auch im **Interesse eines Rechtsgüterschutzes,** ohne das soziale Leben wesentlich zu beeinträchtigen. Allerdings ist selbst nach dieser Ansicht die individuelle Befähigung, diese Maßstäbe einzuhalten, in der **Schuld** zu prüfen, die bei T insoweit zu verneinen wäre. Allerdings ist vorliegend an ein sog. **Übernahmever-**

schulden zu denken und dieses wohl auch zu bejahen. Es liegt vor, wenn jemand (objektiv und subjektiv) pflichtwidrig eine bestimmte Tätigkeit überhaupt ohne Not übernimmt, obwohl er ihr nicht gewachsen ist.

169. So geht die Herz-OP (... jedenfalls theoretisch...)

B, der Bruder des O aus Fall 168, litt am selben Herzproblem wie sein Bruder. Damit es ihm besser ergehe, begab er sich in die Universitätsklinik zu Professor P, der für die vorliegende Erkrankung einer von fünf führenden Spezialisten in Deutschland war. P wendete die Sorgfalt eines ausgebildeten Herzchirurgen an, blieb aber deutlich unter seinen individuellen Möglichkeiten, weil er gedanklich „nicht bei der Sache war". Infolgedessen verstarb auch B, der von P „in Normalform" erfolgreich operiert worden wäre. P wies auf Fall 168 hin und erklärte, er habe den objektivierten Sorgfaltsmaßstab sicher nicht unterschritten. Hilft ihm das?

Zur Vertiefung: *Kühl,* § 17 Rn. 31 f.; *Rengier* AT, § 52 Rn. 21; *Roxin* I, § 24 Rn. 53 ff.; *Wessels/Beulke/Satzger,* Rn. 670.

Nach bestrittener, im Ergebnis aber wohl **überwiegender Ansicht nicht.** Dies ließe sich zum einen damit begründen, dass die **„Maßstabsfigur" nicht zu „grob geschnitzt"** werden darf, sondern durchaus auch noch einmal zwischen z. B. „normal guten" Fachärzten und Spezialisten unterschieden werden kann. P müsste sich dann an den Maßstäben messen lassen, die für ihn und die **auf seinem Niveau operierenden Ärzte** gelten. Dafür spricht, dass B gerade einen Spezialisten aufsuchen wollte. In der Wahrnehmung der beteiligten Verkehrskreise wird also tatsächlich zwischen „Durchschnittskönnern" und „Spitzenkönnern" unterschieden. Und wer sich für letztere entscheidet, hat auch deren optimale Sorgfalt verdient, denn er hat im Vertrauen darauf ja gerade keinen der anderen Spezialisten aufgesucht.

Noch leichter fällt die Begründung, wenn man davon ausgeht, dass man die höheren Fähigkeiten stets einzusetzen hat **(„Individualisierung nach oben").** Dafür spricht entscheidend der Gesichtspunkt des Rechtsgüterschutzes. Es liegt auch keine unangemessene „Benachteiligung des Tüchtigeren" vor, denn letztlich wird auch von ihm nicht mehr verlangt als von anderen: dass er das tut, was er kann.

170. Ein Autodidakt im OP

S, die Schwester von O und B aus den Fällen 168 und 169 wurde notfallmäßig in ein kleines Krankenhaus eingeliefert. Arzt A wendete die Sorgfalt eines durchschnittlichen Arztes an, hätte allerdings auf Grund seiner besonderen Fähigkeiten besser operieren können. Er hatte sich nämlich – was niemand wusste – in seiner Freizeit mit Büchern und Videos gerade mit dieser Herzerkrankung beschäftigt. Hat er sich nach § 222 strafbar gemacht, wenn S verstirbt und A dies hätte vermeiden können?

Zur Vertiefung: *Kühl,* § 17 Rn. 31 f.; *Rengier* AT, § 52 Rn. 21; *Roxin* I, § 24 Rn. 53 ff.; *Wessels/Beulke/Satzger,* Rn. 670.

Legt man generell einen nur objektiven Maßstab an, bliebe A straflos. Dies gilt aber auch, wenn man „nur" eine **differenzierende Maßstabsfigur** heranzieht (vgl. Fall 169), da für A alleine auf Grund seines geheimen „Hobbies" nicht der Maßstab der wenigen Herzspezialisten gelten dürfte. Nimmt man allerdings mit der überzeugenden o. g. Ansicht eine **„Individualisierung des Maßstabes nach oben"** an, gilt für A nichts anderes als für P in Fall 169. Auch er hat sich dann strafbar gemacht, wenn er vorwerfbar unter seinen Möglichkeiten geblieben ist.

171. Das Problem mit dem Aushilfspersonal

Biologiestudent T arbeitete als Aushilfskellner in einem Lokal und entdeckte in einem exotischen Salat eine seltene giftige Frucht, die ihm nur auf Grund seiner im Studium erworbenen besonderen Kenntnisse bekannt war. Als er sehnsüchtig der anderen Aushilfskellnerin K hinterher sah, vergaß er die giftige Frucht jedoch und servierte sie dem Gast O, der daran verstarb. Hat sich T nach § 222 strafbar gemacht?

Zur Vertiefung: *Kühl,* § 17 Rn. 27–29; *Rengier* AT, § 52 Rn. 20; *Roxin* I, § 24 Rn. 55, 61; *Wessels/Beulke/Satzger,* Rn. 670; *Jakobs,* GS Kaufmann, 1989, S. 271 ff.

Eine Strafbarkeit des T kommt nur in Betracht, wenn ihn **auch in seiner Rolle als Kellner** das davon völlig unabhängige (und hier sogar nur Experten zugängliche) **Wissen aus seiner Rolle als Biologiestudent „belastet".** Nach einer Ansicht ist für die Fahrlässigkeitsprüfung nur Wissen relevant, das man sich auch anzueignen verpflichtet gewesen wäre. Legt man dies zu Grunde, wird man von einem (zumal Aushilfs-)Kellner nicht verlangen können, dass er über vertiefte Kenntnisse in der Botanik exotischer Pflanzen verfügt. Überzeugender ist aber die h. M., die vorhandenes Wissen stets berücksichtigt. Denn die individuellen (Er-)Kenntnisse sind zu verschieden und zufällig, um sie sinnvoll rein objektivierend zu beurteilen. Auch droht dem Täter **keine unzumutbare Beschränkung seiner Handlungsfreiheit,** wenn er sein Handeln an dem ausrichtet, was er tatsächlich auch weiß. Somit besteht kein überzeugender Grund, der zwingend gegen die aus Rechtsgüterschutzgründen gebotene Berücksichtigung aller, **auch zufälliger Kenntnisse,** spricht.

172. Rücksichtsloser Radfahrer (I)

T fuhr mit seinem Pkw vorschriftsgemäß mit 50 km/h in der Stadt auf der Hauptstraße. Aus einer einmündenden Straße kam plötzlich der Radfahrer O, der den vorfahrtsberechtigten T nicht beachtete. T erfasste und verletzte den O. O meinte, T hätte doch ein bisschen aufpassen können. Man dürfe eben nicht immer die zulässige Höchstgeschwindigkeit ausreizen, wenn man sehe, dass ein Radfahrer aus einer Seitenstraße komme. Da er als Radfahrer viel stärker gefährdet sei, habe T Rücksicht nehmen müssen; dies fordere auch § 1 StVO. Wie könnte T sich verteidigen?

Zur Vertiefung: *Kühl,* § 17 Rn. 36 f.; *Rengier* AT, § 52 Rn. 22 f.; *Roxin* I, § 24 Rn. 21–24; *Wessels/Beulke/Satzger,* Rn. 671; *Eidam,* JA 2011, 912 ff.

T wird entgegnen, dass § 1 StVO zwar in der Tat gegenseitige Rücksichtnahme im Straßenverkehr fordere. Allerdings kann er auf den sog. **Vertrauensgrundsatz** hinweisen. Dieser besagt, dass derjenige, der **sich selbst ordnungsgemäß verhält,** grundsätzlich davon ausgehen darf, dass sich auch die anderen Verkehrsteilnehmer verkehrsgerecht verhalten. Bei der **Bestimmung des erforderlichen Sorgfaltsmaßstabs** ist dieses normative „Vertrauendürfen" einzurechnen. Da T daher davon ausgehen durfte, dass Radfahrer O die Vorfahrt beachten werde, musste er in seinen Fahrstil nicht die Möglichkeit einbeziehen, dass O plötzlich aus der Seitenstraße kommen werde.

173. Rücksichtsloser Radfahrer (II)

Würde sich in Fall 172 etwas ändern, wenn T gesehen hätte, dass der Radfahrer ein kleines Kind ist, das noch sehr unsicher und in Schlangenlinien auf die Kreuzung zufährt?

Zur Vertiefung: *Kühl,* § 17 Rn. 39; *Rengier* AT, § 52 Rn. 22 f.; *Roxin* I, § 24 Rn. 23; *Wessels/Beulke/Satzger,* Rn. 671 f.

Hier könnte die Berufung auf den **Vertrauensgrundsatz ausgeschlossen** sein (wobei für die endgültige Entscheidung über eine Sorgfaltspflichtverletzung noch weitere Angaben im Sachverhalt erforderlich wären): Denn dieser gilt **nicht gegenüber Personen,** für die eine allgemeine Erfahrung bzw. normative **Erwartung verkehrsgerechten Verhaltens nicht besteht.** Das ist generell bei Kindern im Straßenverkehr der Fall; und es muss umso mehr gelten, wenn T erkannte, dass das Kind auch noch sehr unsicher unterwegs war (und sich daher mehr aufs Fahren als auf den Verkehr konzentrieren musste und vielleicht auch weniger schnell bremsen konnte). Hier besteht gewissermaßen noch ein zusätzlicher „triftiger Anlass zum Nichtvertrauen".

174. Ziegenhaar-Fall

T war Inhaber und zugleich alleiniger Leiter einer Pinselfabrik. Er gab seinen Arbeitern chinesische Ziegenhaare zur Verarbeitung aus, ohne diese vorher vorschriftsgemäß desinfizieren zu lassen. Arbeiter O verstarb im Anschluss an Milzbrand, der durch Bazillen auf den Ziegenhaaren hervorgerufen wurde. Bei den gegen T angestellten Ermittlungen stellte sich heraus, dass die vorgeschriebenen Desinfektionen den tödlichen Bazillus mit Sicherheit nicht abgetötet hätten, da es sich um eine in Europa noch unbekannte Sorte handelte. Kann Staatsanwalt S mit der Begründung Anklage wegen fahrlässiger Tötung erheben, T sei „ohne Zweifel kausal für O's Tod geworden" und habe „auch eine gerade zum Schutz des menschlichen Lebens bestehende Sorgfaltspflicht vernachlässigt"?
(vgl. RGSt 63, 211 [abgewandelt])

Zur Vertiefung: *Kühl,* § 17 Rn. 47 ff.; *Rengier* AT, § 52 Rn. 26 ff.; *Roxin* I, § 11 Rn. 69, 74; *Wessels/Beulke/Satzger,* Rn. 676.

Das Gericht würde diese Anklage wohl nicht zur Hauptverhandlung zulassen. Nach den allgemeinen Grundsätzen der Lehre von der **objektiven Zurechnung** muss sich im eingetretenen Erfolg auch die vorwerfbar **geschaffene Gefahr** bzw. die Überschreitung des erlaubten Risikos **realisieren.** Beim Fahrlässigkeitsdelikt ist dieses Erfordernis (auch ohne dass die Rechtsprechung dazu den Terminus „objektive Zurechnung" notwendig heranziehen würde) in Gestalt des Erfordernisses des „Pflichtwidrigkeits- oder Rechtswidrigkeitszusammenhangs" anerkannt. An diesem fehlt es, wenn der Erfolg auch bei **rechtmäßigem Alternativverhalten** eingetreten wäre. Da dies vorliegend der Fall wäre, kann dem T der Erfolg nicht auf Grund der unterlassenen Desinfektion zugerechnet werden.

175. Lastwagen-Fall

Lkw-Fahrer T überholte den Radfahrer O, ohne den nach der StVO vorgeschriebenen Seitenabstand von 1–1,50m einzuhalten. Während des Überholvorganges geriet der stark alkoholisierte O unter die Hinterreifen des Anhängers, weil er infolge einer alkoholbedingten Kurzschlussreaktion das Fahrrad nach links zog. Es wurde festgestellt, dass wegen der Alkoholisierung des O der Unfall mit hoher Wahrscheinlichkeit mit dem gleichen Ausgang auch eingetreten wäre, wenn T den Abstand eingehalten hätte. Kann T sich auch hier auf den fehlenden Pflichtwidrigkeitszusammenhang berufen?
(vgl. BGHSt 11, 1)

Zur Vertiefung: *Kühl,* § 17 Rn. 5–56; *Rengier* AT, § 52 Rn. 26ff.; *Roxin* I, § 11 Rn. 76–89; *Wessels/Beulke/Satzger,* Rn. 676, 682; *Roxin,* ZStW 74 (1962), 411 ff.

Der BGH hat dies in der Sache angenommen und das Erfordernis des **Pflichtwidrigkeitszusammenhangs** um eine Anwendung des Grundsatzes ***in dubio pro reo*** ergänzt. Weite Teile der Literatur folgen dem auch. Demgegenüber sind die Anhänger der maßgeblich von *Roxin* begründeten **Risikoerhöhungslehre** der Ansicht, ein pflichtwidriges und kausales Verhalten führe schon dann zur Erfolgszurechnung, wenn die Einhaltung der gebotenen Sorgfalt nur die Chancen für das verletzte Rechtsgut erhöht hätte. Oder andersherum formuliert: Für die Zurechnung genügt, wenn durch den Sorgfaltspflichtverstoß das Risiko für das verletzte Rechtsgut erhöht wurde. Hierfür spricht, dass es grundsätzlich durchaus Aufgabe eines rechtsgüterschützenden Strafrechts sein kann, auch die **Gefahren** für geschützte Rechtsgüter **möglichst gering zu halten.** Und dieses erhöhte Risiko realisiert sich ja auch in einem Erfolg; daher ist der Einwand gegen die Risikoerhöhungslehre, diese verwandle „Verletzungsdelikte *contra legem* in Gefährdungsdelikte", nicht ohne weiteres überzeugend.

176. Raser auf der Landstraße (I)

T fuhr mit seinem Wagen mit 120 km/h über eine Landstraße, auf der eine Höchstgeschwindigkeit von 80 km/h galt. In der nächsten Stadt bremste er auf die vorgeschriebenen 50 km/h ab; plötzlich lief die kleine O so rasch auf

die Fahrbahn, dass T nicht mehr bremsen konnte. O verstarb. Staatsanwalt S meinte, wenn T auf der Landstraße langsamer gefahren wäre, hätte O die Straße schon längst überquert gehabt, bis T an die Unfallstelle gekommen wäre. Was ist davon zu halten?
(vgl. OLG Stuttgart NJW 1959, 351)

Zur Vertiefung: *Kühl,* § 17 Rn. 68–70; *Rengier* AT, § 52 Rn. 37 f.; *Roxin* I, § 11 Rn. 75 ff.; *Wessels/Beulke/Satzger,* Rn. 674.

Nichts. Mit der Argumentation des S könnte zwar der Pflichtwidrigkeitszusammenhang bejaht werden. Allerdings ist diese Begründung schon deswegen wenig überzeugend, weil T darauf entgegnen könnte, dass er bei einer Geschwindigkeit von 160 km/h auf der Landstraße schon seinerseits die spätere Unfallstelle passiert hätte, bevor O die Straße betrat. Weniger plakativ, aber dogmatisch exakter wird T entgegnen, dass der **eingetretene Erfolg** hier **nicht im Schutzzweck der verletzten Sorgfaltspflicht** liegt. Denn ein Tempolimit an einer bestimmten Stelle soll grundsätzlich dort ermöglichen, dass der Fahrer rechtzeitig reagieren und bremsen kann. Sein Schutzzweck geht nicht dahin, die spätere Ankunftszeit an irgendeiner anderen Stelle sicherzustellen.

177. Raser auf der Landstraße (II)

Ist die Argumentation aus Fall 176 auch gültig, wenn dem T auf der Landstraße die Rentnerin R so plötzlich vor das Auto gelaufen wäre, dass er auch bei den vorgeschriebenen 80 km/h nicht mehr hätte bremsen können, R allerdings in der konkreten Situation bei einer Geschwindigkeit von 80 km/h eine halbe Sekunde mehr Zeit gehabt hätte, die Straße zu überqueren, und dann nicht verletzt worden wäre?
(vgl. BGHSt 33, 61)

Zur Vertiefung: *Kühl,* § 17 Rn. 71 f.; *Rengier* AT, § 52 Rn. 38; *Wessels/Beulke/Satzger,* Rn. 674.

Nein, denn dieser Fall ist hinsichtlich eines entscheidenden Punktes anders gelagert: Hier war T **in der kritischen Situation** zu schnell. In einer ganz konkreten Situation geht aber der **Schutzzweck** einer Geschwindigkeitsbegrenzung durchaus auch dahin, (nicht nur dem Fahrer mehr Reaktionszeit, sondern auch) anderen Verkehrsteilnehmern mehr **Zeit zum Ausweichen** zu verschaffen. Steht fest, dass R bei niedrigerer Geschwindigkeit die Straße noch hätte überqueren können, liegt ihr Tod daher im Schutzbereich der verletzten Sorgfaltspflicht und T ist nach § 222 strafbar.

178. Kurzsichtiger Jäger

Jäger T glaubte, in der Dämmerung einen prächtigen Rehbock zu erkennen. Obwohl er seine neue Brille nicht dabei hatte und sich nicht ganz sicher war, wollte er die Möglichkeit zum Schuss nicht verstreichen lassen. Er schoss aus einiger Entfernung auf den vermeintlichen Bock. In Wirklichkeit handelte es

sich dabei jedoch um den Wilderer O, der im Gebüsch dem T auflauerte und diesen im selben Moment seinerseits erschießen wollte. O wurde getroffen, überlebte aber. Hat sich T nach § 229 strafbar gemacht?

Zur Vertiefung: *Kühl,* § 17 Rn. 79 f.; *Rengier* AT, § 52 Rn. 67; *Roxin* I, § 24 Rn. 103.

Zumindest auf den ersten Blick liegt in einem Schuss ohne ausreichende Kenntnis darüber, wer oder was das Ziel ist, ein sorgfaltspflichtwidriges Verhalten. T könnte jedoch **gerechtfertigt** sein, wobei bei Fahrlässigkeitsdelikten insbesondere solche Erfolge gerechtfertigt sind, die **auch vorsätzlich hätten herbeigeführt** werden dürfen. Da O's Angriff auf T unmittelbar bevorstand, hätte T den O auch mit seinem Gewehr verletzen dürfen. Allerdings wusste T nichts vom Angriff des O, sodass ihm das nach h. M. erforderliche (vgl. Fall 71) **subjektive Rechtfertigungselement fehlte.** Jedoch ist man sich im Ergebnis einig darüber, dass auf dieses (insbesondere bei unbewusster Fahrlässigkeit) verzichtet werden kann. Entweder man argumentiert, auf Grund des gegenüber dem Vorsatzdelikt geringeren Handlungsunrechts müsse dieses auch für eine Rechtfertigung nicht „kompensiert" werden. Oder aber man löst das Problem sogar schon auf Tatbestandsebene mit dem Hinweis, dass ein objektiv gerechtfertigtes Verhalten doch kaum zugleich objektiv rechtswidrig sein könne.

Ergänzende Bemerkung: Ein weiterer Begründungsansatz würde darin liegen, dass nach verbreiteter Ansicht beim Vorliegen einer objektiven Rechtfertigungslage nur nach Versuchsgrundsätzen zu bestrafen ist. Den strafbaren Versuch eines Fahrlässigkeitsdelikts aber gibt es nach h. M. nicht.

178a. Nur der Tod war noch schneller

T und S waren Mitglieder einer „Szene", in der mit „hochfrisierten Autos" auf öffentlichen Straßen illegale Autorennen durchgeführt wurden. Bei einem dieser Rennen trat T gegen S an, wobei T den O als Beifahrer mitnahm. Im Laufe dieses Rennens kam es zu einem Überholvorgang auf einer Autobahn, bei dem die Fahrzeuge von T und S praktisch nebeneinander fuhren und gemeinsam ein unbeteiligtes Fahrzeug überholten. Bei einer Geschwindigkeit von annähernd 240 km/h betrugen dabei die Abstände zwischen den Fahrzeugen teilweise nur ca. 30 cm. Dabei geriet T aufgrund einer zu starken Lenkbewegung von der Fahrbahn ab und schleuderte gegen eine Leitplanke. T wurde selbst schwer verletzt, O verstarb am selben Tag. Sind T und S für den Tod des O strafrechtlich zur Verantwortung zu ziehen?
(vgl. BGH NStZ 2009, 148 m. Anm. *Jahn,* JuS 2009, 370 und *Kudlich,* JA 2009, 389)

Zur Vertiefung: *Kühl,* § 4 Rn. 89; *Rengier* AT, § 13 Rn. 77 ff. und § 52 Rn. 45; *Wessels/Beulke/Satzger,* Rn. 188 ff., 684; *Eisele,* JuS 2012, 577 ff.; *Krawczyk/Neugebauer,* JA 2011, 26 ff.

Eine strafrechtliche Verantwortung „für den Tod des O" liegt in gewisser Weise schon in einer Strafbarkeit nach **§ 315c Abs. 1 Nr. 2 Buchst. b** („grob verkehrswidrig und rücksichtslos durchgeführter falscher Überholvorgang"), da auch dieser eine Gefährdung eines anderen Menschen voraussetzt (die sich hier sogar im

Erfolgseintritt realisiert hat). Im Mittelpunkt steht allerdings eine Verantwortlichkeit von S und T unter dem Gesichtspunkt des **§ 222.** Dies ist hier deswegen nicht unproblematisch, weil dem O das Gefährdungspotential der Autorennen als Mitglied der einschlägigen Szene bekannt gewesen sein dürfte und weil er als Beifahrer auf den ersten Blick auch einen gewissen Einfluss auf die Fahrt gehabt haben könnte. Fraglich ist jedoch, ob dies zu einer **tatbestandsausschließenden eigenverantwortlichen Selbstgefährdung** führt. Diese Abgrenzung wird üblicherweise nach dem Kriterium der „Tatherrschaft" getroffen. Eine solche kann hier dem O nicht zugeschrieben werden. Denn obwohl es im konkreten Fall mehr oder weniger vom Zufall abhing, wer jeweils als Fahrer oder Beifahrer tätig wurde, hatte O jedenfalls in der **tatsächlichen Situation beim Schadenseintritt keine Tatherrschaft,** da er weder unmittelbaren Einfluss auf die Geschwindigkeit noch auf die Steuerung hatte. Fehlt es somit an einer eigenverantwortlichen Selbstgefährdung, kommt allenfalls eine rechtfertigende einvernehmliche Fremdgefährdung in Betracht. Eine solche wird hier aber an § 228 scheitern, da (nach der Wertung des § 216) eine **Einwilligung** in eine „ohne Not" erfolgende in so hohem Maße lebensgefährdende Handlung nicht den **guten Sitten** entspricht (vgl. auch PdW BT II, Fall 46).

178b. Einstürzende Altbauten

Bauunternehmer T hatte den Auftrag übernommen, eine Schule zu sanieren, wozu auch der Abriss einer tragenden Querwand erfolgen musste. Für die erforderlichen Betonschneidearbeiten beauftragte T Subunternehmer S. Nach dem Subunternehmervertrag sollte allerdings die Absicherung der Decke vor den Betonschneidearbeiten Aufgabe des T bleiben. Als S feststellte, dass nach einem statischen Gutachten, das die Stadt als Bauherrin in Auftrag gegeben hatte, die Deckenstützen so eng gestellt werden müssten, dass die zum Betonschneiden verwendeten Geräte nicht sinnvoll eingesetzt werden könnten, wandte er sich an T. T versprach, mit dem Statiker zu sprechen, welche Alternativen es gebe. Tatsächlich sprach T jedoch mit niemandem, sondern ordnete eigenmächtig an, dass die Stützen in größeren Abständen aufgestellt werden sollten. S ließ daraufhin die Arbeiten durchführen, bei denen es zu einem Einsturz der Decke kam, durch den fünf Arbeiter zu Tode kamen. T wurde wegen fahrlässiger Tötung verurteilt. Hat sich auch S strafbar gemacht?
(vgl. BGHSt 53, 38)

Zur Vertiefung: *Kühl,* § 18 Rn. 120; *Rengier* AT, § 54 Rn. 1 ff.; *Wessels/Beulke/Satzger,* Rn. 723.

Eine Strafbarkeit des S nach § 222 – sei es durch aktives Tun (Anordnung der Betonschneidearbeiten), sei es durch Unterlassen (unzureichende Abstützung der Decke) – setzt voraus, dass auch den S diesbezüglich **Verkehrssicherungspflichten** treffen, die er verletzt hat. Ob man diese dann dogmatisch (nur) für die Begründung der **Sorgfaltspflichtverletzung** heranzieht oder aber in ihnen auch zugleich eine (verletzte) **Garantenpflicht** sieht, ist für das Ergebnis erst einmal nicht relevant; gerade bei einer Verletzung von Verkehrssicherungspflichten fließen Fahrlässigkeits- und Unterlassungsgesichtspunkte insoweit ineinander (weshalb dieser Fall auch unmittelbar vor dem Abschnitt über die Unterlassungsdelikte angeordnet ist). Vorzugswürdig erscheint hier freilich ein Abstellen auf das aktive Tun (Durchführung bzw. Anordnung der Betonschneidearbeiten), wobei das Unterlassen der erforderlichen Stützmaßnahmen gerade nur eine wesensnotwendige Modalität des Fahrlässigkeitsvorwurfs darstellt (vgl. auch Fall 181).

Hinsichtlich dieser Verkehrssicherungspflichten wäre es nun zwar verkürzt darauf abzustellen, dass für die Absicherung der Decke nach dem **Subunternehmervertrag** T zuständig bleiben sollte. Denn wenn S hier entsprechend gefährliche Arbeiten durchführt, so liegt zumindest eine subsidiäre bzw. **ergänzende Kontrollpflicht** nahe, ob auch die erforderlichen Sicherungsmaßnahmen getroffen worden sind. Andererseits darf nicht übersehen werden, dass eine Arbeitsteilung im Wirtschaftsleben überhaupt nur dann Sinn macht, wenn man sich zumindest im Grundsatz darauf verlassen kann, dass der Arbeitspartner seinen Aufgaben nachkommt (vgl. auch zum Vertrauensgrundsatz bereits oben Fälle 172 f.). Hier dürfte es ausreichen, dass S sich kundig gemacht und den T auf das Problem angesprochen hat. Eine **Nachprüfung,** ob T den versprochenen Kontakt mit dem Statiker tatsächlich aufgenommen hat, kann von S **nicht verlangt** werden. Daher fehlt es für ihn an einer vorwerfbaren Sorgfaltspflichtverletzung.

Ergänzende Bemerkung: Ähnliches dogmatisches Problem aus anderem Lebensbereich bei OLG Hamburg NStZ-RR 2015, 106 m. Anm. *Eisele,* JuS 2015, 945.

II. Das Unterlassungsdelikt

179. Schreiendes Baby

Die junge Mutter T ärgerte sich über das nächtliche Schreien ihres Säuglings O und beschloss, O nichts mehr zu essen zu geben, um das „Problem" zu lösen. Nachbarin N erkannte dies, unternahm jedoch nichts, da sie ebenfalls unter dem Lärm litt. O verhungerte. Haben sich T und N (unterschiedlich) strafbar gemacht?

Zur Vertiefung: *Kühl,* § 18 Rn. 1–6; *Rengier* AT, § 48 Rn. 1 ff.; *Roxin* II, § 31 Rn. 16; *Wessels/Beulke/Satzger,* Rn. 695–698; *Kühl,* JA 2014, 587 ff. (einführend zum Unterlassungsdelikt).

Ja. Während T ein vorsätzliches Tötungsdelikt durch Unterlassen (§§ 212 [eventuell 211], 13) begangen hat, ist N nur wegen unterlassener Hilfeleistung (§ 323c) strafbar: T hatte im Sinne des § 13 Abs. 1 „rechtlich dafür einzustehen [...], dass der Erfolg nicht eintritt", da sie als Mutter gegenüber ihrem Kind eine besondere Fürsorgepflicht und damit eine sog. **Garantenpflicht** hatte (vgl. § 1626 BGB). Deswegen kann ihr ein Vorwurf gemacht werden, der mit dem des Begehungsdelikts weitgehend vergleichbar ist. Man spricht auch von **unechten Unterlassungsdelikten.** Demgegenüber hat N „nur" eine allgemeine zwischenmenschliche **Solidaritätspflicht** verletzt, die nur ausnahmsweise – wie hier in § 323c – strafrechtlich abgesichert ist. Der damit verbundene Vorwurf wiegt bedeutend geringer. Da § 323c im Gesetz genuin als ein solches Unterlassen beschrieben ist, spricht man auch von einem **echten Unterlassungsdelikt.**

180. Voraussetzungen des Unterlassungsdelikts

Welche sind die wesentlichen (zusätzlichen oder modifizierten) Prüfungspunkte beim unechten Unterlassungsdelikt gegenüber einer Begehung durch aktives Tun und nach welchem Schema lässt sich das unechte Unterlassungsdelikt prüfen?

Zur Vertiefung: *Kühl,* § 18 Rn. 7–12a; *Rengier* AT, § 49 Rn. 5; *Wessels/Beulke/Satzger,* Rn. 878; *Ransiek,* JuS 2010, 490 ff., 585 ff.; 678 ff.

Charakteristisch ist zunächst, dass überhaupt ein **Unterlassen** vorliegt. Dabei tritt an die Stelle der Kausalität eine sog. **Quasikausalität.** Hauptproblem entsprechender Fragestellungen ist aber oft das Vorliegen einer **Garantenstellung;** bei Delikten, die nicht nur die reine Erfolgsverursachung unter Strafe stellen („verhaltensgebundene Delikte", z. B. § 263 – Täuschung) ist außerdem die **Gleichstellungsklausel** des § 13 Abs. 1 a. E. zu beachten.

Daraus ergibt sich folgendes Prüfungsschema:

I. Tatbestand
- Eintritt des Erfolges
- Unterlassen (und nicht Tun; auch als Vorprüfung möglich) der gebotenen, physisch-real möglichen Rettungshandlung (dazu Fälle 181 ff.)
- Quasikausalität und objektive Zurechnung (dazu Fälle 191 f.)
- Garantenstellung (dazu Fälle 193 ff.)
- Gleichstellungsklausel
- Vorsatz

II. Rechtswidrigkeit (insbesondere rechtfertigende Pflichtenkollision, dazu Fall 201)

III. Schuld.

Ergänzende Bemerkung: Die Prüfungsreihenfolge beim Unterlassungsdelikt ist nicht hinsichtlich aller Punkte völlig starr. Insbesondere die Punkte Quasikausalität und Garantenstellung können je nach Erfordernis und Klausurökonomie verschoben werden.

181. Ungesicherte Grube

T hob eine Grube für Kabelarbeiten am nächsten Tag aus. Als er nach Hause ging, verzichtete er darauf, ein Schild oder eine Absperrung aufzustellen. In der Dunkelheit fiel Spaziergänger O in die Grube und verletzte sich. Wird die Staatsanwaltschaft T wegen fahrlässiger Körperverletzung durch Tun oder durch Unterlassen anklagen?

Zur Vertiefung: *Kühl,* § 18 Rn. 13–17; *Rengier* AT, § 48 Rn. 8 ff.; *Roxin* II, § 31 Rn. 73–83; *Wessels/Beulke/Satzger,* Rn. 699 f.; *Führ,* Jura 2006, 265 ff.

Hier liegt im Ausheben der Grube und Fortgehen einerseits ein Element des Tuns, im Nichtabsichern zugleich eines des Unterlassens. Zur Abgrenzung zwischen diesen beiden Verhaltensformen (oder genauer: zur Entscheidung zwischen beiden vorliegenden Elementen) werden zwei Ansätze vertreten: Eine in der Literatur stark vertretene Ansicht trifft die Abgrenzung nach eher **naturalistisch-ontologischen** Gesichtspunkten und fragt danach, ob durch den **Einsatz von Energie eine Kausalkette** in Gang gesetzt wurde. Auf dieser Grundlage wäre ein aktives Tun anzunehmen. Demgegenüber gehen Rechtsprechung und wohl h. L. davon aus, dass eine interessengerechte Abgrenzung nur **normativ-wertend** nach dem **„Schwerpunkt der Vorwerfbarkeit"** zu treffen ist. Hier könnte man argumentieren, dass nicht das sozialübliche und -nützliche Ausheben der Grube, sondern das Fehlen der Sicherung Gegenstand des strafrechtlichen Vorwurfs ist. Allerdings ist dieses „Unterlassen" nur eine notwendige Verhaltensmodalität des Fahrlässigkeitsvorwurfs („Außeracht-*Lassen* der im Verkehr erforderlichen Sorgfalt"); daher dürfte auch nach dieser Ansicht der Schwerpunkt auf dem unsorgfältigen Tun liegen. Nach beiden Ansichten müsste daher Anklage wegen fahrlässiger Körperverletzung *durch aktives Tun* erhoben werden.

Ergänzende Bemerkung: Nähme man ein Unterlassen an, so würde dies in *diesem* Fall nichts ändern, weil durch das Ausheben der Grube eine Gefahrenquelle eröffnet wurde, die den T zum Garanten machen würde. Allerdings ist diese Abgrenzung in allen Fällen von größter Bedeutung, in denen eine solche Garantenstellung nicht besteht.

181a. Ein infizierter Arzt

A war als Herzchirurg schon seit über 20 Jahren tätig und operierte eine Vielzahl von Patienten. In diesem Zeitraum hatte er sich als Chefarzt einer Klinik nie auf eine mögliche Hepatitis B-Infektion testen lassen. Für alle anderen Ärzte der Klinik war ein solcher Test einmal jährlich verpflichtend; infizierte Ärzte durften nicht mehr operieren, weil von ihnen ein extrem hohes Ansteckungsrisiko ausging. Spätestens seit 1992 war A mit Hepatitis B infiziert. Im Verlauf der danach noch stattfindenden Operationen steckte er mindestens zwölf seiner Patienten an, was bei einigen von ihnen zu erheblichen gesundheitlichen Beschwerden führte. A meint, ihm könne allenfalls fahrlässige Körperverletzung durch Unterlassen vorgeworfen werden, weil er sich nicht untersuchen ließ, nicht aber aktives Tun. Die Operationen selbst seien schließlich von den Patienten gewollt und medizinisch notwendig gewesen und von ihm auch kunstgerecht ausgeführt worden. Ist A's Einschätzung korrekt?
(vgl. BGH NStZ 2003, 657)

Zur Vertiefung: *Kühl,* § 18 Rn. 23 f.; *Rengier* AT, § 48 Rn. 8 ff.; *Roxin* II, § 31 Rn. 73 ff.; *Wessels/Beulke/Satzger,* Rn. 700; *Duttge,* JR 2004, 34.

Nein. Nach der normativen Bewertung mit Blick auf den „Schwerpunkt der Vorwerfbarkeit" ist zwar auf den ersten Blick plausibel, dass dem A nicht wegen der kunstgerecht durchgeführten Operationen, sondern wegen der unterlassenen Untersuchungen ein Vorwurf gemacht werden kann. Allerdings ist es bei Fahrlässigkeitsdelikten typischerweise so, dass der Vorwurf neben der eigentlichen Verletzungshandlung – hier: der infektiösen Operation – auch auf eine dieser vorausgehenden Sorgfaltspflichtverletzung beruht (vgl. bereits Fall 181). Die Sorgfaltspflichtverletzung – hier: das Unterlassen der Untersuchungen – ist jedoch nicht selbst die tatbestandsmäßige Handlung, sondern findet im Vorfeld statt und ermöglicht nur die spätere eigentliche Rechtsgutsverletzung. Somit liegt bei Fahrlässigkeitsdelikten häufig eine „Unterlassenskomponente" im Unterlassen von Sorgfaltsvorkehrungen, die das Delikt damit aber noch nicht zu einem Unterlassensdelikt macht. Der Verletzungserfolg trat noch nicht durch diese Unterlassung, sondern erst durch das nachfolgende aktive Tun, die Operation, ein. Daher liegt auch der Schwerpunkt der Vorwerfbarkeit letztlich auf dem aktiven Tun.

182. Tod im Badesee (I)

T warf dem ertrinkenden O von seinem Boot aus ein Seil zu. Als O das Seil fast erreicht hatte, erkannte T in ihm den Mann, der ihm auf dem Parkplatz vor dem Badesee brutal eine Parklücke „vor der Nase weggeschnappt" hatte, und zog schnell das Seil zurück. Wäre T nach §§ 212, 13 strafbar, wenn O tatsächlich ertrinkt?

Zur Vertiefung: *Kühl,* § 18 Rn. 21; *Rengier* AT, § 48 Rn. 21 ff.; *Roxin* II, § 31 Rn. 108–114; *Wessels/Beulke/Satzger,* Rn. 702.

Wie in Fall 181 treffen auch hier beide Verhaltensformen zusammen: Im **Zurückziehen** des Seils liegt einerseits ein Element des **Tuns,** im **„Nicht-mehr-weiter-Retten"** zugleich eines des **Unterlassens.** In den Fällen des „Abbruchs von Rettungsmaßnahmen" ist nach h. M. zu differenzieren: Bricht der Täter eine Rettungsmaßnahme ab, die das Opfer **schon erreicht** und diesem eine realisierbare Rettungsmöglichkeit eröffnet hat, liegt der Schwerpunkt der Vorwerfbarkeit darin, dass diese Chance durch das **aktive Tun** (z. B. Zurückziehen des Seiles) vereitelt wird. Ist dies nicht der Fall, liegt der Schwerpunkt der Vorwerfbarkeit darin, dass der Rettungsvorgang nicht fortgesetzt wird; es handelt sich um ein Unterlassen. Fraglich ist hier nun, wann von einer ausreichenden Konkretisierung der Rettungschance auszugehen ist. Da andere Abgrenzungen oftmals willkürlich und unbestimmt wären, spricht viel dafür zu verlangen, dass die Rettungsmaßnahme das Opfer schon erreicht haben muss. In den Schulbeispielen des zurückgezogenen Seiles wäre dies also nur dann der Fall, wenn das Opfer das Seil bereits ergriffen hat. Demnach hätte sich T mangels Garantenstellung nicht nach §§ 212, 13 (wohl aber nach § 323c) strafbar gemacht.

Ergänzende Bemerkung: Eine ebenfalls klare, die Begehungsstrafbarkeit aber weit ausdehnende Abgrenzung könnte darauf abstellen, ob der Täter mit seinen Rettungsbemühungen überhaupt schon nach außen erkennbar begonnen hat, d. h. im Beispiel: ob T bereits das Seil ausgeworfen oder nur mit dem Gedanken gespielt hat. Allerdings erscheint es zu streng, eine (garantenstellungsunabhängige!) Begehungsstrafbarkeit immer schon dann anzunehmen, wenn T das Seil eben erst ausgeworfen hat, aber noch nicht erkennbar ist, ob O überhaupt in der Lage sein würde, in die Nähe des Seiles zu schwimmen.

183. Tod im Badesee (II)

In Fall 182 wäre T gar nicht so nachtragend gewesen. Seine Frau F jedoch, die sich schon am Parkplatz über O geärgert hatte, riss T das Seil aus der

Hand und warf es ins Wasser, kurz bevor O es ergreifen konnte. F verteidigte sich wie folgt: In der Lösung zu Fall 182 werde ausgeführt, bevor O zugreifen könne, liege nur ein Unterlassen vor. Da auch sie kein Garant sei, müsse sie straflos bleiben. Wird sie damit Erfolg haben?

Zur Vertiefung: *Kühl,* § 18 Rn. 20; *Rengier* AT, § 48 Rn. 18; *Roxin* II, § 31 Rn. 114; *Wessels/Beulke/Satzger,* Rn. 701.

Nein. Die von F angeführten Grundsätze gelten nur für den Abbruch eigener Rettungsmaßnahmen. Hier greift F aber **in fremde Rettungsmaßnahmen** ein. In diesen Fällen geht die h. M. davon aus, dass der Schwerpunkt der Vorwerfbarkeit stets auf einem aktiven Tun liege. Das ist damit zu begründen, dass (anders als beim Abbruch eigener Rettungsmaßnahmen) durch das Verhalten des Täters eine unabhängig von ihm bestehende Rettungschance vernichtet wird. Der Ansatz, der nach dem Energieeinsatz abgrenzt, kommt hier ohnehin zwanglos zum gleichen Ergebnis. Spiegelbildlich ergibt sich zugleich, dass F sich auch nicht etwa darauf berufen kann, dass die Rettung des O durch T ein nicht zu berücksichtigender hypothetischer Kausalverlauf sei (vgl. auch Fall 44).

184. Verhinderter Hilferuf (I)

Als T im Wald spazieren ging, wurde er vom aufgeregten Jogger O angehalten, der ihn nach einem Handy fragte. T meinte, er habe zwar eines dabei, wisse aber nicht, warum er es O geben solle. O berichtete daraufhin, dass seine Freundin F beim Joggen plötzlich zusammengebrochen sei, nur noch flach atme und er dringend einen Notarzt alarmieren müsse. T meinte, das sei zwar alles interessant, gehe ihn aber nichts an. Sein Akku sei schon fast leer und er wolle später auch noch seine Frau anrufen. O merkte, dass es wenig Sinn hatte, mit T zu diskutieren, und versuchte, T das Handy aus der Brusttasche zu reißen; T hielt aber die Hand des O fest und wehrte sich hartnäckig und letztlich erfolgreich gegen die Entziehung seines Handys. F verstarb, hätte aber gerettet werden können, wenn T dem O das Handy zur Alarmierung eines Notarztes überlassen hätte. Wegen Totschlags angeklagt, meint T, „in der Sache könne ihm nur ein Unterlassen vorgeworfen werden und für dieses habe er doch nicht einzustehen, da er F nicht gekannt habe". Was meint T damit und hat er dabei wirklich Recht?

Zur Vertiefung: *Kühl,* § 18 Rn. 20; *Rengier* AT, § 48 Rn. 20; *Roxin* II, § 31 Rn. 99 f., 108–114; *Wessels/Beulke/Satzger,* Rn. 700.

T ist offenbar der Ansicht, dass ihm (trotz des unzweifelhaften Einsatzes von Energie durch das energische Festhalten des O) **bei wertender Betrachtung nur ein Unterlassen** vorgeworfen werden könne, für das er dann mangels Garantenpflicht gegenüber der F („[…] kennt die F nicht […]") nicht strafrechtlich verantwortlich wäre. Dabei ist zuzugestehen, dass die h. M. die Abgrenzung zwischen Tun und Unterlassen nicht alleine anhand naturalistischer Überlegungen, sondern wertend trifft (vgl. auch Fall 181). Insoweit ist grundsätzlich durchaus vorstellbar, dass ein „äußerlich aktives" Verhalten ausnahmsweise nur als Unterlassen zu beurteilen ist. Würde T sich hier „nur" weigern, das Telefon herauszugeben, so wäre das ohne Zweifel ein Unterlassen, das mangels Garantenstellung nicht zu einer Strafbarkeit nach §§ 212, 13 führen kann. Dann scheint aber auf den ersten Blick seltsam, warum etwas anderes gelten soll, wenn seine Aktivität darauf beschränkt ist, dass er die **Nichtbenutzung seines Handys durchsetzt** (und nicht etwa den O an der Benutzung seines eigenen Handys oder einer öffentlichen Telefonzelle behindert). Bei normativer Bewertung könnte daher der Schwerpunkt der Vorwerfbarkeit tatsächlich auf dem Unterlassen liegen (sog. **Unterlassen durch Begehung**). Gerade bei einer solchen normativen Bewertung kann jedoch nicht unberücksichtigt bleiben, dass O's Zugriff auf das Handy des T hier nach **§ 904 BGB** gerechtfertigt gewesen wäre. Legt aber die Rechtsordnung dem Täter eine **Duldungspflicht** hinsichtlich bestimmter Verwendungen seines Eigentums durch Dritte auf, kann man wertend gerade nicht davon sprechen, dass der diese Verwendung aktiv verhindernde Täter nur „sein gutes Recht auf Untätigkeit" durchsetzt. Wer eine Rettung mit Hilfe eigener Güter unterbricht, deren Inanspruchnahme er nach dem Gesetz zu dulden verpflichtet wäre, kann nicht anders behandelt werden als derjenige, der eine Rettung mittels fremder Güter verhindert. Ein solcher Eingriff in fremde Rettungshandlungen wird auch von der normativ abgrenzenden h. M. grundsätzlich als aktives Tun bewertet (vgl. Fall 183). T hat sich daher nach § 212 strafbar gemacht.

185. Verhinderter Hilferuf (II)

Kandidat L ist mit dem Ergebnis aus Fall 184 nicht recht einverstanden und argumentiert wie folgt: F sei nicht etwa gestorben, weil sie den Gefahren des sozialen Kontakts mit T ausgesetzt war, sondern weil sie gerade keinen Vorteil aus dem sozialen Kontakt mit T ziehen konnte; das sei die typische Situation des Unterlassens. Denn denke man sich T weg, hätte O trotzdem kein Handy zur Verfügung gehabt, mit dem er hätte Hilfe holen können. Dass T die Wegnahme hätte dulden müssen, könne seine Weigerung doch nicht in eine Begehung umschlagen lassen. Zuletzt würde sich ein Begleiter von T, der diesem zureden würde, das Handy nicht herauszugeben, wegen §§ 212, 27 (psychische Beihilfe) strafbar machen, obwohl ihn selbst keine konkrete Duldungspflicht treffen würde – auch das sei ein unangemessenes Ergebnis. Was ist dazu zu sagen?

Zur Vertiefung: *Rengier* AT, § 48 Rn. 20; *Roxin* II, § 31 Rn. 101 f.

Zunächst ist L ein Lob dafür auszusprechen, dass er den Finger hier in mögliche Wunden der Argumentation gelegt hat, oder vielleicht besser: dass er deutlich gemacht hat, wie man in einer schwierigen Frage auch mit Anstand Argumente in eine andere Richtung entwickeln kann. Im Ergebnis hat er aber wohl dennoch die schlechteren Gründe auf seiner Seite: Denn letztlich hat O (bzw. mittelbar damit die F) zumindest insoweit „einen **Nachteil** aus dem sozialen Kontakt" mit T, als T den O **hindert,** dass Handy an sich zu nehmen. Würde T den O hindern, eine öffentliche Telefonzelle zu benutzen, würde daran niemand zweifeln. Nun ist T's Handy zwar kein „öffentliches", aber die Duldungspflicht des § 904 BGB berechtigt den O eben dazu, auf dieses Handy in der konkreten Situation in **vergleichbarer Weise** zuzugreifen wie auf eine solche **Telefonzelle.** Insofern lässt § 904 BGB die Weigerung tatsächlich in eine Begehung „umschlagen". Dass O ganz ohne T auch kein Handy gehabt hätte, ändert daran nichts, denn es gehört zum allgemeinen Lebensrisiko, dass das Eigentum in die Duldungspflicht nach § 904 BGB gerät. Dass schließlich ein selbst nicht duldungspflichtiger Teilnehmer sich strafbar machen könnte, ist ebenfalls nichts Ungewöhnliches. So könnte sich z. B. auch ein selbst nicht garantenpflichtiger Teilnehmer neben einem unterlassenden Garanten strafbar machen. Die gesetzgeberische Konzeption, dass einen Teilnehmer nicht alle täterschaftlichen Sonderpflichten treffen müssen, ist kein spezifisches Problem des vorliegenden Falles.

186. Ärztlicher Behandlungsabbruch

Der behandelnde Arzt Dr. T stellte nach mehrtägigem verzweifeltem Kampf um das Leben der O die Herz-Lungenmaschine ab, da O aller Voraussicht nach nie mehr zu Bewusstsein kommen oder auch nur ohne künstliche Beatmung weiterleben könnte. Hat T sich nach § 212 strafbar gemacht? (vgl. auch LG Ravensburg NStZ 1987, 220)

Zur Vertiefung: *Kühl,* § 18 Rn. 17, 19; *Rengier* AT, § 48 Rn. 25 ff.; *Roxin* II, § 31 Rn. 115–123; *Wessels/Beulke/Satzger,* Rn. 703 f.

Auch hier ist zunächst wieder fraglich, ob ein Tun oder ein Unterlassen vorliegt. Ein Element des **Tuns** liegt im Abstellen **(„Hebel-Umlegen")**, im **„Nicht-mehr-weiter-Behandeln"** dagegen zugleich eines des **Unterlassens.** Stellt man auf den bloßen Energieeinsatz ab, müsste man wohl zu einem aktiven Tun kommen; normativ liegt der **Schwerpunkt der Vorwerfbarkeit** aber auf dem Unterlassen weiterer Behandlungsmaßnahmen, wenn O ohne eine ständige Aufrechterhaltung derselben keine eigene Überlebenschance hat. Auf den ersten Blick scheint dies im Ergebnis keinen Unterschied zu machen, da den behandelnden Arzt grundsätzlich eine Garantenpflicht trifft. Bricht er deshalb eine aussichtsreiche Behandlung ohne plausiblen Grund ab, kann er sich durchaus strafbar machen. In Fällen der vorliegenden Art kann allerdings die Reichweite der Garantenpflicht des Arztes durch einen Anspruch der O auf ein humanes Sterben begrenzt sein, sodass er je nach Umständen des Einzelfalles auch straflos sein kann. Solche **Grenzen der Pflicht zur Fortsetzung lebenserhaltender Maßnahmen** lassen sich bei Annahme eines Unterlassens in Gestalt von Begrenzungen der Garantenpflicht leichter begründen als in Gestalt einer ungeschriebenen Ausnahme vom Verbot aktiver Tötungshandlungen.

187. Privater Behandlungsabbruch

In Fall 186 schlich sich G, die heimliche Geliebte von O's Mann M, ins Krankenhaus und schaltete ohne Wissen von T oder M die Maschine ab. Im gegen sie eingeleiteten Verfahren betonte G's Verteidiger V, dass die „G doch wohl sicher keine Garantenpflicht für O" treffe; nach den „weithin anerkannten Grundsätzen, dass die Beendigung intensivmedizinischer Maßnahmen als

Unterlassen zu bewerten sind“ (vgl. Fall 186), könne seine Mandantin sich daher nicht strafbar gemacht haben. Was hat V dabei übersehen?

Zur Vertiefung: *Kühl,* § 18 Rn. 18; *Rengier* AT, § 48 Rn. 18; *Roxin* II, § 31 Rn. 108–114, 123; *Wessels/Beulke/Satzger,* Rn. 705.

V hat übersehen, dass bei einer Übertragung der normativen Betrachtung aus Fall 186 der Schwerpunkt der Vorwerfbarkeit durchaus unterschiedlich liegen kann, je nachdem, wer den Hebel umlegt. Greift man auf die allgemeinen Grundsätze zum „Abbruch von Rettungshandlungen“ (vgl. Fälle 182, 183) zurück, so liegt hier durch G ein **Eingriff in fremde Rettungsbemühungen** von außen vor. Ein solcher ist aber stets als **aktives Tun** zu bewerten. Der Schwerpunkt der Vorwerfbarkeit liegt bei G nicht darin, dass O ganz generell nicht weiter geholfen wird, sondern dass sie eine **fremde,** unabhängig von ihr eingeleitete **Hilfsmaßnahme,** für die sie in keiner Weise entscheidungsbefugt ist, **sabotiert.** G ist also ein positives Tun vorzuwerfen, sodass sie sich wegen Totschlags, eventuell sogar wegen Mordes (niedrige Beweggründe) strafbar gemacht hat. Daran ändert auch nichts, dass der BGH mittlerweile bei den „Behandlungsabbruch-Fällen“ betont, dass nicht nur naturalistisch auf ein Tun oder Unterlassen abgestellt werden dürfe (vgl. BGHSt 55, 191 m. Anm. *Hecker,* JuS 2010, 1027 sowie PdW BT II, Fall 2), wenn dem mutmaßlichen Willen des Patienten entsprechend ein „Behandlungsabbruch“ erfolgt (der naturgemäß verschiedene Maßnahmen umfasst, die sich äußerlich teils als Tun, teils als Unterlassen darstellen). Denn weder ist ein solcher Wille bei O feststellbar, noch handelt es sich hier um eine medizinische Entscheidung zum Behandlungsabbruch.

188. Erkenntniszuwachs in den Flitterwochen

T war mit seiner frisch angetrauten Frau O auf einer Kreuzfahrt. Da O sich bei diesem ersten längeren Zusammensein als ziemliche Nervensäge herausstellte, war T höchst erfreut, als O auf Grund eines unglücklichen Unfalls über Bord ging. Er sah ebenso erleichtert wie genüsslich zu, wie O, die eine miserable Schwimmerin war, nach 10-minütigem Todeskampf unterging. Auf den Vorwurf, seine Frau durch Unterlassen getötet zu haben, antwortet T wahrheitsgemäß, er sei ein noch schlechterer Schwimmer als O, sodass es ihm gar nicht möglich gewesen sei, O zu retten. Ist dieser Einwand erheblich?

Zur Vertiefung: *Kühl,* § 18 Rn. 30 f.; *Rengier* AT, § 49 Rn. 8 f.; *Roxin* II, § 31 Rn. 8–10, 179–181; *Wessels/Beulke/Satzger,* Rn. 708 f.

Der Einwand ist erheblich, soweit man T alleine vorwirft, die O nicht selbst gerettet zu haben. Denn Voraussetzung einer Strafbarkeit wegen Unterlassens ist stets, dass dem Täter die gebotene Rettungshandlung **physisch-real möglich** ist. Unmögliches kann die Rechtsordnung von niemandem verlangen. Selbst wo eine Rettung voraussichtlich möglich, aber auf Grund der erheblichen Risiken **unzumutbar** ist, kann zumindest die Schuld beim Unterlassungsdelikt entfallen. Allerdings ist zu beachten, dass es in vielen Fällen **nicht nur eine Rettungsmöglichkeit** gibt, sondern dass der Täter auf verschiedene Weisen tätig werden könnte. Ist ihm davon eine unmöglich, entlastet ihn dies nicht, wenn er auch andere, **mögliche Maßnahmen unterlassen** hat. Im konkreten Fall ist bei lebensnaher Auslegung des Sachverhalts davon auszugehen, dass binnen zehn Minuten auf einem Kreuzfahrtschiff für T sowohl ein Rettungsring zu besorgen als auch Hilfe einer Person zu erlangen gewesen wäre, die besser schwimmen oder andere Möglichkeiten der Rettung wahrnehmen konnte. Im Ergebnis ist der Einwand daher wohl unerheblich.

189. Angeketteter Schrankenwärter (I)

Zu den Aufgaben des Schrankenwärters T gehörte es, jeweils zu bestimmten Uhrzeiten die Bahnschranke an einer Straße zu schließen. Da er gegen eine größere Geldzahlung dem Terroristen B zugesagt hatte, die Schranke für den Nachtzug nicht zu schließen, sich aber auch nicht strafbar machen wollte, kettete er sich eine halbe Stunde vor Durchfahrt des Zuges mit einer Handschelle, zu der er keinen Schlüssel besaß, an einen Heizkörper fest. In dieser Situation konnte er tatsächlich die Schranke nicht schließen. Dadurch kam es zu einem Unfall, bei dem u. a. O tödlich verletzt wurde. Wegen Totschlags durch Unterlassen angeklagt, erklärte T, es habe ihm im Tatzeitpunkt ersichtlich die physisch-reale Handlungsmöglichkeit gefehlt. Was ist davon zu halten?

Zur Vertiefung: *Kühl,* § 18 Rn. 22; *Rengier* AT, § 49 Rn. 11; *Roxin* II, § 31 Rn. 103–107.

Auf den ersten Blick scheint T Recht zu haben. Allerdings bestünden gegen die Annahme einer Straflosigkeit des T evident erhebliche Bedenken. Begründet werden könnte eine Strafbarkeit in Fällen dieser Art durch die Figur der ***omissio libera in causa.*** Hier wird für Fälle fehlender Handlungsfähigkeit z. Zt. der Tat – insoweit der *actio libera in causa* (a. l. i. c.) bei fehlender Schuldfähigkeit z. Zt. der Tat vergleichbar (vgl. dazu Fälle 130 f.) – dem Täter zum Vorwurf gemacht, dass er schuldhaft seine Handlungsunfähigkeit selbst hervorgerufen hat. Obwohl dieses Ergebnis weitgehend einhellig geteilt wird, ist **nicht ganz klar,** wie die Figur einer *omissio libera in causa* **tragfähig begründet** werden kann. Zunächst scheinen gegen sie ähnliche Einwände zu sprechen wie gegen die a. l. i. c. (vgl. Fälle 130 f.). Auch die dort noch am ehesten akzeptable Tatbestandslösung ist bei einem Unterlassen konstruktiv zusätzlich erschwert. Man kann allerdings argumentieren, dass die Handlungsfähigkeit bei den Unterlassungsdelikten weniger klar im Gesetz festgeschrieben ist als das Erfordernis der Schuldfähigkeit nach § 20. Eine ungeschriebene Verantwortungsbegrenzung muss dann aber auch durch ungeschriebene Grundsätze ihrerseits begrenzt werden können. Oder anders ausgedrückt: Nimmt man für Unterlassungsdelikte ein ungeschriebenes Korrektiv des Inhalts „es sei denn, dem Täter ist die Handlung nicht möglich […]“ an, so kann dieses ungeschriebene Korrektiv genauso gut lauten: „es sei denn, dem Täter ist die Handlung nicht möglich und er hat die Handlungsunfähigkeit auch nicht selbst herbeigeführt […]“. Hinsichtlich des bei der a. l. i. c. sehr wichtigen formalen Einwandes des Art. 103 Abs. 2 GG besteht also ein durchaus wichtiger Unterschied. Hinzu kommt: Während man der Vorschrift des § 20 kaum ein Gebot entnehmen kann, stets schuldfähig zu bleiben, kann man es als naheliegenden **Inhalt einer Garan-**

tenpflicht verstehen, grundsätzlich auch seine **Handlungsfähigkeit** zum Rechtsgüterschutz **zu erhalten.**

190. Angeketteter Schrankenwärter (II)

Als Professor P über die *omissio libera in causa* in Fall 189 doziert, meint Student S, die Lösung sei doch ganz einfach: T habe durch das Anketten aktiv etwas getan, sodass die ganze Unterlassungsproblematik entfalle; dieses aktive Tun sei doch ein geeigneter Anknüpfungspunkt des strafrechtlichen Vorwurfs. Was ist davon zu halten?

Zur Vertiefung: *Roxin* II, § 31 Rn. 103–107.

Das aktive Tun (hier in Gestalt des „Sich-selbst-Festkettens") könnte auf den ersten Blick in der Tat als Anknüpfungspunkt des Vorwurfs gesehen werden; dies entspräche gerade der Konstruktion der Tatbestandslösung bei der *actio libera in causa.* Allerdings kann es **kaum gewollt** sein, dass **auch ein *Nicht*garant,** der sich handlungsunfähig macht (also z. B. der zufällig anwesende Schwager des T, der sich aus Solidarität mit an die Heizung kettet), dann wegen eines aktiven Tuns strafbar wird. Dieses *„argumentum ad absurdum"* zeigt, dass es wohl doch weniger auf das aktive Tun als solches, sondern auf das garantenpflichtwidrige Unterlassen ankommt. Anders formuliert: Das aktive Tun ist **nur** insoweit **von Bedeutung,** als damit eine (insoweit nur Garanten treffende) **Pflicht** verletzt wird, **„seine Handlungsfähigkeit zum Rechtsgüterschutz zu erhalten".** Dieses Tun begründet aber nur für Garanten eine pflichtwidrige Gefahrschaffung und damit eine objektive Zurechnung des späteren Erfolges.

190a. Da hat sich die Information des Richters von selbst erledigt ...

O war wegen der massiven Belästigung mehrerer Frauen in polizeilichen Gewahrsam genommen worden, wo er sich aufgrund einer hohen Alkoholisierung (BAK 2,89 ‰) und parallelem Kokainkonsum wenig kooperativ zeigt. Nach ärztlicher Feststellung der Gewahrsamsfähigkeit wurde O mit vier Hand- bzw. Fußfesseln auf einer Matratze fixiert. Polizist T, der den O nicht in Gewahrsam genommen hatte, nach der Polizeigewahrsamsordnung (PGO) aber zur Überwachung der Ingewahrsamnahme zuständig war, verständigte keinen Richter, da er irrtümlich annahm, eine Ingewahrsamnahme dürfe ohne richterliche Anordnung bis zu zwölf Stunden andauern. Nachdem dem O bei mehrmaliger Kontrolle sein Gewahrsamsgrund nicht genannt worden war, setzte er das Füllmaterial seiner Matratze in Brand, um sich zu befreien. In der Folge des Feuers erlitt O einen tötlichen Hitzeschock. Hat sich T nach § 239 Abs. 4 strafbar gemacht?
(vgl. BGHSt 59, 292)

Zur Vertiefung: *Kühl,* § 18 Rn. 36 f.; *Rengier* AT, § 49 Rn. 15 ff.; *Wessels/Beulke/Satzger,* Rn. 711 f.; *Jäger,* JA 2015, 72 f.

Nein. Zwar ist eine erfolgsqualifizierte Freiheitsberaubung mit Todesfolge auch dadurch möglich, dass das Opfer **bei einem tödlichen Fluchtversuch** verstirbt (vgl. auch die Behandlung als Fall 86b in PdW BT II). Voraussetzung bereits für den Grundtatbestand (und damit dann mittelbar auch für die Zurechnung des qualifizierenden Erfolges) ist jedoch die **Quasikausalität** des dem T hier allein vorwerfbaren Unterlassens für den Taterfolg. Daran fehlt es, da auch bei einem Tätigwerden des (auf Grund seiner dienstlichen Stellung garantenpflichtigen) T nicht mit an Sicherheit grenzender Wahrscheinlichkeit davon auszugehen gewesen wäre, dass ein angerufener Richter die sofortige Beendigung der Freiheitsentziehungsmaßnahme angeordnet hätte. Denn aufgrund der Alkoholisierung und des Drogenkonsums wäre die Aufrechterhaltung der Ingewahrsamnahme (jedenfalls für eine gewisse Zeit) zum Schutz der in Gewahrsam genommenen Person gegen eine Gefahr für Leib oder Leben weiterhin angezeigt gewesen. Dass die Fehlvorstellung des T über seine Garantenpflicht als (wohl vermeidbarer) **Gebotsirrtum** unbeachtlich wäre (§ 17), belastet ihn daher im Ergebnis nicht, da es schon an der Verwirklichung des objektiven Tatbestands fehlt.

191. Feuer im Hochhaus (I)

T war mit seinem zweijährigen Sohn S in einem brennenden Hochhaus eingesperrt. Ein Entkommen durch das Treppenhaus war unmöglich. Die einzige Rettungschance für S bestand darin, dass T ihn aus dem 15 m hoch gelegenen Fenster geworfen hätte. Da allerdings die Feuerwehr nicht anwesend war, hätte nur die 75-jährige F unten versuchen können, S zu fangen. Der verzweifelte T konnte sich nicht dazu durchringen, S aus dem Fenster zu werfen, und rettete sich selbst im letzten Moment mit einem Sprung aus dem Fenster, wobei er gerade noch Äste eines nahe am Haus stehenden Baumes erreichte, die zwar sofort abbrachen, aber den Sturz soweit abfederten, dass T schwer verletzt überlebte. S verbrannte. Hat T sich wegen Totschlags durch Unterlassen (§§ 212, 13) strafbar gemacht?
(vgl. BGH JZ 1973, 173)

Zur Vertiefung: *Kühl,* § 18 Rn. 35–39; *Rengier* AT, § 49 Rn. 13 ff.; *Roxin* II, § 31 Rn. 46–63; *Wessels/Beulke/Satzger,* Rn. 712 f.; *Kölbel,* JuS 2006, 309 ff.

Hier hätte T zwar ohne Zweifel den Erfolg in seiner konkreten Gestalt von S abwenden können. Angesichts der verschwindend geringen Rettungschance im konkreten Fall kann T aber nicht vorgeworfen werden, dass er den Feuertod nicht durch den wahrscheinlichen Tod durch den Sturz abwandte. Man kann insoweit auch vom Erfordernis eines **speziellen Pflichtwidrigkeitszusammenhangs** zwischen Unterlassen und Erfolg sprechen. Daher ist wenig verwunderlich, dass hier manche Vertreter der **Risikoerhöhungslehre** einen zurechenbaren Erfolg dann annehmen, wenn die unterlassene Handlung die Rettungschancen erhöht (bzw. das Risiko vermindert) hätte. Dagegen wendet die Gegenansicht auch hier *in dubio pro reo* an und verneint die Zurechnung schon dann, wenn nicht ausgeschlossen werden kann, dass der Erfolg auch bei Vornahme der Handlung eingetreten wäre.

192. Feuer im Hochhaus (II)

Professor P wies in der Vorlesung darauf hin, dass von gewissen Besonderheiten unter dem Stichwort „Quasikausalität" und „spezieller Pflichtwidrigkeitszusammenhang" (vgl. Fall 191) abgesehen, die allgemeinen Regelungen über Kausalität und objektive Zurechnung grundsätzlich auch beim Unterlassungsdelikt gelten würden. Student S meldete sich hierauf und meinte, ein wesentlicher Unterschied liege doch ferner darin, dass ein (quasikausales) Unterlassen niemals ein überholend kausales Ereignis sein könne. Denn in Fällen des Unterlassens wirke doch gerade stets immer nur die alte Kausalkette fort, ohne vom Unterlassungstäter unterbrochen zu werden. Hat S mit dieser Ergänzung von P's Vortrag Recht?

Hier ist zu unterscheiden: S hat Recht, soweit es um die Frage geht, ob eine **rechtsgutgefährdende Kausalkette** dadurch unterbrochen werden kann, dass der Täter **garantenpflichtwidrig nicht in sie** eingreift. Der Garant, der z. B. ein Unfallopfer liegen lässt, kann zwar quasikausal für den Erfolg werden, damit aber die durch den Unfall in Gang gesetzte Kausalkette durch seine bloße Untätigkeit nicht unterbrechen. Nach vorzugswürdiger Ansicht kann er nicht einmal auf normativer Ebene den Zurechnungszusammenhang unterbrechen (was freilich für bestimmte Konstellationen teilweise auch anderes gesehen wird). Allerdings ist natürlich theoretisch vorstellbar, dass eine Kausalkette dadurch unterbrochen wird, dass eine **zweite, überholende Kausalkette** hinzutritt, die der **Garant pflichtwidrig nicht unterbricht.** Als Beispiel klassischer Lehrbuchkriminalität: O wird von T vergiftet; bis sein Tod eintritt, würde es noch zwei Stunden dauern. Garant G verhindert, obwohl er das könnte, nicht, dass O von einem großen Stein erschlagen wird, der ihn auf der Stelle tötet. In einem solchen Fall hätte der G durch sein quasikausales Unterlassen die Kausalkette „Vergiftung" unterbrochen bzw. überholt.

193. Ehe kaputt, Kind tot

Die Ehe von T und O war zerrüttet. T sorgte zwar für O und das gemeinsame Kind K, empfand aber keine Zuneigung mehr für O und hatte mehrere Affären. O litt unter dieser Situation und hatte auch schon einige Selbstmordversuche hinter sich. Als T die O endgültig verließ, drohte diese erneut, sich und das Kind zu töten. T hoffte jedoch, dass O diesen Schritt nicht unternehmen würde. O tötete sich und K am nächsten Tag durch Zyankali. Hat T sich wegen fahrlässiger Tötung durch Unterlassen (§§ 222, 13) strafbar gemacht? (vgl. BGHSt 7, 268)

Zur Vertiefung: *Kühl,* § 18 Rn. 47–52, 56–60; *Rengier* AT, § 50 Rn. 11 ff., 40 f.; *Roxin* II, § 32 Rn. 33, 37, 45–48; *Wessels/Beulke/Satzger,* Rn. 718, 724.

Der Schwerpunkt einer eventuellen Vorwerfbarkeit kann nicht im Energieeinsatz des „Haus-Verlassens", sondern allenfalls in der mangelnden Sorge dafür liegen, dass O sich und K nichts antut. Daher kommt nach h. M. nur ein **Unterlassen** in Betracht. Obwohl die Gefahr eines solchen Ausgangs auf Grund der Vorgeschichte durchaus vorhersehbar war, kommt daher eine Strafbarkeit des T nur in Betracht, soweit eine **Garantenstellung** besteht. Insoweit ist zu unterscheiden:

Für O hat T als ihr Ehemann zwar sicher grundsätzlich eine Garantenpflicht. Allerdings endet diese – jedenfalls aber die Erfolgszurechnung – dort, wo die geschützte Person sich **selbst eigenverantwortlich** gefährdet. Geht man hier davon aus, dass O sich in keinem die Verantwortlichkeit ausschließenden Zustand befand, hat sich T also nicht wegen fahrlässiger Tötung durch Unterlassen strafbar gemacht.

Schwieriger ist dies dagegen beim Tod des K. Zwar dürfte T **nicht als (Überwacher-) Garant** für die Tätigkeiten der O zu betrachten sein. Allerdings ist er kraft Gesetzes (vgl. § 1626 BGB) und familiärer Verbundenheit **(Beschützer-)Garant** für das Wohlergehen des K. Angesichts der Vorgeschichte und der Drohung der O könnte für T genügend Anlass bestanden haben, bei einem endgültigen Verlassen der Familie – notfalls etwa durch die Mitnahme des K oder die Einschaltung der Behörden – dafür Sorge zu tragen, dass K dem gefährlichen Einfluss der O entzogen wird. Im hier (und auch in dem in der Entscheidung des BGH) mitgeteilten Sachverhalt sind freilich letztlich zu wenig Anhaltspunkte dafür mitgeteilt, wie effektiv etwa die Benachrichtigung einer Behörde angesichts der Tötung des K unmittelbar am Tag nach dem Auszug gewesen wäre. Ob man dem T dann hätte vorwerfen können, dass er K nicht sofort mit aus dem Haus nahm, hängt näher davon ab, wie groß sich objektiv *ex ante* die Gefahr einer Tötung des K durch die O innerhalb kürzester Zeit darstellte (vgl. zu den Garantenpflichten auch die Übersicht unten).

Ergänzende Bemerkung: Familiäre Verbundenheit führt nicht zwangsläufig zu einer (Beschützer-) Garantenstellung gegenüber dem Familienmitglied. So hat der BGH (NStZ 2004, 157) eine Garantenstellung unter Geschwistern, die gemeinsam eine Wohnung bewohnen, abgelehnt, solange nicht weitere tatsächliche Anhaltspunkte für ein Obhutsverhältnis bestehen. Nach Ansicht des BGH (NStZ 2004, 30 m. Anm. *Baier,* JA 2004, 354 ff.) endet eine Garantenpflicht selbst unter Ehegatten, wenn sich ein Ehegatte vom anderen in der ernsthaften Absicht getrennt hat, die eheliche Lebensgemeinschaft nicht wiederherzustellen. Zum Ganzen vgl. auch *Nikolaus,* JA 2005, 605 ff.

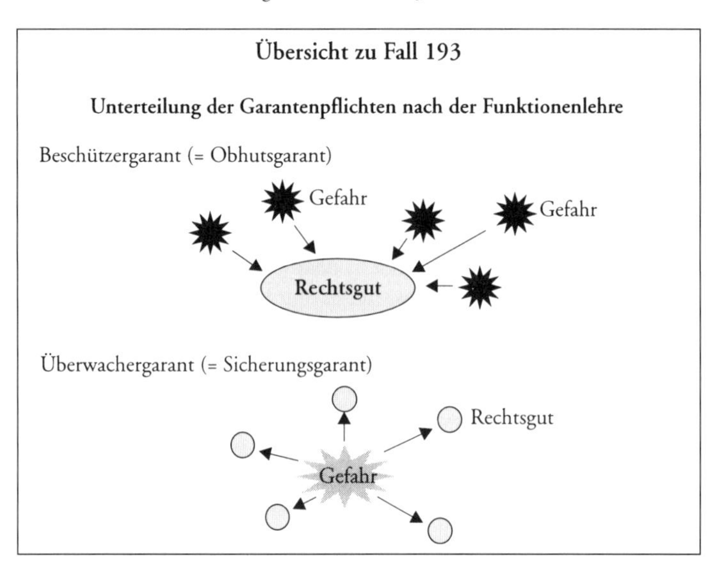

194. Polarexpedition

T und O unternahmen gemeinsam eine Polarexpedition, um die Tierwelt des Nordpols zu dokumentieren. Als O kurz vor Abschluss der Expedition beim Filmen einer Pinguingruppe abrutschte und mit der schweren Kamera beladen ins Eismeer fiel, half T ihm nicht wieder auf das Eis zurück, weil er den wissenschaftlichen Ruhm für sich alleine wollte. O kam nicht schnell genug an Land zurück und erfror nach wenigen Minuten. Hat sich T wegen Totschlags durch Unterlassen (§§ 212, 13) strafbar gemacht, wenn unterstellt wird, dass er den O hätte retten können?

Zur Vertiefung: *Kühl,* § 18 Rn. 67; *Rengier* AT, § 50 Rn. 26; *Roxin* II, § 32 Rn. 53–55; *Wessels/Beulke/Satzger,* Rn. 719.

Ja. Genauer gesagt kommt sogar Mord durch Unterlassen in Betracht. Die erforderliche Garantenstellung ergibt sich hier aus der von T und O **bewusst und freiwillig eingegangenen Gefahrengemeinschaft.** Entsprechende Unternehmungen werden nicht zuletzt deswegen von allen Beteiligten als gemeinschaftliche geplant, weil damit Gefahren besser gemeistert werden können. Jeder ist daher in seinem Vertrauen auf die Hilfe durch den anderen grundsätzlich geschützt, da er sich sonst auch einen anderen Partner hätte suchen können. Da T es aus eigensüchtigem Ruhmstreben unterlässt, O zu retten, ist die Annahme niedriger Beweggründe naheliegend.

195. Flugzeugsabsturz

T und O waren die beiden einzigen Überlebenden eines Flugzeugabsturzes über dem Nordpol. Es gelang ihnen, sich aus dem Laderaum warme Kleidung, Proviant und Geräte zu holen, und sie machten sich auf die Suche nach Hilfe. Unterwegs rutschte O in eine Gletscherspalte. Da T hoffte, im Falle des Überlebens seine Geschichte exklusiv an eine Zeitung verkaufen zu können, half er O nicht heraus, obwohl ihm das möglich gewesen wäre. O verstarb nach zwei Tagen; T wurde gerettet, weil er nach drei Stunden Fußmarsch eine bemannte Basisstation erreichte. Hat er sich nach §§ 212, 13 strafbar gemacht?

Zur Vertiefung: *Kühl,* § 18 Rn. 67; *Rengier* AT, § 50 Rn. 27; *Roxin* II, § 32 Rn. 63; *Wessels/Beulke/Satzger,* Rn. 719.

Nein. Anders als in Fall 194 liegt **keine geplante Gefahrengemeinschaft** vor, die gerade gebildet wurde, um im wechselseitigen Verlassen aufeinander eventuellen Gefahren besser begegnen zu können. Die bloße Tatsache, dass sich mehrere Personen zufällig in derselben Gefahrensituation befinden, begründet keine Garantenstellung. Es muss hinzukommen, dass sich die Überlebenden (konkludent) zu verstehen gegeben haben, dass sie einander im Falle von Gefahren Hilfe leisten und sich gegenseitig beistehen werden. Da diesbezüglich im Sachverhalt keine Anhaltspunkte vorhanden sind, fehlt es an einer Garantenstellung des T. T hat sich aber nach § 323c strafbar gemacht.

195a. Zellenkumpanen

O, S und T verbüßten in einer Gefängniszelle ihre Haftstrafen. S und T drangsalierten und misshandelten den schüchternen und körperlich unterlegenen O immer wieder. An einem Tag zwang S den O unter Androhung von Schlägen, auf einen Stuhl zu steigen und seinen Kopf in eine an einem Heizungsrohr angebrachte Schlinge zu stecken. Dann schob S den Stuhl langsam weg, wodurch O zunehmend in Atemnot geriet. Erst als T nach einiger Zeit äußerte „Jetzt reicht's aber, lass ihn in Ruhe", ließ S von O ab und ermöglichte ihm, den Kopf wieder aus der Schlinge zu ziehen. Die Staatsanwaltschaft möchte T auch wegen dieses Vorfalls wegen Körperverletzung durch Unterlassen verurteilen, T's Verteidiger meint, damit habe T ja nun wirklich nichts zu tun – im Gegenteil, er habe O doch gerade geholfen, dass es gar nicht zu einem Schaden kommt. Wer hat Recht?
(vgl. BGH NStZ 2009, 321)

Zur Vertiefung: *Kühl,* § 18 Rn. 91 ff.; *Rengier* AT, § 50 Rn. 70 ff., § 51 Rn. 11 ff.; *Wessels/Beulke/Satzger,* Rn. 719, 725; *Bachmann/Eichinger,* JA 2011, 509 ff.; *Satzger,* Jura 2015, 1055 ff.

Jedenfalls nach Auffassung des **BGH** ganz genau genommen **keiner von beiden.** Ein Körperverletzungserfolg liegt hier bereits darin, dass O durch das Wegziehen des Stuhles in Atemnot geraten ist. Insoweit kann sich T nicht darauf berufen, dass es „gar nicht zu einem Schaden gekommen" sei. Dabei trifft den T auch trotz seiner Untätigkeit eine Verantwortung insoweit, da er Garant aus vorangegangenem Tun **(Ingerenz)** war: Aufgrund der vorhergehenden Demütigungen und Misshandlungen des O hat T dem S deutlich gemacht, dass dieser sich bei weiteren Übergriffen vergleichbarer Art keine Hemmungen aufzuerlegen braucht und dadurch die Gefahr weiterer Straftaten – zumal angesichts der beengten Zellensituation – für O weiter erhöht. Allerdings wird man beim **unterlassenden Garanten T neben dem aktiv handelnden S** vorliegend keine Unterlassungstäterschaft, sondern „nur" eine **Beihilfe** durch Unterlassen annehmen können. Die Frage, wann ein unterlassender Garant neben einem aktiv Handelnden Nebentäter oder nur Gehilfe ist, ist umstritten. Grundsätzlich sprechen wohl die besseren Gründe dafür, beim Unterlassenden immer nur eine Beihilfe anzunehmen, da er nie Zentralgestalt des Geschehens sein wird. Selbst wenn man dies mit dem BGH differenzierend betrachten möchte, wird man hier aber eher ein Ablaufenlassen des Geschehens ohne innere Beteiligung und ohne Interesse am drohenden Erfolg annehmen, was für eine bloße Beihilfe spricht.

Ergänzende Bemerkung: Vgl. in diesem Zusammenhang auch BGH NStZ 2009, 381, wonach bei einer Beteiligung mehrerer an (auch erst einmal nicht lebensgefährlichen) Misshandlungen eines Opfers jeder dieser Beteiligten zum Garanten werden kann, wenn die weiteren Tathandlungen eines der Tatgenossen auf die Tötung des Opfers abzielen. Er ist dann zur Abwendung des drohenden Tötungserfolges verpflichtet, wenn durch sein Vorverhalten die nahe Gefahr des Eintritts des tatbestandsmäßigen Erfolges entstanden ist. Das setzt freilich voraus, dass der Unterlassende die Gefahr erkennt (Vorsatz!), dass sein Tatgenosse auf einmal zu einem tödlichen Angriff übergeht. Ist das nicht der Fall, hätte er es aber vorhersehen können, kommt eine fahrlässige Tötung bzw. auch eine Körperverletzung mit Todesfolge (§ 227) in Betracht; vgl. dazu auch BGH NStZ 2005, 93 m. Anm. *Heinrich* und m. Anm. *Kudlich,* JuS 2005, 568 sowie BGH NStZ 2013, 280 m. Anm. *Jäger,* JA 2013, 312.

196. Notwehr – und was dann?

T fuhr mit seinem Zechkumpanen O nach Hause. Dabei gerieten beide in Streit, der damit endete, dass T dem O in Notwehr ein Messer ins Herz rammte. T ließ O hilflos zurück, wobei er billigend in Kauf nahm, dass O infolge der mangelnden Hilfeleistung versterben könnte. Dies geschah auch, obwohl O noch hätte gerettet werden können, wenn T ärztliche Hilfe geholt hätte. Strafbarkeit des T?
(vgl. BGHSt 23, 327)

Zur Vertiefung: *Kühl,* § 18 Rn. 66, 94 f.; *Rengier* AT, § 50 Rn. 77; *Roxin* II, § 32 Rn. 60, 181–185; *Wessels/Beulke/Satzger,* Rn. 725; *Sowada,* Jura 2003, 236 ff.

Bei dem Streit hat T durch das Zustechen den Tatbestand des § 212 durch aktives Tun verwirklicht. Insbesondere tritt durch das anschließende Liegenlassen keine Unterbrechung des Kausal- (und nach vorzugswürdiger Ansicht auch nicht des Zurechnungs-)Zusammenhanges ein (vgl. Fall 192). Allerdings hat T in **Notwehr** und damit **nicht rechtswidrig** gehandelt.

Davon zu unterscheiden ist das anschließende, nach der Schilderung des Sachverhalts auch „quasikausale" **Unterlassen.** Hier kommt eine Strafbarkeit nach §§ 212, 13 in Betracht, wenn den T eine Garantenpflicht trifft: In der „Zechkumpanenschaft" ist weder eine ausreichend enge persönliche Bindung noch eine Gefahrengemeinschaft zu sehen. Es kommt jedoch durch das Niederstechen eine Garantenstellung aus **Ingerenz,** also wegen eines gefahrschaffenden Vorverhaltens in Betracht. Die h. M. erkennt eine solche Garantenstellung an, fordert allerdings grundsätzlich, dass das **gefahrschaffende Vorverhalten pflichtwidrig** war. Eine solche Pflichtwidrigkeit ist jedenfalls klar zu verneinen, wenn dem Täter ein Rechtfertigungsgrund wie hier die Notwehr zugute kommt. Zum einen würde das „schneidige" Notwehrrecht nicht unerheblich geschmälert, wenn der Notwehr Übende damit rechnen müsste, dass ihm eine strafbewehrte Garantenstellung erwächst. Zum anderen ist nicht ersichtlich, weshalb der rechtswidrig Angreifende ausgerechnet von seinem (Notwehr übenden) Opfer ein Mehr an Hilfe erwarten können sollte als von jedermann sonst (oder umgekehrt der angegriffene Notwehr Übende gerade dem Angreifer gegenüber mehr verantwortlich sein soll als gegenüber jedermann sonst). Eine Strafbarkeit nach §§ 212, 13 scheidet daher aus. Es bleibt aber eine Strafbarkeit nach § 323c.

197. Unfall des Idealfahrers

T fuhr mit seinem Pkw ordnungsgemäß und verkehrsgerecht auf der Landstraße. In der Dunkelheit lief ihm nicht vorher erkennbar der O vor das Auto. Trotz Einhaltung der vorgeschriebenen Höchstgeschwindigkeit und sofortiger Reaktion konnte T nicht mehr bremsen und erfasste O. T hielt an, stieg aus und rief laut „Hallo". Als niemand antwortete, fuhr T weiter, obwohl er weiterhin für möglich hielt, jemanden lebensgefährlich verletzt zu haben. O, der zu schwer verletzt war, um antworten zu können, verstarb am Unfallort. Er hätte gerettet werden können, wenn T zurückgelaufen wäre

und ihn gefunden sowie einen Arzt informiert hätte. Wegen Totschlags durch Unterlassen angeklagt, verteidigt sich T zum einen damit, dass er ja gar nicht sicher wissen konnte, ob er wirklich jemanden verletzt habe und ob diesem gegebenenfalls noch zu helfen gewesen sei. Zum anderen könne für ihn bei Einhaltung der Verkehrsregeln doch auch nichts anderes gelten als für den Notwehr Übenden in Fall 196. Wird T damit Erfolg haben?
(vgl. BGHSt 25, 218)

Zur Vertiefung: *Kühl,* § 18 Rn. 100 f.; *Rengier* AT, § 50 Rn. 82; *Roxin* II, § 32 Rn. 165–169; *Wessels/Beulke/Satzger,* Rn. 725 ff.

Mit seinem ersten Einwand auf keinen Fall; auch für seinen zweiten Einwand ist das zweifelhaft, wird aber vom BGH im Ergebnis so gesehen wie von T:

Dass T **„nicht sicher wusste"**, ob er jemanden verletzt hat und ob dieser gegebenenfalls noch zu retten war, ist unerheblich. Denn nach dem Sachverhalt hielt er es für möglich, „jemanden lebensgefährlich verletzt zu haben". Da er ausstieg und rief, wird T sich auch kaum glaubhaft darauf berufen können, er habe ein eventuelles Opfer schon für definitiv tot gehalten. Somit ist aber ein – auch bei Unterlassungsdelikten ausreichender – ***dolus eventualis*** zu bejahen.

Problematischer ist die Konsequenz der **„Verkehrsgerechtheit"** von T's Verhalten. Die hier alleine in Betracht kommende Garantenstellung aus **Ingerenz** fordert nach h. M. ein pflichtwidriges gefahrschaffendes Vorverhalten. Insoweit trifft aber der von T angestellte Vergleich mit dem Notwehrrecht nicht ganz zu; denn dieses gibt dem Täter ein eigenes (insbesondere auch vorsätzliche Handlungen umfassendes) Eingriffsrecht. Die Fälle des **„erlaubten Risikos"**, unter die auch die Gefahren des Straßenverkehrs gefasst werden können, sind demgegenüber etwas anders gelagert: Die Rechtsordnung billigt daraus erwachsende Rechtsgutsverletzungen nicht; sie möchte nur im Interesse der Aufrechterhaltung des sozialen Verkehrs nicht alle insoweit gefahrenträchtigen Handlungen pauschal verbieten; so ist z. B. auch umstritten und zweifelhaft, ob in allen Fällen des erlaubten Risikos auch unbedingt vorsätzliche Rechtsgutsverletzungen erlaubt sind. Daher wird von manchen Autoren mit guten Gründen wie folgt argumentiert: Wenn sich ein erlaubtes Risiko realisiere, erwachse auch daraus – soweit noch möglich – eine **Erfolgsabwendungspflicht,** da diese Einräumung von Handlungsfreiheit nicht einseitig zu Lasten des Opfers gehen dürfe. Wer vom erlaubten Risiko profitiere, sei auch in die (Garanten-)Pflicht zu nehmen. Der BGH dagegen nimmt keine Begründung einer Garantenstellung durch verkehrsgerechtes Verhalten an, da ein solches eben nicht pflichtwidrig sei. Dafür spricht, dass es bei verkehrsgerechtem Verhalten **letztlich am Handlungsunwert fehlt,** sodass weniger ein zurechenbarer Erfolg als vielmehr ein Unglücksfall vorliegt. Ein solcher führt aber nur zur allgemeinen Solidaritätspflicht nach § 323c, nicht jedoch zu einer Garantenpflicht, die dem Unterlassen begehungsgleiche Qualität verleihen würde.

197a. Untätigkeit schützt manchmal doch vor Strafe

T hatte zusammen mit S und R einen Einbruchsdiebstahl bei O geplant, bei dem er selbst aber nicht anwesend war. Dabei wurde vereinbart, dass die Tat

abgebrochen werden sollte, falls sich O zuhause befinde. Als S und R in die Wohnung des O eindrangen, fanden sie diesen vor und beschlossen spontan, O doch zu überwältigen und zu fesseln, um gleichwohl an Beute zu gelangen. Bei der unmittelbar danach erfolgenden Aufteilung der Beute wurde T über den tatsächlichen Tatablauf in allen Details unterrichtet, war über das abredewidrige Vorgehen empört, blieb jedoch untätig. O wurde erst viele Stunden später von Dritten in seiner Wohnung wieder befreit. Auf der Grundlage dieses Sachverhalts wurde T u. a. wegen (des im Raub enthaltenen) Diebstahls sowie wegen Freiheitsberaubung verurteilt. Zu Recht?
(vgl. BGH NStZ-RR 2009, 366)

Zur Vertiefung: *Kühl,* § 18 Rn. 93; *Rengier* AT, § 50 Rn. 96 ff.; *Wessels/Beulke/Satzger,* Rn. 725; *Kudlich,* JA 2010, 151 f.

Hinsichtlich des **Diebstahls** ist die Verurteilung zu Recht erfolgt. In dem von S und R begangenen Raub ist ein (für diese beiden auf Konkurrenzebene allerdings verdrängter) Diebstahl nach § 242 enthalten, den T mit geplant hatte. Ob sein Planungsbeitrag dabei so gewichtig war, dass er als Mittäter oder nur als Teilnehmer zu bestrafen ist, würde von weiteren Details des Sachverhalts abhängen. Fest steht aber, dass eine Verantwortung insoweit nicht dadurch ausgeschlossen ist, dass S und R bei der Durchführung des (im Raub steckenden) Diebstahls abredewidrig vorgegangen sind, weil T hinsichtlich der Tatbestandsmerkmale des Diebstahls (Wegnahme einer fremdem beweglichen Sache) **Vorsatz** hatte, der von einer **Abweichung bei den nicht tatbestandsrelevanten Rahmenhandlungen nicht berührt** wird.

Ob dagegen auch eine Beteiligung an der **Freiheitsberaubung** vorliegt, ist fraglich. Von dem **ursprünglichen Tatplan** war sie ersichtlich **nicht gedeckt,** da der Diebstahl gerade abgebrochen werden sollte, falls O sich in der Wohnung befindet. Auch eine **sukzessive Mittäterschaft** (zu den Voraussetzungen vgl. Fall 288) scheidet aus, weil die zur Freiheitsberaubung führende Handlung von R und S schon vollständig abgeschlossen war und T auch das Andauern des Erfolges ersichtlich weder billigte noch für eigene Zwecke ausnutzte. In Betracht kommt allein eine **Freiheitsberaubung durch Unterlassen,** weil T nicht dafür Sorge getragen hat, dass O schneller befreit wird. Eine solche hatte im zu Grunde liegenden Fall auch das Tatgericht angenommen und die erforderliche Garantenstellung auf **Ingerenz** gestützt, weil T durch den Tatplan die Gefahr geschaffen hatte, dass es zu einer solchen Eskalation kommen könnte. Demgegenüber betont der BGH überzeugend, dass es vom **Schutzzweck** der die Ingerenz begründenden Pflichtwidrigkeit **nicht erfasst** ist, wenn R und S **gegen die ausdrücklich Anweisung** des T statt eines bloßen Eigentumsdelikts den O auch körperlich angreifen. Denn hier habe das Vorverhalten gerade nicht die nahe liegende Gefahr des späteren Erfolgseintritts begründet. Auch Garantenpflichten sind in ihrer Reichweite begrenzt – und bei der Ingerenz ergibt sich diese Grenze aus dem Schutzzweck der Pflicht, deren Verletzung die Ingerenz begründet.

198. Gastfreundschaft: noch ausbaufähig

T lernte den wohnungssuchenden Rentner O in einer Gaststätte kennen und bot ihm an, eine Nacht bei ihm zu schlafen. In der Wohnung des T schlief O

nach dem Genuss beträchtlicher Mengen Alkohol auf der Couch ein. X, der bei T zu Besuch war, zog O die ec-Karte aus der Jacke. Er weckte O und forderte ihn auf, ihm seine PIN zu nennen, was O jedoch nicht tat. X wollte ihn daraufhin zur Preisgabe zwingen und schlug ihm mit zunehmender Wucht mehrfach ins Gesicht. T beobachtete das gesamte Geschehen und erkannte, dass X den O erpressen wollte. Obwohl er hätte einschreiten können, verhinderte er die Tat jedoch nicht, weil er seinen Freund X nicht kränken wollte; über das Geld, das X mit Hilfe der PIN abheben wollte, machte sich T überhaupt keine Gedanken. O erlitt Verletzung im Nasenraum und erstickte an dem eingeatmeten Blut, ohne die PIN genannt zu haben. Strafbarkeit des T?
(vgl. BGHSt 27, 10, aber auch BGHSt 30, 391)

Zur Vertiefung: *Kühl,* § 18 Rn. 113 f.; *Rengier* AT, § 50 Rn. 54 ff.; *Roxin* II, § 31 Rn. 115–124, § 32; *Wessels/Beulke/Satzger,* Rn. 720.

X hat sich durch die Schläge auf O wegen versuchter räuberischer Erpressung mit Todesfolge (§§ 253, 255, 251 – sog. erfolgsqualifizierter Versuch) strafbar gemacht.

Durch sein **Unterlassen** könnte **T** grundsätzlich ebenfalls **Täter oder Teilnehmer** dieser Tat werden. Eine Strafbarkeit als Täter scheidet aber schon deswegen aus, weil T sich keine Gedanken über das Geld machte und daher nicht die Absicht hatte, sich oder einen Dritten zu Unrecht zu bereichern. Eine Beihilfe durch Unterlassen (§§ 253, 255, 251, 27, 13) würde voraussetzen, dass T **Garant** für die Gesundheit des O ist. Für eine enge persönliche Verbundenheit genügt eine bloße „Zechgemeinschaft" ebenso wenig wie die Aufnahme in seine Wohnung für ein oder zwei Nächte. Eine Garantenstellung könnte sich jedoch unter dem Gesichtspunkt der Verantwortung für einen bestimmten räumlichen Herrschaftsbereich aus der **Stellung als Wohnungseigentümer** ergeben. Die **Rechtsprechung** des BGH ist **schwankend:** In der hier zu Grunde liegenden Entscheidung (BGHSt 27, 10) wird zumindest in Fällen schwerwiegender Straftaten eine Garantenstellung des Hausrechtsinhabers jedenfalls für solche Personen angenommen, die der Hausrechtsinhaber in seine Wohnung gebeten hat. Dadurch werde nämlich ein Vertrauenstatbestand dahingehend geschaffen, dass man in der Wohnung keinen schwerwiegenden Gefahren ausgesetzt werde. Dagegen wird in einer späteren Entscheidung (BGHSt 30, 391) betont, dass die Eigenschaft als Hausrechtsinhaber als solche keine Garantenstellung begründet. Insbesondere sei eine solche auch nicht als Pendant zu dem Schutz anzunehmen, der umgekehrt dem Hausrechtsinhaber durch **Art. 13 GG** gewährt wird. Vielmehr müssten **besondere Umstände** hinzukommen, die etwa in der besonderen Eignung der Wohnung zur Durchführung der Tat liegen könnten. Auch die Literatur ist uneinheitlich, tendenziell aber mit der Bejahung einer Garantenstellung zurückhaltend.

Versucht man, die häufig sehr kasuistischen Überlegungen zu strukturieren, ergibt sich Folgendes: Eine Wohnung ist zwar im Regelfall **keine besondere „Gefahrenquelle"**, die ihr Inhaber generell zu „überwachen" hat. Allerdings kann ihn eine Garantenstellung treffen, wenn aus – und seien sie auch nicht pflichtwidrig geschaffen – besonderen Gefahren **„aus seiner Sphäre"** (also z. B. seine Gäste im Unterschied zu irgendwelchen Eindringlingen) solchen Personen Schäden erwachsen, die er in seine Wohnung aufgenommen hat. Legt man das zu Grunde, so wäre in unserem Fall in der Tat mit dem BGH eine Garantenstellung zu bejahen. Geht man davon aus, dass auch T als Gehilfe leichtfertig gehandelt hat (vgl. § 18), hat er sich nach §§ 253, 255, 251, 18, 27, 13 strafbar gemacht.

198a. Herabstürzende Gebäudeteile

T beauftragte Unternehmer U mit Abbrucharbeiten auf seinem Grundstück. Obwohl er bemerkte, dass U die Abbruchbaustelle nicht hinreichend sicherte, unternahm er von seiner Seite keine weiteren Schritte. Passant O wurde in der Folge durch ein herabstürzendes Gebäudeteil verletzt. Als gegen T ein Ermittlungsverfahren wegen fahrlässiger Körperverletzung eingeleitet wurde, meinte er, abweichend von den in Fall 181 genannten Fällen könne ihn allenfalls ein Unterlassungsvorwurf treffen, da er ja selbst nicht am Abbruch aktiv mitwirke; seine Garantenpflicht sei aber doch wohl durch den Vertrag mit U auf diesen übergegangen, schließlich sei dieser der Abbruchunternehmer. Was ist davon zu halten?
(vgl. OLG Stuttgart NStZ 2006, 450)

Zur Vertiefung: *Kühl,* § 17 Rn. 3 und § 18 Rn. 120; *Roxin* II, § 32 Rn. 53 ff.

In der Tat dürfte dem T „nur" ein **Unterlassungsvorwurf** zu machen sein. Zwar kann in der Beauftragung eines anderen im Einzelfall durchaus einmal ein aktives Handeln liegen (das auf Grund des für Fahrlässigkeitsdelikte geltenden Einheitstäterprinzips auch täterschaftliche Qualität haben könnte). Allerdings ist es kaum *per se* pflichtwidrig, für einen Abbruch ein Fachunternehmen zu beauftragen.

Als Auftraggeber und „Bauherr" trifft den T aber eine **Garantenpflicht für die von seinem Grundstück ausgehenden Gefahren (Verkehrssicherungspflicht).** Diese können zwar durch die Beauftragung eines Fachunternehmens teilweise übergewälzt werden; allerdings bleiben die originären Handlungspflichten zumindest als **Überwachungs- und Kontrollpflichten bestehen** und werden gleichsam wieder aktiviert, wenn bekannt wird, dass der Vertragspartner selbst nicht die erforderlichen Sicherungsmaßnahmen trifft. Dass daneben u. U. auch U als Unterlassungstäter verantwortlich ist, steht dem nicht entgegen.

Ergänzende Bemerkung: Das gilt im Grundsatz generell: Garantenpflichten können vertraglich übertragen werden, wodurch sie bei einem Vertragspartner überhaupt erst entstehen und den anderen entlasten. Diese Entlastung geht aber nur so weit, dass keine aktuellen Handlungspflichten bestehen, solange der ursprüngliche Garant auf das pflichtgemäße Handeln des Übernehmers vertrauen kann. Bekanntes Alltagsbeispiel für solche Konstellationen ist etwa die Übernahme einer Streupflicht durch den Mieter in einem Mietvertrag.

198b. Eis von unten – Schnee von oben

Die Stadt Bad Reichenhall betrieb eine Eissporthalle, deren Flachdach konstruktive Mängel aufwies. Im Rahmen eines Gutachtens für die Sanierung erstellte Ingenieur T eine Grobgliederung für einen Maßnahmenkatalog, in

dem er ausführte, dass die Dachkonstruktion der Eishalle sich „in einem allgemein als gut zu bezeichnenden Zustand" befinde. Eine „handnahe" Untersuchung der Dachkonstruktion, also eine Begutachtung der Dachträger aus nächster Nähe, bei der offene Fugen zwischen Verleimungen und die eingedrungene Feuchtigkeit in die Holzkonstruktion festgestellt worden wären, fand dabei nicht statt. Als im folgenden Winter eine hohe Schneelast auf dem Flachdach anfiel, entschloss sich das Betriebspersonal die Eisporthalle erst nach Beendigung des Publikumslaufs zu sperren und das Dach am nächsten Tag vom Schnee räumen zu lassen. Die Mängel des Daches, die dazu führten, dass die Tragelast deutlich herabgesetzt war, wurden dabei nicht berücksichtigt. Kurz vor Betriebsschluss stürzte das Dach der Eissporthalle ein, wodurch u. a. O tödlich verletzt wurde. Welche vielleicht nicht ganz fernliegenden Verteidigungsbehauptungen des T muss das Gericht zur Beantwortung der Frage klären, ob T sich wegen fahrlässiger Tötung strafbar gemacht hat?
(vgl. BGH NStZ 2011, 31)

Zur Vertiefung: *Kühl,* § 18 Rn. 36; *Rengier* AT, § 49 Rn. 15, § 55 Rn. 5; *Wessels/Beulke,* Rn. 675 ff., 711 ff.; *Kudlich,* JA 2010, 552 ff.

T könnte sich nach §§ 222, 13 wegen fahrlässiger Tötung durch Unterlassen strafbar gemacht haben. Der Kern der Problematik liegt hier im **Schnittbereich zwischen Unterlassungs- und Fahrlässigkeitsdogmatik** dahingehend, ob im konkreten Fall eine **Quasi-Kausalität** des Unterlassens bzw. ein **Pflichtwidrigkeitszusammenhang** hinsichtlich einer etwaigen Sorgfaltspflichtverletzung aufgrund der mangelhaften Durchführung von Sicherheitskontrollen angenommen werden kann. Dabei soll im Folgenden davon ausgegangen werden, dass das Unterlassen einer „Sichtkontrolle" hier durchaus einen Sorgfaltspflichtverstoß bzw. ein Unterlassen der gebotenen Handlung darstellt. Auch teilt der Sachverhalt mit, dass bei Durchführung dieser Maßnahme die offenen Fugen sowie die eingedrungene Feuchtigkeit hätten festgestellt werden können. Freilich führt ein solches Erkennen noch nicht automatisch dazu, dass etwaige Mängel auch behoben werden. Die **Kausalität** zwischen Kontrollfehlern und einem späteren Erfolgseintritt ist insoweit eine **psychisch vermittelte,** da stets zu fragen ist, ob eine Mitteilung der Mängel durch die Kontrollperson an den „eigentlich Verantwortlichen" tatsächlich mit hinreichender Gewissheit dazu geführt hätte, dass die Mängel auch abgestellt worden wären. Einerseits mag sich ein Angeklagter auch hinsichtlich einer solchen Kausalitätsfrage auf den Grundsatz *„in dubio pro reo"* berufen können; allerdings steht der Annahme der Ursächlichkeit die bloße gedankliche Möglichkeit eines gleichen Erfolges auch bei Vornahme der gebotenen Handlung nicht entgegen. Vielmehr muss das Gericht sich für den konkreten Einzelfall ein Bild davon bilden, ob die Überzeugung vom Gegenteil mit an Sicherheit grenzender Wahrscheinlichkeit vernünftigerweise ausgeschlossen ist. Hierfür mag in einem Fall wie dem vorliegenden etwa eine **Rolle spielen,** ob die Stadt schon frühere Hinweise erhalten hat und wie sie mit diesen umgegangen ist (wobei dann umgekehrt auch wieder zu berücksichtigen ist, ob diese Hinweise ähnlich konkret ausgefallen sind, wie ein hier eingefordertes Gutachten ausgefallen wäre); ferner müsste geprüft werden, ob realistischerweise in Zeiten notorisch leerer Gemeindekassen eine Renovierungsbereitschaft der Stadt bestanden hätte (wobei umgekehrt zu beachten ist, dass für die Ursächlichkeit nicht erforderlich wäre, dass die Stadt sofort eine Renovierung beschlossen hätte, sondern dass auch eine Räumung der Halle am Tag der großen Schneelast genügt hätte). Zusammengefasst: Die Verantwortlichkeit für das Erfolgsdelikt des § 222 setzt neben der Fehlerhaftigkeit der Konstruktion, der Erkennbarkeit für einen Prüfer und der unterlassenen Prüfung noch eine Reihe von weiteren Schritten voraus, die für einen Kausal- bzw. Zurechnungszusammenhang zwischen Täterverhalten und Erfolgseintritt erforderlich sind (und zu denen hier der Sachverhalt zu wenige Angaben enthält). Dies eröffnet einerseits – gerade auch in Kombination mit dem Grundsatz *„in dubio pro reo"* – ein erhebliches Verteidigungspotential; andererseits darf für die Praxis nicht übersehen werden, dass der Tatrichter mit dem **Grundsatz der freien richterlichen Beweiswürdigung** (§ 261 StPO) auch eine gewisse Freiheit bei der Überzeugungsbildung über das Vorliegen solcher psychisch vermittelter Kausalitäten hat.

198c. Wer solche Kollegen hat, braucht keine Feinde

T war in der städtischen Straßenbauabteilung beschäftigt und dabei als Vorarbeiter einer Kolonne tätig, der außer ihm noch R und S angehörten. Der ebenfalls beim städtischen Bauhof angestellte, aber in einer anderen Kolonne tätige O wurde während der Arbeitszeit wiederholt Opfer demütigender körperlicher Übergriffe durch R und S, die hierfür bisweilen auch Knüppel, Ketten oder andere Werkzeuge verwendeten. T griff gegen diese Übergriffe nicht ein, obwohl er zumindest Kenntnis davon hatte, dass R und S den O immer wieder schikanierten. Hat T sich dadurch strafbar gemacht? (vgl. BGH NStZ 2012, 142)

Zur Vertiefung: *Kühl,* § 18 Rn. 118a ff.; *Rengier* AT, § 50 Rn. 68; *Wessels/Beulke/Satzger,* Rn. 724; *Jäger,* JA 2012, 392 ff.; *Kudlich,* HRRS 2012, 177 ff.

Eine Strafbarkeit des T aufgrund seiner Untätigkeit würde eine Garantenstellung voraussetzen. Eine solche ist hier sowohl unter Beschützer- als auch unter Überwachergesichtspunkten vorstellbar: Eine **Beschützergarantenstellung** könnte für einen vorgesetzten Mitarbeiter zugunsten anderer Arbeiter gelten; indes gehört das Opfer O hier **nicht zu T's Kolonne** und eine so hervorgehobene Stellung des T, dass man eine Garantenstellung für sämtliche Mitarbeiter des Bauhofes annehmen könnte, ist hier nicht ersichtlich. Es bleibt aber die Möglichkeit einer **Überwachergarantenstellung** für die unmittelbar handelnden S und R: Die überwiegende Auffassung in Rechtsprechung und Literatur hält eine solche unter dem Gesichtspunkt der **„Geschäftsherrenhaftung"** durchaus für möglich. Völlig selbstverständlich ist das schon im Ansatzpunkt nicht, denn eine Pflichtenstellung gegenüber dem Unternehmen müsste eigentlich in erster Linie auf dessen Rechtsgüter und nicht auf den Schutz Dritter gerichtet sein. Selbst wenn man dies jedoch im Sinne einer Delegation der Pflichten annimmt, die von Seiten des Unternehmens zur Gefahrverhinderung bestehen, führt dies nicht zu einer unbegrenzten Haftung: Da Gefährdungspotentiale entweder in der Natur der Mitarbeiter liegen oder aber aus der speziell durchgeführten Tätigkeit erwachsen können und die Gefährlichkeit der

Mitarbeiter als Person einen seltenen Sonderfall darstellen wird, ist eine **am Schutzzweck der betrieblichen Aufsichtspflicht orientierte besondere Gefährlichkeit** des Verhaltens erforderlich. Diese wird vom BGH (NStZ 2012, 142) als **„Betriebsbezogenheit"** der Tat interpretiert. An einer solchen soll es hier fehlen, da die Taten von S und R in keinem engeren Zusammenhang zu den von ihm im Rahmen des Arbeitsverhältnisses zu erbringenden Tätigkeiten standen und sich in ihnen auch nicht eine gerade im Betrieb des städtischen Bauhofs spezifisch anhaftende Gefahr verwirklicht hat.

Ergänzende Bemerkung: (1.) Die generellen Anforderungen an eine Überwachergarantenstellung für betriebliche Mitarbeiter wird durch diese Entscheidung relativ „hoch gehängt". Im Umkehrschluss zur Begründung des BGH liegt eine Überwachergarantenstellung eigentlich fast nur vor, wenn

- die Schädigung der anderen Mitarbeiter gleichsam Teil einer „Firmenpolitik" ist (was theoretisch vorstellbar ist, aber wohl nur selten vorliegen wird)
- der Geschäftsherr seinen Mitarbeitern die Verletzung des anderen Mitarbeiters aufgetragen hat (was schon zu einer Verantwortung eines Anstifters nach § 26 StGB führen würde) oder
- der deliktisch handelnde Mitarbeiter besondere Machtbefugnisse zur Durchführung der Tat hat, wofür bei Realhandlungen wie Körperverletzungen aber wohl die tatsächliche Zugriffsmöglichkeit ausreichen müsste, da eine rechtliche Befugnis hierzu ohnehin nicht bestehen kann.

(2.) Verwandt mit dem Problem der Geschäftsherrenhaftung ist die Frage, ob gegebenenfalls ein sog. *Compliance-Officer* Garant für die Verhinderung von aus einem Unternehmen heraus begangene Straftaten sein kann. Vgl. dazu einerseits die viel diskutierte Entscheidung BGHSt 54, 44, andererseits *Schmid,* JA 2013, 835 ff.

198d. Na denn Prost

T war längere Zeit mit der etwas labilen O zusammen gewesen. Obwohl er sich später einer neuen Freundin zuwandte, besuchte er die O an ihrem Studienort, wohnte mehrere Tage bei ihr und war mehrfach täglich intim mit ihr. Als T der O eröffnete, dass er dennoch bei seiner neuen Freundin bleiben wolle, nahm die O, die nie zuvor Selbsttötungsgedanken geäußert hatte, eine tödliche Dosis des Reinigungsmittels „Cleanmagic" mit dem Wirkstoff Gamma-Butyrolacton (GBL) zu sich. Die Flasche „Cleanmagic" hatte T mit in die Wohnung gebracht und die Substanz sehr vorsichtig und in genau dosierten Mengen als Drogenersatz konsumiert. Auch O wusste von der grundsätzlichen Gefährlichkeit des Mittels, war aber nicht so eingehend darüber informiert wie T, da sie bis zu diesem Zeitpunkt noch nie etwas von der Substanz zu sich genommen hatte. T, der zu diesem Zeitpunkt im Internet surfte, bemerkte, dass die O aus der Flasche trank und erkannte auch die erhebliche Dosis. Gleichwohl drängte er die O nur, sich zu übergeben, ohne weitere Rettungsmaßnahmen durchzuführen und insbesondere einen Notarzt zu rufen. Hätte er dies getan, so hätte O zumindest innerhalb einer halben Stunde nach Einnahme des Mittels gerettet werden können. So verstarb sie an den Folgen des Konsums. Hat sich T wegen eines Tötungsdelikts strafbar gemacht?
(vgl. BGH NStZ 2012, 319)

Zur Vertiefung: *Kühl,* § 18 Rn. 105, 106; *Rengier* AT, § 13 Rn. 77 und § 50 Rn. 96 ff., 101; *Wessels/Beulke/Satzger,* Rn. 723, 725; *Hecker,* JuS 2012, 755; *Kudlich,* JA 2012, 470; *Oğlakcıoğlu,* NStZ-RR 2012, 246.

Eine Strafbarkeit des T aufgrund seiner (weitgehenden) Untätigkeit würde eine Garantenstellung voraussetzen. Eine generelle **Beschützergarantenstellung** für O auf Grund der Eigenschaft als Ex-Freundin oder wegen der gemeinsam verbrachten Tage wird man wohl jedenfalls deshalb nicht begründen können, weil T der O vor der Tat eröffnet hat, dass er eine neue Freundin hat und mit dieser auch zusammen bleiben möchte. Auch wenn das Verhältnis zwischen O und T damit weit über „Zechkumpanen-Fälle" oder flüchtige Zufallsbekanntschaften hinausgeht, wird man keine generelle Verantwortung des T für O annehmen können.

Es kommt aber eine **Überwachergarantenstellung** in Betracht, für die man entweder auf die Sachherrschaft über das von T in die Wohnung mitgebrachte GBL oder aber auch auf ein pflichtwidriges gefahrschaffendes Vorverhalten gerade durch dieses Mitbringen abstellen könnte. Der BGH hat dies im zugrunde liegenden Fall ohne große Umschweife angenommen, da T „durch **Abstellen der Flasche mit dem gefährlichen Mittel** auf dem Wohnzimmertisch [...] eine erhebliche Gefahrenquelle geschaffen" habe, die zu einer Handlungspflicht in dem Augenblick führte, „in dem er wahrnahm, dass die Geschädigte tatsächlich davon trank". Selbst dann bleibt aber fraglich, ob O sich insoweit nicht **eigenverantwortlich selbst gefährdet** hat: Auch wenn man mit dem *Senat* unterstellt, dass „dem spontanen Trinken des Reinigungsmittels [...] kein ernstlicher Selbsttötungsentschluss zu Grunde gelegen" habe, sondern O vielmehr gehandelt habe, „um auf sich aufmerksam zu machen", liegt nicht fern, dass ihr jedenfalls die Gefährlichkeit des Verhaltens bewusst gewesen ist. Ob man dann bei jemanden, der gerade Überwachergarant für die dem Opfer als solche bekannte Gefahrenquelle ist, ohne weiteres spätere Rettungshandlungen verlangen kann, ist zumindest nicht selbstverständlich.

199. Badeausflug mit der Familie (I)

T und seine Frau F waren mit ihrem achtjährigen Sohn O an einem Badesee. Als O, der an sich ein sicherer Schwimmer war, ein Stück heraus schwamm, bekam er einen Krampf und drohte zu ertrinken. T sah ein Kind um sein Leben kämpfen, erkannte auf die Entfernung aber nicht, dass es O war. F dagegen erkannte dies sehr wohl, dachte aber, am Wochenende müsse sich T, der sonst die ganze Woche außer Haus arbeitete, um den O kümmern, und las deswegen in ihrer Zeitung weiter. O ertrank. Strafbarkeit von T und F?

Zur Vertiefung: *Kühl,* § 18 Rn. 128 f.; *Rengier* AT, § 49 Rn. 37; *Roxin* II, § 31 Rn. 189–193; *Wessels/Beulke/Satzger,* Rn. 732; *Satzger,* Jura 2011, 432 ff.

T und F haben als **Garanten für das Leben ihres Sohnes** O beide den objektiven Tatbestand des Totschlags durch Unterlassen erfüllt, falls ihnen die Rettung möglich war.

T erkannte dabei jedoch die **tatsächlichen Umstände** nicht, die seine **Garantenstellung** und damit eine Strafbarkeit nach §§ 212, 13 begründen. Er handelte daher nach **§ 16 Abs. 1 Satz 1 ohne Vorsatz** und hat sich nur nach § 323c sowie – je nach den näheren Umständen des Einzelfalles – nach §§ 222, 13 strafbar gemacht.

Dagegen irrte F über die **rechtliche Reichweite der Garantenpflicht.** Sie hat alle Tatsachen richtig erfasst und daraus nur eine falsche (strafrechtliche) Bewertung abgeleitet. Dieser Irrtum wirkt nicht vorsatzausschließend gemäß § 16 Abs. 1 Satz 1, sondern ist nach **§ 17** zu behandeln. Da der Irrtum der F hier ohne weiteres **vermeidbar** war, handelte sie auch schuldhaft.

200. Badeausflug mit der Familie (II)

Wie wäre es, wenn T in Fall 199 außer dem achtjährigen Sohn O nicht die F, sondern seine Geliebte G am Badesee dabei gehabt hätte und Folgendes passiert wäre:
Nicht O drohte zu ertrinken, sondern ein anderes Kind. T glaubte jedoch, in der Ferne seinen Sohn O zu erkennen. Er sah die Möglichkeit gekommen, endlich den Schreihals loszuwerden und unternahm nichts, obwohl er das Kind, das ertrank, ohne weiteres hätte retten können.
Kurz danach stellte sich heraus, dass O doch nicht das ertrunkene Kind war, da er zu T und G kam und auf sie einredete, mit ihm ein Stück in den See hinaus zu schwimmen. Als T und G genervt ablehnten, schwamm O alleine hinaus, bekam einen Krampf und war dem Ertrinken nahe. G erkannte O. Sie glaubte, als Geliebte des T habe sie auch eine Garantenpflicht bezüglich der dem Sohn des T drohenden Gefahren. Trotzdem tat sie nichts, weil auch ihr das Kind schon über längere Zeit auf die Nerven gegangen war. O ertrank.

Zur Vertiefung: *Kühl,* § 15 Rn. 100a und § 18 Rn. 151; *Rengier* AT, § 35 Rn. 1, 15; *Roxin* II, § 29 Rn. 387; *Wessels/Beulke/Satzger,* Rn. 619–621.

Zwar liegt trotz des Todes des Jungen **kein vollendeter Totschlag** des **T** durch Unterlassen vor, da den T hinsichtlich der Rettung eines fremden Kindes **keine Garantenpflicht** traf. Allerdings hat sich T wegen **versuchten Totschlags** durch Unterlassen, §§ 212, 13, 22, strafbar gemacht: Er stellte sich alle Merkmale des objektiven Tatbestandes einschließlich einer Garantenstellung vor. Da er bis zum Tod des Kindes untätig blieb, hat er nach allen Meinungen auch unmittelbar zur Verwirklichung des Tatbestandes angesetzt. T ist daher wegen §§ 212, 13, 22 zu bestrafen (**umgekehrter Tatbestandsirrtum** als untauglicher Versuch).

Demgegenüber ist **G** nur nach § 323c strafbar. Sie erkannte O und legte das Merkmal der Garantenpflicht nur unzutreffend dahingehend aus, dass auch die Freundin des Vaters für dessen Kinder garantenpflichtig sei. Damit überdehnte sie das Merkmal der Garantenpflicht zu ihren Ungunsten und hat lediglich ein **Wahndelikt** begangen **(umgekehrter Verbotsirrtum).**

201. Wen soll man retten?

Das Wohnhaus der Familie F stand in Flammen. Der 20-jährige Sohn T erkannte, dass er nur noch eine Person aus dem Feuer retten konnte, bevor das Haus für ihn unbetretbar wurde.

a) T's Eltern V und M lebten schon seit längerer Zeit in getrennten Schlafzimmern an zwei verschiedenen Enden des Hauses. T rettete M, V kam in den Flammen ums Leben.
b) Im Haus waren nur T's vermögende, aber stets nörgelnde Oma O und T's erst vor kurzem kennengelernte, aber stets willige Freundin F. T rettete selbstverständlich F, O kam in den Flammen ums Leben.
Strafbarkeit des T nach §§ 212, 13?

Zur Vertiefung: *Kühl,* § 18 Rn. 134–137; *Rengier* AT, § 49 Rn. 39 ff.; *Roxin* II, § 31 Rn. 204; *Wessels/Beulke/Satzger,* Rn. 735 f.

Geht man davon aus, dass zum Zeitpunkt der jeweils durchgeführten Rettungen dem T ein Handeln tatsächlich nicht nur möglich, sondern auch zumutbar war, so könnte er sich wegen des Todes der jeweils nicht geretteten Person wegen Totschlags durch Unterlassen strafbar gemacht haben. Allerdings kann die **Rechtsordnung von niemandem Unmögliches verlangen.** Erfüllt der Täter daher eine von zwei nur alternativ erfüllbaren Handlungspflichten, soll er nach h. M. nicht rechtswidrig handeln, wenn er **eine von zwei gleichwertigen oder aber die höherrangige** von zwei nicht gleichwertigen **Pflichten** erfüllt. Daraus ergibt sich Folgendes:

Zu a) Die Rettungspflicht **gegenüber beiden Elternteilen** ist **gleichwertig.** Wenn T einen von beiden rettet, ist das Unterlassen der Rettung des anderen Teiles nicht rechtswidrig – wie willkürlich auch immer die Motive des T für seine Auswahl sind.

Zu b) T rettet eine Person, die ihm aktuell zwar sehr am Herzen liegen mag, der gegenüber er aber wohl (noch) nicht einmal garantenpflichtig ist. Wird dafür die mögliche Rettung eines Angehörigen vernachlässigt, kann der Täter sich auf **keine rechtfertigende Pflichtenkollision** berufen.

201a. Rauchen gefährdet Ihre Gesundheit

T ging davon aus, dass seine Lebensgefährtin O die Beziehung mit ihm beendet hatte. Hierüber war er verzweifelt und beschloss, aus dem Leben zu scheiden. Er öffnete die Gasleitung in seiner in einem Mehrfamilienhaus befindlichen Wohnung, um sich zu vergiften. Nachdem das Gas zehn bis 15 Minuten ausgeströmt war, verschloss er den Gashahn wieder. Kurz danach klingelte O, um ihre Sachen abzuholen. T öffnete ihr die Tür. Während die beiden sich unterhielten, sah T, dass O sich eine Zigarette anzünden wollte und unternahm dagegen nichts. Die Flamme des Feuerzeuges entzündete das in dem Raum befindliche Luft-Gas-Gemisch; die hierdurch verursachte Explosion brachte das gesamte Haus zum Einsturz. Von den Trümmern wurde ein Mitbewohner des Hauses erschlagen. T und O erlitten schwere Verletzungen. Das LG verurteilte T u. a. wegen versuchten gemeingefährlichen Mordes durch Unterlassen zu einer lebenslangen Freiheitsstrafe. Wird seine dagegen gerichtete Revision Erfolg haben?
(vgl. BGH NStZ 2010, 87)

Zur Vertiefung: *Kühl,* § 18 Rn. 122 ff.; *Rengier* AT, § 49 Rn. 30 ff.; *Wessels/Beulke/Satzger,* Rn. 730 f.; *Fahl,* JA 2013, 675 ff.; *Kudlich,* JA 2009, 901; *Satzger,* Jura 2011, 749 ff.

Die (hier versuchte, wenn man unterstellt, dass T die Situation tatsächlich überblickt und hinsichtlich der O Tötungsvorsatz gehabt hat) Tötung durch eine **Sprengstoffexplosion** ist an sich geradezu ein **klassischer Fall der gemeingefährlichen Begehung.** Hier ist freilich die Besonderheit zu berücksichtigen, dass nur eine **Tatbegehung durch Unterlassen** im Raume steht, was nach der Entsprechungsklausel des § 13 Abs. 1 Halbs. 2 erfordert, dass das Unterlassen der Verwirklichung des Tatbestands durch ein Tun entspricht **(Modalitätenäquivalenz).** Diese Anforderung ist bei reinen Erfolgsdelikten regelmäßig schon durch die Garantenstellung erfüllt. Anderes kann aber bei Delikten gelten, bei denen – wie hier – auch das Verhalten näher beschrieben ist: So soll eine Tötung mit gemeingefährlichen Mitteln nur vorliegen, wenn der Täter diese einsetzt. Dagegen reicht nicht aus, wenn eine bereits vorhandene gemeingefährliche Situation ausgenutzt wird (wobei es nicht davon abhängt, ob die Gefahr zufällig entstanden oder vom Täter selbst noch ohne Tötungsvorsatz geschaffen worden ist). Deshalb soll eine Tötung mit gemeingefährlichen Mitteln durch Unterlassung nur dann in Betracht kommen, wenn der Täter bereits bei **der Gefahrsetzung mit Tötungsvorsatz** gehandelt hat. Im vorliegenden Fall könnte man nun einerseits sagen, dass T beim Öffnen des Gashahnes wohl zunächst nur an seine eigene Gefahr (Vergiftung) und nicht an die Gemeingefahr gedacht hat, weshalb der *Senat* die Verurteilung wegen versuchten Mordes aufgehoben hat. Andererseits könnte man aber auch argumentieren, dass die **eigentlich gemeingefährliche Situation** noch nicht mit dem Ausströmen des Gases, sondern **erst mit der Explosion** geschaffen wurde und dass T jedenfalls in dem Moment, in welchem er es unterließ, die O vom Entzünden des Feuerzeugs abzuhalten, durchaus auch Vorsatz hinsichtlich der Gemeingefahr der drohenden Explosion hatte. Im Unterschied zu dem oft zitierten Beispielsfall, in dem der Täter ein Hochwasser ausnutzt, indem er das Opfer darin ertränkt, ergibt sich durch die Explosion eine nochmalige signifikante Gefahrsteigerung, und die Tötung beschränkt sich nicht allein im Ausnutzen der bereits existierenden Situation.

Ergänzende Bemerkung: Wie meistens, wenn die Modalitätenäquivalenz fraglich ist, liegt das Problem an der Schnittstelle zwischen der Unterlassungsdogmatik und eben der Auslegung des verhaltensgebundenen Tatbestands aus dem Besonderen Teil. Deshalb findet sich die diesem Fall zu Grunde liegende Entscheidung auch als Fall 18a in PdW BT II bei den Tötungsdelikten.

III. Der Versuch

1. Grundlagen

202. Verwirklichungsstufen des Delikts

a) Welche Stufen durchläuft das vorsätzliche Delikt (idealtypisch)?
b) Welche Bedeutung haben jeweils die „Schwellen" zwischen diesen Stufen für die Strafbarkeit?

Zur Vertiefung: *Kühl,* § 14 Rn. 5s–14; *Rengier* AT, § 33 Rn. 7 ff.; *Wessels/Beulke/Satzger,* Rn. 590 f.; *Kühl,* JA 2014, 907 ff.; *Mitsch,* Jura 2013, 696 ff. (Überblick zur strafbaren Vorbereitung).

Zu a) Idealtypisch kann man folgende fünf Stufen unterscheiden (die selbstverständlich in vielen Fällen zeitlich ganz eng zusammenfallen können):

Fassen des Tatentschlusses:
– als solches straflos.

Vorbereitungshandlungen:
– grundsätzlich straflos; Ausnahme z. B. in § 30 Abs. 2 (Verbrechensverabredung) und bei eigenständig pönalisierten Vorbereitungshandlungen (z. B. § 265 im Verhältnis zu späterem Betrug an einer Versicherung).

Versuch:
– unmittelbares Ansetzen zur Tat; bei Verbrechen sowie bei ausdrücklicher Anordnung strafbar.

Vollendung:
– Verwirklichung aller Tatbestandsmerkmale; stets strafbar.

Beendigung:
– Abschluss des Geschehens, das aus tatsächlichen oder rechtlichen Gründen eine Einheit bildet, bei dem auch die Umstände verwirklicht sind, die nicht mehr zur Tatbestandsbeschreibung gehören, aber das Unrecht der Tat mitprägen.

Zu b) Beim Übergang zwischen Vorbereitungshandlung und Versuch wird häufig die Stufe zur Strafbarkeit überschritten. Ab dem Übergang vom Versuch zur Vollendung scheiden die Möglichkeit eines Rücktritts und die fakultative Strafmilderung für Versuche (§ 23 Abs. 2) aus. Ab Beendigung der Tat beginnt die Verjährung (vgl. § 78a), und es endet unstreitig die – nach verbreiteter (wenngleich durchaus zweifelhafter) Ansicht auch zwischen Vollendung und Beendigung bestehende – Möglichkeit der Beteiligung und der Erfüllung von Qualifikationen.

Übersicht zu Fall 202

Die Verwirklichungsstufen des vorsätzlichen Delikts

Tatentschluss	**Vorbereitung**	**Versuch**	**(formelle) Vollendung**	**(materielle) Beendigung**
T beschließt, bei O einzubrechen und ein wertvolles Bild zu stehlen.	T besorgt eine Leiter. T bricht zu O's Haus auf.	T steigt durch das Fenster in die Wohnung des O ein (?) Jedenfalls aber: T beginnt, das Bild aus den Rahmen zu schneiden.	T verlässt mit dem Bild O's Grundstück.	T verstaut das Bild in seinem eigenen Tresor zu Hause.
Straffreiheit bloßer Gedanken	nur **ausnahmsweise strafrechtlich erfasst (§ 30 StGB)**	Stadium des **(bei einzelnen Delikten strafbaren) Versuchs;** hier: §§ 242 Abs. 2, 22, 23	**Vollendung, bei allen Delikten strafbar;** hier: § 242	str., bis wann **Teilnahme und Qualifikationen** möglich

203. Vollendung und Beendigung

Bei welchen Delikten spielt die Unterscheidung von (formeller) Vollendung und (materieller) Beendigung grundsätzlich eine größere, bei welchen nahezu keine Rolle?

Zur Vertiefung: *Kühl,* § 14 Rn. 17 f., 21–29; *Rengier* AT, § 33 Rn. 13; *Wessels/Beulke/Satzger,* Rn. 592 f.

Die Vollendung liegt mit der Verwirklichung aller gesetzlichen Merkmale vor, die Beendigung erst mit dem Eintritt auch der Umstände, die über die Tatbestandsmerkmale hinaus das Unrecht der Tat prägen (vgl. Fall 202). Daher hat die Abgrenzung bei solchen Delikten eine **große Bedeutung,** die **bereits „früh vollendet"** sind. Bei ihnen ist der zeitliche Bereich bis zur Beendigung strukturell am größten. Ein Beispiel dafür ist etwa § 242, der bereits mit der Wegnahme vollendet ist, während die Zueignung nur beabsichtigt sein muss. Dagegen fallen Vollendung und Beendigung bei solchen Delikten praktisch immer zusammen, die erst mit der endgültigen Beeinträchtigung des geschützten Rechtsgutes vollendet sind (so z. B. § 212 mit der Zerstörung des Rechtsgutes Leben oder § 303 mit der Zerstörung des fremden Eigentums).

204. Versuchsschema

Welches sind die wesentlichen zusätzlichen bzw. modifizierten Prüfungsschritte der Versuchsprüfung und in welchen Schritten wird das versuchte Delikt üblicherweise geprüft?

Zur Vertiefung: *Kühl,* § 15 Rn. 7 f.; *Rengier* AT, § 34 Rn. 2; *Wessels/Beulke/Satzger,* Rn. 874.

Üblicherweise beginnt die Versuchsprüfung mit einer Vorprüfung und endet mit der Prüfung des Rücktritts (§ 24) als speziellem Strafaufhebungsgrund. Zwischen diesen beiden „Sonderprüfungspunkten" erfolgt die Prüfung von Tatbestand, Rechtswidrigkeit und Schuld ähnlich wie beim vollendeten Delikt, allerdings mit der Abweichung, dass in der Tatbestandsprüfung mit dem subjektiven Element begonnen wird.

Das **Prüfungsschema** lautet:

I. Vorprüfung (dazu Fälle 205 ff.)
- keine Vollendung
- Strafbarkeit des Versuchs (§ 23 Abs. 1)

II. Tatbestand
- Tatentschluss (dazu Fälle 209 ff.)
- unmittelbares Ansetzen, § 22 (dazu Fälle 217 ff.)

III. Rechtswidrigkeit, Schuld (dazu Fall 231)

IV. Rücktritt vom Versuch (§ 24; dazu Fälle 232 ff.)

V. Absehen von Strafe (§ 23 Abs. 3; dazu Fall 256).

2. Die Vorprüfung beim Versuch

205. Fehlende Vollendung trotz Erfolgseintritts?

In Fall 39 wurde kurz festgestellt, dass sich T bei der sog. kumulativen Kausalität nur wegen eines versuchten Totschlags strafbar gemacht hat. Ist das überhaupt zutreffend, da doch die Versuchsstrafbarkeit das Fehlen der Vollendung voraussetzt, O jedoch tatsächlich tot ist?

Zur Vertiefung: *Kühl,* § 15 Rn. 8–10; *Rengier* AT, § 34 Rn. 3 ff.; *Wessels/Beulke/Satzger,* Rn. 595.

Ja. Denn es fehlt an der Vollendung immer dann, wenn irgendein **Merkmal des objektiven Tatbestandes** im Ergebnis **nicht erfüllt** ist. Der fehlende Erfolgseintritt ist damit nur der wichtigste, nicht jedoch der einzige Fall der „fehlenden Vollendung". Ebenso ist ausreichend, dass wie in Fall 39 die objektive Zurechnung verneint wird. Ein anderes Beispiel der fehlenden Vollendung trotz Erfolgseintritts wäre etwa das Vorliegen eines vom Täter nicht erkannten tatbestandsausschließenden Einverständnisses (wie z. B. im klassischen Beispiel der Diebesfalle).

Ergänzende Bemerkung: In komplizierteren Fällen, in denen etwa erst nach längerer Diskussion die objektive Zurechnung verneint wird, ist es übersichtlicher, erst mit der Prüfung des vollendeten Delikts zu beginnen. Wird dessen objektiver Tatbestand dann abgelehnt, kann bei der anschließenden Versuchs(vor)prüfung kurz nach oben verwiesen werden. Würde diese Frage ausführlich in der Vorprüfung erörtert, wäre die Versuchsprüfung zu „kopflastig". Ist dagegen evident der Erfolg ausgeblieben, kann gleich mit der Versuchsprüfung begonnen und in der Vorprüfung kurz festgestellt werden, dass die Tat nicht vollendet ist.

206. Babys können nerven

T war ihrer drei Monate alten Tochter O überdrüssig und beschloss daher, sie nachts im Stadtpark auszusetzen. Dabei ging sie zwar davon aus, dass O auf jeden Fall lebendig gefunden und gerettet werden würde, hielt aber durchaus für naheliegend, dass O in die Gefahr des Todes oder zumindest einer schweren Gesundheitsschädigung geraten könnte. Sie legte O in einem Korb unter einen Busch und lief rasch davon. Allerdings wurde O sofort von ihrem Vater V wieder „aufgegriffen": Dieser war überraschend eher nach Hause gekommen, hatte T auf dem Parkplatz vor dem Haus wegfahren gesehen und war ihr heimlich gefolgt. Als T wegen versuchter Aussetzung ihres Kindes angeklagt wurde, machte ihr Verteidiger geltend, § 221 sei angesichts eines Strafrahmens von drei Monaten bis zu fünf Jahren ein Vergehen und eine ausdrückliche Anordnung der Versuchsstrafbarkeit existiere nicht.

a) Warum lautet die Anklage überhaupt nur auf *versuchte* Aussetzung?

b) Wird T's Verteidiger mit seinem Einwand erfolgreich sein?

Zur Vertiefung: *Kühl,* § 15 Rn. 11–16; *Wessels/Beulke/Satzger,* Rn. 595a, 617.

Zu a) Es ist jedenfalls zu **keiner konkreten Gefahr** des Todes oder einer schweren Gesundheitsschädigung für O gekommen, wie § 221 Abs. 1 sie für beide Nummern gemeinsam voraussetzt. Daher ist die Aussetzung nicht vollendet.

Zu b) Da § 221 selbst keine Versuchsstrafbarkeit anordnet, ist nach § 23 Abs. 1 entscheidend, ob der **Versuch eines Verbrechens** vorliegt. Dies ist hier zu bejahen, da auch die **Qualifikation** des § 221 Abs. 2 für die Unterscheidung zwischen Verbrechen und Vergehen von Bedeutung ist. Anders als § 221 Abs. 1 droht nämlich § 221 Abs. 2 eine Mindeststrafe von einem Jahr Freiheitsstrafe an (und ist damit nach § 12 Abs. 1 ein Verbrechen), wenn der Täter wie hier **sein Kind** aussetzt. Die Beachtlichkeit von Qualifikationen ergibt sich aus einem Gegenschluss zu § 12 Abs. 3, wonach Strafschärfungen für (nicht tatbestandlich ausgestaltete) besonders schwere Fälle für die Einteilung außer Betracht bleiben. Der Versuch der Aussetzung nach § 221 Abs. 2 ist daher in der Tat strafbar, sodass der Einwand des Verteidigers nicht durchgreift.

207. Versehentlich geschossen (I)

T wollte eine kleine aber exklusive Boutique überfallen. Er bedrohte die alleine im Laden befindliche Verkäuferin O mit seiner Pistole und forderte sie auf, ruhig stehen zu bleiben, während er selbst das Geld aus der Kasse nehmen wollte. Als T gerade in die Kasse langte, löste sich aus Unachtsamkeit ein Schuss. O wurde getötet. Durch den Schuss wurden Passanten auf der Straße aufmerksam und liefen in den Laden. T geriet in Panik, ließ das Geld liegen und rannte davon. Hat sich T nach §§ 251, 22, 23 strafbar gemacht?

Zur Vertiefung: *Kühl,* § 17a Rn. 39–51; *Rengier* AT, § 37 Rn. 40; *Roxin* II, § 29 Rn. 322–329; *Wessels/Beulke/Satzger,* Rn. 617.

Ja, es liegt ein strafbarer Fall eines sog. **erfolgsqualifizierten Versuches** vor: T hat – da er sich das Geld selbst aus der Kasse holte, nach allen Ansichten – einen versuchten Raub begangen. Bei diesem ist ein Mensch zu Tode gekommen, sodass der qualifizierende Erfolg des § 251 vorliegt, wenn man das unachtsame Hantieren mit Pistole als „leichtfertig" im Sinne des § 251 bewertet. In solchen Fällen, in denen das Grunddelikt im Versuchsstadium stecken geblieben, der qualifizierende Erfolg jedoch bereits eingetreten ist, bejaht die h. M. jedenfalls unter zwei Voraussetzungen eine Versuchsstrafbarkeit:

- Auch der **Versuch des Grunddelikts** ist **strafbar** (vgl. hier §§ 23 Abs. 1, 12 Abs. 1, 249/253, 255; teilweise wird nämlich gefordert, die Erfolgsqualifikation dürfe nur strafschärfend, nicht strafbegründend wirken);
- Die **Gefahr** des qualifizierenden Erfolges muss **typischerweise** der **Tathandlung** (und nicht dem Eintritt der Vollendung) anhängen (vgl. hier den Tod als typische Gefahr einer qualifizierten Nötigung und nicht der Vollendung einer Wegnahme; anderenfalls wird teilweise der spezifische Gefahrzusammenhang geleugnet, der für erfolgsqualifizierte Delikte gefordert wird).

Da T „in Panik" davon gelaufen ist, dürfte auch jedenfalls kein freiwilliger Rücktritt vorliegen (zum Problem des Rücktritts nach Eintritt des qualifizierenden Erfolges auch nochmals Fall 250).

208. Unterleibsfall

T schoss dem O in den Unterleib. Dabei nahm er billigend in Kauf, dass O dadurch die Zeugungsfähigkeit verlieren könnte, ohne dass dies jedoch sein Ziel gewesen wäre. O wurde verletzt, trug jedoch keine bleibenden Schäden für seine Zeugungsfähigkeit davon. Strafbarkeit des T?
(vgl. auch BGHSt 21, 194)

Zur Vertiefung: *Kühl,* § 17a Rn. 33–38; *Roxin* II, § 29 Rn. 319–321; *Wessels/Beulke/Satzger,* Rn. 617.

T hat einen strafbaren **„Versuch einer Erfolgsqualifikation"** nach §§ 226 Abs. 1 Nr. 1 Alt. 5, 22, 23 begangen: In dem Schuss liegt unproblematisch eine vollendete gefährliche Körperverletzung nach §§ 223, 224 Abs. 1 Nr. 2. Hätte O tatsächlich seine Zeugungsfähigkeit verloren, würde darin eine Erfolgsqualifikation nach § 226 Abs. 1 Nr. 1 Alt. 5 (Verlust der Fortpflanzungsfähigkeit) liegen. In einer Konstellation, in der das Grunddelikt zwar vollendet sein kann, aber der zumindest in Kauf genommene qualifizierende Erfolg nicht eingetreten ist, bejaht die h. M. zumindest dann überzeugend eine Strafbarkeit aus dem Versuch des erfolgsqualifizierten Delikts, wenn auch der Versuch des Grunddelikts unter Strafe steht (vgl. hier §§ 223 Abs. 2, 224 Abs. 2). Denn die Erfolgsqualifikation unterscheidet sich bei Vorsatz hinsichtlich des qualifizierenden Erfolges nicht wesentlich von anderen Qualifikationen. Daher können auch die dafür geltenden Regeln übertragen werden. Zwischen vollendeter gefährlicher und versuchter schwerer Körperverletzung ist wegen des Erfordernisses der Klarstellung Idealkonkurrenz anzunehmen.

Ergänzende Bemerkung: Auf Grund der Ähnlichkeit mit anderen Qualifikationen erscheint es nur konsequent, bei Vorsatz hinsichtlich des qualifizierenden Erfolges auch dann aus dem Versuch des erfolgsqualifizierten Delikts zu bestrafen, wenn weder Grunddelikt noch schwere Folge verwirklicht worden sind. So läge der Fall, wenn in unserem Beispiel T den O vollständig verfehlt hätte.

3. Der Tatentschluss

209. Gabel im Hals

T war als Gast in einem Restaurant. Als sie bei Ober O eine Bestellung aufgeben wollte, meinte dieser nur unwirsch, er habe keine Zeit, in 20 Minuten komme aber der Schichtwechsel. T wollte sich das nicht gefallen lassen und O eine Lektion erteilen. Dazu rammte sie ihm die bereits auf dem Tisch liegende Gabel bis zum Anschlag in die Halsschlagader. Es wäre ihr dabei recht unangenehm gewesen, wenn O tödlich getroffen worden wäre; sollte O aber gleichwohl sterben, hätte sie dies in Kauf genommen, da sich das „wenigstens seine Kollegen merken würden". Sofort danach wurde T von Gast G überwältigt und später festgenommen. Wegen versuchten Totschlags angeklagt, verteidigte sich T, dass sie doch keinesfalls den Entschluss gefasst habe, O zu töten. Daher könne vom Versuch eines Totschlags keine Rede sein. Was ist davon zu halten?

Zur Vertiefung: *Kühl,* § 15 Rn. 23–25; *Rengier* AT, § 34 Rn. 7 ff.; *Roxin* II, § 29 Rn. 59–71; *Wessels/Beulke/Satzger,* Rn. 598.

T könnte zweierlei meinen, wobei ihr aber ihr Vorbringen im Ergebnis unter beiden Gesichtspunkten nichts nützen wird:

Zum einen könnte sie das (im Gesetz so aber auch ohnehin nicht genannte) Merkmal des „Tatentschlusses" dahingehend verstehen, dass der Täter „entschlossen" im Sinne eines sicheren Wissens oder unbedingten Wollens sein müsse, dass also m. a. W. *dolus directus* vorliegen müsse. Dies wäre aber nicht zutreffend; vielmehr genügt nach einhelliger Ansicht **für den Tatentschluss** des Versuches stets derjenige Vorsatzgrad, der jeweils auch für die Vollendung ausreichend wäre. Beim Totschlag ist daher wie bei den meisten Delikten auch ein Versuch mit nur **bedingtem Vorsatz** strafbar.

Zum anderen könnte T ausdrücken wollen, die Voraussetzungen eines (bedingt) vorsätzlichen Handelns hätten bei ihr gar nicht vorgelegen, da ihr der Tod des O sogar eher **unerwünscht** war. Allerdings schließt dies die Annahme von bedingtem Vorsatz nicht aus, wenn der Täter im Bewusstsein der hochgradigen Gefahr handelt, um seine Ziele zu erreichen. Die „Bestrafung" des O bzw. das Statuieren eines Exempels waren hier für T offenbar so wichtig, dass sie dafür sogar den Tod des O **im Rechtssinne in Kauf nahm.** (Eine letzte Klärung dieser Frage ist anhand der knappen Angaben im Sachverhalt natürlich nur schwer möglich.)

210. Nachts sind alle Nachbarn grau

T wollte seinen Nachbarn N erschießen. Er legte sich vor dessen Haus auf die Lauer. Als in der Dunkelheit eine Gestalt N's Haus verließ, schoss T auf diese, verfehlte sie jedoch. In Wahrheit war jedoch nicht N, sondern dessen Freund O aus dem Haus gekommen.
Kandidat K prüft versuchten Totschlag und führt aus, dass ein Tatentschluss zu bejahen sei. Denn angesichts der tatbestandlichen Gleichwertigkeit der Objekte sei der *error in persona* unbeachtlich und der Vorsatz des T daher zu bejahen. Hat K Recht?
(vgl. auch BGH NStZ 1998, 294)

Zur Vertiefung: *Kühl,* § 15 Rn. 28; *Rengier* AT, § 34 Rn. 7 ff.; *Wessels/Beulke/Satzger,* Rn. 598; *Herzberg,* JuS 1999, 224 ff.; *Jung,* JA 2006, 228 ff.; *Rath,* JuS 1997, 424 ff.

Im Ergebnis **ja.** Allerdings dürfte die Begründung des K in dieser Form gar nicht erforderlich sein. Beim Tatentschluss des Versuchs kommt es nämlich alleine auf die Vorstellung des Täters an und es wird **kein Vergleich mit den objektiv verwirklichten Umständen** vorgenommen. Daher kommt es auf die tatbestandliche Gleichwertigkeit nicht an, solange sich T nur vorstellt, einen Menschen zu töten. Überspitzt formuliert: Selbst wenn ein Menschenaffe oder eine Vogelscheuche auf einem Laufband aus dem Haus gekommen wäre, würde das nichts am Tatentschluss des T ändern, einen Menschen zu töten. Auch ein unmittelbares Ansetzen wäre unabhängig davon zu bejahen, da es hier nach § 22 ebenfalls auf die Vorstellung des Täters von der Tat ankommt.

211. Respekt vor dem Kiosküberfall

T kam jeden Abend auf dem Nachhauseweg von der Arbeit zur gleichen Zeit an einem Kiosk vorbei und beobachtete mit Interesse und Neid, wie viel Geld der Kioskbesitzer O allabendlich aus der Kasse in eine Tasche füllte, um diese zur Bank zu bringen. Eines Abends dachte sich T: „Heute ist keine gute Gelegenheit; falls ich mich morgen aber mutiger fühle, werde ich es wagen und O überfallen." Liegt damit bereits ein ausreichender Tatentschluss vor?

Zur Vertiefung: *Kühl*, § 15 Rn. 30–31; *Rengier* AT, § 34 Rn. 8; *Roxin* II, § 29 Rn. 81–96; *Wessels/Beulke/Satzger*, Rn. 598.

Nein, denn der Tatentschluss muss unbedingt **(= vorbehaltlos)** gefasst sein, d. h. er darf nicht mehr von einer weiteren Willensbildung des Täters abhängig sein. Hier ist dagegen noch eine **weitere Willensbildung** des T erforderlich, da er erst am nächsten Tag den vorbehaltlosen Entschluss zur Durchführung des Überfalls treffen will **(bloße Tatgeneigtheit).** Anders wäre dies aber etwa, wenn T zwar an sich fest zur Tat entschlossen wäre, die Begehung allerdings von äußeren, nicht in seiner Person liegenden Umständen abhängig machen würde (z. B. Anwesenheit weiterer Passanten; Mindestgeldbetrag o. Ä.).

Ergänzende Bemerkung: Die Unbedingtheit wird zwar häufig als ein Erfordernis eines ausreichenden Tatentschlusses genannt. Die praktische Bedeutung dieses Merkmales ist aber geringer. Denn der Tatentschluss alleine führt noch nicht zur Strafbarkeit. Das erforderliche unmittelbare Ansetzen wird zumeist aber ohnehin erst stattfinden, wenn ein solcher unbedingter Entschluss gefasst ist. In unserem Beispiel: Geht T Richtung Kiosk, ist das selbst bei unbedingtem Tatentschluss lange Zeit noch kein unmittelbares Ansetzen. Eine Waffe ziehen, den O angreifen o. Ä. wird er aber ohnehin nur, wenn bis dahin sein Entschluss unbedingt bzw. vorbehaltlos geworden ist.

212. Radio in der Wanne

T hasste ihre WG-Partnerin O, da diese eine Nacht mit T's Freund F verbracht hatte. Obwohl sie sich nach außen nichts anmerken ließ, beschloss sie, O zu töten. Als O eines Abends in der Badewanne des gemeinsamen Badezimmers lag und zu lauter Radiomusik ein Lied trällerte, stürzte T überraschend ins Badezimmer und stieß das Radio vom Badewannenrand ins Wasser. O passierte jedoch nichts, da die Musik, zu der sie sang, aus der gegenüberliegenden Wohnung kam und sie selbst das Radio im Badezimmer gar nicht angemacht hatte. T's Verteidiger V meint, da bei dieser Sachlage eine Gefährdung der O objektiv ausgeschlossen gewesen sei, müsse eine Versuchsstrafbarkeit ausscheiden. Der in der Gefährdung des geschützten Rechtsguts liegende Strafzweck des Versuchs sei hier evident nicht erfüllt. Hat V Recht?

Zur Vertiefung: *Kühl*, § 15 Rn. 86–92; *Rengier* AT, § 33 Rn. 4, § 35 Rn. 1 ff.; *Roxin* II, § 29 Rn. 18–24, 348; *Wessels/Beulke/Satzger*, Rn. 594, 619 f.

Nein. Nach ganz herrschender Ansicht kann *de lege lata* ein **untauglicher Versuch** grundsätzlich strafbar sein. Dies ergibt sich im **Umkehrschluss zu § 23 Abs. 3** (vgl.

dazu Fall 256): Danach kann von Strafe nur abgesehen werden, wenn der Täter die Untauglichkeit aus grobem Unverstand verkennt. Diese Vorschrift macht aber nur Sinn, wenn grundsätzlich auch ein untauglicher Versuch strafbar ist. Dieses Ergebnis widerspricht auch nicht dem von V angeführten „Strafzweck des Versuchs". Denn § 23 Abs. 3, aber auch die Formulierung in § 22 („[...] nach seiner Vorstellung von der Tat [...]") zeigen deutlich, dass der Zweck der Versuchsstrafbarkeit nicht rein objektiv in der tatsächlichen Gefährdung des geschützten Rechtsguts liegt. Vielmehr enthält die Versuchsstrafbarkeit auch eine **subjektive Komponente** in Gestalt des rechtsfeindlichen Willens des Täters. Ein solcher liegt aber auch beim untauglichen Versuch vor und wird nach außen erkennbar betätigt. Da T das Radio für angeschaltet hielt und davon ausging, mit dem Hineinstoßen könnte O einen tödlichen Stromstoß erleiden, hat sie sich daher nach §§ 212, 22, 23 strafbar gemacht, falls sie nicht strafbefreiend zurücktreten konnte (wozu der Sachverhalt keine näheren Informationen enthält).

213. Hexen hexen

In Fall 212 wollte T – nachdem schon ihre Bemühungen gegenüber O erfolglos waren – wenigstens den untreuen F zur Strecke bringen. Beraten von ihrer esoterisch ambitionierten Freundin H, beschloss T, den F tot zu hexen. Zu diesem Zweck zerriss sie um Mitternacht über einem frisch ausgehobenen Grab im Schein einer von H verwunschenen Kerze ein Foto des F in der festen Überzeugung, dass F im selben Moment in seinem Bett sterben werde. Staatsanwalt S will auch hier Anklage wegen versuchten Totschlags erheben, da genauso wie in Fall 212 ein untauglicher Versuch vorliege. Was ist hiervon zu halten?

Zur Vertiefung: *Kühl,* § 15 Rn. 93–95; *Rengier* AT, § 35 Rn. 13; *Roxin* II, § 29 Rn. 371–375; *Wessels/Beulke/Satzger,* Rn. 620; *Herzberg,* Jura 1990, 16 ff.; *Kudlich,* JZ 2004, 72 ff.; *Satzger,* Jura 2013, 1017 ff.

Folgt man der h. M., so dürfte S keine Anklage erheben. Denn der **„abergläubische" oder „irreale" Versuch,** bei dem sich der Täter „übersinnlicher" Mittel bedient, soll völlig **außerhalb des Anwendungsbereichs** der §§ 22, 23 liegen. Völlig zweifelsfrei ist dies aber nicht: Die Grenze zwischen „irrealen" und anderen nach dem jetzigen Erkenntnisstand völlig untauglichen Mitteln ist schwierig zu ziehen. Auch die Gefährlichkeit des Täters unterscheidet sich nicht wesentlich von der des Täters, der eine andere Untauglichkeit aus grobem Unverstand verkennt. Sieht man schließlich den Strafgrund des Versuchs mit einer verbreiteten Ansicht auch im Hervorrufen eines rechtserschütternden Eindrucks, ist zu berücksichtigen, dass es „irreale" Versuche gibt, die durchaus einen rechtserschütternden Eindruck hinterlassen – würde etwa der Papst öffentlich für den Tod eines ausländischen Staatsoberhauptes beten, dürfte das die Rechtsgemeinschaft stärker erschüttern als so mancher „realer" grob unverständiger Versuch. Ein vollständiges Ausscheiden aus dem Anwendungsbereich des StGB ist daher wohl nur auf Grund einer wertenden Entscheidung im Wege eines „normativen Ausblendens" begründbar. Stattdessen könnte man entsprechende Fälle aber auch mit der Gegenansicht „nur" nach § 23 Abs. 3 (vgl. unten Fall 256) behandeln.

214. Und ewig lockt die Hausmeistertochter (I)

T hatte es auf die Tochter O seines Hausmeisters abgesehen und verführte sie in einer stillen Stunde.
a) Dabei ging er davon aus, dass O erst 13 Jahre alt sei, sie war jedoch tatsächlich bereits 15.
b) T wusste, dass O bereits 15 Jahre war, ging aber davon aus, dass sexuelle Beziehungen mit Personen bis 16 Jahren generell unter Strafe stehen.
Hat sich T wegen sexuellen Missbrauchs von Kindern (§ 176) strafbar gemacht?

Zur Vertiefung: *Kühl,* § 15 Rn. 96 f.; *Rengier* AT, § 35 Rn. 1 ff., 15; *Roxin* II, § 29 Rn. 378–381; *Wessels/Beulke/Satzger,* Rn. 619–622; *Schmitz,* Jura 2003, 593 ff.; *Valerius,* JA 2010, 113 ff.

Da taugliche Tatobjekte im Sinne des § 176 nur Personen unter 14 Jahren sind, liegt jedenfalls kein vollendeter sexueller Missbrauch von Kindern vor. T könnte jedoch einen (nach § 176 Abs. 6 strafbaren) **untauglichen Versuch** begangen haben:

Zu a) T stellt sich **Umstände** vor, die bei ihrem **tatsächlichen Vorliegen** zu einer Strafbarkeit geführt hätten. Sein Vorsatz ist daher auf ein tatsächlich strafbares Verhalten (sexueller Kontakt mit einem Kind unter 14 Jahren) gerichtet, sodass ein ausreichender Tatentschluss für eine Versuchsstrafbarkeit in Gestalt eines sog. **untauglichen Versuchs** vorliegt (quasi umgekehrter Tatbestandsirrtum).

Zu b) T erkennt dagegen alle relevanten Umstände und stellt sich nur eine rechtlich so gar nicht existierende Strafvorschrift vor. Er trifft also eine **falsche rechtliche Bewertung** und erweitert in seiner Vorstellung die rechtlichen Grenzen der Strafbarkeit über die vom Gesetz angeordneten hinaus. Sein Vorsatz ist nicht auf tatsächlich strafbares, sondern strafloses Verhalten (sexueller Kontakt mit 15-Jähriger) gerichtet. Es liegt nur ein **strafloses Wahndelikt** vor (quasi umgekehrter Verbotsirrtum; vgl. nachfolgende Übersicht).

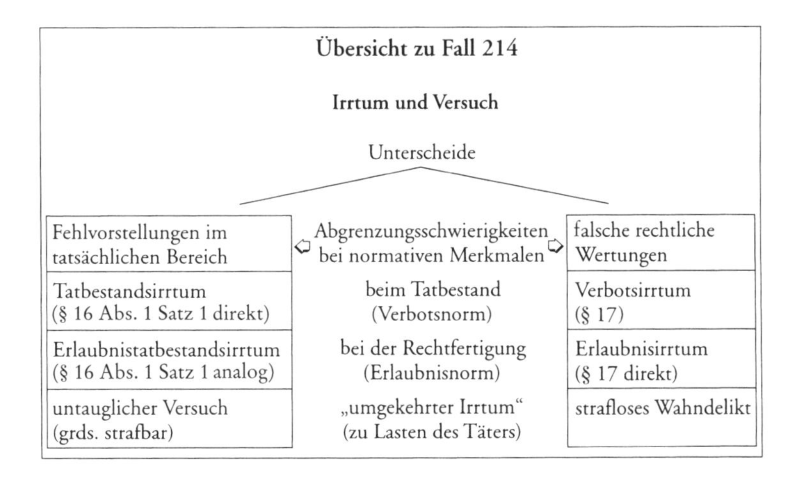

Übersicht zu Fall 214

Irrtum und Versuch

Unterscheide

Fehlvorstellungen im tatsächlichen Bereich	⇦ Abgrenzungsschwierigkeiten bei normativen Merkmalen ⇨	falsche rechtliche Wertungen
Tatbestandsirrtum (§ 16 Abs. 1 Satz 1 direkt)	beim Tatbestand (Verbotsnorm)	Verbotsirrtum (§ 17)
Erlaubnistatbestandsirrtum (§ 16 Abs. 1 Satz 1 analog)	bei der Rechtfertigung (Erlaubnisnorm)	Erlaubnisirrtum (§ 17 direkt)
untauglicher Versuch (grds. strafbar)	„umgekehrter Irrtum" (zu Lasten des Täters)	strafloses Wahndelikt

215. Und ewig lockt die Hausmeistertochter (II)

Wie Fall 214, allerdings
a) denkt T, dass angesichts der veränderten gesellschaftlichen Wertmaßstäbe sexuelle Kontakte mit Kindern ab zwölf Jahren erlaubt seien.
b) hält T die tatsächlich erst 13-jährige O irrtümlich für 15 (nimmt aber weiterhin irrtümlich an, sexuelle Kontakte mit Kindern bis 16 Jahren stünden unter Strafe).
Wie sind diese Fälle rechtlich zu bewerten?

Zur Vertiefung: *Kühl,* § 15 Rn. 99; *Rengier* AT, § 35 Rn. 1 ff., 15; *Wessels/Beulke/Satzger,* Rn. 619–623; *Brocker,* JuS 1994, L 17 ff.

Vorliegend sind die versuchs- bzw. wahndeliktsbegründenden Irrtümer in Fall 214 jeweils mit **„gegenläufigen" Irrtümern „zu Gunsten" des T** kombiniert. Dabei betrifft jedoch jeweils ein Irrtum die tatsächlichen Voraussetzungen, der andere die rechtliche Bewertung, sodass sie sich nicht „wechselseitig kompensieren". Daraus ergibt sich vorliegend Folgendes:

Zu a) Es liegt ein **untauglicher Versuch** vor (vgl. bereits Fall 214). Der Irrtum des T über die Altersgrenze ist ein **Verbotsirrtum** nach § 17, der gewiss vermeidbar ist, sodass auch T's Schuld nicht entfällt.

Zu b) Dem T **fehlt** der **Vorsatz** hinsichtlich einer tatsächlich strafbaren Handlung, da er O für 15 Jahre alt hält. Seine insoweit über die Rechtsordnung hinausgehende Vorstellung einer Strafbarkeit ist als **Wahndelikt unbeachtlich** (vgl. bereits Fall 214).

216. Nierenverlust

a) Urologe T behandelte O erfolglos wegen starker Nierenschmerzen. Als O zu einem anderen Urologen wechselte, ergab eine Nierenfunktionsprüfung eine seit längerem bestehende Organschädigung. Die rechte Niere wurde entfernt. Daraufhin forderte O's Rechtsanwalt bei T die Krankenakten zur Prüfung von Schadensersatzansprüchen an. T's Behandlung war zwar tatsächlich *lege artis* erfolgt. Gleichwohl veränderte T die Krankenunterlagen und diktierte einen zweiten Arztbrief an den Hausarzt, den er rückdatieren ließ und in dem die von ihm unterlassene Nierenfunktionsprüfung als eine an den Hausarzt zur Weiterbehandlung empfohlene Maßnahme dargestellt wurde. Er konnte sich nämlich an den Vorgang nicht mehr exakt erinnern und hielt daher für möglich, dass der Organverlust doch auf falsche Diagnose seinerseits zurückzuführen war. Auf Grund der Unterlagen wurde die spätere Klage abgewiesen.
b) T war sich sicher, *lege artis* gehandelt zu haben, manipulierte aber dennoch die Unterlagen. Er fürchtete nämlich, aus juristischen Gründen haftbar zu sein, selbst wenn ein medizinischer Fehler nicht vorgelegen haben sollte, da es möglicherweise eine „Gefährdungshaftung" für Ärzte beim Unterlassen bestimmter Maßnahmen gebe.
Hat sich T wegen Betrugs strafbar gemacht?
(vgl. BGHSt 42, 268)

Zur Vertiefung: *Roxin* II, § 29 Rn. 394–415; *Rengier* AT, § 35 Rn. 1 ff., 17 ff.; *Wessels/Beulke/Satzger,* Rn. 619 ff.; *Kudlich,* NStZ 1997, 432 ff.

Ein vollendeter Betrug (§ 263) scheidet in beiden Varianten aus, da T keinen Kunstfehler begangen hat, der eine zivilrechtliche Haftung begründen könnte. Deshalb liegen mit Blick auf die manipulierten Unterlagen zwar eine Täuschung, ein Irrtum und in Gestalt der Klageabweisung auch eine Vermögensverfügung des Gerichts über das Vermögen des O vor (Prozessbetrug als Konstellation des Dreiecksbetrugs). Da dem O jedoch tatsächlich kein Anspruch zustand, fehlt es (je nach verfolgtem Vermögensbegriff) am Schaden, jedenfalls aber an der objektiven Rechtswidrigkeit der erstrebten Bereicherung.

Zu a) Es liegt jedoch unzweifelhaft ein **untauglicher Versuch** vor. Denn T's (bedingter) Vorsatz war auf **tatsächliche Umstände** (falsche Diagnose) gerichtet, die zu einem Schaden und zur objektiven Rechtswidrigkeit der angestrebten Bereicherung geführt hätten. T irrte also im tatsächlichen Bereich und stellte sich dabei Umstände vor, die bei ihrem wirklichen Vorliegen seine Strafbarkeit begründet hätten.

Zu b) Hier ist die Situation schwieriger, da T eine **falsche rechtliche Bewertung** trifft. Diese betrifft allerdings nicht das Strafrecht selbst (etwa der Art, dass T denken würde, auch nicht bestehende Ansprüche könnten strafrechtlich geschützt sein). Vielmehr betrifft sie eine **außerstrafrechtliche Vorfrage** (nämlich hier: das zivilrechtliche Bestehen eines Anspruchs aus einer Art Gefährdungshaftung). Die Behandlung dieser Fälle ist umstritten. Vorzug verdient jedoch grundsätzlich die Ansicht, die außerstrafrechtliche Rechtsfragen insoweit **wie Tatsachenfragen** behandelt. Denn T hat den spezifisch strafrechtlich-sozialen Sinn der Merkmale „Vermögensschaden" bzw. „Rechtswidrigkeit der Bereicherung" durchaus richtig erfasst und nicht (wie beim Wahndelikt) zu seinen Ungunsten ausgedehnt. Die für den Versuch typische „vertrauenserschütternde" Wirkung muss aber spezifisch strafrechtlich beurteilt werden (vgl. auch zur umgekehrten Situation des Irrtums oben Fall 67).

Ergänzende Bemerkung: Der Meinungsstand zu dieser Frage ist in seinen Details unübersehbar; im Ergebnis kommen allerdings die meisten Ansätze dazu, dass ein außerstrafrechtlicher Rechtsirrtum regelmäßig versuchsbegründend wirken kann. Die klarste Gegenposition vertritt eine Mindermeinung, nach der jeder Irrtum im rechtlichen Bereich alleine ein Wahndelikt begründen könne. Dies wird damit begründet, dass auch bei einem außerstrafrechtlichen Irrtum der Täter im Ergebnis seine Vorstellung von der Strafbarkeit über den Maßstab der (Gesamt-)Rechtsordnung hinaus ausdehne. Ein solcher strengerer Maßstab könne ihm aber nicht zum Nachteil gereichen. Dabei wird aber zu wenig berücksichtigt, dass für die Beurteilung der strafrechtlichen Relevanz eines Irrtums auch nur die Strafrechtsordnung normativer Maßstab sein sollte. Wer deren Anforderungen richtig erfasst, befindet sich in keinem (direkten oder wie hier beim Wahndelikt) umgekehrten Verbotsirrtum.

4. Das unmittelbare Ansetzen

217. Gesetzliche Regelung und Prüfungsaufbau

a) Welche Entscheidung trifft § 22 in der Auseinandersetzung zwischen objektiver und subjektiver Bestimmung des Versuchsbeginns?
b) Welche Konsequenz ergibt sich daraus für die Struktur der Prüfung des unmittelbaren Ansetzens zum Versuch?

Zur Vertiefung: *Kühl,* § 15 Rn. 38; *Rengier* AT, § 34 Rn. 22; *Roxin* II, § 29 Rn. 1–5; *Wessels/Beulke/Satzger,* Rn. 599 ff.; *Bosch,* Jura 2011, 909 ff.; *Krack,* JA 2015, 905 ff.

Zu a) § 22 ist Ausdruck eines **gemischt subjektiv-objektiven** Verständnisses vom **Versuchsbeginn.** Er stellt nicht wie die subjektive Theorie alleine auf den Täterwillen, aber auch nicht wie die objektiven Theorien alleine auf das objektive Vorliegen der ersten tatbestandsmäßigen Handlung bzw. bestimmter Gefährdungsgrade ab, sondern kombiniert beides: Der Täter muss nach seiner Vorstellung von der Tat (subjektive Komponente) unmittelbar ansetzen (objektive Komponente).

Zu b) Dies führt grundsätzlich zu einer **zweistufigen Prüfung** des § 22:
- Im ersten Schritt ist zu ermitteln, welche **Vorstellung** der Täter von den tatrelevanten Umständen hat.
- Im zweiten Schritt ist zu fragen, ob der Täter auf der Grundlage dieser Vorstellung – oder anders ausgedrückt: wenn seine Vorstellung von den tatrelevanten Umständen zutreffend wäre – bereits **unmittelbar** zur Tatbestandsverwirklichung **angesetzt** hat.

Ergänzende Bemerkung: In der Mehrzahl der Fälle in Klausur und Praxis tritt die „Zweistufigkeit" dieser Prüfung nicht so klar hervor, weil der Täter die tatsächlichen Umstände zutreffend erfasst. Es ist dann zwar gleichwohl eine Beurteilung nach der Vorstellung des Täters zu treffen; diese stimmt dann aber mit den wirklichen Umständen überein, sodass diesem Gesichtspunkt geringere Bedeutung zukommt. Wichtig ist er vor allem, wenn der Täter sich Umstände vorstellt, die in dieser Form nicht vorliegen, ein unmittelbares Ansetzen aber nur auf der Grundlage dieser Vorstellung bejaht werden kann.

218. Kriterien für ein unmittelbares Ansetzen

Anhand welcher Kriterien lässt sich – als zweiter Schritt im Sinne der in Frage 217 beschriebenen Prüfung – feststellen, ob bereits ein unmittelbares Ansetzen vorliegt?

Zur Vertiefung: *Kühl,* § 15 Rn. 56–85; *Rengier* AT, § 34 Rn. 21 ff., 27; *Roxin* II, § 29 Rn. 99–144; *Wessels/Beulke/Satzger,* Rn. 600 f.; *Rath,* JuS 1998, 1106 ff.

Ein unmittelbares Ansetzen liegt unproblematisch dann vor, wenn der Täter bereits eine **tatbestandsmäßige Handlung** begangen, diese aber nicht zum Erfolg geführt hat. Schwierig ist die Abgrenzung dagegen, wenn sich der Täter noch im Vorfeld der eigentlichen tatbestandsmäßigen Handlung befindet. Hier wird eine **Vielzahl von Theorien** vertreten. Diese müssen allerdings nicht als im strengen Sinn miteinander unvereinbare Alternativen verstanden werden. Vielmehr bezeichnen sie unterschiedliche Aspekte, die **miteinander kombiniert** und je nach Situation herangezogen werden können, um das **Unmittelbarkeitskriterium zu konkretisieren.** Danach liegt ein unmittelbares Ansetzen etwa vor, wenn aus der Sicht des Täters
- zwischen seinem Verhalten und der Tatbestandsverwirklichung kein wesentlicher Zwischenschritt mehr erfolgen muss;
- bereits in die Schutzsphäre des Opfers eingebrochen worden ist;
- eine unmittelbare Gefährdung des geschützten Rechtsguts erreicht ist.

219. Auf der Suche nach der Schallplatte (I)

T hatte den Entschluss gefasst, in O's Wohnung einzudringen, den O niederzuschlagen und anschließend in O's Schallplattensammlung nach einer wertvollen Erstaufnahme zu suchen, um diese zu stehlen. Als T die Wohnung betrat, stellte er zu seiner großen Freude fest, dass die wertvolle Erstaufnahme in ihrer Hülle gerade auf dem Schreibtisch des O lag. Er nahm die Platte an sich und verließ die Wohnung schnell wieder, bevor O auftauchen konnte. Staatsanwalt S möchte T nicht nur wegen Wohnungseinbruchsdiebstahl (§ 244 Abs. 1 Nr. 3), sondern auch wegen versuchten Raubes (§§ 249, 22, 23) anklagen. Denn schließlich habe T Tatentschluss zur Durchführung eines Raubes gehabt und mit der Wegnahme sogar schon ein Merkmal des § 249 verwirklicht. Was ist davon zu halten?

Zur Vertiefung: *Kühl,* § 15 Rn. 47–50; *Rengier* AT, § 34 Rn. 59; *Roxin* II, § 29 Rn. 112; *Wessels/Beulke/Satzger,* Rn. 605.

Der Ansicht des S ist hier nicht zuzustimmen; T hat sich **nicht wegen versuchten Raubes** strafbar gemacht. Zwar hat T in der Tat ein Merkmal des § 249 verwirklicht, zu dem er auch einen vorbehaltlosen Tatentschluss gefasst hat. Allerdings ergibt sich aus der **tatbestandlichen Struktur des § 249,** dass für den Versuchsbeginn zumindest regelmäßig nicht das Ansetzen zur Wegnahme, sondern zur qualifizierten Nötigung vorliegen muss. Denn Nötigung und Wegnahme müssen gerade derart final verklammert sein, dass die Nötigung der Wegnahme dienen soll und ihr daher vorausgehen muss. Ein unmittelbares Ansetzen zu einer Wegnahme ohne vorherige qualifizierte Nötigung genügt daher normalerweise nicht (falls nicht nach dem Tatplan ausnahmsweise der Gewalteinsatz zwischen Beginn und Vollendung der Wegnahmehandlung erfolgen soll).

Das Ergebnis des S könnte allenfalls mit der Erwägung begründet werden, dass im Einsteigen auch bereits ein unmittelbares Ansetzen zur späteren Gewaltanwendung liege. Dafür könnte man anführen, dass mit dem Betreten des Hauses in die räumliche Schutzsphäre des Opfers eingedrungen oder der letzte wesentliche Zwischenschritt vollzogen worden sei o. Ä. Aber dafür müssten im Sachverhalt wohl Anhaltspunkte dafür vorliegen, dass T jedenfalls damit rechnete, sofort nach Betreten des Hauses den O niederschlagen zu müssen. Hier liegt dagegen näher, dass der genaue weitere Verlauf des Planes davon abhängig war, wann O überhaupt auftauchen würde.

220. Auf der Suche nach der Schallplatte (II)

Könnte S nach der Antwort auf Frage 219 wie folgt argumentieren: Wenn die Struktur des § 249 voraussetze, dass der Täter regelmäßig zu einer zeitlich vorhergehenden qualifizierten Nötigung ansetze, dann könne man vorliegend doch zumindest einen versuchten räuberischen Diebstahl nach § 252 annehmen, da hier die Reihenfolge zwischen Wegnahme und Gewaltanwendung genau umgekehrt sei. Dann müsse aber dort konsequenterweise

ein unmittelbares Ansetzen schon in der Wegnahme liegen. Hat S diesmal Recht?

Nein, und zwar aus zwei Gründen nicht: Zum einen wäre bereits **fraglich,** ob T überhaupt einen solchen **Tatentschluss** gefasst hatte, d. h. sich vorgenommen hatte, nach einer eventuellen Wegnahme zur Besitzsicherung Gewalt anzuwenden. Dies ergibt sich nicht zwingend aus dem Sachverhalt. Zum anderen und vor allem aber ist die **Wegnahme keine tatbestandliche Handlung** des § 252. Vielmehr setzt dieser voraus, dass **bereits vorher** ein Diebstahl begangen worden ist; Tathandlung ist alleine die Gewaltanwendung. Die vom Tatbestand geforderte Eigenschaft, (Vor-) Täter eines Diebstahls zu sein, führt hier alleine genauso wenig zu einem unmittelbaren Ansetzen wie sonst, wenn ein anderes Merkmal als die Tathandlung erfüllt wird. Plakativ: Zu einem Amtsdelikt wird nicht schon dadurch angesetzt, dass der Täter Amtsträger ist, zu einer Verletzung von Berufsgeheimnissen (§ 203) nicht schon dadurch, dass der Täter Arzt oder Rechtsanwalt ist usw.

Ergänzende Bemerkung: BGH NStZ 2011, 400 betont zutreffend, dass bei einem mehraktigen Geschehensablauf erst dasjenige zum unmittelbaren Ansetzen führt, durch welches der Taterfolg unmittelbar herbeigeführt werden soll: Werden also bei einem Betrug mehrere Täuschungen aneinandergereiht, um am Ende das Opfer zu einer Vermögensverfügung zu bewegen, so wird erst mit derjenigen Täuschung unmittelbar angesetzt, an welche sich ohne weitere Zwischenschritte die Vermögensverfügung anschließen soll. Solche Täuschungen, die erst dazu dienen, das „Lügengebäude aufzubauen", bleiben als Vorbereitungshandlungen außer Betracht.

221. Tankstellen(über)fall

T wollte die Tankstelle des O überfallen. Als er diese verschlossen vorfand, begab er sich zum Wohnhaus des O, setzte seine Strumpfmaske auf und klingelte. Er ging davon aus, dass O an der Tür erscheinen werde, den er nach seinem Plan sogleich mit einer Pistole bedrohen, fesseln und zur Duldung der Wegnahme von Gegenständen aus seiner Wohnung nötigen wollte. Als niemand öffnete, gab T sein Vorhaben auf, da aus dem Nachbarhaus eine Frau heraussah und T glaubte, diese könne ihn entdecken. Hat sich T wegen versuchten schweren Raubes strafbar gemacht? (vgl. BGHSt 26, 201)

Zur Vertiefung: *Kühl,* § 15 Rn. 64; *Rengier* AT, § 34 Rn. 36; *Roxin* II, § 29 Rn. 127 f., 145–154; *Wessels/Beulke/Satzger,* Rn. 609; *Fahl,* JA 1997, 639 ff.; *Roxin,* JuS 1979, 1 ff.

Mit dem BGH ist dies zu bejahen, insbesondere hat T mit **dem Klingeln unmittelbar** zum Versuch des Raubes **angesetzt.** Nach dem zweistufigen Prüfungsschema zum unmittelbaren Ansetzen (vgl. Frage 217) ist zunächst **nach der Vorstellung des T** von der Tat zu fragen. Diese ging dahin, dass auf das Klingeln hin jemand die Tür öffnen werde. Legt man dies aber zugrunde, dann war das Klingeln der **letzte** von T selbst durchzuführende **Schritt** vor der Tatbestandsverwirklichung. Denn das Öffnen der Tür hätte durch O selbst erfolgen sollen, das Bedrohen mit der Pistole wäre bereits Ausführungshandlung gewesen. Auch stand die Gefährdung des O nach der Vorstellung des T bereits raumzeitlich unmittelbar bevor und das Klingeln war bereits der erste Kontakt zu O's räumlicher Schutzsphäre. Damit könnte man nach einer Reihe der o. g. Kriterien ein unmittelbares Ansetzen nach der Tätervorstellung bejahen. Zuzugeben ist jedoch, dass es sich um einen Grenzfall handelt.

Ergänzende Bemerkung: Dagegen soll nach Auffassung des BGH (NStZ-RR 2004, 361 m. Anm. *Kudlich,* JuS 2005, 186 ff.) das Klingeln an einer Wohnungstür des vom Täter ausgewählten Opfers noch kein unmittelbares Ansetzen zum Versuch eines Tötungsdelikts darstellen, wenn der Täter davon ausgeht, dass möglicherweise auch ein anderes Familienmitglied die Tür öffnen wird und er nicht entschlossen ist, jeden zu töten, der die Tür öffnen würde. Zum Problem des unmittelbaren Ansetzens bei Vorbehalten des Täters auch BGH NStZ 2013, 579 m. Anm. *Jäger,* JA 2013, 949.

222. Nagelfall

T wollte den Geldboten O berauben. Zu diesem Zweck begab er sich zum Parkplatz einer Bank, wo O sein Auto abgestellt hatte. T stieß einen 14 cm langen Nagel in den Vorderreifen von O's Wagen und verband diesen mit einem Pfosten. Nach seinem Plan sollte der Nagel beim Anfahren durch O aus dem Reifen gezogen werden, sodass die Luft langsam entweichen sollte. Würde O dann nach einiger Zeit mit einem „Platten" stehen bleiben und den Wagen verlassen, wollte T ihn überfallen. Noch während T auf O wartete, wurde er von der Polizei festgenommen, die den ganzen Vorfall beobachtet hatte. Hat sich T wegen versuchten Raubes strafbar gemacht? (vgl. BGH NJW 1980, 1759)

Zur Vertiefung: *Kühl,* § 15 Rn. 65; *Roxin* II, § 29 Rn. 162–165; *Wessels/Beulke/Satzger,* Rn. 600–603; *Hoffmann,* JA 2016, 194 ff. (allgemein zum unmittelbaren Ansetzen bei zeitlich gestreckten Handlungsverläufen).

Entgegen der Ansicht des BGH liegt hier **noch kein unmittelbares Ansetzen** zum Raub vor. Als tatbestandliche Raubhandlung scheidet eine Einwirkung auf den Reifen jedenfalls aus; vielmehr sollte eine solche erst beim späteren Aussteigen des O stattfinden. Obwohl es sich beim Anbringen des Nagels um einen wesentlichen Bestandteil des Tatplans handelte, war es mit der später geplanten Raubhandlung noch nicht in einer Weise verbunden, die eine Beurteilung als unmittelbares Ansetzen rechtfertigen würde: Da O erst noch kommen, losfahren und zusätzlich der weitere Plan funktionieren müsste, liegen **noch mehrere wichtige Zwischenschritte** zwischen dem Handeln des T und dem Beginn der tatbestandlichen Handlung. Dies macht auch die nicht unerheblich noch bestehende **raumzeitliche Distanz** bis zum Überfall deutlich. Zwar war das Einstechen des Nagels bereits ein erster Kontakt mit der Schutzsphäre des O; allerdings sollte diese nicht in unmittelbarer Nähe überwunden, sondern erst nach und nach geschwächt werden.

Ergänzende Bemerkungen: (1.) Auch hier liegt ein Grenzfall vor, den man natürlich mit dem BGH auch anders beurteilen kann. Der BGH betont, dass all das hier Aufgeführte gerade kein wesentlicher Zwischenakt mehr sei, da das Verhalten eine „natürliche Einheit" bilde. Das zeigt, dass auch die herangezogenen Kriterien ihrerseits auslegungsbedürftig sind und unterschiedlich beurteilt werden können.

(2.) In einem ähnlichen Fall (BGH NStZ 2004, 38: Präparieren der für den Überfall vorgesehenen Sparkassenfiliale) hat auch der BGH primär auf die noch erforderlichen Zwischenschritte und die raumzeitliche Distanz abgestellt und so das unmittelbare Ansetzen verneint.

223. Ein Enkel auf der Toilette

T wollte die O bei einem Spaziergang im Park ausrauben, hatte aber Bedenken, weil sich ihr kräftig aussehender Enkel E in ihrer Nähe befand. Als er wahrnahm, dass E eine öffentliche Toilette aufsuchte und O schon langsam allein weiter lief, blockierte er rasch von außen die Klinke der Toilettentür mit einem Stuhl, sodass E einige Zeit brauchen würde, um wieder hinaus zu kommen. Dann wollte er schnell der O hinterherlaufen, um ihr sofort gewaltsam die Handtasche zu entreißen. Hat sich T zu diesem Zeitpunkt bereits wegen versuchten Raubes strafbar gemacht?
(vgl. BGHSt 3, 297)

Zur Vertiefung: *Kühl,* § 15 Rn. 71; *Roxin* II, § 29 Rn. 162–164; *Wessels/Beulke/Satzger,* Rn. 600–602.

Der BGH hat dies bejaht, und man kann dem wohl trotz gewisser Zweifel zustimmen. Ein unmittelbares Ansetzen ist hier zu bejahen, weil T nach seiner Vorstellung im **nahen zeitlichen und räumlichen Zusammenhang** eine wesentliche Schutzvorkehrung für das Rechtsgut ausschaltete (sog. **Schutzminderungsfälle**). Aus Sicht des T war der E gewissermaßen die wesentliche Hürde, die es auf dem Weg zu O's Handtasche zu überwinden galt. Insoweit kann man nach dem Beurteilungsmaßstab des T auch davon sprechen, dass er in die (hier eben nicht räumliche, sondern personell geprägte) Schutzsphäre der O eingedrungen ist. Zugegebenermaßen bestand auch hier noch das Erfordernis, die O zu verfolgen und zu überwältigen; aber aus Sicht des T war das Gelingen dieser Tat von weniger Unwägbarkeiten abhängig als etwa in Fall 222.

224. Einbruchsfall

T wollte in die Galerie des O einbrechen, um dort ein Bild zu stehlen. Nach seinem Tatplan wollte er mit einem Glasschneider ein großes Loch in die Scheibe eines Fensters an der Rückseite der im Erdgeschoss liegenden Galerie schneiden, in das Haus gehen, das Bild von der Wand nehmen und das Haus sofort verlassen. Als er gerade dabei war, ein Loch in die Scheibe zu schneiden, wurde er von O überrascht. Wegen versuchten Diebstahls in einem besonders schweren Fall angeklagt (vgl. §§ 242, 243 Abs. 1 Satz 2 Nr. 1, 22, 23), wandte T ein, er habe zwar zugegebenermaßen zum Regelbeispiel des Einbrechens unmittelbar angesetzt. Darauf könne es aber nicht ankommen; da er nämlich zur Wegnahme im Sinne des § 242 noch nicht angesetzt habe, müsse ein Versuch ausscheiden. Was ist davon zu halten?

Zur Vertiefung: *Kühl,* § 15 Rn. 51–54; *Rengier* AT, § 34 Rn. 62; *Roxin* II, § 29 Rn. 170–172; *Wessels/Beulke/Satzger,* Rn. 607; *Kudlich,* JuS 1999, L 89 ff.

T hat im Ausgangspunkt Recht: Ebenso wie im Übrigen auch bei Qualifikationen ist erst recht bei Regelbeispielen zu verlangen, dass für den Versuchsbeginn ein **unmittelbares Ansetzen zum Grunddelikt** vorliegen muss. Allerdings ist hier zu berücksichtigen, dass in dem Beginn des Aufschneidens **zugleich** auch ein unmittelbares Ansetzen **zur Wegnahme** liegt: Denn T hat auf diese Weise bereits intensiven

Kontakt zur Opfersphäre hergestellt, und nach dem Überwinden der Scheibe hätten der Wegnahme nach seinem Tatplan keine wesentlichen Hindernisse mehr entgegengestanden. Das wäre etwa in einem Fall anders, in dem der Täter nach dem Einbrechen erst noch einen längeren Weg vor sich hätte bzw. eine längere Zeit bis zum Zuschlagen abwarten müsste und dann noch einen schwer zu überwindenden Tresor zu knacken hätte.

Ergänzende Bemerkungen: (1.) Ungeachtet dessen ist vorliegend fraglich, ob wirklich ein besonders schwerer Fall des versuchten Diebstahls vorliegt, oder anders formuliert: ob die Regelwirkung des § 243 eintreten kann, wenn das „Regelbeispiel nur versucht" ist. Entgegen der Ansicht des BGH geht nämlich ein gewichtiger Teil der Literatur davon aus, dass eine Regelwirkung stets nur von der Vollendung des Regelbeispiels ausgehen könne (vgl. näher PdW BT I, Fälle 50 f.).

(2.) Die Problematik bei Qualifikationen kann man sich anschaulich verdeutlichen, wenn man davon ausgeht, der Einbruch hätte in eine Wohnung stattgefunden, weil dann nicht nur ein Regelbeispiel eines besonders schweren Falles, sondern die Qualifikation des § 244 Abs. 1 Nr. 3 im Raume gestanden hätte.

(3.) Ein unmittelbares Ansetzen zum Grunddelikt genügt freilich dann nicht notwendig auch für einen Versuchsbeginn hinsichtlich der Qualifikation, wenn der qualifizierende Erfolg erst später in einem eigenständigen Handlungsakt herbeigeführt werden soll (also etwa der Täter das Opfer erst niederschlagen will, dabei aber bereits plant, dem bewusstlosen Opfer später einen Arm abzutrennen: noch kein Versuch des § 226 Abs. 1 Nr. 2, Abs. 2).

225. Knackige Bademeister

Die T sah, wie am Strand ein paar junge Bademeister ihren Mann O an einem Pfahl im Watt festbanden. Statt ihn aber loszubinden, nutzte sie die Chance und vergnügte sich mit einem der Bademeister. O wollte sie ertrinken lassen. T wusste dabei, dass die Flut erst in ca. drei Stunden einsetzen und O bis dahin kaum bis zu den Knöcheln im Wasser stehen würde. Nach eineinhalb Stunden merkte sie aber, dass der junge Bademeister außer einem knackigen Hintern in einer roten Badehose doch nicht so viel zu bieten hatte, wie sie gedacht hatte, und entschloss sich reumütig, ihren O zu retten. Liegt ein versuchtes Unterlassungsdelikt der T vor?

Zur Vertiefung: *Kühl,* § 18 Rn. 145–150; *Rengier* AT, § 36 Rn. 33 ff.; *Roxin* II, § 29 Rn. 266–291; *Wessels/Beulke/Satzger,* Rn. 741 f.

Der Zeitpunkt des unmittelbaren Ansetzens zum Unterlassungsdelikt ist **umstritten und schwierig** zu beurteilen, denn die üblichen Abgrenzungskriterien (z. B. unmittelbares Einmünden in die tatbestandliche Handlung) sind beim Unterlassen (nicht immer, aber) oftmals unscharf. In sachlicher Übereinstimmung mit der h. L. sollte man darauf abstellen, ob aus der Sicht des Täters durch das Untätigbleiben die **Gefahr** für das Rechtsgut bereits **in ein akutes Stadium tritt** bzw. ob eine bereits bestehende Gefahr **in signifikanter Weise erhöht** wird. Dies ist vorliegend zu verneinen, da T genau wusste, dass nach eineinhalb Stunden noch keinerlei Gefahren für O's Leben bestanden. Anders wäre es z. B., wenn auf Grund akuter Sturmwarnung der ansonsten konstante Wasserpegel plötzlich unkontrolliert zu steigen beginnen würde und nicht vorhergesehen werden könnte, wann O mit Wasser bedeckt sein würde. Würde T in dieser Situation nicht handeln, läge ein unmittelbares Ansetzen vor.

Ergänzende Bemerkung: Die h. L. bildet damit eine vermittelnde Ansicht, die Nachteile der beiden denkbaren Extrempositionen auf der Zeitachse vermeidet: Das Abstellen auf das Verstreichenlassen der ersten Rettungsmöglichkeit würde bei sich langsam entwickelnden Gefahren Situationen erfassen, bei denen der Grad der Gefahr mit der beim unmittelbaren Ansetzen zum Begehungsdelikt nicht vergleichbar ist. Dagegen würde ein Abstellen auf das Verstreichenlassen der letzten Rettungsmöglichkeit dazu führen, dass unmittelbares Ansetzen und Vollendung oft zeitlich praktisch zusammenfallen und dass Konstellationen noch nicht erfasst sind, die nach dem Grad der Rechtsgutsgefährdung ohne weiteres mit solchen vergleichbar sind, in denen beim Begehungsdelikt ein unmittelbares Ansetzen bejaht wird.

226. Flusssäure-Fall

T wollte O töten und beschloss, die Tat durch einen Dritten ausführen zu lassen, der die Tötungsabsicht nicht erkennen sollte. Dazu übergab er W eine angeblich mit essigsaurer Tonerde, tatsächlich jedoch mit tödlich wirkender Flusssäure gefüllte Flasche. Dabei erklärte er, dem O solle – notfalls gewaltsam – der Flascheninhalt oral verabreicht werden und dieser dann ausgeraubt werden. W ging nur zum Schein darauf ein und verständigte die Polizei. Hat sich T wegen eines versuchten Tötungsdelikts in mittelbarer Täterschaft strafbar gemacht?
(vgl. BGHSt 30, 363)

Zur Vertiefung: *Kühl,* § 20 Rn. 90–97; *Rengier* AT, § 36 Rn. 2 ff.; *Roxin* II, § 29 Rn. 226–265; *Wessels/Beulke/Satzger,* Rn. 613–616; *Rönnau,* JuS 2014, 109 ff.

Der BGH hat dies vorliegend zutreffend **bejaht.** Auch bei der mittelbaren Täterschaft ist der Zeitpunkt des unmittelbaren Ansetzens umstritten. Ähnlich wie beim Ansetzen zum Unterlassungsdelikt nimmt auch hier die **h. M. einen vermittelnden Standpunkt** auf der Zeitachse ein: Danach soll der mittelbare Täter noch nicht mit Beginn des Einwirkens auf den Tatmittler, aber auch nicht immer erst mit dem unmittelbaren Ansetzen des Tatmittlers ins Versuchsstadium eintreten. Vielmehr beginnt der Versuch für ihn in dem Moment, in dem er seine Einwirkung auf den Tatmittler abgeschlossen hat und das **Geschehen aus der Hand gegeben** hat, falls der Angriff auf das Opfer ohne wesentliche Zwischenschritte erfolgen soll. Diese h. M. verdient auch den Vorzug, weil sie am besten den Zeitpunkt markiert, in dem aus Sicht des Täters die Gefährlichkeit seines Handelns derjenigen des Versuchs beim Alleintäter vergleichbar ist. Vorliegend hat T alles getan, was aus seiner Sicht zur Herbeiführung des Erfolges erforderlich ist. Da W zum Schein zusagte, konnte T ferner davon ausgehen, dass ohne wesentliche Zwischenschritte und ohne allzu große zeitliche Zäsur der Angriff auf O erfolgen würde.

Ergänzende Bemerkung: Wenn der Tatmittler in einer vom Tatplan getragenen Weise ansetzt, bevor der Hintermann das Geschehen aus der Hand gegeben zu haben glaubt, kann auch dies für ihn einen Versuchsbeginn begründen. Man spricht daher auch von einer **„Alternativformel“** der h. M.

227. Bayerwald-Bärwurz (II)

Angenommen, in Fall 45b hätten in der Nacht nach dem Einbruch auch vier Polizisten den Einbrechern – allerdings abweichend von Fall 45b: vergeblich – aufgelauert. Als T später Bedenken kamen, wies er die anwesenden Polizis-

ten auf die Gefahr hin und erklärte sich mit der Sicherstellung des Giftes einverstanden. Hat T durch das Aufstellen der Flasche unmittelbar zu einem versuchten Tötungsdelikt angesetzt?
(vgl. BGHSt 43, 177)

Zur Vertiefung: *Kühl,* § 15 Rn. 85a–85d; *Rengier* AT, § 34 Rn. 51, 53 f., 58; *Roxin* II, § 29 Rn. 192–222; *ders.,* JZ 1998, 211 f.; *Wessels/Beulke/Satzger,* Rn. 603; *Kudlich,* JuS 1998, 596 ff.; *Wolters,* NJW 1998, 578 ff.

Im Ergebnis ist vorliegend **kein unmittelbares Ansetzen** anzunehmen. Hierfür sind **unterschiedliche Begründungen denkbar:** In Fällen, in denen der Täter alles vorbereitet hat und nur noch eine unbewusste Mitwirkung des Opfers erforderlich ist, sprechen zunächst gute Gründe dafür, eine mittelbare Täterschaft anzunehmen. Zwar betrifft diese zumeist Drei-Personen-Verhältnisse; allerdings ist dies nicht zwingend, da § 25 Abs. 1 Alt. 2 in seinem Wortlaut „durch einen anderen" nur die Nichtidentität zwischen Täter und Tatmittler voraussetzt. Insofern könnte man die dazu aufgestellten Grundsätze heranziehen und zumindest ein **Aus-der-Hand-Geben** des Geschehensablaufes verlangen (vgl. Fall 226), was angesichts der Anwesenheit der Polizisten zu verneinen wäre. Aber auch wenn man keinen Fall der mittelbaren Täterschaft annimmt, ist das Kriterium des Aus-der-Hand-Gebens geeignet, das Unmittelbarkeitserfordernis angemessen zu konkretisieren, da die Situation zumindest eine vergleichbare wie bei der mittelbaren Täterschaft ist. Der BGH scheint keinen Fall der mittelbaren Täterschaft anzunehmen und verlangt für ein unmittelbares Ansetzen durch den Abschluss der „Vorbereitungen" des Täters, dass die Gefährdung des Opfers **in engem zeitlichen Zusammenhang** mit dem Abschluss der Einwirkung bzw. **mit großer Gewissheit** erfolgen soll. In anderen Fällen (großer zeitlicher Abstand, ungewisses Auftreten des Opfers) soll dagegen ein unmittelbares Ansetzen erst vorliegen, wenn das Opfer selbst „mit der Falle in Kontakt tritt". Trotz der Kritik an dieser Auffassung in der Literatur sind die Unterschiede in der Sache nicht groß: Denn Aspekte der zeitlichen Nähe und der Wahrscheinlichkeit sind ja auch von Bedeutung dafür, ob man bereits von einem vorsätzlichen Aus-der-Hand-Geben des Geschehens sprechen kann.

228. Neue Unterhaltungselektronik für T und M

T und M beschlossen, gemeinsam bei O einzubrechen und die Stereoanlage sowie den neuen Fernseher des O zu stehlen. Beides sollte dann in die von T und M gemeinsam bewohnte Wohnung gestellt werden. Nach ihrem Plan wollten sie gemeinsam zum Haus des O fahren. Während der handwerklich geschicktere T das Haustürschloss aufbrechen wollte, sollte M im Wagen sitzen bleiben und T bei etwaig drohenden Störungen sofort informieren. Sobald die Tür offen war, sollte T den M holen und beide gemeinsam wollten rasch die schweren Elektrogeräte zum Auto schaffen. In dem Moment, als T die Tür offen hatte und M holte, wurden die beiden überrascht. Wegen versuchten Wohnungseinbruchsdiebstahls (§§ 242, 244 Abs. 1 Nr. 3, Abs. 2, 22, 23) angeklagt, verteidigte sich M damit, dass er doch noch nicht unmittelbar zum Versuch angesetzt habe; schließlich habe er nur im Auto

gesessen. Ein Versuch liege doch wohl nur von Seiten des T vor. Hat er damit Recht?

Zur Vertiefung: *Kühl,* § 20 Rn. 123–125; *Rengier* AT, § 36 Rn. 18 ff.; *Roxin* II, § 29 Rn. 295–307; *Wessels/Beulke/Satzger,* Rn. 611.

Nein, denn nach der herrschenden **Gesamtlösung** treten alle **Mittäter gemeinsam ins Versuchsstadium** ein, d. h. das vom Tatplan getragene unmittelbare Ansetzen eines Mittäters wird dem anderen gewissermaßen zugerechnet. Obwohl auch die Gesamtlösung in bestimmter Hinsicht Schwächen haben mag, ist sie der sog. Einzellösung vorzuziehen, nach der das unmittelbare Ansetzen für jeden Beteiligten einzeln festgestellt werden muss: Zunächst ist das unmittelbare Ansetzen das „objektive Element" der Versuchsstrafbarkeit, das nach allgemeinen Mittäterschaftsregeln zugerechnet werden kann (wenngleich zuzugestehen ist, dass in diesem Moment noch keine vollendete Mittäterschaft vorliegt). Des Weiteren ist es oft vom Zufall abhängig, welcher Beteiligte als erster selbst ins Versuchsstadium eintritt (wenngleich zuzugeben ist, dass die Strafbarkeit eben von dem realen Ablauf abhängt und nicht davon, wie es sonst noch hätte ablaufen können). Zuletzt muss natürlich auch für den Mittäter, der auf Grund der Zurechnung eines fremden Tatbeitrages wegen vollendeter mittäterschaftlicher Begehung bestraft wird, ein Zeitpunkt für den Versuchsbeginn bestimmt werden können; die hierfür von der Einzellösung angebotenen Zeitpunkte bzw. Kriterien sind aber keinesfalls überzeugender. Da vorliegend nach dem Plan von T und M (arbeitsteiliges Vorgehen; Anwesenheit beider am Tatort; gemeinschaftliche Zueignungsabsicht) eine mittäterschaftliche Begehung geplant war, ist daher durch das Ansetzen des T auch M ins Versuchsstadium eingetreten.

229. Haustür-Fall

A, B und C wollten O in seinem Haus überfallen. C sollte klingeln, und wenn O die Tür öffnen würde, sollte er von A, B und C überwältigt und zur Duldung der Wegnahme der Beute genötigt werden. C überlegte es sich jedoch anders und verständigte die Polizei. Diese kam mit ihm überein, dass man zum Zweck der Überführung von A und B mit dem Zugriff abwarten wolle, bis C klingle. Die Polizei nahm A und B absprachegemäß fest, nachdem C geklingelt hatte, noch bevor O die Tür öffnen konnte. Haben sich A und B wegen versuchten Raubes (§§ 249, 22, 23) strafbar gemacht? (vgl. BGHSt 39, 236)

Zur Vertiefung: *Kühl,* § 20 Rn. 123a; *Rengier* AT, § 36 Rn. 24 ff.; *Roxin* II, § 29 Rn. 308 f.

Nach zutreffender Ansicht des BGH liegt **keine** Strafbarkeit wegen **versuchten Raubes** vor, da es selbst auf dem Boden der Gesamtlösung an einem **unmittelbaren Ansetzen fehlt.** Zwar könnte das Klingeln an der Haustür durchaus als unmittelbares Ansetzen betrachtet werden (vgl. nochmals Fall 221), das unter Mittätern auch den anderen zugerechnet werden könnte (vgl. nochmals Fall 228). Allerdings ist hier zu beachten, dass C **tatsächlich gar kein Mittäter** von A und B mehr war. Das Vorliegen einer nur (noch) vermeintlichen Mittäterschaft kann aber trotz der subjektiven Formulierung des § 22 („[...] nach seiner Vorstellung von der Tat

[...]") nicht genügen. Denn die Vorstellung eines Beteiligten darüber, ob eine tatsächlich stattgefundene (im Normalfall von ihm selbst begangene!) Handlung ein unmittelbares Ansetzen darstellt, d. h. ob das Opfer auf der Grundlage seiner Vorstellung schon gefährdet ist o. Ä., ist von der fälschlichen Annahme zu unterscheiden, das Handeln eines Dritten sei ein mittäterschaftliches. Mit anderen Worten: Damit ein Handeln eines Mittäters überhaupt zugerechnet werden kann, muss auch tatsächlich Mittäterschaft vorliegen oder zumindest geplant sein. Erst dann ist diese zuzurechnende Handlung nach der subjektiven Sicht des Täters daraufhin zu beurteilen, ob sie ein unmittelbares Ansetzen darstellt.

230. Münzhändler-Fall

Z erzählte dem ihm nicht näher bekannten T vom Münzhändler M, der mit einem fingierten Raubüberfall seine Versicherung betrügen wolle. Gegen das Versprechen einer Belohnung überredete Z den T, beim angeblich damit einverstandenen M diesen fingierten Überfall durchzuführen und die Münzen danach an Z abzuliefern. In Wahrheit allerdings wusste M nichts von diesem Plan und meldet nach dem Überfall den Schaden seiner Versicherung, die er nie hatte betrügen wollen. Wie hat sich T strafbar gemacht?
(vgl. BGHSt 40, 299)

Zur Vertiefung: *Kühl,* § 20 Rn. 123a; *Rengier* AT, § 36 Rn. 24 ff.; *Roxin* II, § 29 Rn. 310–314; *Wessels/Beulke/Satzger,* Rn. 612; *Küpper/Mosbacher,* JuS 1995, 488 ff.; *Renzikowski,* JuS 2013, 481 ff.

Neben einer (im Ergebnis wegen der irrigen Annahme eines tatbestandsausschließenden Einverständnisses nicht gegebenen) Strafbarkeit nach §§ 249 ff. prüfte und bejahte der BGH eine Strafbarkeit wegen **versuchten mittäterschaftlichen Betruges:** T habe auf der Grundlage seiner Vorstellung eine ihn als Mittäter qualifizierende Stellung im arbeitsteiligen Zusammenwirken innegehabt und sei davon ausgegangen, dass M bei Abgabe der Schadensanzeige keinen entsprechenden Anspruch gehabt habe; in dieser Anzeige liege deshalb nach T's Vorstellung ein unmittelbares Ansetzen zum Betrug durch M. Auch wenn der 4. Strafsenat meinte, die jeweiligen Sachverhalte würden sich maßgeblich unterscheiden, steht diese Entscheidung in deutlichem Widerspruch zu der oben in Fall 229 genannten Entscheidung des 3. Senats. Aus den dort genannten Gründen ist die Annahme eines unmittelbaren Ansetzens für T bei dieser ihm **nur vorgestellten Mittäterschaft nicht recht überzeugend.** Damit bleibt für T nur eine Strafbarkeit nach § 265.

Ergänzende Bemerkungen: (1.) Die Entscheidung des 4. Senats mag auch vom Bestreben geleitet gewesen sein, eine Strafbarkeit des T überhaupt zu ermöglichen, da § 265 in seiner z. Zt. der Entscheidung geltenden Fassung noch nicht einschlägig war. Wer ihr entgegen der hier vertretenen Ansicht folgt, müsste konsequenterweise dann auch in Fall 229 zum gegenteiligen Ergebnis kommen. Man könnte dann etwa argumentieren, dass es keinen Unterschied mache, ob man ein untaugliches Werkzeug oder einen „untauglichen Mittäter" benutzt (was aber aus den zu Fall 229 genannten Gründen wohl nicht ganz den Kern trifft).

(2.) Über die Fragen der Versuchsdogmatik hinaus gibt die Entscheidung des BGH auch Anlass zu zweifeln, soweit T's Handeln überhaupt als vorgestellt mittäterschaftliches beurteilt wird: Denn hinsichtlich des Betruges wirkte T weder im eigentlichen Ausführungsstadium (Meldung an die Versicherung) mit noch wurde dieses Minus im Ausführungsbereich durch ein Plus bei der Planung ausgeglichen.

5. Die Rechtswidrigkeit

231. Notwehr durch versuchte Tat?

O griff T nach einem Wortgefecht im Wirtshaus mit einem Messer an. T versuchte, ihn durch einen Schlag mit einer rasch ergriffenen Flasche abzuwehren, kam allerdings nicht dazu, da die beiden Streitparteien im letzten Moment von anderen Besuchern festgehalten wurden. Staatsanwalt S überlegt, ob er auch T wegen versuchter gefährlicher Körperverletzung (§§ 223, 224 Abs. 1 Nr. 2, Abs. 2, 22, 23) anklagen soll. Zwar habe an sich eine Notwehrlage vorgelegen; doch könne eine nur versuchte Tat ja wohl grundsätzlich nicht zur Abwehr eines Angriffs geeignet und deswegen auch nicht erforderlich sein. Was ist dazu zu sagen?

Zur Vertiefung: *Kühl,* § 15 Rn. 21; *Wessels/Beulke/Satzger,* Rn. 610.

Hinsichtlich der **Rechtfertigungsgründe** gelten beim versuchten Delikt grundsätzlich **keine Besonderheiten.** Als Faustregel kann man sich deshalb merken, dass ein Verhalten, das als vollendete Tat gerechtfertigt wäre, natürlich erst recht auch als Versuch gerechtfertigt sein muss; sonst stünde der Versuchstäter schlechter als der Vollendungstäter, was wenig überzeugend wäre. Bei den Notrechten ist hinsichtlich der Geeignetheit zur Abwehr des Angriffs bzw. der Gefahr also darauf abzustellen, ob die **vom Tatentschluss umfasste Handlung** *(ex ante)* geeignet und auch im Übrigen gerechtfertigt wäre.

6. Rücktritt

232. Gründe für die Straflosigkeit beim Rücktritt

Auf welche unterschiedlichen Gründe wird die Straflosigkeit des Täters im Falle eines Rücktritts gestützt?

Zur Vertiefung: *Kühl,* § 16 Rn. 4–7; *Rengier* AT, § 37 Rn. 5 ff.; *Roxin* II, § 30 Rn. 1–28; *Wessels/Beulke/Satzger,* Rn. 625 f.; *Hoven,* JuS 2013, 403 ff.; *Kudlich,* JuS 1999, 240 ff.

Unter der Vielzahl von Begründungsansätzen dürften die drei folgenden groben Richtungen die wichtigsten sein:

- Die **kriminalpolitische Theorie** sieht in § 24 eine **„goldene Brücke"** für den Täter, auf der er in die Legalität zurückkehren kann. Weiß dieser nämlich, dass er schon für seinen Versuch bestraft wird, hat er wenig Anreiz, die Tat aufzugeben, sondern kann sie fast ebenso gut zu Ende bringen. Man kann diesen Gedanken mit dem vom BGH häufiger herangezogenen Aspekt des **Opferschutzes** verknüpfen, wenn der Täter den Anreiz hat, die Tat nicht zu Ende zu bringen.
- Eine andere weit verbreitete Auffassung sieht in der Straflosigkeit eine Art **Belohnung** für den Täter; er habe sich durch seine Rückkehr in die Legalität die Straflosigkeit gleichsam verdient (sog. **Verdienstlichkeitstheorie**).
- Wenn der Strafgrund des Versuchs im Hervorrufen eines rechtserschütternden Eindrucks liegen soll, kann der Grund für das Rücktrittsprivileg ferner in der **Beseitigung des rechtserschütternden Eindrucks** durch den Täter gesehen werden.

233. Prüfungsschema zum Rücktritt

Wie lässt sich der Rücktritt vom Versuch (am Beispiel des Einzeltäters) in drei Schritten übersichtlich prüfen?

Zur Vertiefung: *Kühl,* § 16 Rn. 3a; *Rengier* AT, § 37 Rn. 14; *Wessels/Beulke/Satzger,* Rn. 654a; *Scheinfeld,* JuS 2002, 250 ff.; *Kudlich,* JuS 2002, 727 f.

I. Kein fehlgeschlagener Versuch (vgl. Fragen 236 ff.)

II. Beendeter oder unbeendeter Versuch (⇨ wichtig für die erforderliche Rücktrittshandlung, vgl. Fragen 240 ff.)

III. Freiwilligkeit des Rücktritts (vgl. Fragen 245 ff.)

Ergänzende Bemerkung: Das vorstehende, in Rechtsprechung und großen Teilen der Literatur ebenfalls ganz ähnlich herangezogene, Schema ist am Gesetz sowie den dazu von Rechtsprechung und Lehre entwickelten Weichenstellungen orientiert, ohne sich unmittelbar am Wortlaut des § 24 „entlang zu tasten", der durch die Regelung mehrerer verschiedener Konstellationen auf knappem Raum in der Subsumtion nicht ganz leicht zu handhaben ist.

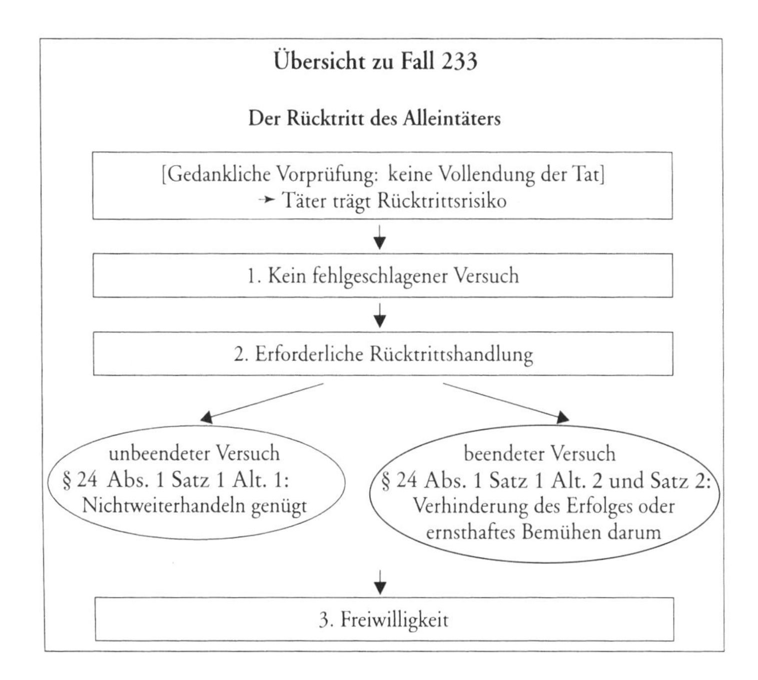

234. Viel Pech für O

T stieß den O mit Tötungsabsicht vor ein Auto, besann sich dann aber eines Besseren und leitete sofort Erste-Hilfe-Maßnahmen beim durch den Unfall noch nicht getöteten O ein.
a) Gleichwohl erlag O einige Stunden später im Krankenhaus seinen schweren Verletzungen.

b) O erholte sich von den Verletzungen und wurde auf seinem Heimweg vom Krankenhaus von einem Amokläufer im Stadtbus erschossen.
Ist T jeweils strafbefreiend vom Versuch eines Tötungsdelikts zurückgetreten?

Zur Vertiefung: *Kühl,* § 16 Rn. 79–82; *Rengier* AT, § 37 Rn. 112; *Roxin* II, § 30 Rn. 113–135; *Wessels/Beulke/Satzger,* Rn. 627.

Voraussetzung jedes Rücktritts ist, dass die Tat nicht vollendet wurde. Nach dem Eintritt ins Versuchsstadium trägt der Täter das **Rücktrittsrisiko.** Kommt es danach **zurechenbar zur Vollendung,** so helfen ihm alle seine Bemühungen nichts und er wird sogar wegen Vollendung bestraft.

Zu a) T hat sich deshalb wegen eines vollendeten Tötungsdelikts strafbar gemacht. Der geringfügig verzögerte Tod des O stellt insoweit eine **unbeachtliche Abweichung** vom beabsichtigten Kausalverlauf dar.

Zu b) T's Handeln war zwar kausal im Sinne der herrschenden Äquivalenztheorie, allerdings ist ihm O's Tod **nicht objektiv zurechenbar.** Da deshalb die Tat im Rechtssinne nicht vollendet wurde, kann im Bemühen des T ein strafbefreiender Rücktritt vom Tötungsversuch gelegen haben.

235. Rücktritt bei Diebesfalle?

In der Firma des O war mehrfach im Sozialraum für die Mitarbeiter gestohlen worden. Um den Dieb zu überführen, legte O eine Geldbörse mit zwei 100 EUR-Scheinen auf einen Tisch. Das Geld war mit einem speziellen Stoff versehen, der zu Verfärbungen auf der Haut führte. O hoffte, dass der Dieb das Geld nehmen und anhand seiner verfärbten Finger überführt werden könnte. Als die T in den Sozialraum kam und den Geldbeutel liegen sah, konnte sie der Versuchung nicht widerstehen und steckte die beiden Geldscheine in ihre Hosentasche. Wenige Sekunden danach kam Mitarbeiter M ins Zimmer, der aber nichts bemerkte. Als M das Zimmer wieder verließ, war T erleichtert und stellte sich vor, was passiert wäre, wenn M wenige Sekunden vorher in den Raum gekommen wäre. Beschämt steckte sie das Geld zurück in die Geldbörse. Strafbarkeit der T?

Zur Vertiefung: *Wessels/Beulke/Satzger,* Rn. 627, 654.

T hat sich wegen **versuchten Diebstahls** (§§ 242, 22, 23) strafbar gemacht. Eine Vollendung scheidet aus, da T zwar durch das Einstecken in die Hosentasche neuen Gewahrsam begründet hatte (sog. Gewahrsamsenklave), objektiv jedoch ein **tatbestandsausschließendes Einverständnis** des O vorlag. Von diesem (untauglichen) Diebstahlsversuch ist T auch **nicht zurückgetreten.** Zwar ist sie objektiv in Richtung auf einen Nichteintritt der Rechtsgutsverletzung tätig geworden und hat dabei trotz des starken Gefühls des „Beschämt-Seins" auch freiwillig gehandelt. Allerdings ging sie **subjektiv** in diesem Moment von Umständen aus, unter denen der Diebstahl **bereits vollendet** gewesen wäre (vgl. oben zur Gewahrsamsenklave). Das für alle Formen des Rücktritts erforderliche subjektive Abstandnehmen von der Tatvollendung kann aber nicht mehr vorliegen, wenn der Täter von einer Vollendung ausgeht. Er hat dann allenfalls einen „Wiedergutmachungs-", aber **keinen Rücktritts- bzw. Tataufgabewillen.**

Ergänzende Bemerkung: Die vorliegend behandelte Konstellation kann sich generell insbesondere dann als Problem stellen, wenn objektiv ein vom Täter nicht gemerktes tatbestandsausschließendes Einverständnis vorliegt. Für ein Beispiel, bei dem die Frage statt an § 242 an § 248b (unbefugter Gebrauch eines Fahrzeugs) aufgehängt ist, vgl. die Fallbearbeitung bei *Kudlich/Schuhr,* JA 2007, 349 ff.

236. Fehlgeschlagener Versuch

Was ist unter einem fehlgeschlagenen Versuch zu verstehen, was ist seine Konsequenz und wie ist diese Figur anhand des Gesetzes zu erklären?

Zur Vertiefung: *Kühl,* § 16 Rn. 9–12; *Rengier* AT, § 37 Rn. 15; *Roxin* II, § 30 Rn. 77–81; *ders.,* JuS 1981, 1 ff.; *Wessels/Beulke/Satzger,* Rn. 628; *Kudlich,* JuS 1999, 240 ff.

- Ein fehlgeschlagener Versuch soll nach h. M. vorliegen, wenn der Täter **nach seiner Vorstellung** von der Tat (subjektive Sichtweise!) davon ausgeht, den tatbestandlichen Erfolg mit den ihm **zur Verfügung stehenden Mitteln nicht** – oder jedenfalls nicht ohne wesentliche Zäsur – **herbeiführen zu können.**
- Wenn ein fehlgeschlagener Versuch vorliegt, soll nach h. M. der **Rücktritt ausgeschlossen** sein;
- Zugegebenermaßen ist diese Figur im Gesetz **nirgends ausdrücklich** erwähnt, worauf ihre Kritiker zu Recht hinweisen. Gerade weil die Figur des fehlgeschlagenen Versuches wegen des Ausschlusses des Rücktritts im Ergebnis straf(mit)begründend wirkt, ist sie mit Blick auf Art. 103 Abs. 2 GG kritisch zu hinterfragen. Allerdings lässt sich eine Verankerung im Gesetz darin sehen, dass selbst für den „Grundfall" des § 24 Abs. 1 Satz 1 ein **Aufgeben** der Tat verlangt wird. Von einem solchen „Aufgeben" kann aber subjektiv nicht gesprochen werden, wenn der Täter ohnehin davon ausgeht, den Erfolg nicht mehr herbeiführen zu können.

237. Es gibt viele Wege zu sterben

T wollte ihren Ehemann O töten, weil er ein außereheliches Verhältnis mit seiner Sekretärin S unterhielt. Mit ihrer Pistole, in der sich nur eine einzige Patrone befand, begab sie sich ins Bad, wo O gerade in der Badewanne lag, um sich anschließend frisch gewaschen und wohlriechend mit S zu treffen. Mit einem verzweifelten „Wenn ich Dich nicht mehr haben kann, soll dich keine haben!" drückte sie ab, verfehlte O aber, da sie vor Aufregung die Pistole nicht ruhig halten konnte. Immer noch wild entschlossen, O zu töten, ergriff sie den Föhn, schaltete ihn an und warf ihn in die Badewanne. Dieser war aber mit einer zuverlässigen Sicherung gegen Unfälle ausgestattet, sodass O nichts geschah. Kurzerhand stürzte sich die T nun auf den ihr körperlich unterlegenen O und tauchte ihn mit dem Kopf unter Wasser. Als sie aber sah, wie dieser gegen das Ertrinken ankämpfte, bekam sie Mitleid und ließ ihn wieder auftauchen. O war – wie T erkannte – ziemlich außer Atem, aber

sonst wohlauf. Hat sich T wegen eines versuchten Tötungsdelikts strafbar gemacht?
(vgl. auch BGHSt 34, 53 und BGH NStZ 1986, 264)

Zur Vertiefung: *Kühl,* § 16 Rn. 16–22; *Rengier* AT, § 37 Rn. 41 ff.; *Roxin* II, § 30 Rn. 175–210; *Wessels/Beulke/Satzger,* Rn. 629 f.; *Bosch,* Jura 2014, 395 ff.

Nach der herrschenden **Gesamtbetrachtungslehre** liegt hier ein strafbefreiender Rücktritt vor. Diese stellt bei mehreren Teilakten des Angriffs, die noch eine Handlungseinheit bilden, darauf ab, ob dem Täter die Erfolgsverwirklichung überhaupt noch möglich erscheint. Dagegen würde die sog. **Einzelaktstheorie** jeden Teilakt für sich bewerten und müsste daher bei dem einzigen T zur Verfügung stehenden Schuss und auch bei der Attacke mit dem Föhn jeweils einen fehlgeschlagenen Versuch annehmen. Für die Gesamtbetrachtungslehre spricht, dass von der Gegenansicht ein **einheitlicher Lebensvorgang auseinandergerissen** wird. Außerdem erscheint es unter dem Gesichtspunkt des **Opferschutzes** angemessen, dem Täter hier die Nichtvollendung der Tat „schmackhaft" zu machen. Selbst eine honorierbare Leistung im Sinne der Verdienstlichkeitstheorie wäre nicht völlig von der Hand zu weisen, wenn der Täter nicht weiter handelt, obwohl eine greifbare Möglichkeit dazu besteht. Da T aus ihrer Sicht noch die Möglichkeit hatte, den O in einem zusammenhängenden und -gehörenden Lebensabschnitt „Angriff im Bad" zu töten, steht einem strafbefreienden Rücktritt kein Fehlschlagen des Versuchs entgegen.

Ergänzende Bemerkung: Bei der Frage, wann tatsächlich bezüglich des ersten Teilakts bereits ein Fehlschlagen und wann nach der Gesamtbetrachtungslehre noch ein einheitlicher rücktrittsfähiger Versuch vorliegt, wird – das lässt sich der veröffentlichten Rechtsprechung entnehmen – nach Auffassung des BGH mitunter von den Instanzgerichten etwas voreilig die Rücktrittsmöglichkeit verneint. Das sollte auch der Studierende bei der Klausurlösung im Auge behalten: Nicht immer, wenn der ursprüngliche Tatplan nicht „klappt", ist der Versuch sofort fehlgeschlagen, sondern es ist mit etwas Phantasie darüber nachzudenken, ob der Täter lebensnah sein Ziel auch auf anderem Wege ohne wesentliche Zäsur erreichen könnte. Exemplarisch dazu etwa BGH NStZ 2009, 628.

238. Weniger als erwartet

T hatte gehört, dass O im Tresor seines Ferienhauses größere Geldbeträge in Höhe von rund 50 000 EUR aufbewahrt. Er drang in das Haus ein, knackte den Tresor und fand darin
a) zu seiner Enttäuschung nur 50 EUR. Da er sich „für einen solchen Hungerlohn keine Nacht um die Ohren geschlagen hat", verzichtete er auch auf dieses Geld und begab sich nach Hause.
b) zwar keine Euronoten, aber stattdessen ein Bündel größerer Dollarnoten, deren Gesamtwert er zutreffend auf ca. 35 000 EUR schätzte. Da er aber keine Lust hatte, eine Bank aufzusuchen, um das Geld umzutauschen, ließ er seinen „Fund" im Tresor liegen.
Ist T jeweils vom Versuch des Diebstahls zurückgetreten?

Zur Vertiefung: *Kühl,* § 16 Rn. 15; *Rengier* AT, § 37 Rn. 25; *Roxin* II, § 30 Rn. 101–107; *Wessels/Beulke/Satzger,* Rn. 628.

Zu a) Ein **Rücktritt ist ausgeschlossen,** denn für T's Plan ist sozusagen **„die Geschäftsgrundlage entfallen".** Zwar besteht bei einem Einbruchsdiebstahl der tatbestandliche Erfolg in der hier durchaus noch möglichen Wegnahme einer fremden beweglichen Sache. Allerdings ist klar, dass es T auf die Erlangung eines nicht ganz unerheblichen Geldbetrages ankam. Wenn er stattdessen im Tresor einen um den Faktor 1 000 geringeren Betrag vorfindet, der an der Grenze zur Geringwertigkeit liegt, wird man annehmen müssen, dass T sein „Ziel" nicht mehr erreichen kann bzw. dass hier der Unterschied zu einem völlig leeren Tresor kein ausschlaggebender ist.

Zu b) Dagegen sollte man hier einen **Rücktritt zulassen:** Denn hier fand T Gegenstände, die sich ohne große Verluste „zu Geld" in einer zumindest ähnlichen Größenordnung „machen" lassen. Diese unterschiedliche Behandlung ist auch von den Gründen für das Rücktrittsprivileg her verständlich, denn hier liegt viel **eher ein honorierbarer Verzicht** vor, und auch der **Nutzen für das Opfer** ist erheblich **größer.**

Ergänzende Bemerkung: Um den Anwendungsbereich der im Gesetz nicht genannten Figur des „Fehlgeschlagenen Versuchs" nicht zu weit auszudehnen, wäre auch vertretbar, einen solchen in Fällen der vorliegenden Art überhaupt nur anzunehmen, wenn der Täter im Tresor *gar nichts* Mitnehmenswertes mehr findet. Eine Einschränkung der Rücktrittsmöglichkeiten könnte sich dann aus dem Kriterium der Freiwilligkeit ergeben.

239. Du kommst mir wie gerufen

T riss die O auf einem Parkplatz zu Boden, um sie zu vergewaltigen. O erkannte, dass sie keine Chance hatte zu entkommen und täuschte in der Hoffnung, weitere Gewalttätigkeiten zu verhindern, ihr Einverständnis mit dem Geschlechtsverkehr vor. Sie erklärte dem T, er käme ihr „wie gerufen", da sie schon seit längerer Zeit keine sexuelle Begegnung mit einem Mann mehr gehabt habe, was T ihr glaubte. T gab die Gewaltanwendung auf und vollzog mit O den Geschlechtsverkehr. Hat T sich wegen vollendeter oder versuchter sexueller Nötigung strafbar gemacht?
(vgl. BGHSt 39, 244)

Zur Vertiefung: *Kühl,* § 16 Rn. 14; *Rengier* AT, § 37 Rn. 28 f.; *Roxin* II, § 30 Rn. 89–93.

Eine Vollendungsstrafbarkeit scheidet jedenfalls mangels Vorsatzes aus. Da § 177 Abs. 1, Abs. 2 den entgegenstehenden Willen des Opfers während des Beischlafs voraussetzt, hatte T z. Zt. der Vollendung der Tat keinen Vorsatz mehr.

T könnte aber wegen versuchter sexueller Nötigung zu bestrafen sein, wenn er nicht zurückgetreten ist: Zwar ist T die **Vollendung** seiner Tat aus seiner subjektiven Sicht auch **nicht mehr möglich,** da er den Geschlechtsverkehr gegen den Willen des Opfers nach seiner Vorstellung nicht mehr ausüben kann. Dennoch ist vorliegend **kein fehlgeschlagener** und daher nicht mehr rücktrittsfähiger Versuch anzunehmen. Denn entgegen einer Mindermeinung sind solche Fälle der **„rechtlichen Unmöglichkeit"** einer „tatsächlichen Unmöglichkeit" nicht gleichzustellen. Dem Täter ist nämlich die Möglichkeit nicht genommen, das **eigentliche Ziel seiner Handlung** zu erreichen (d. h. also z. B. bei der Vergewaltigung den Beischlaf, beim Diebstahl die Erlangung der Herrschaftsgewalt über die Sache oder beim Hausfriedensbruch den Zutritt zu der geschützten Örtlichkeit). Eine tatsächliche Straflosigkeit setzt freilich noch das endgültige Aufgeben des Planes voraus. Dies erfordert, dass der Täter sein Ziel auch dann nicht mehr gegen den Willen des Opfers durchsetzen würde, wenn dieses (nach der subjektiven Sicht des Täters) seine Einstellung ändern würde und doch nicht (mehr) einverstanden wäre (vgl. auch BGH NStZ 2010, 384). Vorliegend ist hierzu im Sachverhalt zu wenig mitgeteilt; tendenziell wird es in Fällen wie dem vorliegenden daran aber oft fehlen.

240. Beendeter und unbeendeter Versuch

An welche Unterscheidung im Gesetz knüpft die Differenzierung zwischen „beendetem und unbeendetem Versuch" an?

Zur Vertiefung: *Kühl,* § 16 Rn. 2, 23 ff.; *Rengier* AT, § 37 Rn. 30 ff.; *Roxin* II, § 30 Rn. 152 f.; 23 ff.; *Wessels/Beulke/Satzger,* Rn. 631; *Kudlich,* JuS 1999, 349 ff.

An die **unterschiedlichen Rücktrittshandlungen,** also die Unterscheidung zwischen einem bloßem „Aufgeben" der Tat in § 24 Abs. 1 Satz 1 Alt. 1 und einem aktivem Verhindern des Erfolges (bzw. ernsthaftem Bemühen darum) in § 24 Abs. 1 Satz 1 Alt. 2 (bzw. § 24 Abs. 1 Satz 2). Die Differenzierung zwischen beendetem und unbeendetem Versuch soll also gerade entscheiden, welche Anforderungen an die Rücktrittshandlung zu stellen sind, von denen der Gesetzgeber mehrere, unterschiedlich strenge nennt. Dabei ist ein Versuch beendet, wenn der Täter nach seiner Vorstellung von der Tat den Erfolgseintritt für möglich hält; in diesem Fall setzt ein strafbefreiender Rücktritt voraus, dass der Täter den Erfolgseintritt durch eigene Tätigkeit verhindert oder sich, wenn der Erfolg ohne sein Zutun ausbleibt, darum bemüht (während der bloße Verzicht auf „erfolgsbeschleunigende" Maßnahmen nicht ausreicht, vgl. BGH NStZ 2011, 688). Rechnet der Täter dagegen nach der letzten Ausführungshandlung (noch) nicht mit dem Eintritt des tatbestandlichen Erfolges, so ist der Versuch unbeendet; in diesem Fall genügt das bloße Aufgeben weiterer Tatausführung, um die strafbefreiende Wirkung des Rücktritts zu erlangen (st. Rspr., vgl. aus neuerer Zeit etwa BGH NStZ 2011, 35).

241. Ist mir doch egal, was wird

Nach einem heftigen Streit stach T seinem Bruder O zweimal mit einem Springmesser in den Oberbauch, wobei er den Tod des O billigend in Kauf nahm. Anschließend ließ T den O liegen, machte sich aber keine Gedanken darüber, ob die Stiche tatsächlich zum Tode führen würden. O, der durch die Stiche lebensgefährlich verletzt wurde, konnte gerettet werden. Hat sich T wegen versuchten Totschlags strafbar gemacht?
(vgl. BGHSt 40, 304)

Zur Vertiefung: *Kühl,* § 16 Rn. 31; *Rengier* AT, § 37 Rn. 33; *Roxin* II, § 30 Rn. 166–172; *Wessels/Beulke/Satzger,* Rn. 639; *Murmann,* JuS 1996, 590 ff.

Ja, denn T konnte vorliegend **nicht durch bloßes Nichtweiterhandeln** zurücktreten. Dies wäre nur möglich, wenn der Versuch noch unbeendet gewesen wäre. Das maßgebliche Abgrenzungskriterium der Tätervorstellung führt aber zu keinem klaren Ergebnis, wenn sich der Täter über den Erfolgseintritt keine Gedanken macht. Der BGH geht hier überzeugend davon aus, dass ein **beendeter** (und damit an den Rücktritt strengere Anforderungen stellender) **Versuch** auch dann vorliegt, wenn sich der Täter überhaupt **keine Vorstellungen** über die Möglichkeit eines Erfolgseintritts macht bzw. ihm dieser gleichgültig ist. Man könnte diese Situation der „Gleichgültigkeit" mit dem *dolus eventualis* bei der Strafbarkeitsbegründung vergleichen bzw. wie folgt argumentieren: Das weit reichende Privileg des Rücktritts bei bloßem Nichtweiterhandeln kann nur genießen, wer davon ausgeht, noch nicht alles Erforderliche zur Erfolgsherbeiführung getan zu haben.

Ergänzende Bemerkungen: (1.) Dementsprechend ist auch bei dem mit dolus eventualis handelnden Täter von einem beendeten Versuch auszugehen, wenn er zum Zeitpunkt eines eventuellen Rücktritts den Erfolgseintritt zwar nicht sicher erkennt, aber für möglich hält (BGH NStZ 2005, 151). Nur wenn der Täter in diesem Moment annimmt, der Erfolg werde nicht eintreten, liegt ein unbeendeter Versuch vor (BGH NStZ 2005, 150).

(2.) Dabei bedarf es aber in solchen Fällen, in denen auf Grund der Gefährlichkeit einer Gewalthandlung von bedingtem Tötungsvorsatz bei der Tathandlung ausgegangen wird, tragfähige Anhaltspunkte dafür, dass der Täter *nach* der Handlung auf einmal nicht mehr von der Lebensgefährlichkeit ausgeht (und damit ein unbeendeter Versuch vorliegt). Natürlich *kann* in einem Sachverhalt so etwas stehen – aber wenn dazu nichts erwähnt ist, wird man bei lebensnaher Auslegung des Sachverhalts regelmäßig davon auszugehen haben, dass sich die subjektive Einstellung des Täters zum Erfolg nicht geändert hat, sodass sich ein (auch nur bedingter) Tötungsvorsatz regelmäßig in einem beendeten Versuch fortsetzen wird, wenn die Handlungen auch objektiv lebensgefährliche Folgen hatten. Vgl. dazu etwa BGH NStZ 2009, 630; 2011, 209.

242. Ein weichherziger Hundefeind

Hundefeind T hatte sich vorgenommen, den Hund seines Nachbarn O zu töten. Dazu baute er eine Falle, bei der sich eine Schlinge um den Hals des Hundes zusammenziehen und diesen dann erdrosseln sollte. Er hatte keinerlei Bedenken, dass dieses Verfahren versagen könnte, da er auf diese Weise schon einige Hunde in der Nachbarschaft „zur Strecke gebracht hatte". Allerdings funktionierte die Falle diesmal nicht wie erwartet, da die Schlinge sich nicht um den Hals, sondern um die Vorderpfoten zusammenzog. Der Hund konnte damit zwar nicht weglaufen, war aber ansonsten völlig unversehrt. Daraufhin beschloss T, sich des so gefesselten Hundes anderweitig zu entledigen, holte sein Jagdgewehr und legte an. Im letzten Moment überlegte er sich es aber anders und ließ den Hund doch wieder frei. Hat sich T wegen versuchter Sachbeschädigung strafbar gemacht?

Zur Vertiefung: *Kühl,* § 16 Rn. 27–29; *Rengier* AT, § 37 Rn. 34 f.; *Roxin* II, § 30 Rn. 166–172; *Wessels/Beulke/Satzger,* Rn. 632 f.

Nein, denn T konnte durch das bloße Ablassen von seinem Plan noch strafbarkeitsbefreiend zurücktreten. Es liegt nämlich zum maßgeblichen Zeitpunkt des **Rücktrittshorizonts ein unbeendeter Versuch** vor. Bei einem Abstellen auf den Tatplan (sog. Tatplantheorie) hätte T zwar spätestens zu dem Zeitpunkt, in dem der Hund in die unmittelbare Nähe der Falle kam, alles getan, was aus seiner Sicht zur Herbeiführung des Erfolges erforderlich war. Somit läge ein beendeter und hier zugleich auch ein fehlgeschlagener Versuch vor. Die heute ganz h. M. stellt aber überzeugend auf den Zeitpunkt der letzten Ausführungshandlung ab. Für die Lehre vom Rücktrittshorizont spricht, dass die Tatplantheorie den gefährlicheren, mit **größerer krimineller Energie** ausgestatteten Täter **privilegiert,** der von Anfang an mehrere Möglichkeiten zur Deliktsverwirklichung durchgespielt hat. Sie müsste nämlich bei ihm nach Erfolglosigkeit der ersten Tathandlung einen unbeendeten Versuch annehmen, während beim Täter, der sich vorher nur einen Weg überlegt hat, ein beendeter (und häufig auch ein fehlgeschlagener) Versuch vorliegen würde.

Ergänzende Bemerkungen: (1.) Ein unbeendeter Versuch kann sogar noch vorliegen, wenn der Täter unmittelbar nach der Ausführung zunächst irrig annimmt, diese Handlung reiche zur Herbeiführung des Erfolges aus, seine Vorstellung aber sofort danach korrigiert (vgl. aus jüngerer Zeit BGH NStZ-RR 2014, 9 m. Anm. *Hecker,* JuS 2014, 461 und *v. Heintschel-Heinegg,* JA 2014, 70; BGH NStZ 2014, 569 m. Anm. *Hecker,* JuS 2014, 1041; BGH NStZ-RR 2015, 106 m. Anm. *Hecker,* JuS 2015, 657 und *Jäger,* JA 2015, 549). Allerdings ist die Korrektur des Rücktrittshorizontes auch in die umgekehrte Richtung möglich (vgl. dazu BGH NStZ 2010, 146: Korrektur „bei fortbestehender Handlungsmöglichkeit sogleich nach der letzten Tathandlung in engstem räumlichen und zeitlichen Zusammenhang mit dieser" möglich).

(2.) Die Parallele der Begriffspaare Tatplantheorie/Rücktrittshorizont (bei der Beurteilung der Beendigung des Versuchs) und Einzelaktstheorie/Gesamtbetrachtungslehre (bei der Entscheidung über das Fehlschlagen des Versuchs) wird hier deutlich. Daher ist nicht verwunderlich, dass die Begriffe teilweise auch im jeweils anderen Zusammenhang gebraucht werden.

243. Gashahn zu!

T öffnete in Selbsttötungsabsicht zwei Gashähne in der Küche seiner im Erdgeschoss eines Zwölf-Familienhauses gelegenen Wohnung. Er nahm dabei zunächst das Risiko in Kauf, dass es zu einer Explosion kommen könnte, bei der auch andere Hausbewohner ums Leben kommen würden. Da er dann aber doch keine unschuldigen Dritten mitgefährden wollte, alarmierte er die Polizei und Feuerwehr, die das Haus evakuieren und gegebenenfalls löschen sollten. Der telefonischen Aufforderung, den Gashahn zuzudrehen, kam er jedoch nicht nach, da seine Selbsttötungsabsicht immer noch fortbestand. Wenige Zeit später wurde er ohnmächtig. Die Feuerwehr konnte das Haus noch evakuieren und selbst die Gashähne schließen, bevor es zu einer Explosion kam. Hat sich T wegen versuchten Mordes strafbar gemacht? (vgl. BGH NJW 2003, 1058, aber auch BGHSt 31, 46)

Zur Vertiefung: *Kühl,* § 16 Rn. 67–76; *Rengier* AT, § 37 Rn. 123 f.; *Roxin* II, § 30 Rn. 211–220; *Wessels/Beulke/Satzger,* Rn. 644; *Engländer,* JuS 2003, 641 ff.; *Noltensmeier/Henn,* JA 2010, 269 ff.; *Trüg,* JA 2003, 836 ff.

Nein, denn T ist hier vom Mordversuch (gemeingefährliches Mittel) zurückgetreten. Geht man vorliegend von einem **beendeten Versuch** aus, so ist umstritten, welche Anforderungen an ein **Verhindern** des Erfolges zu stellen sind: Teilweise wird ein aus Tätersicht **optimales Verhinderungsverhalten** verlangt; dies hätte hier darin gelegen, den Gashahn zuzudrehen. Die Gegenansicht lässt dagegen grundsätzlich ein **kausales** Tätigwerden zur Erfolgsabwendung genügen, wenn die Abwendung dem Täter **als sein Werk** zurechenbar ist. Diese großzügigere Auslegung ist beim Rücktritt durch Verhinderung des Erfolges überzeugender. Denn anders als beim ernsthaften Bemühen (§ 24 Abs. 1 Satz 2; vgl. zu den Anforderungen daran aus jüngerer Zeit BGH NStZ 2012, 28: der Täter muss tun, was in seinen Kräften steht und nach seiner Überzeugung zur Erfolgsvermeidung erforderlich ist, insbesondere bei drohender Lebensgefahr) beschreibt das Gesetz hier nicht näher die Art und Intensität der Anstrengungen, sondern den Erfolg (§ 24 Abs. 1 Satz 1 Alt. 2); mehr als die Erfolgsabwendung wird vom Wortlaut nicht verlangt. Das Korrektiv des „zurechenbaren Werkes" beschreibt nur spiegelbildlich in etwa die Voraussetzungen, die bei der Unrechtsbegründung unter dem Stichwort der objektiven Zurechnung zu beachten sind. Vorliegend war das Alarmieren von Polizei und Feuerwehr ein Verhalten, das grundsätzlich „erfolgsabwendungsgeeignet" war und das Risiko des Erfolgseintritts verringerte. Dieses verringerte Risiko hat sich im Ausbleiben des Erfolges gerade manifestiert, da die herbeigerufenen Fachkräfte die entscheidenden Schritte vorgenommen haben.

244. Manchmal geht auch alles schief

T wollte O erschießen. In der Dunkelheit lauerte er ihm mit einem Gewehr und einem zu diesem Zweck extra erworbenen Nachtsichtgerät auf. Als O vorbeikam, drückte T ab, und O brach Sekunden später zusammen. Als O röchelnd auf dem Boden lag, bekam T aber doch Mitleid. Da er davon ausging, O würde sonst sterben, verständigte er einen Notarzt, der O retten konnte. Wieder zu Hause angekommen, stellte T fest, dass er vor lauter freudiger Erregung über das neue Nachtsichtgerät vergessen hatte, die Platzpatronen in seinem Gewehr gegen scharfe Munition auszutauschen. T war etwas verwirrt und erkundigte sich im Krankenhaus nach O. Dabei erfuhr er, dass O rein zufällig in diesem Moment auf Grund einer akuten Lebensmittelvergiftung zusammengebrochen war, da er gerade auf dem Heimweg vom Abendessen war. Kandidat K meint, das sei für T doppelt dumm gelaufen, denn dann sei sein Versuch ja fehlgeschlagen und T könne nicht mehr zurückgetreten sein. Hat er damit Recht?

Zur Vertiefung: *Kühl,* § 16 Rn. 83; *Rengier* AT, § 37 Rn. 134 f.; *Roxin* II, § 30 Rn. 77; *Wessels/Beulke/Satzger,* Rn. 640, 646.

Nein, denn die Beurteilung, ob ein Versuch **fehlgeschlagen** ist, richtet sich nach der **subjektiven Sicht** des Täters zum Zeitpunkt des Rücktritts. Hier dagegen liegt ein (nur objektiv, d. h.) **unerkannt untauglicher Versuch** vor, der zwar im Gegenschluss zu § 23 Abs. 3 grundsätzlich strafbar, aber durchaus rücktrittsfähig ist: Ist dieser (aus Tätersicht) unbeendet, kann der Täter nach § 24 Abs. 1 Satz 1 Alt. 1 durch bloßes Nichtweiterhandeln zurücktreten. Ist er wie hier beendet, ist zwar eine Verhinderung der Vollendung im eigentlichen Sinne des § 24 Abs. 1 Satz 1 Alt. 2 nicht möglich; denn ein Erfolg, der nicht eintreten konnte, kann auch nicht verhindert werden. Allerdings greift hier § 24 Abs. 1 Satz 2 ein, wonach das ernsthafte Bemühen des Täters ausreicht, welches hier in Gestalt des Alarmierens eines Notarztes vorliegt.

245. Liebling, doch nicht vor den Kindern

T wollte seine Ehefrau O töten. Nachdem er diese schon niedergestochen hatte und dabei war, noch weiter zuzustechen, betraten seine beiden kleinen Kinder den Raum. T ließ von seiner Frau ab, da er seine Tat vor den Augen seiner Kinder nicht weiter fortsetzen wollte und emotional sowie psychisch auch nicht konnte. Ist T strafbefreiend vom Versuch zurückgetreten? (vgl. BGH bei *Kusch,* NStZ 1994, 428)

Zur Vertiefung: *Kühl,* § 16 Rn. 52–56; *Rengier* AT, § 37 Rn. 91 ff.; *Roxin* Bd. II, § 30 Rn. 364; *Wessels/Beulke/Satzger,* Rn. 651 f.; *Fahl,* JA 2003, 757 ff.

Nein, denn das Ablassen beruht **nicht** auf einem **autonomen Entschluss,** wenn T psychisch und emotional nicht mehr in der Lage ist, weiter zu handeln. Damit ist der Rücktritt nach h. M., die hierfür „psychologisierend" zwischen autonomen und heteronomen Motiven unterscheidet, als **unfreiwillig** zu beurteilen.

Ergänzende Bemerkungen: (1.) Dieser Fall macht die (in anderen Konstellationen schwierigere) Abgrenzung zwischen einem fehlgeschlagenen Versuch und einem unfreiwilligen Rücktritt deutlich: Auch aus seiner subjektiven Sicht wäre es dem Täter hier grundsätzlich möglich, weiter zu handeln; denn er muss kaum davon ausgehen, dass ihn seine beiden kleinen Kinder daran tatsächlich hindern könnten.

(2.) Eine beachtliche Gegenansicht in der Literatur beurteilt die Freiwilligkeit nicht psychologisierend, sondern normativ. Ein Rücktritt soll danach immer dann unfreiwillig sein, wenn er nur „der Verbrechervernunft" entspricht. Meist führt diese Ansicht eher zu Einschränkungen des Rücktrittsprivilegs; im vorliegenden Fall dagegen wäre es für einen hartgesottenen Verbrecher eher unvernünftig, sich durch die emotionalen Regungen beim Anblick der Kinder von seinem Plan abbringen zu lassen, sodass ein freiwilliger Rücktritt angenommen werden müsste. Zum möglichen Ausschluss des Rücktritts bei unwiderstehlichen inneren Hemmungen vgl. auch BGH NStZ 2004, 324; zur Unfreiwilligkeit, wenn der Täter in Panik gerät, keinen klaren Gedanken mehr fassen kann und aus diesem Grund nicht mehr Herr seiner Entschlüsse ist, vgl. BGH BeckRS 2015, 11573 m. Anm. *Jäger,* JA 2016, 232.

(3.) Die Furcht vor drohender Entdeckung der Tat steht der Annahme von Freiwilligkeit der Tataufgabe nur dann entgegen, wenn es dem Täter überhaupt auf die Heimlichkeit der Tat ankam (wobei dann im Einzelfall auch ein fehlgeschlagener Versuch vorliegen kann) oder wenn er aufgrund äußerer Veränderungen von einem wesentlich gesteigerten, für ihn nicht mehr hinnehmbaren Risiko der Tataufdeckung ausgeht. Vgl. hierzu BGH NStZ 2011, 454.

246. Unter die Dampfwalze geraten

T hatte sich über O geärgert und wollte deshalb dessen Auto beschädigen. Er hatte sich schon nachts mit einem Vorschlaghammer auf die Straße begeben und ausgeholt, als er plötzlich von O's Todfeind F angesprochen wurde, der geplant hatte, O's Auto in der nächsten Nacht mit einer Dampfwalze im wahrsten Sinne des Wortes „plattzumachen". Um sich diesen Spaß nicht nehmen zu lassen, bot F dem T 100 EUR, wenn T das Auto unversehrt lasse. Da T das Geld gut gebrauchen konnte und „O ja auch so seine Abreibung bekommt", erklärte er sich einverstanden. Ist T freiwillig vom Versuch zurückgetreten?

Zur Vertiefung: *Kühl,* § 16 Rn. 61; *Rengier* AT, § 37 Rn. 94; *Roxin* II, § 30 Rn. 360 f.; *Wessels/Beulke/Satzger,* Rn. 651.

Auf der Grundlage der h. M. **ja.** Denn T's Motive sind **zwar** sicher **nicht billigenswert;** er hat **aber** aus **autonomen** Motiven die weitere Verwirklichung der Tat aufgegeben. Fragt man dagegen nach der „Verbrechervernunft" und legt damit einen normativen Maßstab an, könnte man auch eine Unfreiwilligkeit des Rücktritts annehmen. Denn hier würde ein vernünftiger Verbrecher, der Geld dafür bekommen kann, dass ein anderer für ihn den deliktischen Erfolg herbeiführt, wohl so handeln, wie T es getan hat.

247. Hinterm Heizkörper (I)

T hatte abends im Zustand der alkoholbedingten Schuldunfähigkeit O hinter einen aufgedrehten Heizkörper gesperrt, der bei O über die Nacht lebensgefährliche Verbrennungen verursachte. Am nächsten Morgen war T wieder nüchtern und erkannte die Gefahr für O. Trotz der Hilferufe der O ließ er einige Zeit verstreichen, wodurch nach seiner Einschätzung eine signifikante Verschlechterung von O's Zustand eintrat. Danach bekam er Mitleid, befreite O und rief einen Arzt, der das Leben der O retten konnte. Hat sich T wegen versuchten Totschlags durch Unterlassen strafbar gemacht?

Zur Vertiefung: *Kühl,* § 18 Rn. 152–154a; *Rengier* AT, § 49 Rn. 60; *Roxin* II, § 29 Rn. 267–270; *Wessels/Beulke/Satzger,* Rn. 744.

Nein. Zwar liegt ein unmittelbares Ansetzen zum Unterlassungsdelikt vor, weil die Untätigkeit des T aus seiner Sicht zu einer weiteren Verschlechterung der Rettungschancen der O geführt hat (vgl. Fall 225). Allerdings ist T durch das Alarmieren des Arztes davon zurückgetreten. Nach überwiegender Ansicht ist die Unterscheidung zwischen beendetem und unbeendetem Versuch beim Unterlassungsdelikt nicht möglich bzw. erforderlich. Denn vom Täter wird **auf jeden Fall ein aktives Tun** zur Erfolgsabwendung verlangt, was der Situation des beendeten Versuchs entspricht. Eine solche aktive Verhinderungshandlung hat T hier vorgenommen.

Ergänzende Bemerkung: Die Gegenansicht nimmt einen unbeendeten Versuch des Unterlassungsdelikts an, solange der Täter mit Nachholung der ursprünglich gebotenen Handlung den Erfolg noch abwenden kann; ein beendeter Unterlassungsversuch soll dagegen vorliegen, wenn der Erfolg zwar nicht mehr mit der ursprünglich gebotenen Handlung, wohl aber mit einer anderen Handlung abgewendet werden kann. Da jedoch die erforderliche Rücktrittshandlung ohnehin immer von der konkreten Situation abhängt, führt diese Differenzierung weder zu anderen Ergebnissen, noch bringt sie zusätzliche Klarheit.

248. Hinterm Heizkörper (II)

Wie Fall 247, allerdings war O zu dem Zeitpunkt, in dem T seine Schuldfähigkeit erlangte, bereits so schwer verletzt, dass eine Rettung keinesfalls mehr möglich gewesen wäre, was T freilich nicht erkannte. Er wartete wieder einige Zeit zu und holte den Arzt, der aber O nicht mehr helfen konnte. Kandidat K meinte, hier könne auch T nicht mehr geholfen werden, denn er könne den Erfolg ja nicht mehr wie gefordert abwenden. Zu Recht?
(vgl. BGH StV 1998, 369)

Zur Vertiefung: *Roxin* II, § 30 Rn. 145–148; *Wessels/Beulke/Satzger,* Rn. 745; *Kudlich/Hannich,* StV 1998, 369 ff.

Nein. In diese Richtung hat zwar auch der BGH in einer (bisher vereinzelt gebliebenen) Entscheidung argumentiert. Allerdings ist die Konsequenz dieser Entscheidung, dass beim **untauglichen Versuch** des Unterlassungsdelikts, bei dem schon zum Zeitpunkt des unmittelbaren Ansetzens eine Erfolgsabwendung unmöglich war, wegen dieser Unmöglichkeit auch der Rücktritt in jedem Fall ausgeschlossen sei, sinnwidrig. Vielmehr muss auch hier eine Anwendung des **§ 24 Abs. 1 Satz 2** zur Straflosigkeit führen, wenn ein ernsthaftes Bemühen um die Abwendung des Erfolges vorliegt. Dem von § 24 Abs. 1 Satz 2 unzweifelhaft erfassten Fall des untauglichen (weil nicht mehr vollendbaren) Versuchs beim Begehungsdelikt steht nämlich beim Unterlassungsdelikt der Fall des untauglichen Versuchs wegen bereits anfänglicher Unmöglichkeit der Erfolgsverhinderung gleich: In beiden Fällen kann ein Erfolg **nicht mehr in einer zurechenbaren** Weise eintreten.

248a. Ja, doch, Babys können wirklich nerven

T lebte mit ihrem (neuen) Lebensgefährten L und ihrem vier Wochen alten Säugling O zusammen. L fühlte sich durch das Geschrei des Säuglings gestört und schlug das Kind deswegen mehrmals heftig auf den Kopf. O schlief einige Stunden und erwachte abends wieder schreiend. L würgte ihn daraufhin eine halbe Minute und schlug ihn nochmals. T war bei alledem anwesend, unternahm aber nichts, um L von den Misshandlungen abzuhalten. Ihr war dabei bewusst, dass O lebensbedrohliche Verletzungen erlitten hatte. Als O am Abend des nächsten Tages nur noch röchelte, alarmierten T und L den Notarzt. Das Leben des schwer geschädigten O wurde daraufhin noch gerettet. Ist T wegen versuchten Totschlags durch Unterlassen zu bestrafen?
(vgl. BGH NStZ 2003, 252 m. Anm. *Freund*, NStZ 2004, 326 und *Kudlich*, JR 2003, 380)

Zur Vertiefung: *Kühl*, § 19 Rn. 153 ff.; *Roxin* II, § 30 Rn. 136 ff.; *Wessels/Beulke/Satzger*, Rn. 743 f.

T hat einen **versuchten Totschlag durch Unterlassen** begangen. Ihre Strafbarkeit könnte nur durch einen strafbefreienden **Rücktritt** entfallen. Beim Unterlassungsdelikt kann ein Rücktritt nur darin bestehen, dass der Täter den Erfolgseintritt verhindert. Der BGH wendet daher stets die Regeln des Rücktritts vom beendeten Versuch an (vgl. auch Fall 247). T ist danach vom Totschlagsversuch zurückgetreten, indem sie den Notarzt alarmiert hat und so verhindert hat, dass O stirbt. Problematisch ist allerdings, ob dieser Rücktritt auch schon das **Unterlassen am Nachmittag** erfasst oder ob das Unterlassen während der ersten Misshandlung am Nachmittag und das Unterlassen während der zweiten Misshandlung am Abend zwei getrennt zu behandelnde Versuche sind. Nach insoweit überzeugender Ansicht des BGH ist dafür ausschlaggebend, ob der **Todeserfolg als Folge der ersten Misshandlung** noch eintreten konnte oder ob dieses Geschehen aus Sicht der T als fehlgeschlagener Versuch zu bewerten ist. Wenn ein erster Teilakt fehlgeschlagen ist, dann kann in der Tat nicht mehr von „einem" mehraktigen Versuch gesprochen werden. Von diesem fehlgeschlagenen ersten Versuch wäre dann auch kein Rücktritt mehr möglich. Im vorliegenden Fall ist der BGH jedoch davon ausgegangen, dass T den Todeserfolg auch als Folge der zuerst beigebrachten Verletzungen bis zuletzt für möglich gehalten hat und auch diesen durch ihren Rücktritt am nächsten Tag verhindern wollte. Der erste Teilabschnitt ist daher nicht als fehlgeschlagener Versuch zu werten, sondern das ganze Geschehen als ein mehraktiger Versuch, von dem T insgesamt zurückgetreten ist.

249. Denkzettel-Fall

Um ihm einen „Denkzettel" zu verpassen, stieß T dem ihm körperlich unterlegenen O ein Messer mit einer 12 cm langen, spitzen Klinge in den Leib, wobei er den Tod des O billigend in Kauf nahm. Dabei verletzte er ihn schwer, aber – auch für T ersichtlich – nicht akut lebensgefährlich im Brustbereich. Weil T aber mit der schmerzhaften Verletzung sein Ziel erreicht sah, zog er das Messer wieder aus dem Körper des O und verzichtete auf ein weiteres Zustechen. Ist T vom Versuch eines Tötungsdelikts zurückgetreten? (vgl. BGHSt 39, 221 [GS])

Zur Vertiefung: *Kühl,* § 16 Rn. 38–41; *Rengier* AT, § 37 Rn. 58 ff.; *Roxin* II, § 30 Rn. 47–76; *Wessels/Beulke/Satzger,* Rn. 635.

Ja, nach vorzugswürdiger Ansicht steht das Erreichen des **„außertatbestandlichen Ziels"** in Gestalt eines Denkzettels dem **Rücktritt nicht entgegen.** Vorliegend hatte T gesehen, dass die Tat noch durchführbar (und damit nicht fehlgeschlagen), aber noch nicht alles Erforderliche getan war (damit unbeendeter Versuch); daher konnte er durch bloßes Ablassen von O zurücktreten. Zwar werden gegen einen Rücktritt Bedenken dahingehend geäußert, dass der Täter sein eigentliches Ziel erreicht habe und daher das Ablassen vom Opfer **kein** „Verdienst" mehr sei. Allerdings wäre kaum verständlich, weshalb der Täter, der mit ***dolus eventualis*** handelt, gegenüber demjenigen **benachteiligt** sein sollte, der mit *dolus directus* handelt und fraglos zurücktreten könnte. Zudem kann das von § 24 geforderte „Aufgeben der Tat" kaum verneint werden, wenn man die **„Tat"** im Sinne des § 24 als die im gesetzlichen Tatbestand umschriebene Handlung und deren tatbestandsmäßigen Erfolg versteht. Denn einen Rücktritt von weiteren, außertatbestandlichen Zielen und Motiven kennt das Gesetz nicht. Schließlich spricht auch der Gedanke des **Opferschutzes** für die Rücktrittsmöglichkeit: Denn wenn der Täter in Fällen wie dem vorliegenden noch strafbefreiend zurücktreten kann, verspürt er eher die Motivation, das Opfer nicht noch zusätzlich zu verletzen, als wenn er ohnehin schon eine Strafe ohne Aussicht auf eine mögliche Befreiung verwirkt hätte.

Ergänzende Bemerkungen: (1.) Aufbaumäßig empfiehlt es sich im hier vorgeschlagenen Schema, das Problem der außertatbestandlichen Zielerreichung als Annex nach dem Prüfungspunkt „beendeter oder unbeendeter Versuch" zu prüfen. Denn es geht ja vor allem um die Frage, ob das Rücktrittsprivileg dem Täter durch bloßes „Nichtweiterhandeln" zukommen soll.

(2.) Die Konstellation der außertatbestandlichen Zielerreichung macht deutlich, dass die verschiedenen Erklärungen für das Rücktrittsprivileg gelegentlich in Widerspruch zueinander treten können. Während man hier einen honorierungswürdigen Verzicht nur schwer feststellen kann, spricht der Opferschutz für die strafbefreiende Wirkung.

(3.) Eine Einschränkung der Rücktrittsmöglichkeit ergibt sich in Fällen der vorliegenden Art allerdings daraus, dass ein Rücktritt immer dann ausscheidet, wenn ein Weiterhandeln aus Sicht des Täters eine neue Tat darstellen würde, wofür einiges sprechen kann, wenn das primäre Handlungsziel eigentlich erreicht ist.

250. Versehentlich geschossen (II)

Wie wäre Fall 207 zu beurteilen, wenn T nicht vor herbeikommenden Passanten geflüchtet wäre, sondern angesichts des Todes der O Mitleid bekommen und die ohne weiteres mögliche weitere Tatausführung aufgegeben hätte?
(vgl. auch BGH NJW 1996, 2263)

Zur Vertiefung: *Kühl,* § 17a Rn. 56–58; *Roxin* II, § 30 Rn. 285–294; *Wessels/Beulke/Satzger,* Rn. 653a; *Mitsch,* JA 2014, 268 ff.

Wie zu Fall 207 bereits ausgeführt, hat T rechtswidrig und schuldhaft den Tatbestand eines sog. erfolgsqualifizierten Versuchs nach §§ 249, 250, 251, 22, 23 verwirklicht. Ob der Täter von einem solchen Versuch auch **nach** dem Eintritt des **qualifizierenden Erfolges** noch strafbefreiend zurücktreten kann, ist umstritten. Die besseren Gründe sprechen dafür, mit der neueren Rechtsprechung einen solchen **Rücktritt zuzulassen.** Denn zum einen spricht der **Wortlaut** des § 24 für eine solche Möglichkeit, da er nur eine versuchte Tat voraussetzt und keine Ausnahmen bei der Erfüllung bestimmter Deliktsmerkmale vor Vollendung kennt. Zum anderen führt der Rücktritt gerade dazu, dass das versuchte Delikt nicht zu Ungunsten des Täters berücksichtigt wird; dann ist es aber nur konsequent, das spezifische Unrecht des erfolgsqualifizierten Deliktes als nicht mehr realisiert zu erachten. Vielmehr bleibt nur der Unrechtsgehalt der Erfolgsverursachung als solcher bestehen, sodass sich T insgesamt nach § 222 (fahrlässige Verursachung von O's Tod), § 240 (Nötigung der O) und gegebenenfalls § 123 strafbar gemacht hat.

251. Rücktritt bei der Beteiligung mehrerer

a) Welche Unterschiede bestehen zwischen dem Rücktritt des Alleintäters nach § 24 Abs. 1 und dem Rücktritt bei mehreren Beteiligten nach § 24 Abs. 2?
b) Welche Rücktrittsmöglichkeiten kennt § 24 Abs. 2?

Zur Vertiefung: *Kühl,* § 16 Rn. 91 und § 20 Rn. 263–265; *Rengier* AT, § 38 Rn. 5, 15 ff.; *Wessels/Beulke/Satzger,* Rn. 648 ff.; *Kölbel/Selter,* JA 2012, 1 ff.; *Kudlich,* JuS 1999, 449 ff.; *Ladiges,* JuS 2016, 15 ff.; *Otto,* JA 1980, 707 ff.

Zu a) Im Vergleich zu § 24 Abs. 1 werden in § 24 Abs. 2 **tendenziell strengere Anforderungen** an den Zurücktretenden gestellt. Grund dafür ist die erhöhte Gefährlichkeit bzw. die erhöhte Wahrscheinlichkeit, dass es tatsächlich zur Tatausführung kommt, wenn durch die Beteiligung mehrerer eine Art **„Gruppendynamik"** auftritt.

Zu b) § 24 Abs. 2 unterscheidet zwischen folgenden Fällen:
- § 24 Abs. 2 Satz 1: Rücktritt durch **Verhinderung der Vollendung;**
- § 24 Abs. 2 Satz 2 Alt. 1: Rücktritt bei Ausbleiben des Erfolges unabhängig vom Beteiligten und **ernsthaftem Bemühen** um die Abwendung;
- § 24 Abs. 2 Satz 2 Alt. 2: Rücktritt bei Vollendung der Tat unabhängig vom Beitrag des Beteiligten und **ernsthaftem Bemühen** um die Abwendung.

251a. Akute Explosionsgefahr

A wollte gemeinsam mit B und C eine Lagerhalle in Brand setzen. Zu diesem Zweck schütteten B und C Benzin in der Halle aus und füllten die Halle mit einem explosiven Luft-Gas-Gemisch. Nach dem gemeinsamen Tatplan sollte all das durch zeitgesteuerte elektrische Zündungen in die Luft gejagt werden. Noch vor Abschluss der Vorbereitungsarbeiten erschien A am Tatort und veranlasste, dass die Vorbereitungen eingestellt wurden. Er überprüfte, dass kein weiteres Gas in das Gebäude eindringen konnte und dass die Stromversorgung ausgeschaltet war. Die zeitgesteuerte Zündung konnte so nicht wirksam werden. Das explosive Gemisch hätte zwar auch durch Dritte, etwa mit einer brennenden Zigarette, gezündet werden können; dies ist jedoch nicht geschehen. Ist A vom Versuch der Brandstiftung strafbefreiend zurückgetreten?
(vgl. BGH NStZ 2004, 614)

Zur Vertiefung: *Kühl,* § 20 Rn. 263; *Rengier* AT, § 38 Rn. 18; *Roxin* II, § 30 Rn. 337; *Wessels/Beulke/Satzger,* Rn. 649.

Ja. Beim mittäterschaftlichen unbeendeten Versuch richtet sich der Rücktritt nach **§ 24 Abs. 2 Satz 1.** Danach muss der Beteiligte ein Verhalten an den Tag gelegt haben, das auf die Verhinderung des tatbestandlichen Erfolges gerichtet ist und das den Erfolgseintritt auch tatsächlich verhindert hat. Beide Bedingungen sind hier erfüllt. Ein Brand in der Halle ist nicht eingetreten. A hat durch den Abbruch der Vorbereitungshandlungen eine **neue Kausalkette** in Gang gesetzt, die – zumindest auch – **ursächlich für den Nichteintritt** des Erfolges war. Dass daneben auch andere Ursachen zu diesem Ergebnis beigetragen haben, nämlich insbesondere die Abwesenheit von brennenden Zigaretten u. ä. in der Lagerhalle, ist nicht relevant. Auch vom Mittäter wird für einen strafbefreienden Rücktritt nicht verlangt, dass er die beste Handlungsmöglichkeit ergreift, um den Erfolg zu verhindern. Solange er sich um die Erfolgsverhinderung bemüht und mit diesem Bemühen erfolgreich ist, sind die gesetzlichen Rücktrittsvoraussetzungen erfüllt; mehr verlangt auch § 24 Abs. 2 nicht. A hätte also nicht etwa selbst für ein noch weitergehendes Rückgängigmachen der schon erfolgten Vorbereitungen sorgen müssen.

252. Kein Teppichluder

A, B und C hatten beschlossen, in das Teppichlager des R einzubrechen. Sie fuhren nachts mit einem Kleinlastwagen, mit dem die Beute abtransportiert

werden sollte, zum Lagerhaus und drangen durch ein Fenster in die Lagerhalle ein. Als sie schon angefangen hatten, die zusammengerollten Teppiche zum Fenster zu schleppen, durch das diese nach draußen geschoben werden sollten, verließ C der Mut. Er erklärte A und B, die Sache werde ihm „zu heiß" und er wolle damit nichts mehr zu tun haben. A und B versuchten, ihn zum Weitermachen zu überreden, C aber ließ sich nicht beirren und ging zu Fuß allein nach Hause. Dabei hoffte er vergebens, A und B würden seinem Beispiel folgen. Strafbarkeit des C?

Zur Vertiefung: *Kühl,* § 20 Rn. 263–265; *Rengier* AT, § 38 Rn. 17, 27; *Roxin* II, § 30 Rn. 314–330; *Wessels/Beulke/Satzger,* Rn. 648.

Neben der Strafbarkeit wegen vollendeten Hausfriedensbruchs (und wohl auch wegen vollendeter Sachbeschädigung am Fenster) könnte sich C auch wegen versuchten oder sogar vollendeten Diebstahls strafbar gemacht haben: Ein strafbefreiender **Rücktritt** vom Versuch liegt **nicht** vor, da C die Tat **nicht verhindert** hat und A und B sie **auch nicht unabhängig** von C's Tatbeitrag vollendet haben im Sinne des § 24 Abs. 2 Satz 2 Alt. 2. Ob C deshalb wegen eines **versuchten oder eines vollendeten Delikts** zu bestrafen ist, hängt davon ab, welche Anforderungen man im Einzelfall an das Vorliegen einer vollendeten Mittäterschaft stellt. Soweit sich die von einem gemeinsamen Tatplan getragene Vorbereitungshandlung aber in der Durchführungsphase auswirkt und keine völlig untergeordnete Bedeutung hat, wird zumindest nach den Kriterien der Rechtsprechung regelmäßig eine vollendete Mittäterschaft vorliegen.

253. *(entfallen)*

254. Reue im Zeitschriftenladen

A stiftete T an, den Schreibwarenladen des O auszuräumen. T hatte sich durch die unverschlossene Hintertür bereits Zugang verschafft und die ersten Gegenstände in einem großen Sack verstaut, als ihn die Reue packte. Er verließ den Laden, ohne etwas mitzunehmen. Konnte T durch bloßes Nichtweiterhandeln vom Diebstahlsversuch zurücktreten?

Zur Vertiefung: *Kühl,* § 20 Rn. 264; *Rengier* AT, § 37 Rn. 11; *Roxin* II, § 30 Rn. 305–308; *Wessels/Beulke/Satzger,* Rn. 648.

Im Ergebnis besteht **Übereinstimmung,** dass in Fällen wie dem vorliegenden ein **Rücktritt** durch bloßes Nichtweiterhandeln **möglich** ist. Verbreitet wird dies damit begründet, dass der Rücktritt des nur angestifteten oder vorbereitend unterstützten, aber allein handelnden Täters nach **§ 24 Abs. 1** zu behandeln sei, wobei hier von einem unbeendeten Versuch auszugehen ist. Näher am Wortlaut des § 24 und daher vorzugswürdig erscheint allerdings, hier durchaus mehrere Beteiligte anzunehmen und daher **§ 24 Abs. 2** anzuwenden. Dabei liegt im Aufgeben der Tat durch den im Ausführungsstadium alleine handelnden Täter jedoch zugleich auch immer ein **Verhindern** der konkreten Tat im Sinne des § 24 Abs. 2 Satz 1.

255. Eine magische Kugel für einen Politiker

G traf im Dachgeschoss eines Lagerhauses auf T, der mit einem veralteten Jagdgewehr den Politiker O erschießen wollte, wenn O auf einem Umzug mit seinem Wagen an dem Gebäude vorbeikäme. Da T aber mit diesem Gewehr auf die Entfernung den O kaum treffen konnte, lieh ihm G seine modernere und zielgenauere Waffe. Als T gerade ansetzte, um zu schießen, überlegte es sich G doch anders und entriss ihm die Waffe. Allerdings hinderte er T nicht daran, sein altes Gewehr zu ergreifen, mit dem er auf fast schon magische Weise den O auch traf. Strafbarkeit des G?

Zur Vertiefung: *Kühl,* § 20 Rn. 265; *Rengier* AT, § 38 Rn. 27 ff.; *Wessels/Beulke/Satzger,* Rn. 648.

G ist als **Gehilfe zu einem versuchten Tötungsdelikt** zu bestrafen: Sein Gehilfenbeitrag kann im Überlassen des Gewehres (das bis ins Versuchsstadium fortgewirkt hat) sowie auch als psychische Beihilfe in der darin liegenden Bekräftigung des Tatentschlusses gesehen werden. G ist auch nicht strafbefreiend zurückgetreten: Er hat die Tat nicht verhindert, sodass ein Rücktritt nach § 24 Abs. 2 Satz 1 ausscheidet. Zwar hat er seinen Tatbeitrag durch das Entreißen seines Gewehres wieder vollkommen unwirksam gemacht (und damit zugleich die psychische Bestärkung „aufgekündigt"), sodass die Tat unabhängig von ihm vollendet wurde im Sinne des § 24 Abs. 2 Satz 2 Alt. 2. Zusätzlich hätte sich G jedoch ernsthaft um die Verhinderung bemühen müssen, was nicht angenommen werden kann, wenn er zulässt, dass T gleichwohl auf O schießt. Da er aber an der Vollendung in keiner Weise Anteil hatte, könnte er nur wegen Beihilfe zu einem versuchten, nicht aber zu einem vollendeten Tötungsdelikt verurteilt werden.

Ergänzende Bemerkung: (1.) Wäre Fall 255 insgesamt klausurmäßig zu prüfen, so würde man hier mit der Strafbarkeit des T als Täter beginnen, der sich wegen des vollendeten Tötungsdelikts strafbar gemacht hat.

(2.) Bei der Strafbarkeit des G wegen Beihilfe würde man entsprechend mit derjenigen zum vollendeten Delikt beginnen, um dann festzustellen, dass es zwar Unterstützungshandlungen gegeben hat, dass diese sich aber im konkreten Erfolg nicht mehr niedergeschlagen haben. Wenn danach eine Beihilfe zum Versuch (bis zu dem die Beihilfehandlung ja fortgewirkt hat) geprüft wird, ist in diesem Rahmen das Rücktrittsproblem des § 24 Abs. 2 Satz 2 Alt. 2 anzusprechen.

256. Insektengift-Fall

T wollte ihren Mann O umbringen. Zu diesem Zweck sprühte sie mit einer Insektengiftspraydose ca. zweimal eine Sekunde auf dessen Pausenbrot. Da auf der Rückseite der Dose ein Totenkopf mit der Warnung „Giftig!" aufgemalt war, ging T davon aus, dass O durch den Verzehr des Brotes tödlich vergiftet würde. Auf Grund des bitteren Geschmacks spuckte O bereits den ersten Bissen aus und warf das Brot weg. Sachverständige stellten später fest, dass eine für einen Menschen tödlich wirkende Dosis des Giftes erst bei einer

Menge erreicht wird, die dem Inhalt von fünf kompletten Spraydosen entspricht. Als T wegen versuchten Mordes angeklagt wird, meint ihr Verteidiger V, von einem so „dilettantischen Versuch" gehe doch keine Gefährlichkeit aus, sodass die Richter auf Strafe verzichten sollten. Besteht diese Möglichkeit und ist sie hier einschlägig?
(vgl. BGHSt 41, 94)

Zur Vertiefung: *Kühl,* § 15 Rn. 92; *Rengier* AT, § 35 Rn. 11; *Roxin* II, § 29 Rn. 10–24; *Wessels/Beulke/Satzger,* Rn. 620; *Heinrich,* Jura 1998, 393 ff.; *Kudlich,* JuS 1997, L 69 ff.; *Radtke,* JuS 1996, 878 ff.

V spielt auf die Möglichkeit des Absehens von Strafe nach § 23 Abs. 3 an, wenn die **Untauglichkeit** des Versuchs aus **grobem Unverstand** verkannt wird (Schulbeispiel: Der Versuch, ein Flugzeug mit einer Steinschleuder vom Himmel zu schießen). Vorliegend ist § 23 Abs. 3 nach der zustimmungswürdigen Ansicht des BGH **nicht einschlägig,** da T keine **abwegigen Vorstellungen** über **allgemein bekannte Kausalverläufe** hat. Zwar war hier der Irrtum über die erforderliche Giftmenge erheblich. Allerdings ist die Vorstellung, dass Insektizide und andere Schädlingsbekämpfungsmittel auch für den Menschen schädlich sein können, weit verbreitet (und wird hier durch den „Totenkopf" auf der Rückseite der Dose noch unterstrichen). Außerdem haben die wenigsten Leute eine genaue Vorstellung darüber, wie groß nun die erforderliche Dosis ist, um jemanden zu töten. Man kann also nicht davon sprechen, dass es sich hier um die Verkennung von Kausalzusammenhängen gehandelt hätte, die sonst jedermann klar und eindeutig seien. Das Beispiel zeigt deutlich: Nicht jeder „grob untaugliche" Versuch ist zugleich auch ein „untauglicher Versuch aus grobem Unverstand".

Ergänzende Bemerkung: Der untaugliche Versuch wird zwar meist im Tatentschluss verortet (wo auch vorliegend festgestellt werden müsste, dass T gerade von der Tödlichkeit der Dosis ausging). § 23 Abs. 3 als bloße Möglichkeit, von der Strafe abzusehen, sollte allerdings erst nach Schuld- und Rücktrittsprüfung angesprochen werden.

D. Täterschaft und Teilnahme

I. Beteiligungsformen und Abgrenzung

257. Dualistisches Beteiligungssystem

Was ist unter dem Begriff des dualistischen Beteiligungssystems zu verstehen und inwiefern hat dieses in das deutsche StGB Eingang gefunden?

Zur Vertiefung: *Kühl,* § 20 Rn. 8 f.; *Rengier* AT, § 40 Rn. 1 f.; *Roxin* I, § 25 Rn. 1–9; *Wessels/Beulke/Satzger,* Rn. 505 ff.; *Kühl,* JA 2014, 668 ff. (einführend zur Beteiligung mehrerer).

In einem dualistischen Beteiligungssystem wird zwischen **Täterschaft und Teilnahme** als verschiedenen Beteiligungsformen **unterschieden.** Demgegenüber behandelt das sog. **Einheitstätersystem** jeden, der (in näher zu beschreibender Weise) kausal für einen Erfolg geworden ist, als Täter. Unterschiedliche Formen der Beteiligung spielen nur noch für die Strafzumessung eine Rolle.

Bei **Vorsatztaten** unterscheidet das StGB zwischen Tätern und Teilnehmern (vgl. auch die Legaldefinition in § 28 Abs. 2). Demgegenüber gilt im Bereich der **Fahrlässigkeitsstrafbarkeit** (ebenso wie übrigens im gesamten Ordnungswidrigkeitenrecht) das Einheitstätersystem.

258. Vorsätzliche Beteiligungsformen nach dem StGB

Welche verschiedenen Beteiligungsformen sind für vorsätzliches Handeln im StGB geregelt?

Zur Vertiefung: *Kühl,* § 20 Rn. 6 f.; *Rengier* AT, § 40 Rn. 3 ff.; *Roxin* II, § 25 Rn. 10 f.; *Wessels/Beulke/Satzger,* Rn. 505.

Das StGB unterscheidet bei der **Täterschaft** zwischen
- unmittelbarer Alleintäterschaft (§ 25 Abs. 1 Alt. 1),
- mittelbarer Täterschaft (§ 25 Abs. 1 Alt. 2, vgl. dazu Fälle 263 ff.) und
- Mittäterschaft (§ 25 Abs. 2, vgl. dazu Fälle 279 ff.)

sowie bei der **Teilnahme** zwischen
- Anstiftung (§ 26, vgl. dazu Fälle 293 ff.) und
- Beihilfe (§ 27, vgl. dazu Fälle 302 ff.).

Ergänzende Bemerkungen: (1.) Die unmittelbare Alleintäterschaft ist der vom Gesetz vorausgesetzte „Normalfall“, zu dem in diesem Kapitel keine eigenen Beispiele erforderlich sind.

(2.) Nicht explizit im Gesetz geregelt ist die sog. **Nebentäterschaft,** die bei Vorsatz- und Fahrlässigkeitsdelikten dann vorliegt, wenn mehrere Beteiligte in täterschaftlicher Weise am Taterfolg beteiligt sind, ohne dass insoweit ein Fall der Mittäterschaft vorliegt (d. h. bei Vorsatzdelikten zumeist: ohne dass die Handelnden voneinander wüssten). Diese Figur einer Nebentäterschaft ist auch ohne gesetzliche Regelung nicht mit Blick auf Art. 103 Abs. 2 GG problematisch, da sie einen rein beschreibenden Charakter hat: Sie kennzeichnet nur die Situation, dass mehrere Personen **unabhängig voneinander Täterqualität** haben, ohne dass aus dieser Kennzeichnung für die Betroffenen negative Konsequenzen (etwa in Gestalt einer wechselseitigen Zurechnung wie bei der Mittäterschaft) erwachsen würden.

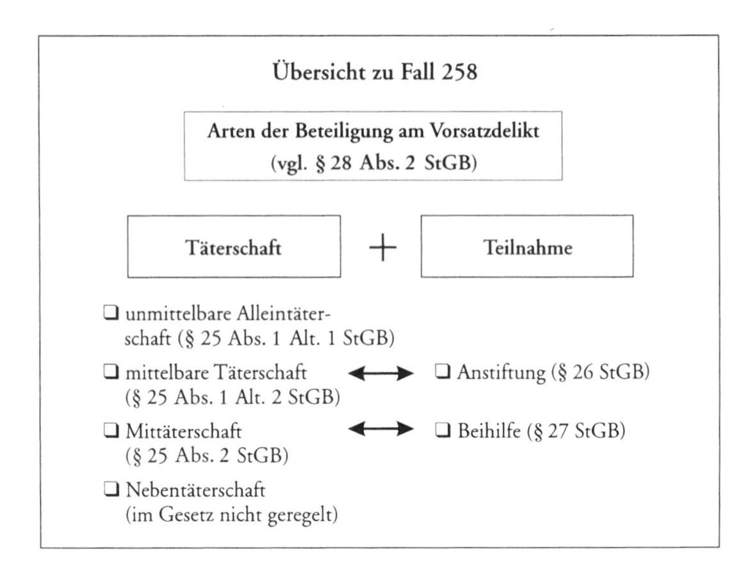

II. Abgrenzung zwischen Täterschaft und Teilnahme

259. Badewannen-Fall

Die S hatte zu Hause und mit Hilfe ihrer Freundin T ein nichteheliches Kind zur Welt gebracht. Da sie vom Vater des Kindes schon einige Wochen vor der Geburt verlassen worden war, fürchtete sie die Schande in der Familie. T ertränkte das Kind der S daher verabredungsgemäß sofort nach der Geburt in einer Badewanne. Als T wegen Totschlags angeklagt wurde, machte ihr Verteidiger V geltend, dass T alleine auf Wunsch und im Interesse der S gehandelt habe. Beschränke man den Blick nicht zu eng auf das äußere Geschehen, sondern berücksichtige Motivation und Interesse an der Tat, sei T letztlich nur wie eine Gehilfin zu beurteilen. Was ist davon zu halten?
(vgl. RGSt 74, 84)

Zur Vertiefung: *Kühl,* § 20 Rn. 20–23; *Rengier* AT, § 41 Rn. 3 ff.; *Roxin* II, § 25 Rn. 17 f., 19, 39 f.; *Wessels/Beulke/Satzger,* Rn. 510 ff.; *Hartung,* JZ 1954, 430.

V's Überlegungen berücksichtigen zu wenig, dass die Abgrenzung zwischen Täterschaft und Teilnahme **nicht rein subjektiv** erfolgen darf und dass § 25 Abs. 1 Alt. 1 für den Regelfall davon ausgeht, dass derjenige, der die **gesetzlichen Merkmale eigenhändig** erfüllt, auch Täter des Delikts ist. Das RG ist im zu Grunde liegenden Fall zwar auf der Grundlage eines **extrem subjektiven** Täterbegriffs gerade zu V's Ergebnis gekommen; und auch der BGH hat später noch angenommen, dass derjenige, der eine Tötung eigenhändig begeht, „unter bestimmten, engen Umständen auch lediglich Gehilfe sein" kann (vgl. BGHSt 18, 87 – Staschynski-Fall; anders allerdings vorher bereits BGHSt 8, 393). Allerdings hat – insbesondere auch mit Blick auf § 25 Abs. 1 Alt. 1 – die spätere Rechtsprechung solche extremen Ergebnisse vermieden, indem sie für die Bestimmung des nach wie vor vielfach für entscheidend erachteten **Täterwillens** auch zunehmend objektive Indizien herangezogen hat. Insoweit ist in den Ergebnissen eine starke Annäherung an die in der Literatur herrschende **Tatherrschaftslehre** erfolgt. Danach ist Täter derjenige, der die Tatherrschaft inne hat, die ihrerseits als „vom Vorsatz umfasstes In-den-Händen-Halten" des tatbestandlichen Geschehensablaufes verstanden wird. Damit sind etwa Art und Gewicht des Tatbeitrags, aber auch der Willensbeteiligung bezüglich des Erfolges ausschlaggebend. Täter ist demnach, wer als **Zentralgestalt** des Geschehensablaufes planvoll lenkend die Tatherrschaft in Händen hält; Teilnehmer ist dagegen derjenige, der als Randfigur die Tat eines anderen lediglich fördert. Auf dieser Grundlage ist T als Täterin zu bestrafen.

260. Einmal ein Stück „Meisterrasen"

T war ein eingefleischter Fan seines örtlichen Fußballvereins. Da er – für ihn schlimm genug – wegen einer schweren Erkrankung im Meisterjahr das letzte Heimspiel nicht besuchen konnte, war es ihm nicht möglich, wie die anderen Fans ein Stück „Meisterrasen" mit nach Hause zu nehmen. Da er wusste, dass O ein solches begehrtes Stück bei sich zu Hause hatte, kam T mit seinem Freund M überein, dass die beiden dieses Stück entwenden wollten und T es bei sich aufstellen sollte. M wollte dabei mitwirken, damit sein Freund T den begehrten Rasen bekäme. Zusammen drangen T und M bei O ein und transportierten das Rasenstück in M's Wagen zu T. Hat sich M wegen mittäterschaftlich begangenen Diebstahls strafbar gemacht?

Zur Vertiefung: *Kühl,* § 20 Rn. 32; *Rengier* AT, § 41 Rn. 8, 10 f.; *Roxin* II, § 25 Rn. 234; *Wessels/Beulke/Satzger,* Rn. 512, 515 f., 526.

Bis 1998 wäre diese Frage eindeutig mit „nein" zu beantworten gewesen, weil § 242 eine (Selbst-)Zueignungsabsicht vorausgesetzt hatte, an der es bei M ersichtlich fehlt. Nachdem § 242 nunmehr aber (ebenso wie z. B. auch §§ 246, 249) eine **Drittzueignung**sabsicht genügen lässt, kann allein darauf nicht mehr abgestellt werden. Allerdings hat die Unterscheidung zwischen Selbst- und Drittzueignungsabsicht **nach wie vor** eine gewichtige **Indizfunktion.** Handeln wie vorliegend zwei Beteiligte zusammen, von denen der eine Selbst-, der andere „nur" Drittzueignungsabsicht hat, spricht einiges dafür, dass der nur mit Drittzueignungsabsicht Handelnde seinen Willen letztlich dem anderen **unterordnet.** Nach stärker subjektiven Abgrenzungstheorien wäre M daher nur Gehilfe. Aber auch die Tatherrschaftslehre berücksichtigt subjektive Faktoren mit. Die Tatsache, dass das Stück Rasen (wenngleich im Auto des M) sofort in T's Wohnung verbracht wird und dort verbleiben soll, führt zusammen mit dem einseitigen Tatinteresse des T und dem Gefälle zwischen Selbst- und Drittzueignungsabsicht dazu, dass bei M trotz durchaus nennenswerter Tatbeiträge nur Beihilfe vorliegt (a. A. vertretbar).

261. Pikante Details (I)

a) Dr. T überlegte, wie er die durch die Gesundheitsreform gerissene finanzielle Lücke in seinen Praxis-Einnahmen stopfen sollte. Sein Freund F riet ihm dabei, sich eine zusätzliche Einnahmequelle durch Schriftstellerei zu erschließen. Zu diesem Zweck verfassten und veröffentlichten T und F gemeinsam ein Buch, in dem intime Details über die Krankheiten bekannterer Patienten des T unter Nennung von deren vollem Namen beschrieben wurden. Die Einnahmen teilten sie sich. Haben sich T und F wegen Verletzung von Privatgeheimnissen (§ 203 Abs. 1 Nr. 1) strafbar gemacht?
b) Würde sich am Ergebnis etwas ändern, wenn F Rechtsanwalt wäre?

Zur Vertiefung: *Kühl,* § 20 Rn. 13; *Rengier* AT, § 41 Rn. 1; *Roxin* II, § 25 Rn. 234; *Wessels/Beulke/Satzger,* Rn. 520.

Zu a) Bei **T** ist eine solche Strafbarkeit unproblematisch zu bejahen; **F** dagegen ist **nur als Anstifter** zu bestrafen. Würde man seinen Beitrag nach allgemeinen Grundsätzen (vgl. oben Fall 259) beurteilen, so wäre zwar die Annahme einer Mittäterschaft naheliegend. Denn F hatte die ursprüngliche Idee, war am Verfassen mit beteiligt und hatte auf Grund der geteilten Einnahmen auch ein vergleichbar großes Tatinteresse. Allerdings ist F gerade **kein Arzt,** dem auch die Geheimnisse anvertraut wurden. § 203 behandelt aber nur die in ihm aufgezählten Personen als taugliche Täter (sog. **Sonderdelikt**). F ist daher nur nach §§ 203, 26 zu betrafen (vgl. aber auch Fall 309).

Zu b) Nein, denn als Anwalt wäre er zwar grundsätzlich ein tauglicher Täter des § 203 Abs. 1 Nr. 3. Allerdings ändert dies nichts daran, dass er nicht der Berufsträger ist, dem **im Zusammenhang mit seiner Tätigkeit** ein Geheimnis anvertraut worden ist.

Ergänzende Bemerkung: Aus dieser (und anderen) Besonderheit(en) ergibt sich, dass zumindest gedanklich vor der Abgrenzung anhand von allgemeinen Grundsätzen stets zu fragen ist, ob eine Entscheidung zwischen Täterschaft und Teilnahme nicht anhand von deliktsspezifischen Abgrenzungskriterien erfolgen muss. Diese wirken sich regelmäßig so aus, dass beim Fehlen bestimmter Umstände eine Täterschaft jedenfalls ausscheidet. Dies bedeutet aber umgekehrt nicht, dass bei ihrem Vorliegen zwingend auch stets Täterschaft gegeben wäre.

262. Gemeinsame Trunkenheitsfahrt

T veranstaltete mit seinem Freund M zusammen eine Kneipentour. Als es auf den Heimweg ging, hatten beide in einer Menge Alkohol zu sich genommen, bei der sie zutreffend davon ausgingen, ein Fahrzeug im Straßenverkehr nicht mehr sicher führen zu können. Da M der Ansicht war, sein Führerschein sei der „wichtigere", da er jeden Tag mit dem Auto ins Büro fahre, überredete er T, das Auto des M nach Hause zu steuern. Dabei saß M auf dem Beifahrersitz und wies T den Weg durch die Stadt nach Hause. Kurz bevor sie dort angekommen waren, gerieten sie in eine Verkehrskontrolle, bei der bei beiden eine BAK von 1,4 ‰ festgestellt wurde. Haben sich M und T wegen Trunkenheit im Verkehr (§ 316) strafbar gemacht?

Zur Vertiefung: *Kühl,* § 20 Rn. 16; *Rengier* AT, § 41 Rn. 1; *Roxin* II, § 25 Rn. 288; *Wessels/Beulke/Satzger,* Rn. 521.

Zu a) Für **T** ist dies relativ unproblematisch zu bejahen (wenn man einmal unterstellt, dass unterwegs keine konkrete Gefährdung eingetreten ist, die sogar zu einer Strafbarkeit nach § 315c Abs. 1 Nr. 1 Buchst. a führen würde, wodurch § 316 kraft gesetzlich angeordneter Subsidiarität zurücktreten würde).

Zu b) M dagegen ist **nur als Anstifter** zu bestrafen. Würde man seinen Beitrag nach allgemeinen Grundsätzen (vgl. Fall 259) beurteilen, so wäre zwar die Annahme einer Mittäterschaft naheliegend. Denn M hatte T zur Fahrt animiert, das Auto zur Verfügung gestellt und durch das Weisen des Weges auch unmittelbaren Einfluss auf den Fortbewegungsvorgang genommen. Da er zudem ebenfalls nach Hause wollte, hatte er auch ein vergleichbar großes Tatinteresse. Allerdings ist das „Führen" eines Fahrzeugs im Sinne der §§ 315c, 316 nach h. M. ein **eigenhändiges Delikt.** Täter kann daher nur sein, wer selbst das Fahrzeug „führt", d. h. unter bestimmungsgemäßer Handhabung seiner Antriebskräfte selbst in Bewegung setzt bzw. hält. Eine mittelbare Täterschaft (z. B. durch einen Beifahrer, der einen betrunkenen Fahrer durch die Straßen lotst) ist ebenso grundsätzlich ausgeschlossen wie eine Mittäterschaft.

III. Die Formen der Täterschaft

263. Sirius-Fall

T hatte ein Verhältnis mit der jüngeren O, die bewundernd bis zur Hörigkeit zu ihm aufsah. Da O eine tiefe Neigung zur Spiritualität und dem Unerklärlichen hatte, gelang es T, der O vorzuspiegeln, er sei ein Bewohner des Sternes Sirius. Er könne ihr zu einem neuen und „höheren" Leben verhelfen, wenn sie sich von ihrem alten Körper trenne. Sie solle in der Badewanne einen eingeschalteten Föhn ins Wasser fallen lassen und werde später in einem neuen Körper wieder aufwachen. Da sie aber auch in diesem neuen Leben Geld brauche, solle sie eine Lebensversicherung auf T abschließen, der ihr das Geld im neuen Körper aushändigen werde. O führte den Plan nach den Vorstellungen des T aus und verstarb durch den Stromschlag. Strafbarkeit des T?
(vgl. BGHSt 32, 38)

Zur Vertiefung: *Kühl,* § 20 Rn. 48; *Rengier* AT, § 43 Rn. 8; *Roxin* II, § 25 Rn. 70; *Wessels/Beulke/Satzger,* Rn. 535–539; *Neumann,* JuS 1985, 677 ff.; vgl. ferner *Otto,* Jura 2003, 100 ff.

T hat sich wegen Mordes in **mittelbarer Täterschaft** (§§ 212, 211, 25 Abs. 1 Alt. 2) strafbar gemacht. Er hat die O nämlich **„durch"** sie selbst im Sinne des § 25 Abs. 1 Alt. 2 aus Habgier umgebracht. Die Begehung einer Tat „durch" einen anderen setzt dabei voraus, dass der Tatmittler sog. **Werkzeugqualität** hat. Diese ergibt sich hier zunächst aus der Tatsache, dass die O **objektiv tatbestandslos,** da selbstschädigend, handelte. Hinzu kommt, dass sie nicht uneingeschränkt überblickte, dass ihr diesseitiges Leben durch ihr Handeln wirklich beendet würde. Damit erfasste sie den sozialen Sinngehalt und die Tragweite ihres Handelns für das geschützte Rechtsgut nicht zutreffend, sodass T mit **überlegenem Wissen** das Geschehen steuerte (Tatherrschaft in Gestalt der Wissensherrschaft). Daher liegt keine straflose Teilnahme an einer fremden Selbsttötung, sondern eine Fremdtötung in mittelbarer Täterschaft vor.

Ergänzende Bemerkung: Die Prüfung der mittelbaren Täterschaft verläuft also nach folgendem gedanklichen Schema:

I. Herbeiführung des Taterfolges/Vornahme der Tathandlung seitens des Tatmittlers
II. Begehung „durch" den Tatmittler im Sinne des § 25 Abs. 1 Alt. 2
   1. Steuerungs-/Strafbarkeitsdefizit beim Tatmittler
   2. Tatherrschaft des Hintermannes.

264. Ein tödlicher Föhn

Wie wäre Fall 263 zu beurteilen, wenn T die O dadurch umgebracht hätte, dass er (ohne vorher Geschichten vom Sirius usw. zu erzählen) ihren Föhn derart präparierte, dass dieser nach einer Betriebszeit von ca. einer Minute einen tödlichen Stromstoß abgab und O an diesem verstarb?

Zur Vertiefung: *Kühl,* § 20 Rn. 48; *Roxin* II, § 25 Rn. 74 f.; *Wessels/Beulke/Satzger,* Rn. 539a.

Anders als in Fall 263 wäre die Strafbarkeit des T wegen eines täterschaftlich begangenen Tötungsdelikts unproblematisch zu bejahen. Fraglich (wenngleich für das Ergebnis zweitrangig) ist allerdings, ob von einer **mittelbaren oder einer unmittelbaren Täterschaft** auszugehen ist. Für eine unmittelbare Täterschaft könnte hier im Unterschied zu den Fällen der unbewussten Selbstschädigung angeführt werden, dass durch das Stellen einer Falle (hier also das Präparieren des Föhnes; vergleichbar wäre das Vergiften einer Speise, die das Opfer zu sich nehmen soll) bereits alle entscheidenden Faktoren in Gang gesetzt sind. T nimmt also keinen direkten Einfluss auf den Willen des Opfers, sondern nutzt die **Regelhaftigkeit von Handlungsabläufen** aus. Dennoch sprechen die besseren Gründe für die Annahme einer mittelbaren Täterschaft, da O auch hier objektiv tatbestandslos und ohne Kenntnis des konkreten Handlungssinnes handelte, während T das Geschehen durch sein überlegenes Wissen planvoll steuerte.

265. Ein überzeugter Briefmarkensammler

T fürchtete das Auftauchen des Gerichtsvollziehers, der bei ihm u. a. wegen einer größeren Forderung des Gläubigers O die Zwangsvollstreckung betreiben wollte. T selbst hatte sich bereits außer Landes abgesetzt, weil ihm ein persönlicher Kontakt mit dem Gerichtsvollzieher äußerst unangenehm gewesen wäre. Damit dieser aber auch nicht in seiner Abwesenheit die kostbare Briefmarkensammlung des T in Besitz nehmen würde, die einerseits seine einzige verwertbare Habe, andererseits aber auch „sein Augenstern" war, bat T seinen Freund F, sich bei T's Vermieter V den Zweit-Schlüssel zur Wohnung geben zu lassen und die Briefmarkensammlung bei sich in Sicherheit zu bringen, bis T wieder einmal vorbei käme. Strafbarkeit von T und F nach § 288?

Zur Vertiefung: *Kühl,* § 20 Rn. 55, 56b; *Rengier* AT, § 43 Rn. 16 ff.; *Wessels/Beulke/Satzger,* Rn. 520, 543; *Mitsch,* JuS 2004, 323 ff.

Nach § 288 wird bestraft, wer **als Vollstreckungsschuldner** bei einer „ihm drohenden Zwangsvollstreckung in der Absicht, die Befriedigung des Gläubigers zu vereiteln, Bestandteile seines Vermögens veräußert und beiseite schafft". Täter dieser sog. Vollstreckungsvereitelung kann also nur der Schuldner sein, in dessen Vermögen vollstreckt wird. **F** selbst **scheidet** daher **als Täter** des § 288 **aus.**

T selbst dagegen ist zwar Schuldner, hat die Bestandteile aber **nicht selbst beiseite geschafft,** sodass eine Strafbarkeit wegen unmittelbarer Begehung des § 288 jedenfalls ausscheidet. **Mangels Haupttat** kann sich T auch **nicht** wegen Beihilfe bzw. Anstiftung nach **§§ 288, 26/27** strafbar machen. Nach einer in der Literatur vertretenen (aber vielfach bestrittenen) Ansicht kann T jedoch als mittelbarer Täter kraft sog. **normativer** Tatherrschaft bestraft werden, für den dann F als Gehilfe fungiert hätte. Für die Figur einer solchen normativen Tatherrschaft spricht, dass die Tatherrschaft immer auch von den konkreten tatbestandlichen Anforderungen und Formulierungen abhängig ist; dann ist es aber nur noch ein kleiner Schritt zu der Annahme, dass das Vorhandensein der tatbestandlich vorausgesetzten Stellungen und Pflichten bei wertender Betrachtung Tatherrschaft verleiht. Die **Grenzziehung,** bei welchen Tatbestandsmerkmalen eine normative Tatherrschaft in Betracht kommt, ist aber zugegebenermaßen **schwierig.**

Ergänzende Bemerkung: Soweit man bei T eine Begehung des § 288 in mittelbarer Täterschaft bejaht, liegt bei F eine Beihilfe dazu vor.

266. Die Überreste einer Liebe in Flammen

X plante, seine Mitschriften aus insgesamt fast zehn Jahren erfolglosen Studiums bei einem Lagerfeuer zu verbrennen und füllte diese dazu in eine Reihe großer Kartons. X's Mutter T platzierte ohne Kenntnis des X in einen dieser Kartons auch eine Sammlung von Liebesbriefen, die ihr Mann O einst von einer Jugendliebe erhalten hatte und die der T auch nach 30 Ehejahren noch ein Dorn im Auge waren. X schüttete den Inhalt des betreffenden Kartons in das Feuer, ohne in der Dunkelheit näher zu kontrollieren, was sich darin befand. Strafbarkeit der T?

Zur Vertiefung: *Kühl,* § 20 Rn. 52; *Rengier* AT, § 43 Rn. 12; *Roxin* II, § 25 Rn. 63; *Wessels/Beulke/Satzger,* Rn. 537 f.

T hat sich wegen **Sachbeschädigung in mittelbarer Täterschaft** gemäß §§ 303, 25 Abs. 1 Alt. 2 strafbar gemacht. X handelte beim Verbrennen der dem O gehörenden Briefe **ohne Vorsatz** hinsichtlich des Merkmales der Fremdheit der zerstörten Sachen und hatte daher die erforderliche Werkzeugqualität. T hat diesen Irrtum planvoll lenkend eingefädelt und für ihre Ziele ausgenutzt, sodass sie Tatherrschaft kraft überlegenen Wissens besaß. T hat daher die Sachen des O „durch" X zerstört.

267. Ein sehr spezieller Ort für Briefmarken

T bat die X, eine wertvolle Briefmarke ihres Mannes O in einem Buch in O's umfangreicher Bibliothek zu verstecken, damit sich O über den Verlust der Marke ärgere. Damit könne sich die X am besten dafür rächen, dass O sie schon seit Jahren zu Gunsten seiner Briefmarkensammlung (die O einst noch herangezogen hatte, um O näher zu kommen) vernachlässigte. In Wahrheit hatte T jedoch vor, sich die Marke zusammen mit diesem Buch zu verschaffen, das O ihm vor einiger Zeit versprochen hatte. X hatte hinsichtlich dieser wahren Ziele des T zwar einen Verdacht, jedoch war es ihr – wie T wusste – letztlich gleichgültig, ob die Briefmarke am Ende den Besitzer dauerhaft wechseln oder sich O nur über das Verschwinden der Briefmarke ärgern würde. Haben sich T und X nach § 242 strafbar gemacht?

Zur Vertiefung: *Kühl,* § 20 Rn. 54 f.; *Rengier* AT, § 43 Rn. 22; *Roxin* II, § 25 Rn. 153–157; *Wessels/Beulke/Satzger,* Rn. 537.

Eine Strafbarkeit der **X** wegen Diebstahls scheidet aus. Zwar ist durch das Verstecken ein Gewahrsamsbruch an der Briefmarke anzunehmen, wenn innerhalb der gemeinsamen Gewahrsamssphäre der Eheleute O und X nur noch diese weiß, wo sich die Briefmarke befindet. Allerdings **fehlt** es X an der erforderlichen **Zueignungsabsicht.** Denn ihre Gleichgültigkeit hinsichtlich des Verbleibs genügt nicht einmal für die seit 1998 in § 242 grundsätzlich ausreichende Drittzueignungsabsicht.

Demgegenüber kommt eine Strafbarkeit des **T** wegen **Diebstahls in mittelbarer Täterschaft** bei Ausnutzung eines **absichtslos-dolosen Werkzeugs** in Betracht, da T gerade die erforderliche Zueignungsabsicht besaß. Freilich könnte man hiergegen einwenden, dass beim Vordermann das Fehlen bloßer sonstiger subjektiver Merkmale bei voller Tatsachenkenntnis für eine Herrschaft des Hintermannes nicht ausreichen könne. Immerhin „beherrscht" der Vordermann hier das Geschehen in grundsätzlicher, voller Weise und wird nur mangels des fehlenden subjektiven Merkmals vom Gesetz anders behandelt. Allerdings kann die erforderliche Tatherrschaft hier in Gestalt einer **normativen Tatherrschaft** angenommen werden. Die besondere Absicht wird vom Gesetz gerade nicht nur als Begleitumstand, sondern als unrechtskonstituierendes und typisierendes Merkmal bewertet, sodass hier mit der gleichen Berechtigung eine Tatherrschaft angenommen werden kann wie etwa in Fall 265.

268. Falsche Strafanzeige

T hatte sich mit ihrem Verlobten O zerstritten und beschloss, sich gründlich an ihm zu rächen. Sie zeigte ihn durch ein Schreiben bei der Staatsanwaltschaft an, einen bisher noch nicht geklärten Einbruch in eine Bank begangenen zu haben, von dem sie eine Woche zuvor in der Zeitung gelesen hatte. In dem Brief sowie bei der späteren Befragung durch Polizei und Staatsanwaltschaft gelang es T, ein so überzeugendes Bild von O's angeblicher Tatschilderung sowie seinen Fluchtplänen zu geben, dass dieser wegen dringenden

Tatverdachts und Fluchtgefahr in Untersuchungshaft genommen wurde. Dort verblieb er zehn Tage, bis der wirkliche Täter ausfindig gemacht werden konnte. Strafbarkeit der T?
(vgl. BGHSt 3, 4)

Zur Vertiefung: *Kühl,* § 20 Rn. 57 f.; *Rengier* AT, § 43 Rn. 23 f.; *Roxin* II, § 25 Rn. 68; *Wessels/Beulke/Satzger,* Rn. 537 f.

Durch die Angaben gegenüber Polizei und Staatsanwaltschaft hat T zunächst eine falsche Verdächtigung sowie eine Verleumdung (§§ 164 Abs. 1, 187, 52) begangen. Durch dieselbe Handlung hat sie aber auch eine **schwere Freiheitsberaubung** nach § 239 Abs. 3 Nr. 1 in **mittelbarer Täterschaft** begangen. Dabei hat sie sich zur Tat der **rechtmäßig handelnden Strafverfolgungsbehörden** bedient: Erlass und Vollzug eines Haftbefehls sind nicht nur gegenüber dem wirklich Schuldigen rechtmäßig, sondern können gemäß § 112 StPO bei einem Haftgrund schon gegenüber demjenigen angeordnet werden, der „der Tat dringend verdächtig" ist. Einen solchen dringenden Tatverdacht und damit die Voraussetzungen für den beanstandungsfreien Haftbefehl hat T durch ihr Verhalten herbeigeführt. Damit hat sie das rechtmäßige Verhalten der irregeführten (und gerade deswegen rechtmäßig handelnden) Strafverfolgungsorgane in den Dienst einer Tatbestandsverwirklichung gestellt, die **in ihrer Person auch rechtswidrig** war, da sie von der Unschuld des O wusste.

269. Was läuft da mit meiner Freundin? (I)

T wollte den ihm verhassten O verletzen, dies aber nicht selbst tun, sondern sich dazu des X bedienen. Da er wusste, dass einerseits O extrem jähzornig, andererseits X dem O körperlich überlegen war, legte er auf O's Schreibtisch ein elektronisch manipuliertes Foto, das O's Freundin bei einem innigen Kuss mit X zeigte. Wie von T vorhergesehen und beabsichtigt, begab sich O sofort zu X und begann ohne nähere Erklärung auf diesen einzuschlagen. X setzt sich zur Wehr und schlug O in Notwehr zu Boden. Wie hat sich T zum Nachteil des O strafbar gemacht?

Zur Vertiefung: *Kühl,* § 20 Rn. 59; *Rengier* AT, § 43 Rn. 25; *Roxin* II, § 25 Rn. 69; *Wessels/Beulke/Satzger,* Rn. 540; *Kudlich,* JuS 2000, L 49 ff.

Nach einer – allerdings überwiegend bestrittenen – Ansicht ist T hier wegen **Körperverletzung** an O in **mittelbarer Täterschaft** strafbar: X handelte nach den ausdrücklichen Angaben im Sachverhalt gerechtfertigt, und der Einsatz eines rechtmäßig handelnden Werkzeugs ist grundsätzlich auch als möglicher Fall einer mittelbaren Täterschaft anerkannt. Im Unterschied zu Fall 268 besteht hier aber keine Wissensherrschaft des T, und dieser hat auch nicht unmittelbar auf den X als Werkzeug eingewirkt (wie in Fall 268 die T in ihren Gesprächen mit den Strafverfolgungsbehörden). Daher wird vielfach eine mittelbare Täterschaft nur dann angenommen, wenn der Hintermann zugleich auch Tatherrschaft über den „Mittelmann", d. h. hier über den später zurückgeschlagenen Angreifer (O), hat und damit eine „ununterbrochene Tatherrschaftskette" vorliegt. Daran fehlt es vorliegend, da

O einem bloßen Motivirrtum erlag und insoweit völlig eigenverantwortlich den Angriff auf X startete.

Ergänzende Bemerkung: Ließe man für ein Bestimmen im Sinne des § 26 jede Verursachung eines Tatentschlusses genügen, könnte außerdem eine Anstiftung zu den Schlägen des O gegenüber X vorliegen (vgl. näher Fall 293).

270. Ein Arzt in den Fängen einer Frau

Auf der Krankenhausweihnachtsfeier kamen sich Oberarzt Dr. X von der chirurgischen Abteilung und die attraktive Catering-Mitarbeiterin T näher. Angespornt von T trank X viel zu viel Alkohol, bis er schließlich eine BAK von 3,5 ‰ aufwies. Der Alkohol und die Liebesschwüre der T bildeten eine Kombination, in der X keinen klaren Kopf behalten konnte und T zwei Wünsche nachgab. Zum einen spritzte er der auf seiner Station liegenden O, die der T schon seit Schulzeiten verhasst war, ein hoch dosiertes Medikament in die Infusion, das bei O zu mehrstündigen massiven Magenkrämpfen führte. Zum anderen verriet er der neugierigen T, weswegen sich der prominente Herr P auf X's Station in Behandlung befunden hatte. Strafbarkeit der T, wenn diese die Wirkung des Alkohols bei X zutreffend eingeschätzt hatte?

Zur Vertiefung: *Kühl,* § 20 Rn. 61, 66; *Rengier* AT, § 43 Rn. 36; *Roxin* II, § 25 Rn. 139–142; *Wessels/Beulke/Satzger,* Rn. 537 f., 543.

Bei einer BAK von 3,5 ‰ ist mangels gegenteiliger Angaben davon auszugehen, dass X sich in einem **schuldausschließenden Zustand** im Sinne des § 20 befand (wobei es keine Rolle spielt, ob die Alkoholintoxikation als krankhafte seelische Störung oder als tiefgreifende Bewusstseinsstörung bewertet wird). Auf Grund dieses Strafbarkeitsmangels kommt er einerseits als **schuldloses Werkzeug** der T in Betracht; andererseits ist zu berücksichtigen, dass – anders als beim tatbestandslos oder gerechtfertigt handelnden Tatmittler – nach dem Prinzip der **limitierten Akzessorietät** auch eine Anstifterstrafbarkeit grundsätzlich vorstellbar ist:

Hinsichtlich der **O** ist von einer **gefährlichen Körperverletzung** (§§ 223, 224 Abs. 1 Nr. 1) **in mittelbarer Täterschaft** auszugehen. Die daneben konstruktiv erfüllte Anstiftung tritt als schwächere Beteiligungsform zurück. Auf Grund der hohen Alkoholisierung hatte die T, die diesen Zustand zudem gefördert hatte und bewusst ausnutzte, das Geschehen in der Hand und hatte alleine die Macht, die Tat geschehen zu lassen oder aber nicht.

Dagegen kommt hinsichtlich der Auskünfte über **P** „nur" eine **Anstiftung zur Verletzung von Privatgeheimnissen** (§§ 203, 26) in Betracht. Da es sich um ein eigenhändiges Delikt handelt, ist eine mittelbare Täterschaft ausgeschlossen (vgl. bereits Fall 261). Nach dem Grundsatz der limitierten Akzessorietät steht die fehlende Schuld des X einer Anstifterstrafbarkeit der T aber nicht entgegen, die hier auch zu bejahen ist, da T bei X den **Tatentschluss hervorgerufen** hat.

271. Genialer Bandenchef

T war der geniale Kopf einer streng hierarchisch strukturierten Verbrecherbande. Nach seinem genau vorgegebenen und bis ins kleinste Detail durchdachten Plan überfielen Mitglieder seiner Bande einen Geldtransport, indem eine Straßensperre errichtet, lähmendes Gas ausgesprüht und anschließend von den mit Gasmasken ausgerüsteten Gangstern der Transporter geplündert wurde. Das Geld wurde bei T abgeliefert, der während des Überfalls selbst nicht anwesend war. Als Staatsanwalt S beim Verfassen der Anklageschrift mit dem ihm zur Ausbildung zugewiesenen Rechtsreferendar R darüber diskutierte, ob T dennoch Mittäter sein könne (vgl. dazu Fall 279), kam sein Vorgesetzter V dazu und meinte, das sei letztlich unerheblich, denn nach der „Mauerschützenrechtsprechung" sei T jedenfalls als mittelbarer Täter zu behandeln. Was meint V damit und hat er Recht?
(vgl. auch BGHSt 40, 218)

Zur Vertiefung: *Roxin* II, § 25 Rn. 105–138; *Rengier* AT, § 43 Rn. 38, 60 ff.; *Wessels/Beulke/Satzger,* Rn. 541.

V spielt hier auf die grundlegende Entscheidung BGHSt 40, 218 an, in der sich der BGH mit der Strafbarkeit von **Mitgliedern des Nationalen Verteidigungsrates** der ehemaligen DDR für die Todesschüsse an der innerdeutschen Grenze zu befassen hatte. Der BGH hatte in dieser Entscheidung eine mittelbare Täterschaft der Hintermänner trotz strafrechtlicher Verantwortung der Grenzsoldaten angenommen (sog. **Täter hinter dem Täter**). Entgegen der in der Literatur vielfach vertretenen Lehre vom „Verantwortungsprinzip", nach der mittelbare Täterschaft stets ausscheide, wenn der Tatmittler den Tatbestand selbst vollverantwortlich verwirkliche, gebe es nämlich Fallgruppen, „bei denen trotz eines uneingeschränkt verantwortlich handelnden Tatmittlers der Beitrag des Hintermannes nahezu automatisch zu der von diesem Hintermann erstrebten Tatbestandsverwirklichung führt [...], wenn der Hintermann durch Organisationsstrukturen bestimmte Rahmenbedingungen ausnutzt, innerhalb derer sein Tatbeitrag regelhafte Abläufe auslöst" (BGHSt 40, 218, 236). Insbesondere in „staatlichen, unternehmerischen oder geschäftsähnlichen **Organisationsstrukturen** und bei **Befehlshierarchien**" besitze der Hintermann die Tatherrschaft, da er das Geschehen tatsächlich weit mehr beherrsche, als dies bei anderen Fallgruppen erforderlich sei, bei denen mittelbare Täterschaft ohne Bedenken angenommen werde. Entscheidend ist mithin die **„Fungibilität"** des Tatmittlers, d. h. die nahezu beliebige Austauschbarkeit („Rädchen im Getriebe") innerhalb des vom Hintermann, dem Schreibtischtäter, beherrschten Gesamtsystems. Wohl auch mit Blick auf den konkreten Anlass ergänzt der BGH: „Den Hintermann in solchen Fällen nicht als Täter zu behandeln, würde dem objektiven Gewicht seines Tatbeitrags nicht gerecht, zumal häufig die Verantwortlichkeit mit größerem Abstand zum Tatort nicht ab-, sondern zunimmt" (BGHSt 40, 218, 237).

Fraglich ist freilich, ob man – selbst wenn man dem BGH insoweit folgen möchte – diese für ein staatliches Unrechtsregime konzipierten Überlegungen auch auf eine „hierarchisch strukturierte Verbrecherbande" übertragen kann. Der BGH selbst geht zwar von Anwendung auch „in Fällen mafiaähnlich **organisierten Verbrechens**" oder „beim Betrieb wirtschaftlicher Unternehmen" aus (BGHSt 40, 218, 237). Allerdings wird selbst von Befürwortern des „Täters hinter dem Täter" darauf hingewiesen, dass eine so weit reichende **„Fungibilität"** dort **nicht ohne weiteres** möglich ist, wenn nicht (ausnahmsweise!) eine mehr oder weniger vollständig vom Recht gelöste Organisation vorliegt. Letztlich ist dies natürlich Tatfrage und im vorliegenden knappen und erdachten Fall nicht verbindlich zu entscheiden; ohne weiteres genügt aber auch eine streng hierarchisch organisierte Gruppe nicht.

272. Not kennt kein Gebot (?)

X machte sich schon lange Hoffnungen, bei der Miss-Wahl ihrer Firma den 1. Platz zu belegen, fürchtete aber die Konkurrenz ihrer bildhübschen Kollegin O. Als X ihrem Freund, Rechtsreferendar T, ihren Kummer beichtete, sah dieser eine günstige Gelegenheit, sich an der O zu rächen, die ihm vor zwei Jahren einen Korb gegeben hatte. Er empfahl X, der O mit einer Flasche konzentrierter Salzsäure das Gesicht zu verätzen. Als X meinte, das sei „doch sicher verboten", erklärte T, hier greife das übergesetzliche Rechtsprinzip „Not kennt kein Gebot", da O sich (was insoweit der Wahrheit entsprach) ein Muttermal im Gesicht operativ entfernen lassen und daher einen ungerechtfertigten Vorteil bei der Miss-Wahl verschafft hätte. X meinte, T „als Jurist" müsse es ja wissen, und schritt zur Tat. Sie übte das Salzsäureattentat aus, das bei O zu bleibenden Vernarbungen im Gesicht führte. Strafbarkeit von T und X?

Zur Vertiefung: *Kühl,* § 20 Rn. 70, 77–81; *Rengier* AT, § 43 Rn. 40 ff.; *Roxin* II, § 25 Rn. 76–90; *Wessels/Beulke/Satzger,* Rn. 542; *Bottke,* JuS 1992, 765 ff.

X hat sich nach **§ 226 Abs. 1 Nr. 3, Abs. 2** strafbar gemacht. Die Annahme, nach dem so nicht bekannten Grundsatz „Not kennt kein Gebot" die O verletzen zu dürfen, ist nur ein vermeidbarer Verbotsirrtum, der nach § 17 Satz 2 die Strafbarkeit nicht berührt. Daran ändert auch die „Rechtsauskunft" des T nichts, da X sich vor einer so erheblichen Verletzung der O kaum auf eine derart pauschale Aussage verlassen durfte.

Hinsichtlich des **T** ist **fraglich,** ob dieser „nur" als **Anstifter** oder wegen des Hervorrufens des Irrtums sogar als **mittelbarer Täter** zu bestrafen ist. Würde man alleine darauf abstellen, dass X durch einen Irrtum zur Tat motiviert wurde und T diesen hervorgerufen und für seine Pläne planvoll lenkend eingesetzt hat, würde dies dafür sprechen, eine mittelbare Täterschaft anzunehmen. Andererseits könnte man aber auch darauf abstellen, dass der vermeidbare Verbotsirrtum die strafrechtliche Verantwortlichkeit der X unberührt lässt, sodass kein Platz für eine mittelbare Täterschaft sei (sog. **Verantwortungstheorie**). Der BGH (BGHSt 35, 347) hat sich nicht auf eine der beiden Lösungen festgelegt, sondern stellt auf „Art und Tragweite des Irrtums" im **Einzelfall** ab. Dabei können ergänzend auch andere (außerhalb des Irrtums liegende) Kriterien herangezogen werden, die eine Tatherrschaft des Hintermannes beeinflussen **(eingeschränkte Verantwortungstheorie).** Folgt man dem, so ist im vorliegenden Fall eine Tatherrschaft des T abzulehnen. Denn der Irrtum der

X ist besonders leicht vermeidbar; über ein extremes emotionales Abhängigkeitsverhältnis o. Ä. ist nichts mitgeteilt, und die etwas nonchalante Einstellung „T als Jurist müsse es wissen" zeugt eher von einer Gleichgültigkeit der X gegenüber der Gesundheit der O als davon, dass es T gelungen sei, der X durch eine raffinierte Täuschung den Unrechtsgehalt ihres Handelns zu verschleiern.

273. Zur falschen Zeit (nicht) am falschen Ort?

X wollte T's Auto mit einem Vorschlaghammer zu Schrott schlagen. T erfuhr von diesen Plänen und stellte sein Auto zwei Straßenzüge weiter ab. Außerdem gelang es ihm, stattdessen seinen ihm verhassten Nachbarn O dazu zu bewegen, sein Auto in der Tatnacht an der Stelle abzustellen, an der üblicherweise T's Wagen stand. X hielt in der Dunkelheit das Auto des O für dasjenige des T und schlug fünfmal mit aller Kraft auf das Auto ein, wobei die Scheiben zu Bruch gingen und erhebliche Beulen in der Karosserie entstanden. Strafbarkeit von X und T?

Zur Vertiefung: *Kühl,* § 20 Rn. 74; *Rengier* AT, § 43 Rn. 57 f.; *Roxin* II, § 25 Rn. 265 f.; *Wessels/Beulke/Satzger,* Rn. 525.

X hat sich nach § 303 strafbar gemacht. Der ***error in objecto*** ist für ihn wegen der tatbestandlichen Gleichwertigkeit der Autos von O und T (jeweils für X fremde Sachen im Sinne des § 303) unbeachtlich.

Fraglich ist dagegen die Strafbarkeit des **T.** Im Ergebnis besteht weitgehende Einigkeit darüber, dass auch er **als Täter** der Sachbeschädigung zu bestrafen ist. Teilweise wird im Hervorrufen (und Ausnutzen) des *error in persona vel objecto* eine **mittelbare Täterschaft** gesehen, da das Geschehen zumindest hinsichtlich des (entscheidenden) konkreten Opfers durch den Hintermann gesteuert werde. Die besseren Gründe sprechen aber dafür, mit der Gegenansicht einen Fall der sog. **Nebentäterschaft** anzunehmen. Zwar hat auch der Hintermann (hier also T) Tatherrschaft. Indes liegt bei X nicht nur kein (rechtlich relevantes) Defizit vor, sondern auch der soziale Sinngehalt seines Handelns ist ihm in keiner Weise verborgen geblieben. Auch X ist klar, dass die anlasslose Zerstörung eines fremden Autos in seinem Unrechtsgehalt nicht davon abhängig ist, ob dieses T oder O gehört. Daher kann von einer Beherrschung des X als Werkzeug keine Rede sein. Vielmehr führen X und T als Vordermann und Hintermann gemeinschaftlich in täterschaftlicher, aber voneinander unabhängiger Weise den Erfolg herbei, sodass ein Fall der Nebentäterschaft vorliegt.

274. Ist das Kunst oder kann das weg?

Kunstkenner T war neidisch, dass O eine wertvolle moderne Skulptur besaß. Er redete deswegen dem X ein, die Skulptur des O, die X überhaupt nicht gefiel, sei eine Stümperei übelster Sorte und eine Beleidigung für die Augen jedes Kunstfreundes. X könne sich als Kenner erweisen, wenn er dieses Schandwerk zerstören würde. Da X sich schon lange bei T als Kunstexperte

profilieren wollte, warf er die wertvolle Skulptur auf den Boden, und sie zerbrach in tausend Stücke. Strafbarkeit von X und T?

Zur Vertiefung: *Kühl,* § 20 Rn. 75; *Rengier* AT, § 43 Rn. 48 f.; *Roxin* II, § 25 Rn. 96–98.

X ist wegen Sachbeschädigung (§ 303) strafbar. Seine Vorstellung über den konkreten **Wert** der Skulptur ist für die Tatbestandserfüllung **unbeachtlich,** da es sich davon völlig unabhängig jedenfalls um eine fremde Sache handelt. Die Behelfslösung, bei praktisch wertlosen Gegenständen eine Strafbarkeit wegen eines Eigentumsdelikts über eine mutmaßliche Einwilligung auszuschließen, scheidet hier ersichtlich ebenfalls aus.

T hat sich wegen **Anstiftung** zur Sachbeschädigung strafbar gemacht. Zwar wird auch in Fällen der vorliegenden Art teilweise eine mittelbare Täterschaft angenommen, da die **gesteigerte Unrechts-qualifizierung** zu einer **Teilung der Tatherrschaft** führe. Die Tat wird also quasi gedanklich in den bloßen (von X voll durchschauten) Zerstörungsakt sowie die besondere (von X nicht überblickte) Werthaftigkeit des Tatobjektes aufgespaltet. Allerdings ist der Irrtum des X rechtlich irrelevant und eine Anstifterstrafbarkeit konstruktiv ohne weiteres möglich. Auch ohne eine Überbetonung des Verantwortlichkeitsprinzips ist nicht ersichtlich, weshalb ein **bloßer Motivirrtum** den Vordermann hier zu einem Werkzeug im Sinne der mittelbaren Täterschaft machen sollte.

275. Frauenkleider schützen vor Prügel nicht (I)

T wollte dem verhassten O eine „Abreibung" erteilen. Da er sich selbst nicht die „Hände schmutzig" machen wollte, begab er sich an einem Samstagabend in eine nahe beim Haus des O gelegene Kneipe und sprach dort den kräftig erscheinenden, aber erkennbar hochgradig alkoholisierten X an. Er drückte ihm 100 EUR in die Hand, zeigte ihm ein Bild des O und trug ihm auf, in einer halben Stunde am Haus des O zu klingeln. Falls dieser aufmache, solle X ihn dann mit einem von T mit in die Kneipe gebrachten Knüppel verprügeln. Anschließend fuhr T rasch nach Hause, um zur Tatzeit ein Alibi zu haben. X begab sich tatsächlich eine halbe Stunde später zum Haus des O. O's Frau F öffnete die Tür. X dachte, O wolle ihn nur täuschen und habe sich daher „in Frauenklamotten geschmissen". Er rief „Mit mir nicht!" und versetzte F mit dem Knüppel eine Tracht Prügel. Als er nach einer halben Minute O die Treppe herunter laufen sah, war er unschlüssig, ob er wirklich alles richtig gemacht hatte und machte sich rasch davon. Strafbarkeit von X und T, wenn X konstant eine BAK von 3,2 ‰ hatte?

Zur Vertiefung: *Rengier* AT, § 43 Rn. 73 f.; *Roxin* II, § 25 Rn. 168–171; *Wessels/Beulke/Satzger,* Rn. 550, 578 f.

X hat den Tatbestand einer gefährlichen Körperverletzung nach §§ 223, 224 Abs. 1 Nr. 2 erfüllt. Dass er dabei die F für O hielt, ist unbeachtlich, da sich sein Vorsatz genau auf die Person, die er mit dem Knüppel traf, konkretisiert hatte (sog. ***error in***

persona). Allerdings ist er wegen seiner **alkoholbedingten Schuldunfähigkeit** nicht strafbar. Es bleibt nur § 323a.

T könnte sich zunächst wegen **gefährlicher Körperverletzung in mittelbarer Täterschaft** strafbar gemacht haben: Er hat zwar den Zustand der Schuldunfähigkeit des X bewusst und planvoll lenkend für seine Zwecke ausgenutzt. Allerdings führt hier der ***error in persona*** des X als Tatmittler für T zum **Vorsatzausschluss.** Nach wohl h. L. ist dies damit zu begründen, dass der *error in persona* des Tatmittlers sich für den mittelbaren Täter stets als ***aberratio ictus*** auswirkt, da das Fehlgehen eines menschlichen Werkzeuges mit demjenigen eines mechanischen Werkzeuges vergleichbar sei. Aber auch nach der Gegenansicht, die danach differenziert, in welchem Umfang dem Tatmittler die **Individualisierung** und Konkretisierung des Opfers überlassen worden ist, würde hier T's Vorsatz entfallen. Denn T hat dem X keinen großen Individualisierungsspielraum eingeräumt, sondern ihm durch das Haus, in dem sich das Opfer befinden soll, sowie ein Bild des Opfers sehr genau vorgegeben, gegen wen sich der Anschlag richten sollte. Die selbst bei einem erheblich Betrunkenen nicht zu erwartende Überlegung des X, der O habe sich als seine eigene Frau verkleidet, war für T in keiner Weise vorhersehbar. Insoweit kann keine Rede davon sein, dass die Verletzung der F sich im Rahmen der „Streubreite des Risikos" befand, die T durch seinen Auftrag eingeräumt hatte. Es bleibt daher nur eine **versuchte** gefährliche Körperverletzung in mittelbarer Täterschaft an O sowie – falls nach den näheren Umständen dem T ein Fahrlässigkeitsvorwurf gemacht werden kann – eine **fahrlässige** Körperverletzung des T an F.

276. Frauenkleider schützen vor Prügel nicht (II)

Wie wäre Fall 275 zu entscheiden, wenn X den O angetroffen und verprügelt hätte, danach aber – weil es gerade so viel Spaß machte – auch bei O's Nachbar N geklingelt und diesen verprügelt hätte?

Zur Vertiefung: *Rengier* AT, § 43 Rn. 71; *Roxin* II, § 25 Rn. 169–171; *Wessels/Beulke/Satzger,* Rn. 545.

An der Strafbarkeit des **X** würde sich nichts ändern. Insbesondere führt der mehrfache Eintritt der objektiven Bedingung der Strafbarkeit (zwei Rauschtaten) während eines Rauschzustandes nicht zu zwei Fällen des § 323 a.

Für **T** würde hinsichtlich O eine vollendete gefährliche Körperverletzung in mittelbarer Täterschaft vorliegen. Für die Tat **gegenüber N** würde T nicht (jedenfalls nicht wegen einer Vorsatztat) haften, da insoweit ein **Exzess** des X vorliegt.

277. Frauenkleider schützen vor Prügel nicht (III)

Wie wäre Fall 275 zu entscheiden, wenn X den O angetroffen und verprügelt hätte, dabei aber – entgegen der Annahme des T – nur eine BAK von 2,0 ‰ gehabt hätte?

Zur Vertiefung: *Kühl,* § 20 Rn. 82–84; *Rengier* AT, § 43 Rn. 80 ff.; *Roxin* II, § 25 Rn. 163–167; *Wessels/Beulke/Satzger,* Rn. 549; *Kretschmer,* Jura 2003, 535 ff.; *Kudlich,* JuS 2003, 755 ff.

Bei einer BAK von 2,0 ‰ wäre X jedenfalls **nicht schuldunfähig** und daher wegen gefährlicher Körperverletzung strafbar.

T ist dagegen nach h. M. wegen **vollendeter Anstiftung** zur gefährlichen Körperverletzung zu bestrafen. Mangels Steuerungsdefizits bei X hatte T tatsächlich **keine Tatherrschaft,** sodass eine vollendete mittelbare Täterschaft ausscheidet und „nur" ein Hervorrufen des Tatentschlusses vorliegt. Der auf eine Täterschaft gerichtete Wille des T soll dabei den **Anstifterwillen als Minus** mit umfassen.

Ergänzende Bemerkung: Das Gleiche soll nach überwiegender Ansicht auch gelten, wenn der Hintermann irrtümlich davon ausgeht, dass der Vordermann vorsatzlos handelt, in Wahrheit aber bösgläubig ist. Anders als bei der fehlenden Kenntnis der Schuldfähigkeit ist diese Lösung dort jedoch ernsten Bedenken ausgesetzt, weil der Hintermann sich gerade keine Umstände vorstellt, unter denen auch eine Anstiftung möglich wäre. Denn im Gegensatz zum vorliegenden Fall glaubt der Täter, der den Tatmittler für gutgläubig hält, gerade nicht an das Vorliegen einer vorsätzlichen rechtswidrigen Haupttat.

278. Ein folgenschweres Kommunikationsproblem

T hatte ein Verhältnis mit der X. T und X hatten schon mehrfach – ganz vage – darüber gesprochen, wie schön es wäre, wenn O, der Mann der X, „aus dem Weg geschafft werden könnte." Eines Tages steckte T der X eine Flasche zu und wies sie an, deren Inhalt dem O abends in sein Bier zu mischen. Mit einem verschwörerischen Augenzwinkern meinte er zu X, damit habe man ein wichtiges Problem gelöst. X verstand nicht, dass T damit sagen wollte, dass es sich um ein tödliches Gift handle. Sie ging vielmehr davon aus, die Flasche enthalte nur ein starkes Schlafmittel, sodass O einschlafen werde und sie und T den Abend ungestört miteinander verbringen könnten. T bemerkte seinerseits nichts vom Missverständnis der X. X mischte dem O das Gift in sein Bier. O verstarb. Strafbarkeit von X und T?

Zur Vertiefung: *Kühl,* § 20 Rn. 88 f.; *Rengier* AT, § 43 Rn. 77 f.; *Roxin* II, § 25 Rn. 158–162; *Wessels/Beulke/Satzger,* Rn. 548.

X hatte **keinen Vorsatz,** den O zu töten. Es liegt aber die Annahme einer Strafbarkeit nach **§ 222** (und eventuell auch § 227) nahe.

T hat sich im Ergebnis wegen **versuchter Anstiftung** zu einem vorsätzlichen Tötungsdelikt gemäß §§ 212 (211), 30 Abs. 1 strafbar gemacht: Objektiv hatte T zwar Tatherrschaft kraft überlegenen Wissens; da er dies aber nicht merkte, scheitert eine mittelbare Täterschaft am **fehlenden Tatherrschaftswillen.** Aber auch eine vollendete Anstiftung scheidet aus, da X **keine vorsätzliche** rechtswidrige Haupttat begangen hat. Es bleibt damit die versuchte Anstiftung, die hier auch strafbar ist, da §§ 212, 211 Verbrechen sind. Vertretbar erscheint, daneben auch noch eine täterschaftliche fahrlässige Tötung anzunehmen, um auch bei T zum Ausdruck zu bringen, dass tatsächlich ein Todeserfolg eingetreten ist.

Ergänzende Bemerkungen: (1.) Das Ergebnis der nur versuchten Anstiftung wirkt auf den ersten Blick für solche Fälle etwas unbefriedigend, in denen kein Verbrechen vorliegt, sodass eine Strafbarkeit nach § 30 Abs. 1 ausscheidet. Allerdings ist dies letztlich nur die Konsequenz der gesetzgeberischen Entscheidung, die versuchte Anstiftung nur bei Verbrechen unter Strafe zu stellen.

(2.) Handelt der Vordermann zwar vorsätzlich, aber unerkannt schuldlos (also gewissermaßen in der umgekehrten Konstellation wie in Fall 277), kann der Hintermann wegen vollendeter Anstiftung bestraft werden: Auf Grund der limitierten Akzessorietät (vgl. § 29) ist auch die schuldlose Tat eine taugliche Haupttat für die Anstiftung, und auch der Vorsatz des Hintermannes ist auf eine solche gerichtet.

(3.) Zu den (nicht all zu hohen) Konkretisierungsvoraussetzungen bei der versuchten Anstiftung vgl. BGH NJW 2013, 1106 m. Anm. *Hecker,* JuS 2013, 748 (Inkaufnehmen der Tatausführung durch den Angestifteten genügt).

279. Genialer Bandenchef - noch ein Fall dazu

Könnte in Fall 271 T – wenn schon nicht als mittelbarer Täter (hinter dem Täter) – „zumindest" als Mittäter bestraft werden, wenn er
a) zur Zeit des Überfalls einige Tage auf den Azoren ausspannte und gerade einen Kriminalroman über Dr. Mabuse las?
b) während des Überfalls über Handy mit den Bandenmitgliedern in Kontakt stand, um den Ablauf zu überwachen und erforderlichenfalls weitere Anleitungen geben zu können?

Zur Vertiefung: *Kühl,* § 20 Rn. 110–114; *Rengier* AT, § 44 Rn. 42 f.; *Roxin* II, § 25 Rn. 120–123; *Wessels/Beulke/Satzger,* Rn. 526, 528 ff.; *Marlie,* JA 2006, 613 ff.; *Seher,* JuS 2009, 304 ff.

Zu a) Dies ist umstritten. Zwar fehlt es an einem arbeitsteiligen Handeln im klassischen Sinne. Allerdings könnte dies im vorliegenden Fall durch ein Plus in der Tatplanung ausgeglichen werden. Eine starke Mindermeinung in der Literatur lehnt eine Mittäterschaft gleichwohl ab, soweit kein **Beitrag im Ausführungsstadium** geleistet wird, da bei der eigentlichen Tatbegehung keine Tatherrschaft vorliege. Insbesondere habe der Hintermann nicht in der Hand, die Tat „ablaufen zu lassen oder zu stoppen", wenn er in keinerlei Kontakt zu den Ausführenden stehe. Indes spricht für eine ausreichende Tatherrschaft, dass zumindest bei größeren Gruppen das normative Gewicht des Beitrages ebenso wie der faktische Einfluss des Hintermannes jedenfalls schwerer wiegen als die Beiträge einzelner Ausführender, ohne dass deswegen deren täterschaftliche Strafbarkeit grundsätzlich in Frage gestellt würde.

Zu b) In diesem Fall dürften auch die Vertreter eines engen Tatherrschaftsverständnisses eine **Mittäterschaft** bejahen. Denn die Mitwirkung im Ausführungsstadium setzt **nicht notwendig Anwesenheit** am Tatort voraus, wenn durch anderweitige Verbindung eine theoretische **Möglichkeit der Einflussnahme** fortbesteht. Dass dieser Einfluss weniger stark ist als bei unmittelbarer Anwesenheit am Tatort, kann jedenfalls durch das Plus in der Vorbereitung und an Einfluss ausgeglichen werden.

280. Kann ich dich ein Stück mitnehmen?

T plante, O zu töten, und erzählte M davon. Dieser fand den Plan spontan sympathisch, da er O ebenfalls nicht leiden konnte. M fuhr T zum Haus des O, wo dieser durch das Fenster einstieg und O erschlug. Strafbarkeit des M?

Zur Vertiefung: *Kühl,* § 20 Rn. 108; *Rengier* AT, § 44 Rn. 40 ff. u. 45, § 45 Rn. 82 f.; *Roxin* II, § 25 Rn. 198–211; *Wessels/Beulke/Satzger,* Rn. 526, 581 ff.; *Rönnau,* JuS 2007, 514 f.

M hat sich wegen **Beihilfe** zum Totschlag (§§ 212, 27), nicht jedoch wegen einer mittäterschaftlichen Begehung strafbar gemacht. Bei der Tötung des O hat M zumindest im unmittelbaren **Ausführungsstadium nicht mitgewirkt,** was zwar eine täterschaftliche Begehung nicht notwendig ausschließt (vgl. Fall 279), aber an besondere Voraussetzungen knüpft. Vorliegend ist nun weder ein Plus in Planung und Vorbereitung ersichtlich, noch hatte sein Tatbeitrag vorher ein besonders **großes Gewicht.** Wann dies der Fall ist, kann nur im Einzelfall entschieden werden; auch ist eine Fahrt zum Tatort nicht generell ungeeignet, eine Mittäterschaft zu begründen (so wenn von drei Bankräubern einer mit laufendem Motor in der Fußgängerzone vor der Bank wartet). Vorliegend handelte es sich aber um den bloßen, grundsätzlich jederzeit auch anders (und legal) zu organisierenden Transport zum Tatort, der den Fahrer noch zu keiner Zentralgestalt des Geschehens macht.

281. Manchmal wäre der Lift doch klüger

T und M beschlossen, den O zu töten. Zu diesem Zweck lösten sie im Büro des O, wo dieser bis in die späte Nacht arbeitete, einen falschen Feueralarm aus. Da sie wussten, dass O nur die Möglichkeit hatte, das Bürogebäude durch zwei Feuerausgänge zu verlassen, postierte sich jeder der beiden in einem der Treppenhäuser, wobei verabredet war, dass O sofort erschossen werden sollte, wenn er in einem der Treppenhäuser auftauchen sollte. O wählte den Weg durch das von M besetzte Treppenhaus und wurde von diesem mit einem gezielten Schuss getötet. Als T und M wegen mittäterschaftlichen Mordes angeklagt wurden, verteidigte sich T damit, dass er aus unterschiedlichen Gründen kein Mittäter sei: Zum einen könne von einem arbeitsteiligen Vorgehen keine Rede sein, wenn er und M jeweils alleine in ihrem Treppenhaus standen und auf O warteten; zum anderen sei er im eigentlichen Ausführungsstadium gerade am anderen Ende des Gebäudes gewesen und könne auch deswegen keine Tatherrschaft gehabt haben. Wird er mit diesen Einwänden erfolgreich sein?

Zur Vertiefung: *Kühl,* § 20 Rn. 109; *Rengier* AT, § 44 Rn. 45; *Roxin* II, § 25 Rn. 212, 232 f.; *Wessels/Beulke/Satzger,* Rn. 526 ff.

Nein, entgegen T's Ansicht ist er sehr wohl **Mittäter** des Mordes: Das gemeinschaftliche, **arbeitsteilige Vorgehen** ist darin zu sehen, dass nach dem Tatplan von T und M jeweils die beiden Ausgänge besetzt sein mussten; da keiner von beiden gleichzeitig an beiden Enden des Gebäudes sein konnte, besteht die Arbeitsteilung gerade darin, dass beide Ausgänge besetzt waren. Anders formuliert: Gerade nur weil T den anderen Ausgang übernommen hatte, konnte M sich auf den Ausgang konzentrieren, den O tatsächlich nahm. Unter solchen Umständen ist unerheblich, dass von vorneherein praktisch feststand, dass nur entweder T oder M (alternativ exklusiv) tätig werden würde, da auf diese Weise gerade die beiden möglichen Abläufe der Tat sicher gestellt werden sollten. Da mithin die **Absicherung** des anderen Ausganges einen wichtigen, arbeitsteilig erbrachten Beitrag darstellt, ist T auch **im Ausführungsstadium** tätig geworden, da dieses lief, während er einen von zwei alternativ möglichen Wegen des Opfers abpasste. Auf die Frage, ob ein solcher Beitrag im Ausführungsstadium überhaupt erforderlich ist (vgl. Fall 279), kommt es daher vorliegend gar nicht entscheidend an.

282. Arbeitsteilung (I)

Bei einem Spaziergang im Park beschlossen T und M, der ihnen entgegenkommenden Rentnerin O die Handtasche zu entwenden, um sich mit dem eventuell darin befindlichen Geld gemeinsam einen schönen Abend zu machen. Als O an ihnen vorbeilief, hielt T sie fest und M riss der sich nach Kräften, aber letztlich erfolglos wehrenden O die Handtasche aus der Hand. Wegen Raubes angeklagt meinte T, er habe sich allenfalls wegen Nötigung und M habe sich höchstens wegen Diebstahls strafbar gemacht. Hat er Recht?

Zur Vertiefung: *Kühl,* § 20 Rn. 99 f.; *Rengier* AT, § 44 Rn. 3; *Roxin* II, § 25 Rn. 199; *Wessels/Beulke/Satzger,* Rn. 531.

Nein, denn T und M sind **Mittäter** eines Raubes, sodass jedem die **objektiven Beiträge** des jeweils anderen im Rahmen des gemeinschaftlichen Tatentschlusses **wechselseitig zugerechnet** werden können: T und M hatten gemeinsam den Plan zu dem Überfall gefasst, waren dabei arbeitsteilig vorgegangen und handelten beide mit der erforderlichen Zueignungsabsicht. Als Folge dessen kann dem T die Wegnahmehandlung des M, dem M dafür die Gewaltanwendung durch T zugerechnet werden, sodass jeder den objektiven Tatbestand eines mittäterschaftlichen Raubes erfüllt hat.

283. Arbeitsteilung (II)

X, Y und Z, die Enkel der O aus Fall 282, wollten ihre Großmutter rächen und die Scheiben von T's Wagen einwerfen. Sie stellten sich auf der anderen Straßenseite auf und jeder von ihnen warf in schneller Folge jeweils drei Steine in Richtung des Autos. Zwei der neun Steine zerschlugen zwei Seitenscheiben des Autos. Wer gerade diese Steine geworfen hatte, ließ sich nicht mehr feststellen. Haben sich X, Y und Z wegen Sachbeschädigung (§ 303) strafbar gemacht?

Zur Vertiefung: *Kühl,* § 20 Rn. 109; *Rengier* AT, § 44 Rn. 49; *Roxin* II, § 25 Rn. 229 f.; *Wessels/Beulke/Satzger,* Rn. 526.

Ja. Zwar haben maximal zwei der drei (vgl. § 25 Abs. 1 Alt. 1) eine fremde Sache beschädigt, sodass für jeden einzelnen von ihnen *in dubio pro reo* eigentlich eine Vollendungsstrafbarkeit abgelehnt werden müsste und insoweit allenfalls ein Versuch (vgl. § 303 Abs. 3) in Betracht käme. Allerdings sind X, Y und Z hier als **Mittäter** zu behandeln: Sie handelten auf der Grundlage eines **gemeinschaftlichen Tatentschlusses;** das gemeinsame Vorgehen lag darin, dass alle drei zu demselben Zweck auf dasselbe Ziel warfen. Insoweit war es von untergeordneter Bedeutung, wer treffen würde. Durch die **Addition** ihrer Würfe wurde in der Gesamtheit das **Risiko** der Beschädigung **erhöht,** was ihrem Tatplan, das Auto auf jeden Fall zu beschädigen, zu Nutze kam. Daher sind **jedem einzelnen** auch die Würfe der beiden anderen **zuzurechnen,** sodass jeder für beide Treffer verantwortlich ist.

284. Exzess

T und M beschlossen, den O zu verprügeln. Ohne dass T dies wusste, nahm M heimlich ein Messer mit und erstach dabei im Handgemenge den O. Strafbarkeit von T und M?

Zur Vertiefung: *Kühl,* § 20 Rn. 117 f.; *Rengier* AT, § 44 Rn. 23 f.; *Roxin* II, § 25 Rn. 194, 196; *Wessels/Beulke/Satzger,* Rn. 531.

T und M haben zwar eine gemeinschaftliche (gefährliche, vgl. § 224 Abs. 1 Nr. 4) Körperverletzung begangen und sich auch an einem Angriff mehrerer im Sinne des § 231 beteiligt. Die **Tötungshandlung** des M kann dem T jedoch **nicht zugerechnet** werden, da es T am **Vorsatz** hinsichtlich dieser Handlung **fehlte.** Eine Zurechnung kommt aber immer nur im Rahmen des gemeinschaftlichen Tatentschlusses in Betracht. Daher ist allein M auch nach § 212 strafbar.

Ergänzende Bemerkungen: (1.) Bei der Frage, ob ein den anderen Beteiligten nicht zuzurechnender Exzess eines Mittäters vorliegt, ist jedoch der Tatplan danach auszulegen, inwieweit er „offen gestaltet" ist. Ist z. B. der Diebstahl von Bargeld verabredet, so kann es auch noch von dieser Verabredung umfasst sein, wenn statt des Geldes andere Sachen weggenommen werden, die unproblematisch „in Geld umgemünzt" werden können. Misshandeln mehrere Mittäter ihr Opfer mit bedingtem Tötungsvorsatz, so ist dem einen Mittäter ein tödlicher Messerstich des anderen Mittäters auch dann zuzurechnen, wenn letzterer inzwischen mit direktem Tötungsvorsatz zustach (vgl. BGH NStZ 2005, 387). Ganz allgemein werden Handlungen eines anderen Tatbeteiligten, mit denen nach den Umständen des Falles gerechnet werden musste, vom Willen des Mittäters umfasst (bzw. diesem „zuzuschreiben sein"), auch wenn er sie sich nicht als psychologisches Faktum besonders vorgestellt hat (vgl. BGH NStZ 2012, 563). Erst recht gilt dies, wenn es zwischen den Mittätern während der Begehung zu einer „tatsituativen einverständlichen Vorsatzerweiterung" kommt (vgl. BGH NStZ 2013, 400 m. Anm. *Hecker,* JuS 2013, 943).

(2.) Eine fahrlässige Mittäterschaft ist nach (noch) h. M. nicht möglich, da insoweit kein gemeinschaftlicher Tatentschluss gebildet werden kann (vgl. vertiefend *Pfeiffer,* Jura 2004, 519 ff.).

(3.) Für § 231 ist keine mittäterschaftliche Zurechnung erforderlich, da der Tod hier nur objektive Bedingung der Strafbarkeit ist, vgl. auch Fall 155 sowie PdW BT II, Fälle 64 ff.

285. Vermeintlicher Verfolger

T, M und N hatten mit Pistolen bewaffnet versucht, in ein Geschäft einzudringen. Als sie überrascht wurden, mussten sie fliehen. Sie hatten verabredet, dass sie von ihren Schusswaffen Gebrauch machen wollten, wenn die Gefahr eintreten sollte, dass einer von ihnen festgenommen würde. Als T Schritte hinter sich hörte, glaubte er, es handele sich um einen Verfolger und schoss mit Tötungsvorsatz auf die hinter ihm laufende Gestalt. In Wirklichkeit war dies sein gleichfalls flüchtender Komplize M, der jedoch nicht tödlich getroffen wurde. Strafbarkeit des M nach §§ 212, 22, 23?
(vgl. BGHSt 11, 268)

Zur Vertiefung: *Kühl,* § 20 Rn. 119–122; *Rengier* AT, § 44 Rn. 32 ff.; *Roxin* II, § 25 Rn. 195; *Wessels/Beulke/Satzger,* Rn. 533.

Auch M hat sich wegen eines versuchten Tötungsdelikts strafbar gemacht. Als Mittäter ist ihm das vom Tatplan gedeckte Verhalten des T zuzurechnen. Ein solches liegt hier vor, da das Schießen auf vermeintliche Verfolger verabredet war; auch der versehentliche (!) Schuss auf einen Komplizen ist insoweit **kein Exzess,** da er noch in der Streubreite des Risikos liegt, das durch den abgesprochenen Waffeneinsatz gesetzt wurde. Dass T einem ***error in persona*** erlag, ist für M insoweit genauso unbeachtlich wie für T. Wegen einer tatsächlich gegen sich selbst (und nur vermeintlich gegen Dritte) gerichteten Tat kommt zwar für M auf Grund der Straflosigkeit der Selbstverletzung nur ein **Versuchsunrecht** in Betracht. Allerdings tritt dieser Umstand vorliegend nicht deutlich hervor, da mangels Todeserfolges ohnehin nur eine Versuchsstrafbarkeit möglich ist.

Ergänzende Bemerkung: Wäre M (nicht tödlich getroffen, aber immerhin) verletzt worden, so hätten sich T und N wegen vollendeter mittäterschaftlicher (gefährlicher) Körperverletzung strafbar gemacht. Für M dagegen käme auch insoweit nur eine versuchte Körperverletzung in Betracht. Denn für M wäre die bei ihm eingetretene Verletzung als solche straflos; es wird nur ein Versuchsunrecht begründet, da das ihm zuzurechnende Verhalten seines Mittäters T auf die Verletzung eines Dritten gerichtet ist; damit liegt sozusagen die Situation des untauglichen Versuchs vor (vgl. auch Fall 300b).

286. Unterschiedliche Motive

T und M räumten gemeinsam das Haus des O leer. T ging es dabei alleine darum, den ihm verhassten O zu schädigen; M wollte dagegen außerdem die Sachen auch gerne für sich behalten. Strafbarkeit von T und M?

Zur Vertiefung: *Kühl,* § 20 Rn. 101; *Rengier* AT, § 44 Rn. 10; *Roxin* II, § 25 Rn. 234; *Wessels/Beulke/Satzger,* Rn. 530, 581.

M hat sich wegen Wohnungseinbruchsdiebstahls nach §§ 242, 244 Abs. 1 Nr. 3 strafbar gemacht.

Dagegen fehlt es bei **T,** wenn er alleine zur Schädigung des O handelt, an der nach § 242 erforderlichen **Zueignungsabsicht,** da unter diesen Umständen nicht einmal eine Drittzueignungsabsicht zu Gunsten des M angenommen werden kann. Eine **Zurechnung** dieser Absicht kommt nicht in Betracht, da eine solche nur bei **objektiven Merkmalen** möglich ist. Allerdings hat sich T wegen Beihilfe zum Wohnungseinbruchsdiebstahl (§§ 242, 244 Abs. 1 Nr. 3, 27) strafbar gemacht.

287. Ein unbemerkter Helfer

T und M spielten in einer Gastwirtschaft mit O Karten. Nach einiger Zeit verließ T das Lokal. Weil M neugierig war, was T vorhatte, folgte er ihm und sah, dass T versuchte, das Auto des O zu öffnen. Weil M dem T wohlgesonnen war, hielt er dem O, als dieser ebenfalls gehen und sein Auto aufsuchen wollte, die Tür vor der Nase zu, bis T seine Beute aus dem Wagen entwendet hatte und verschwunden war. T merkte von alledem nichts. M hatte aber vor, T später davon zu erzählen, um dann an der Beute

beteiligt zu werden. Hat sich M als Mittäter eines Diebstahls strafbar gemacht?
(vgl. BGHSt 6, 248)

Zur Vertiefung: *Kühl,* § 20 Rn. 106; *Rengier* AT, § 44 Rn. 2, § 45 Rn. 82; *Roxin* II, § 25 Rn. 191; *Wessels/Beulke/Satzger,* Rn. 526, 582.

Nein. Zwar hat M einen nicht unbedeutenden Beitrag geleistet und hatte wegen der Hoffnung auf eine Beuteteilung auch die erforderliche Zueignungsabsicht. Allerdings fehlte es – wie auch M wusste – am **gemeinsamen Tatentschluss.** Dieser würde zumindest voraussetzen, dass T die Mitwirkung des M bemerken und sie subjektiv in seinen Plan eingliedern würde. Dagegen ist ein nur **einseitiger Wille** des M, „Mittäter" zu sein, unbeachtlich. Allerdings kommt eine Beihilfe (§§ 242, 27) in Betracht. Denn diese setzt nicht unbedingt voraus, dass der Haupttäter um die Unterstützung weiß.

288. Mach ich doch mal mit

a) T hatte O „zusammengeschlagen" und war gerade damit beschäftigt, Gegenstände aus dem Lieferwagen des ohnmächtigen O an sich zu nehmen, als sein Freund M dazu kam. T forderte M auf, sich doch auch aus dem Auto zu nehmen, was er brauche. M nutzte diese Situation aus und nahm sich ebenfalls einige Dinge aus dem Lieferwagen. Strafbarkeit von T und M?
b) Wie wäre es, wenn O an den Schlägen des T verstorben wäre, kurz nachdem T und M den Tatort verlassen hatten?

Zur Vertiefung: *Kühl,* § 20 Rn. 126, 129; *Rengier* AT, § 44 Rn. 35 ff.; *Roxin* II, § 25 Rn. 191 f. und 219–228; *Wessels/Beulke/Satzger,* Rn. 527.

Zu a) Hier kommt eine **sukzessive** mittäterschaftliche Beteiligung am Raub des T in Betracht. Diese setzt allgemein einen **Eintritt** in das noch nicht abgeschlossene Geschehen **im Einverständnis** aller Mitwirkenden sowie einen **Beitrag des Hinzutretenden** von einigem Gewicht voraus. Vorliegend wirkte die Nötigung des T fort, und M beteiligte sich in Zueignungsabsicht arbeitsteilig an der Wegnahme. Diesem Beitrag kommt zugegebenermaßen kein allzu großes Gewicht mehr zu; da es aber immerhin das Tatbestandsmerkmal der Wegnahme erfüllt und man auch bei anfänglicher Mittäterschaft ohne Zögern für einen Beteiligten die Durchführung der Wegnahme (und für den anderen die der Nötigung) genügen lassen würde (vgl. Fall 282), spricht viel dafür, auch hier die Wegnahme als Mitwirkung des M genügen zu lassen. Die qualifizierte Nötigung des T kann dem M daher zugerechnet werden, obwohl die Schläge bereits abgeschlossen waren.

Eine Strafbarkeit des M auch nach § 223 wäre dagegen nicht möglich, denn die Körperverletzung ist mit den Schlägen schon vor M's Eintreffen vollendet und zugleich beendet.

Zu b) Eine mittäterschaftliche Strafbarkeit nach §§ 212, 211 scheidet ebenso wie die unter oben a) angesprochene Körperverletzung aus. Nach vorzugswürdiger

Ansicht kommt aber auch eine Strafbarkeit nach **§ 251 für M nicht** in Betracht. Denn obwohl er die Fortwirkung der Gewaltanwendung für den Raub ausnutzt, ist doch die den Tod verursachende Handlung schon vollständig abgeschlossen; insoweit ist eine auch den Todeseintritt umfassende Tatherrschaft des M nicht vorstellbar. Vgl. zu einem solchen Fall auch (dort mit Blick auf § 227) BGH NStZ 2009, 631.

Ergänzende Bemerkung: Vgl. zu einem ähnlich gelagerten Fall in jüngerer Zeit auch BGH BeckRS 2016, 05824 m. Anm. *Kudlich,* JA 2016, 470. Anders dagegen (und damit keine sukzessive Mittäterschaft), wenn eine Körperverletzung vor dem Hinzutreten durch unbekannte Täter begangen worden ist und ein verbindender kommunikativer Akt zwischen den Tätern fehlt, vgl. OLG Naumburg NJW-Spezial 2013, 570 m. Anm. *v. Heintschel-Heinegg,* JA 2013, 871.

IV. Die Formen der Teilnahme

289. Strafgrund der Teilnahme

Worin unterscheiden sich die heute herrschenden (akzessorietätsorientierten) Verursachungstheorien zum Strafgrund der Teilnahme von der früher herrschenden Schuldteilnahmetheorie und welches ist die wichtigste Konsequenz aus der Konzeption der h. M.?

Zur Vertiefung: *Kühl,* § 20 Rn. 132 f.; *Rengier* AT, § 45 Rn. 1 f.; *Roxin* II, § 26 Rn. 11–31.

Die Schuldteilnahmetheorie sah das Unrecht des Teilnehmers darin, dass er den Täter „in Schuld und Strafe“ verstrickte. Demgegenüber steht im Mittelpunkt der heute h. M. der Gedanke, dass der Teilnehmer an der **Rechtsgutsverletzung mitwirkt.** Dies hat zur Konsequenz, dass die Teilnahmehandlung nur strafbar ist, soweit das verletzte Rechtsgut auch dem Teilnehmer gegenüber geschützt ist.

290. Teilnahmeformen und Prüfungsschema

Welche Formen der Teilnahme werden unterschieden und wie wird eine Teilnahmeprüfung aufgebaut?

Zur Vertiefung: *Rengier* AT, § 45 Rn. 12; *Roxin* II, § 26 Rn. 1–7; *Wessels/Beulke/Satzger,* Rn. 884 ff.

Das Gesetz unterscheidet in §§ 26, 27 **Anstiftung** und **Beihilfe.**

Das für beide Formen geltende Prüfungsschema sieht folgendermaßen aus:

I. Tatbestand
- 1. Objektiver Tatbestand
  - – vorsätzliche, rechtswidrige **Haupttat**
  - – **Teilnahmehandlung** (Bestimmen oder Hilfeleisten)
- 2. Subjektiver Tatbestand: **doppelter Teilnehmervorsatz,** gerichtet auf
  - – (Vollendung der) Haupttat
  - – Teilnahmehandlung

II. Rechtswidrigkeit (keine Besonderheiten)

III. Schuld (keine Besonderheiten).

Ergänzende Bemerkungen: (1.) Es ist auch denkbar, dass ein Teilnehmer an einer anderen Teilnahme teilnimmt, so z. B. dass A1 den A2 anstiftet, den T anzustiften (sog. Kettenanstiftung); vgl. dazu vertiefend *Kross,* Jura 2003, 250 ff.

(2.) Eine Teilnahme ist auch an Vorsatz-Fahrlässigkeitskombinationen möglich, da diese nach § 11 Abs. 2 als Vorsatzdelikte zu behandeln sind; vgl. *Noak,* JuS 2005, 312 ff.

291. Schiffsunglück

A, T und O waren die Überlebenden eines Schiffsunglücks. A hatte eine Planke finden können, mit der er sich über Wasser hielt:
a) Auch T hatte eine Planke gefunden, die allerdings nur ihn trug. Als O herankam und versuchte, T von der Planke zu stoßen, um sich selbst zu retten, rief A dem T zu: „Los, mach O fertig!" Dadurch ermutigt griff T nach einem kleinen Stück Treibholz und schlug es O auf den Kopf. Dieser wurde ohnmächtig und ertrank. Strafbarkeit des A?
b) Wie wäre es, wenn nicht T, sondern O bereits auf der Planke gewesen wäre und A den T aufgefordert hätte, O gewaltsam von der Planke zu stoßen, sodass O ertrank?

Zur Vertiefung: *Kühl,* § 20 Rn. 135 f.; *Rengier* AT, § 45 Rn. 13; *Roxin* II, § 26 Rn. 4, 6; *Wessels/Beulke/Satzger,* Rn. 553, 567; *Bock,* JA 2007, 599 ff.

Zu a) A ist **straflos.** Eine Anstifterstrafbarkeit setzt eine vorsätzliche und **rechtswidrige Haupttat** voraus (sog. Akzessorietätserfordernis). Daran fehlt es vorliegend, weil T sich gegen den Angriff des O nach § 32 zur Wehr setzen durfte. O war zwar seinerseits nach § 35 entschuldigt. Er war aber weder nach § 32 noch nach § 34 gerechtfertigt, sodass von ihm ein gegenwärtiger rechtswidriger Angriff ausgegangen war, gegen den T **Notwehr** üben durfte. Daher scheidet eine strafbare Anstiftung durch A aus.

Zu b) Hier hat sich A wegen **Anstiftung zum Totschlag** (§§ 212, 26) strafbar gemacht. T ist zwar nach § 35 **entschuldigt,** da die Tötung des O erforderlich war, um eine Gefahr für T's eigenes Leben abzuwenden. Er war aber mangels Angriffs des O und mangels Überwiegen seines eigenen Lebensrechts weder nach § 32 noch nach § 34 gerechtfertigt. Diese **rechtswidrige** Tötung ist als Haupttat für eine Teilnahme ausreichend; auch schuldhaftes Handeln wird dagegen nach dem Wortlaut der §§ 26, 27 gerade nicht verlangt (sog. **limitierte Akzessorietät;** vgl. auch § 29, wonach jeder Beteiligte nach seiner Schuld bestraft wird). Anders wäre es hingegen, wenn der T eine dem A im Sinne des § 35 nahestehende Person wäre, da dann auch A die (eigenständige) Anwendung des § 35 zugute kommen würde (vgl. Fall 141).

292. Nachschlüssel

G hatte dem T ein Set mit Nachschlüsseln verschafft, mit dem dieser aus dem Warenlager eines Supermarktes Alkohol und Zigaretten stehlen wollte. Als T gerade die Lagertüre mit einem der Schlüssel geöffnet und den La-

gerraum betreten hatte, wurde er vom Nachtwächter entdeckt und festgenommen. Als G wegen Beihilfe zum Diebstahl in einem besonders schweren Fall nach §§ 242, 243 Abs. 1 Nr. 1, 27 angeklagt wird, erklärt G's Verteidiger V, die Tat sei doch nur bis ins Versuchsstadium gelangt und eine versuchte Beihilfe sei straflos. Was ist davon zu halten?

Zur Vertiefung: *Kühl,* § 20 Rn. 137; *Rengier* AT, § 45 Rn. 17 f.; *Roxin* II, § 26 Rn. 2; *Wessels/Beulke/Satzger,* Rn. 560 f., 585.

V hat die versuchte Beihilfe mit der (vollendeten) **Beihilfe zum Versuch** verwechselt. Während erstere *arg. e contrario* § 30 Abs. 1 tatsächlich straflos ist, kann eine versuchte Tat durchaus **taugliche Haupttat** für eine vollendete Beihilfe sein. Vorliegend ist nicht die Unterstützungshandlung im Versuchsstadium stecken geblieben (so wie wenn z. B. G dem T die Schlüssel geschickt hätte, diese aber nicht angekommen wären). Vielmehr hat G seine Unterstützung abgeschlossen und unter Ausnutzung derselben hat T einen versuchten Diebstahl begangen. G ist also in der Tat wegen vollendeter Beihilfe an einem versuchten Diebstahl strafbar.

293. Was läuft da mit meiner Freundin? (II)

Hat sich T in Fall 269 auch wegen Anstiftung zur Körperverletzung des O an X strafbar gemacht?

Zur Vertiefung: *Kühl,* § 20 Rn. 169–172; *Rengier* AT, § 45 Rn. 27 ff.; *Roxin* II, § 26 Rn. 65–73; *Wessels/Beulke/Satzger,* Rn. 568; *Koch/Wirth,* JuS 2010, 203 ff.

Nein. Zwar liegt eine rechtswidrige Haupttat des O vor. Allerdings fehlt es an einem **Bestimmen** im Sinne des § 26. Üblicherweise wird dieses zwar verknappt als „Hervorrufen des Tatentschlusses" definiert. Allerdings soll nach h. M. hierfür **nicht jede Verursachung** des Tatentschlusses genügen. Vielmehr wird als Minimalvoraussetzung ein **offener geistiger Kontakt** zwischen Anstifter und Täter (von manchen darüber hinaus sogar ein kollusives Verhalten mit aufforderndem Charakter in Gestalt eines „Unrechtspakts") verlangt. Dieser h. M. ist zuzustimmen, da sich eine bloße sonstige Verursachung des Tatentschlusses sowohl sehr weit vom Wortlaut („bestimmen") als auch vom „Regelbild der Anstiftung" entfernt. Da zwischen T und O keinerlei geistiger Kontakt stattfand, scheidet eine Anstifterstrafbarkeit des T aus.

294. Verdiente Prügel

Nachdem T und sein Freund A wieder einmal erst spät von einer Zechtour nach Hause kamen, beschimpfte T's Frau O die beiden wüst. T fasste daraufhin den Entschluss, die O zu verprügeln, sobald A nach Hause gegangen wäre. A meinte seinerseits beim Verlassen des Hauses zu T, die O habe mal „eine ordentliche Tracht Prügel" verdient, die T der O anschließend auch verpasste. Strafbarkeit des A?

Zur Vertiefung: *Kühl,* § 20 Rn. 177 f.; *Rengier* AT, § 45 Rn. 33; *Roxin* II, § 26 Rn. 65; *Wessels/Beulke/Satzger,* Rn. 569.

A ist jedenfalls **nicht** wegen **vollendeter Anstiftung** zur Körperverletzung des T an O zu bestrafen. Ein Hervorrufen des Tatentschlusses und damit ein Bestimmen scheidet objektiv aus, wenn der Täter schon vor dem geistigen Kontakt mit dem potentiellen Anstifter **fest** zur Begehung der Tat **entschlossen** war (sog. *omnimodo facturus*): Wo der Entschluss zur Tat schon vorbehaltlos gefasst ist, kann er nicht mehr hervorgerufen werden. Eine an sich vorstellbare **versuchte Anstiftung** nach § 30 Abs. 1 scheidet vorliegend aus, weil T **kein Verbrechen** begangen hat. Möglich bleibt nach h. M. allerdings eine **psychische Beihilfe** wegen der Bestärkung des Tatentschlusses des T. Soweit man diese Form der psychischen Beihilfe grundsätzlich anerkennt (vgl. zum Streit unten Fall 304), wäre sie vorliegend einschlägig.

295. Solidarität unter Frauen

A hatte nach der Standpauke durch O in Fall 294 beschlossen, ihr bei ihrem regelmäßigen Spaziergang im Park hinter einem Busch aufzulauern und sie auch selbst noch zu verprügeln. Als er das seiner Frau F erzählt, die für die Bedürfnisse der Männer viel mehr Verständnis hatte und O daher für eine „kleinliche Zicke" hielt, empfahl F dem A, doch einen Knüppel zu verwenden. Strafbarkeit der F?

Zur Vertiefung: *Kühl,* § 20 Rn. 181–184; *Rengier* AT, § 45 Rn. 35 ff.; *Roxin* II, § 26 Rn. 102–108; *Wessels/Beulke/Satzger,* Rn. 571; *Küpper,* JuS 1996, 23 ff.

Auch F ist **nicht** wegen **Anstiftung,** sondern nur wegen psychischer Beihilfe zur gefährlichen Körperverletzung strafbar. Obwohl A schon zur Tatbegehung entschlossen war, könnte man hier an eine Anstiftung denken, da F den A zur Verwendung eines Knüppels und damit zu einer nach § 224 Abs. 1 Nr. 2 qualifizierten Begehungsform geraten hatte. Die Rechtsprechung und ein Teil der Literatur erkennen nämlich in Fällen der sog. **Aufstiftung** entgegen einer weit verbreiteten Ansicht in der Literatur eine Anstifterstrafbarkeit desjenigen an, der bei einem bereits zur Begehung des Grunddelikts entschlossenen Täter den Entschluss zur Begehung einer qualifizierten Form hervorruft. Obwohl der Täter hinsichtlich eines Teils der begangenen Tat *omnimodo facturus* ist, sei zu berücksichtigen, dass die Qualifikation gegenüber dem Grunddelikt nicht nur ein „Mehr" sei, sondern einen eigenständigen Unrechtsgehalt verwirkliche. Selbst wenn man dieser Ansicht folgt, ist aber im vorliegenden Fall eine **Besonderheit** zu beachten: A war auch bereits zur Begehung des qualifizierten Delikts, hier in Gestalt eines hinterlistigen Überfalls nach § 224 Abs. 1 Nr. 3, entschlossen. Da A damit auch hinsichtlich des spezifischen Unrechtsgehalts der Qualifikation nach § 224 bereits *omnimodo facturus* war, sollte wegen des bloßen Hinzutretens eines **weiteren qualifizierenden Merkmales** auf keinen Fall eine Anstiftungsstrafbarkeit bejaht werden. Ebenso wie in Fall 294 ist aber eine psychische Beihilfe möglich.

Ergänzende Bemerkung: Auch die Ansicht, die bei einem zum Grunddelikt Entschlossenen allenfalls eine psychische Beihilfe für möglich hält, erkennt die Möglichkeit einer Anstiftung hinsichtlich solcher Unrechtselemente an, die eigenständig unter Strafe gestellt sind. (Bsp.: Wer einen zum Diebstahl

Entschlossenen überredet, doch Gewalt anzuwenden, kann sich danach zwar nicht wegen Anstiftung zum Raub, sehr wohl aber zur Nötigung bzw. zur Körperverletzung strafbar machen.)

296. Lass mal die Waffe weg

T war gefasst worden, kurz nachdem er einer alten Dame die Handtasche geraubt hatte. Bei seiner Vernehmung gestand er, dass er eigentlich sogar eine geladene Schusswaffe (vgl. § 250 Abs. 1 Nr. 1 Buchst. a) auf seinen Raubzug mitnehmen wollte, dass ihn aber sein Freund A dazu bewegt hatte, die Waffe zu Hause zu lassen. Referendar R kam im Entwurf seiner Abschlussverfügung zu dem Ergebnis, dass sich A offenbar wegen Anstiftung, jedenfalls aber wegen psychischer Beihilfe zum Raub strafbar gemacht habe, da er den Entschluss zur Begehung der Tat in der konkreten Gestalt entscheidend mit geformt habe. Staatsanwalt S hat hier intuitiv gewisse Bedenken und fragt sich, ob nicht eine Straflosigkeit des A begründbar sei und in welche Richtung insoweit eventuell noch einmal nachermittelt werden sollte.

Zur Vertiefung: *Kühl,* § 20 Rn. 185 f.; *Rengier* AT, § 45 Rn. 43; *Roxin* II, § 26 Rn. 69; *Wessels/Beulke/Satzger,* Rn. 571; *Kudlich,* JuS 2005, 592 ff.

S hat mit seinen Bedenken Recht, denn nach vorzugswürdiger Ansicht ist **A straflos:**

Hinsichtlich einer **Anstiftungsstrafbarkeit** ist dies unstreitig: Da T ohnehin einen schweren Raub begehen wollte, in dem der einfache Raub als Minus mit enthalten ist, war er auch insoweit ***omnimodo facturus*** und konnte nicht mehr angestiftet werden. Da dies dem A bewusst war, liegt auch nicht etwa eine (beim Raub als Verbrechen strafbare) versuchte Anstiftung nach § 30 Abs. 1 vor.

Wie dieses Ergebnis hinsichtlich einer **psychischen Beihilfe** zu begründen ist, hängt dagegen von den näheren Umständen des Geschehens ab (soweit man diese Figur bei der bloßen Bestärkung des Tatentschlusses nicht generell ablehnt; vgl. näher Fall 304): Hat A dem T generell von der Tat abgeraten, ihn aber im Ergebnis dabei nur dazu gebracht, „zumindest" die Pistole zu Hause zu lassen, läge bereits **keine Stärkung** des Tatentschlusses vor. Zumindest objektiv hätte sich T durch ein solches Vorgehen jedenfalls nicht bestärkt fühlen dürfen. Hat A dagegen dem T zur Tat – ausdrücklich oder konkludent – zugeraten und ihm alleine (z. B. wegen des dann verminderten Strafrisikos) von der Pistole abgeraten, könnte darin objektiv eine Bestärkung des Tatentschlusses gesehen werden. Aber auch insoweit überzeugt die Annahme einer Strafbarkeit des A nicht: Ist es für A der einzige Weg gewesen, den T wenigstens von der Pistole abzubringen, ist jedenfalls eine **Rechtfertigung** nach § 34 vorstellbar. Aber auch sonst spricht viel dafür, eine Strafbarkeit mangels **objektiver Zurechnung** zu verneinen, da jedenfalls ein Fall der **Risikoverringerung** vorliegt. Dies wird freilich in den letztgenannten Fällen verbreitet auch anders gesehen; denn immerhin hat A das Risiko des „Ob" der Tat damit möglicherweise gesteigert. Allerdings ist diese – bei einem ohnehin fest zur Tat Entschlossenen geringfügige – Steigerung der Begehungswahrscheinlichkeit weniger bedeutsam als die erheblich verringerte Gefährlichkeit der ausgeführten Tat.

Um zu wissen, wo der Schwerpunkt seiner rechtlichen Argumentation liegen muss, sollte S also noch die näheren Umstände klären, unter denen A den T „dazu bewegt hatte, die Waffe zu Hause zu lassen".

297. Mach doch mal 'ne Tanke

T war in Geldnot und bat seinen Freund A um einen kurzfristigen Kredit. Da A wusste, dass er sein Geld ohnehin nie mehr sehen würde und T ihm auch noch anderweitig Geld schuldete, machte A dem T den Vorschlag, „doch mal 'ne Tanke oder eine Bank zu machen". T begab sich daher vier Tage später zu einer Tankstelle und raubte sie aus. Hat sich A wegen Anstiftung zum Raub (§§ 249, 26) strafbar gemacht?
(vgl. BGHSt 34, 63)

Zur Vertiefung: *Kühl,* § 20 Rn. 175, 190–192; *Rengier* AT, § 49 Rn. 27 f.; *Roxin* II, § 26 Rn. 84 f.; *Wessels/Beulke/Satzger,* Rn. 572.

Nach Ansicht des BGH ist A's Vorsatz nicht auf eine **hinreichend bestimmte Haupttat** bezogen. Die Anforderungen daran sind zwar nicht zu streng; so ist z. B. keine genaue Festlegung von Ort und Zeit erforderlich. **Nicht ausreichend** ist aber jedenfalls, wenn „der Wille des Anstifters nur darauf gerichtet ist, den Täter ohne weitere Konkretisierung überhaupt zu strafbaren Handlungen oder zu **Straftaten einer lediglich dem gesetzlichen Tatbestand nach beschriebenen Art** (z. B. Diebstählen) zu veranlassen" (BGHSt 34, 63, 64). Daran soll sich auch nichts ändern, wenn die Tatobjekte lediglich ganz allgemein ihrer Gattung nach („'ne Tanke") beschrieben sind. Vielmehr müsse entgegen einer Ansicht in der Literatur, die eine Bestimmung der **„wesentlichen Dimension des Unrechts"** genügen lässt, „die Tat nicht nur nach Tatbestandstypus und allgemeinen Gattungsmerkmalen des Tatobjekts festgelegt" sein, „sondern in der Vorstellung des Anstifters in ihrem tatsächlichen, freilich noch nicht bis ‚ins Detail' ausgeführten Bild als wenigstens umrisshaft **individualisiertes Geschehen**" erscheinen (BGHSt 34, 63, 66). Diese etwas strengeren Anforderungen sind überzeugend, wenn man berücksichtigt, dass der Anstifter für die Tat ebenso einstehen muss wie der Täter. Auf dieser Grundlage erreicht die allgemeine Aufforderung des A noch nicht die Schwelle einer Anstiftungsstrafbarkeit.

298. Willst Du auch noch?

A und T überfielen die O. Zuerst vergewaltigte A diese. Als er fertig war, fragte er den bis dahin zur Tat noch nicht entschlossenen T „Willst Du auch noch?" Dies veranlasste den T, die O ebenfalls zu vergewaltigen.
Hat sich A wegen Anstiftung zur Vergewaltigung (§§ 177, 26) strafbar gemacht?
(vgl. BGH GA 1980, 183)

Zur Vertiefung: *Kühl,* § 20 Rn. 175; *Rengier* AT, § 45 Rn. 25 f.; *Roxin* II, § 26 Rn. 82; *Wessels/Beulke/Satzger,* Rn. 568.

Nach der überzeugenden Ansicht des BGH **ja.** Zwar entspricht eine bloße **Frage** nicht dem Regelbild einer Anstiftung. Allerdings kann auch sie einen **geistigen Kontakt** darstellen, der beim Täter den Tatentschluss hervorruft. Eine weitere Beschränkung der Anstiftungsmittel enthält § 26 nicht. Zwar wird insoweit zumeist besonders sorgfältig zu prüfen sein, ob derjenige, der „nur" eine Frage stellt, hinsichtlich der Willensbeeinflussung beim Täter zumindest bedingten **Vorsatz** hat. Angesichts des Gesamtgeschehens kann vorliegend aber davon ausgegangen werden, dass A eine solche Wirkung seiner Frage zumindest für möglich hielt.

299. Erziehung durch den großen Bruder

A war unglücklich darüber, dass sein jüngerer Bruder T seine Freizeit mit der Herstellung illegaler Graffitis (vgl. auch § 303 Abs. 2) an Privatvillen in der Gegend verbrachte. Da er dachte, nur der harte Schock einer Verhaftung könne T auf den rechten Weg zurückbringen, schlug er T vor, doch in der nächsten Nacht die Villa des gerade im Urlaub befindlichen O zu „bearbeiten". Zugleich gab A der Polizei einen anonymen Hinweis, dass sie am nächsten Abend das Haus des O gut im Blick behalten sollte. Tatsächlich kletterte T am nächsten Abend über den Gartenzaun des O und begab sich zur Villa des O. Als er gerade die erste Spraydose geschüttelt hatte und lossprühen wollte, wurde er von den im Gebüsch lauernden Polizisten festgenommen. O, der tatsächlich im Urlaub war, wusste von all dem nichts. Strafbarkeit von T und A?

Zur Vertiefung: *Kühl,* § 20 Rn. 201–205a; *Rengier* AT, § 45 Rn. 69 ff.; *Roxin* II, § 26 Rn. 132; *Wessels/Beulke/Satzger,* Rn. 573; *Deiters,* JuS 2006, 302 ff.

Durch das Klettern über den Zaun auf das Grundstück des O hat T zunächst einen **vollendeten Hausfriedensbruch,** § 123, begangen. Ferner hat er unmittelbar zum Besprühen von O's Haus angesetzt, sodass auch eine **versuchte Sachbeschädigung,** §§ 303, 22, 23, vorliegt. Da O von alldem nichts wusste, liegt auch nicht etwa (wie mitunter bei sog. Diebesfallen) objektiv ein tatbestandsausschließendes Einverständnis (§ 123) bzw. eine Einwilligung (§ 303) vor, die T nur nicht bekannt gewesen wäre.

A könnte sich wegen **Anstiftung** zu beiden Taten strafbar gemacht haben. Dabei ist fraglich, wie es sich auswirkt, dass er den T nur zur Tat bestimmt hat, um seine Festnahme zu ermöglichen (sog. **Lockspitzel** oder *agent provocateur*): Hinsichtlich der **Sachbeschädigung** würde zwar der Versuch an sich als teilnahmefähige Haupttat ausreichen (vgl. Fall 292); allerdings hat A **keinen Anstiftervorsatz,** soweit er von vorneherein nicht wollte, dass die Tat über das Versuchsstadium hinausgeht. Aus dem Strafgrund der Teilnahme in Gestalt der akzessorischen Mitwirkung an der Rechtsgutsverletzung ergibt sich, dass ein Anstiftervorsatz nur vorliegt, wenn der Wille des Bestimmenden auch auf die Vollendung der Tat gerichtet ist. Hinsichtlich des **Hausfriedensbruchs** dagegen dürfte A die Vollendung zumindest billigend in Kauf genommen haben. Da der Hausfriedensbruch auch zugleich beendet und das Hausrecht des O irreparabel verletzt ist, hilft es auch nicht weiter, wenn man mit einer Ansicht in der Literatur über den Vollendungsvorsatz hinaus **Vorsatz hinsichtlich einer materiellen Rechtsgutsverletzung** verlangen würde. Vielmehr kann eine Straflosigkeit des A hier nur über einen **rechtfertigenden Notstand** nach § 34 begründet werden, der angesichts der nur peripheren Verletzung (Eindringen nur in Garten, nicht in Haus) wohl auch zu bejahen sein dürfte.

300. Der Ratgeber (I)

A residierte in einer der vornehmsten Wohngegenden der Stadt, was eigentlich über seine Verhältnisse ging. Als kleine Nebenerwerbsquelle gab er seinem alten Bekannten T gelegentlich „kostenpflichtige" Hinweise, wenn die wohlhabenden Bewohner aus der Nachbarschaft längere Zeit abwesend waren und ihre Autos auf der Straße abgestellt hatten. Als A's Nachbar N für vier Tage auf einem Seminar war, gab A dem T wieder einen entsprechenden Hinweis. T kam nachts und entwendete das Auto, das vor N's Haus auf der Straße stand und auf die Beschreibung „dunkler BMW der 7er-Reihe" passte, um es noch in derselben Nacht nach Osteuropa zu verschieben. Dabei handelte es sich allerdings um das Auto von X, der einige Häuser weiter seinen in der gleichen Straße wohnenden Freund F besuchte und sein Auto einfach dort, wo Platz war, abgestellt hatte. Strafbarkeit von T und A nach § 242?
(vgl. auch *Preußisches Obertribunal* GA 7, 322 sowie BGHSt 37, 214)

Zur Vertiefung: *Kühl,* § 20 Rn. 206–210; *Rengier* AT, § 45 Rn. 57 ff.; *Roxin* II, § 26 Rn. 116–129; *Wessels/Beulke/Satzger,* Rn. 577 ff.; *Kubiciel,* JA 2005, 694 ff.; *Streng,* JuS 1991, 910 ff.; *Toepel,* JA 1996, 886 ff.; JA 1997, 248 ff., 344 ff.

T hat sich nach § 242 strafbar gemacht. Sein Irrtum über die Identität des Autos (Auto des X statt Auto des N) ist ein **unbeachtlicher *error in objecto,*** da beide Autos hinsichtlich § 242 tatbestandlich gleichwertig sind (fremde, bewegliche Sache) und sein Vorsatz sich auf den Wagen konkretisiert hatte, den er auch mitnahm.

A hat sich nach vorzugswürdiger Ansicht **wegen Anstiftung zum Diebstahl,** §§ 242, 26, strafbar gemacht. Fraglich ist allein, wie es sich auf A's **Anstiftervorsatz** hinsichtlich der Begehung der Haupttat auswirkt, dass T einem *error in objecto* erlegen ist. Die Unbeachtlichkeit lässt sich nicht genauso selbstverständlich feststellen wie bei T, da sich A's Vorsatz ja nicht auf den Wagen des X konkretisiert hatte. Auch der Verweis in § 26 auf die Bestrafung „gleich einem Täter" wäre nur ein sehr formales Argument und bezieht sich außerdem eher auf die Rechtsfolgenseite, sagt aber nichts über die objektiven und subjektiven Zurechnungsvoraussetzungen aus. Ebenso wenig wie eine **strenge Unbeachtlichkeitstheorie** kann aber auch die genau entgegengesetzte ***aberratio-ictus*-Theorie** überzeugen, die beim *error in persona vel objecto* für den Anstifter stets eine beachtliche *aberratio ictus* annimmt. Der Vergleich des „Fehlgehens eines menschlichen mit dem eines mechanischen Werkzeugs" verfängt hier zumindest weniger als bei der mittelbaren Täterschaft, soweit der angestiftete Täter gerade vollständig eigenverantwortlich handelt. Auch das Problem einer theoretisch unbegrenzten Zurechnung von Folgeversuchen beim Erkennen des Irrtums (und damit bei der Anstiftung zu Gewaltdelikten im Extremfall die Verantwortlichkeit für ein ganzes „Blutbad“) durch den Täter ist durch die Annahme eines Exzesses bei eventuellen späteren Versuchen angemessen lösbar. Überzeugend ist daher eine vermittelnde Ansicht, die darauf abstellt, ob sich im vom Täter herbeigeführten Erfolg noch das Risiko verwirklicht, das durch den Anstifter gesetzt wurde. Die Rechtsprechung (vgl. BGHSt 37, 214) kleidet dies in die Frage nach einer **wesentlichen Abweichung** vom vorgestellten **Kausalverlauf,** während eine in der Literatur verbreitete Ansicht darauf abstellt, wie weit **Individualisierung** und Konkretisierung des Opfers schon vom Anstifter vorgenommen wurden. Bei beiden Argumentationssträngen ist zu berücksichtigen, dass beim Einschalten eines Dritten ein gewisses Risiko einer Abweichung besteht und deshalb der Anstifter nicht entlastet werden kann, soweit sich der Vordermann noch in der **Streubreite des** durch die Anstiftung typischerweise gesetzten **Risikos** bzw. innerhalb der **Grenzen** des nach allgemeiner **Lebenserfahrung Vorhersehbaren** bewegt. Legt man dies zu Grunde, so ist hier – wie in der Mehrzahl der Fälle – von einer **Unbeachtlichkeit** von T's Irrtum auch für A auszugehen, da T sich innerhalb der Weisungen des A bewegte und ohne unvorhersehbare Abweichung davon das falsche Objekt weggenommen hat.

301. Der Ratgeber (II)

Wie wäre Fall 300 zu lösen, wenn der irrende T nicht das Auto des X, sondern das ebenfalls vor N's Haus abgestellte Auto des A in Zueignungsabsicht weggenommen hätte?

Zur Vertiefung: *Wessels/Beulke/Satzger,* Rn. 577 ff.; *Kudlich/Pragal,* JuS 2004, 791 ff.; *Mitsch,* JuS 1999, 372 ff.; *Nowak,* JuS 2004, 197 ff.

An der Strafbarkeit des T würde sich nichts ändern.

A wäre dagegen nach vorzugswürdiger Ansicht nur wegen **Anstiftung zum versuchten Diebstahl** zu bestrafen. Zwar liegt an sich eine vollendete Haupttat vor. Aus Sicht des A ist aber hinsichtlich der Haupttat gleichsam nur ein Versuchsunrecht verwirklicht, da sein Eigentum ihm selbst gegenüber nicht geschützt ist. Aus dem Strafgrund der Teilnahme als (wenngleich akzessorischer) Angriff auf fremde Rechtsgüter ergibt sich aber, dass eine Strafbarkeit nur in Betracht kommt, soweit das Rechtsgut auch **dem Teilnehmer gegenüber geschützt** ist. Ist dies nicht der Fall, liegt aus seiner Sicht objektiv kein Erfolgsunrecht vor. Da A sich aber vorstellt, die von ihm initiierte Tat würde sich gegen ein fremdes Rechtsgut richten, hat er (wie auch der Vergleich mit einem sich insoweit irrenden Täter zeigt) zu einer aus seiner Sicht (untauglich) versuchten Tat angestiftet. Ob diese Anstiftung dann vollendet oder versucht (und dann bei § 242 mangels Verbrechensqualität straflos) ist, richtet sich nach den in Fall 300 dargestellten Grundsätzen und ist daher im vorliegenden Fall nach hier vertretener Ansicht zu bejahen.

302. Arten der Beihilfe

Welche Arten der Beihilfe lassen sich unterscheiden und welche Mittel kommen dafür jeweils in Betracht?

Zur Vertiefung: *Kühl,* § 20 Rn. 223–225; *Rengier* AT, § 45 Rn. 84 ff.; *Wessels/Beulke/Satzger,* Rn. 581 f.; *Geppert,* Jura 1999, 266 ff.; *Murmann,* JuS 1999, 548 ff.; *Seher,* JuS 2009, 793 ff.

Eine grobe Unterscheidung ist möglich zwischen

- **physischer** Beihilfe (z. B. Tragen der Leiter zum Tatort; Aushändigen der Tatwaffe etc.) und
- **psychischer** Beihilfe.

Bei letzterer kann wiederum unterschieden werden zwischen (intellektueller) technischer Rathilfe (z. B. Erklärung der Alarmanlage einer Bank; Beschreibung des Weges zum Tatort etc.) und der Bestärkung des Tatentschlusses, deren Strafbarkeit allerdings umstritten ist (vgl. Fall 304).

Die **Beihilfemittel** sind grundsätzlich **unbeschränkt,** d. h. es kommt jede Tätigkeit in Betracht, die sich fördernd auf die Tatbegehung auswirkt; anders ausgedrückt, jedes Mittel, das die Gefahr der Tatbegehung erhöht und dessen erhöhte Gefährlichkeit sich im späteren Taterfolg realisiert (*ex-ante-* und *ex-post-*Betrachtung). Insbesondere als physische Beihilfe kommen daher je nach Konstellation die unterschiedlichsten Verhaltensweisen in Betracht, sodass eine abstrakte Beschreibung praktisch nicht möglich ist.

303. Unpassender Nachschlüssel

T berichtete dem G, den er gerade besuchte, dass er im Anschluss an ihr Zusammentreffen Obst aus dem Kellerabteil des O stehlen wollte. Um T den Zutritt zu dem Kellerabteil zu erleichtern, gab G dem T einen Nachschlüssel mit auf den Weg, von dem er meinte, mit diesem ließe sich die zu O's Abteil gehörige Tür öffnen. Der Schlüssel passte jedoch nicht. T brach daraufhin das Schloss auf und holte sich das Obst auf diesem Wege. Strafbarkeit des G? (vgl. RGSt 6, 169)

Zur Vertiefung: *Kühl,* § 20 Rn. 217; *Rengier* AT, § 45 Rn. 92 ff.; *Roxin* II, § 26 Rn. 183–190; *Wessels/Beulke/Satzger,* Rn. 582.

Nach vorzugswürdiger Ansicht hat sich G **nicht strafbar** gemacht. Hinsichtlich der Überlassung des Schlüssels kann dies recht einfach mit der fehlenden **Kausalität** begründet werden, wenn man eine solche im engen Sinne einer *conditio sine qua non* auch für die Beihilfe fordert. Allerdings stößt dies auf Bedenken, da der Gehilfe gerade nicht Urheber, sondern nur Unterstützer der Tat ist. Deshalb ist es überzeugend, wenn die Rechtsprechung die bloße **Förderung** der Tat genügen lässt. Eine solche liegt im Sinne der oben (Fall 302) genannten Umschreibung immer dann vor, wenn die Gefahrerhöhung sich im Erfolg realisiert hat. Daran fehlt es hier, denn der nicht passende Schlüssel hat weder die Gefahr erhöht, noch hat sich gar in dem aufgebrochenen Schloss eine Gefahr realisiert, die mit dem Schlüssel zusammenhängt. Deswegen kann man auch nicht – wie vom RG (RGSt 6, 169) angedeutet – auf die Beihilfe zum Versuch abstellen, die im Probieren des Schlüssels durch T liegen könnte. Vielmehr handelt es sich um eine **straflose versuchte Beihilfe.** In Betracht käme allenfalls eine **psychische Beihilfe** durch Bestärkung des Tatentschlusses, soweit man diese anerkennt (vgl. Fall 304). Selbst dann wäre diese aber jedenfalls restriktiv auszulegen und eine konkret fassbare Bestärkung des Entschlusses zu verlangen. Für eine solche ist hier aber nichts ersichtlich.

303a. World-Trade-Center

Am 11.9.2001 entführten A, B und C (jeweils zusammen mit anderen) in den USA je eine Passagiermaschine, übernahmen diese als Piloten und lenkten sie in Gebäude. Insgesamt starben mindestens 3 371 Menschen (außer den Tätern), 246 davon Passagiere und Besatzungsmitglieder. A, B und C hatten sich als Mitglieder einer in Hamburg lebenden Extremisten-Gruppe in Deutschland, Pakistan und Afghanistan auf die Anschläge vorbereitet. Dieser Gruppe gehörte auch M an. Ihm war zumindest klar, dass Flugzeuge (unbekannter Art und Größe) zum Absturz gebracht werden sollten.
Damit A, B und C möglichst nicht auffielen, erledigte M für sie Angelegenheiten, die Kontakt zu Außenstehenden erforderten. Nach ihrer Abreise in die USA sorgte er dafür, dass alles so schien, als wohnten sie weiter in Hamburg. Bei einem finanziellen Engpass besorgte er für A, B und C 5 000 DM, die auf Grund anderweitiger Unterstützung dann aber nicht benötigt wurden. Für den Fall des Scheiterns dieser Anschläge hatte die Gruppe noch ähnliche weitere Taten ins Auge gefasst.
Strafbarkeit des M?
(vgl. BGHSt 51, 144)

Zur Vertiefung: *Kühl,* § 20 Rn. 214 ff.; *Rengier* AT, § 45 Rn. 115; *Roxin* II, § 26 Rn. 184 ff.; *Wessels/Beulke/Satzger,* Rn. 582; *Jahn,* JuS 2007, 382 ff.; *Kudlich,* JA 2007, 309 ff.

M hat sich zunächst wegen **Mitgliedschaft in einer terroristischen Vereinigung** nach § 129a Abs. 1 Nr. 1 Alt. 1 („Mord, Mitglied“), § 129 Abs. 1 strafbar gemacht, was hier aber nicht näher interessieren soll. Ferner kommt eine **Beihilfe zum Mord** in 3371 Fällen (§§ 211 Abs. 1, Abs. 2, 212, 27 – Heimtücke und niedrige Beweggründe) in Betracht, auf die auch insgesamt deutsches Strafrecht Anwendung finden würde, weil die Teilnahmehandlung im Inland begangen wurde (§ 9 Abs. 2 Satz 2). Ob das Verhalten des M freilich eine **Hilfeleistung** im Sinne des § 27 Abs. 1 darstellt, ist in mehrerer Hinsicht problematisch:

Soweit man dafür eine **Kausalität** im Sinne einer *conditio sine qua non* fordert (vgl. zum Problem auch Fall 303), wäre eine solche hier nicht nachgewiesen. Aber auch wenn darauf verzichtet wird, ist fraglich, ob eine **ganz untergeordnete Unterstützung** den Tatbestand des § 27 erfüllen kann. Der BGH hat im vorliegenden Fall auch dies bejaht und will die Bedeutung des Beitrags nur bei der Strafzumessung berücksichtigen. Immerhin sei nämlich die Planung der Anschläge erleichtert und gefördert worden, worin zugleich eine nach Auffassung des BGH (insoweit abweichend vom OLG Hamburg als Vorinstanz – erstinstanzliche Zuständigkeit des OLG in Staatsschutzsachen!) **hinreichende Risikosteigerung** liegen soll. Bejaht man den objektiven Tatbestand, ist der **Vorsatz** hinsichtlich der Unterstützung unproblematisch. Bezüglich der **Haupttat** ist aber nicht sicher, dass M die **Dimension des Unrechts** überblickt hatte. Der BGH hatte hierzu in früheren Entscheidungen verlangt, dass sich der Vorsatz des Teilnehmers „auf die Ausführung einer zwar nicht in allen Einzelheiten, wohl aber in ihren wesentlichen Merkmalen oder Grundzügen konkretisierten Tat“ (BGHSt 42, 135, 139; vgl. auch Fall 308) beziehen muss. Dies soll aber nicht dazu führen, dass die „Unrechtsdimension“ als solche ein Umstand im Sinne des § 16 Abs. 1 Satz 1 ist, solange der Vorsatz die Merkmale der Haupttat erfasst. Damit entfällt die Beihilfe jedenfalls nicht insgesamt. Selbstverständlich ist aber hinsichtlich der Einzeltaten mindestens *dolus eventualis* nötig. Dieser ist hinsichtlich der Passagiere und der Besatzung zu bejahen, da M wusste, dass Flugzeuge zum Absturz gebracht werden sollten. Es ist aber nicht sicher, dass er es für möglich hielt, dass auf dem Boden weitere Personen getötet werden sollten. Strafbar ist M's Beihilfe zum Mord daher letztlich „nur“ in 246 Fällen.

Ergänzende Bemerkungen: (1.) Der Fall „Motassadeq“ hatte den BGH schon vorher einmal beschäftigt; dabei ging es allerdings um das strafprozessuale Problem, welche Konsequenzen ein Gericht aus der „Sperrerklärung“ hinsichtlich eines auf diese Weise der Hauptverhandlung vollständig entzogenen Zeugen zu ziehen habe. Vgl. zu dieser Entscheidung BGHSt 49, 112 vertiefend *Gössel,* Jura 2004, 696 ff.; *Kudlich,* JuS 2004, 929 f.; *Norouzi,* JA 2005, 169 ff.

(2.) Eine instruktive Darstellung der Anforderungen an den Beihilfetatbestand unter Berücksichtigung von BGHSt 51, 144 liefert *Gaede,* JA 2007, 757 ff.

303b. Das hätte wohl doch jeder auch so finden können

Der als Gynäkologe tätige T händigte seiner Patientin M, die in der 14. Woche schwanger war und ihr ungeborenes Kind O abtreiben lassen wollte, einen Zettel mit der Adresse einer niederländischen Abtreibungsklinik aus. M ließ in den Niederlanden die Schwangerschaft in der 17. Schwangerschaftswoche abbrechen. Die Staatsanwaltschaft erwägt, T wegen Beihilfe zum Schwangerschaftsabbruch nach §§ 218 Abs. 1, 27 anzuklagen. Zu Recht? (vgl. OLG Oldenburg BeckRS 2013, 04777)

Zur Vertiefung: *Kühl,* § 20 Rn. 215 ff.; *Rengier* AT, § 45 Rn. 92 ff., 101 ff.; *Wessels/Beulke/Satzger,* Rn. 582 f.; *Kudlich,* JA 2013, 791.

Der **Abbruch einer Schwangerschaft** ist in § 218 Abs. 1 **grundsätzlich mit Strafe bedroht.** Liegt keine Indikation für einen erlaubten Abbruch nach § 218a Abs. 2 vor, so ist der Abbruch nur nach § 218a Abs. 1 straflos, wenn eine Beratung erfolgt ist, der Abbruch von einem Arzt vorgenommen wird und seit der Empfängnis nicht mehr als zwölf Wochen vergangen sind. Zumindest am letzten Merkmal fehlt es. Für eine Strafbarkeit des T wäre es **auch unbeachtlich,** wenn die **in den Niederlanden begangene Tat dort rechtmäßig** war. Denn nach **§ 9 Abs. 2 Satz 2** ist für den im Inland handelnden Teilnehmer an einer Auslandstat die Teilnahmehandlung auch dann nach deutschem Strafrecht zu beurteilen, wenn die Tat nach dem Recht des Tatorts nicht mit Strafe bedroht ist. Fraglich ist jedoch, ob überhaupt eine strafbare Beihilfe vorliegt, immerhin wäre die **Adresse** einer entsprechenden Klinik für die M gewiss auch im Internet **leicht selbst herauszufinden** gewesen; darüber hinaus könnte auch die Überlassung der Adresse einer (jedenfalls am Tatort rechtmäßig betriebenen) medizinischen Einrichtung ein **sozialadäquates Verhalten** darstellen, das für einen Arzt letztlich normaler Bestandteils seiner medizinischen Tätigkeit ist (vgl. auch Fall 307). Nach Auffassung des OLG soll aber trotzdem eine Beihilfe in Betracht kommen, da der Nennung der Adresse als Akt der Beratung wegen der persönlichen Arzt-Patienten-Beziehung und der ärztlichen Sachkunde ein **deutlich stärkeres Gewicht** zukommt. Insoweit sei als Hilfeleistung jede Handlung ausreichend, welche die Herbeiführung des Taterfolgs ermöglicht oder verstärkt oder auch nur erleichtert. Ganz frei von Zweifeln ist dies freilich nicht: Denn die Schwangere selbst, welche in den Niederlanden legal eine Abtreibung vornehmen lässt, bleibt straflos. Man könnte durchaus argumentieren, dass es zumindest „**ihr gutes Recht** ist", auf diesen **Umstand hingewiesen** zu werden. Nun ist zwar die Erteilung von Rechtsauskünften üblicherweise nicht Sache des Arztes, sondern eines Rechtsanwaltes; gerade soweit es um Fragen der **Zulässigkeit einer medizinischen Behandlung** im weiteren Sinne geht, könnte man eine entsprechende Auskunft aber auch noch als Bestandteil einer legitimen medizinischen Beratung und Auskunft interpretieren.

304. Psychische Beihilfe – Berechtigte Fundamentalkritik?

In Fall 296 meint A's Verteidiger V, eine Strafbarkeit wegen „psychischer Beihilfe" sei unabhängig von allen Zurechnungs- und Rechtfertigungserwägungen schon deswegen auf jeden Fall ausgeschlossen, weil in der Bestärkung des Tatentschlusses niemals eine strafbare Beihilfe liegen könne. Soweit es um den Tatentschluss gehe, sei in § 26 nur das Hervorrufen unter Strafe gestellt; wolle man auch für das bloße Bestärken eine Beihilfestrafbarkeit konstruieren, so drohten die Grenzen des § 26 unterlaufen zu werden. Was ist davon zu halten?

Zur Vertiefung: *Kühl,* § 20 Rn. 226 f.; *Rengier* AT, § 45 Rn. 88; *Roxin* II, § 26 Rn. 197–209.

V kann sich auf eine **beachtliche Mindermeinung** in der Literatur stützen. Diese lehnt aus den genannten Gründen eine psychische Beihilfe in Gestalt der Stärkung des Tatentschlusses ab und weist ergänzend darauf hin, dass das Kausalitätserfordernis dadurch ausgehöhlt würde. Die h. M., insbesondere auch in der **Rechtsprechung,** hält dagegen eine solche psychische Beihilfe dennoch für **möglich.** Trotz bedenkenswerter Gegenargumente ist dies im Ergebnis auch überzeugend: § 27 kennt gerade keine Beschränkung der Beihilfemittel; und die **Bestärkung** eines zwar gefassten, aber noch nicht unumstößlich gefestigten **Entschlusses** kann für das Rechtsgut gefährlicher sein als eine untergeordnete und leicht ersetzbare physische Unterstützung. Dass das Bestärken unterhalb der Hervorrufensschwelle des § 26 liegt, spricht auch nicht zwingend gegen eine Strafbarkeit nach § 27, da dieser immerhin auch einen niedrigeren Strafrahmen bereithält.

305. Weggefährten als Gehilfen?

T, G und O waren im Auto des T unterwegs. An einer Raststätte wurde O von T unter Schlägen aufgefordert, seine Geldbörse mit Kreditkarte herauszugeben, während G gerade auf der Toilette war. Als G zurückkam, wurde er von O über die Ereignisse unterrichtet. Obwohl G bewusst war, dass T beabsichtigte, mit der Kreditkarte des O Geld abzuheben, fuhr er gemeinsam mit ihnen zu einem Parkplatz in der Nähe einer Bankfiliale. Dort verabschiedete er sich, während O unter dem Eindruck der Bedrohungen durch T im Auto sitzen blieb. G nahm noch wahr, dass T den Geldautomaten der Bank aufsuchte und Geld einsteckte.
Hat sich G wegen Beihilfe zum erpresserischen Menschenraub (§§ 239a, 27) strafbar gemacht?
(vgl. BGH NStZ 1998, 622)

Zur Vertiefung: *Kühl,* § 20 Rn. 228; *Rengier* AT, § 45 Rn. 90; *Roxin* II, § 26 Rn. 204–206.

Nein. Da G die Tat des T **weder physisch noch intellektuell** (durch Ratschläge o. Ä.) gefördert hat, kommt von vorneherein nur eine psychische Beihilfe im Sinne einer Bestärkung des Tatentschlusses in Betracht. Aber auch soweit man eine solche grundsätzlich anerkennt, sind ihre Voraussetzungen streng auszulegen. Es ist zu fragen, ob sich der Täter auch **objektiv** durch das Verhalten in seinem Entschluss **bestärkt fühlen durfte,** ob also der expressive Gehalt des Verhaltens in einer Unterstützung oder zumindest Billigung der Tat bestand. Eine mögliche Stabilisierung durch eine im Übrigen untätige Anwesenheit genügt dafür nicht. Wer kein Garant ist, muss sich nicht aktiv entfernen oder sogar dagegen einschreiten, dass ein Dritter eine Straftat begeht; durch die bloße Passivität darf sich der Täter objektiv nicht bestätigt fühlen. Dann kann aber in der bloßen Anwesenheit keine vorwerfbare Förderung der Tat gesehen werden.

306. Kein Benzin mehr

a) T hatte bei O eingebrochen und mehrere wertvolle Bilder und Teppiche mitgenommen. Als er mit der Beute nach Hause fahren wollte, stellte er fest, dass kein Benzin mehr im Tank war. Er rief daher seinen in der Nähe wohnenden Freund G an und schilderte ihm den Sachverhalt. G erklärte sich gegen eine Einmalzahlung von 100 EUR bereit, zu kommen und T bis zur nächsten Tankstelle abzuschleppen. Hat sich G wegen Beihilfe zum Diebstahl strafbar gemacht?
b) Wie wäre der Fall zu beurteilen, wenn T das Benzin ausgegangen wäre, als er die Beute eine Woche später aus seiner Wohnung in eine seiner Ansicht nach sicherere Halle auf dem Lande bringen wollte?

Zur Vertiefung: *Kühl,* § 20 Rn. 233–238; *Rengier* AT, § 45 Rn. 124; *Roxin* II, § 26 Rn. 257–266; *Wessels/Beulke/Satzger,* Rn. 583; vgl. auch BGH NStZ 2007, 35 m. Anm. *Kudlich,* JA 2007, 308 f.

Zu a) Nach überwiegender Ansicht **ja.** Zwar war der Diebstahl des T bereits **vollendet,** da er mit dem Verbringen der Beute in sein Auto bereits neuen Gewahrsam begründet hat. Allerdings war die Tat noch **nicht beendet.** Denn die Sicherung der Beute und damit der vorläufige Abschluss der Rechtsgutsverletzung stand noch aus, solange sich T mit seinem Wagen noch am Tatort befand. Nach überwiegender Ansicht soll auch im Stadium zwischen Vollendung und Beendigung noch eine Beihilfe möglich sein. Dies ist zugegebenermaßen nach dem Strafgrund der Beihilfe als akzessorischer Rechtsgutsangriff auch konsequent, da auch diese Unterstützung noch der Rechtsgutsverletzung dient. Allerdings ist der Zeitpunkt der Beendigung nicht nur im Vergleich zum Vollendungszeitpunkt weniger klar bestimmt, sondern es kann eben auch **keine Hilfe mehr zur Tatbestandsverwirklichung** geleistet werden, die wohl eigentlich als die „rechtswidrige Tat" im Sinne des § 27 angesehen werden müsste. Insoweit spricht einiges dafür, entgegen der wohl h. M. die Möglichkeit einer Beihilfe hier abzulehnen.

Zu b) Hier ist die Tat bereits **beendet,** da T die Beute schon in seiner Wohnung gesichert hatte. Damit scheidet nach allen Ansichten eine Beihilfehandlung aus.

Ergänzende Bemerkung: Beim Diebstahl als Haupttat wäre G vorliegend weder in Variante b) noch – falls man dort § 27 ebenfalls ablehnt – in Variante a) straflos, sondern es käme jeweils auch eine **Begünstigung** (§ 257) in Betracht.

307. Geld in Liechtenstein und Gift in der Torte

T war durch ein etwas dubioses Geschäft zu einer größeren Menge Geld gekommen und beschloss, damit sein Leben neu anzufangen und besser zu gestalten als bisher. Dazu wollte er sich seiner beiden bislang schlimmsten Feinde entledigen: des Fiskus und seiner Frau. Er wandte sich daher an seinen Bankberater B und fragte ihn nach einer Möglichkeit, den größeren Geldbetrag von seinem Konto so ins quellensteuerfreie Ausland zu transferieren, dass das Finanzamt diesen Vorgang nicht nachvollziehen könne. B tarnte daher die Überweisung an ein ausländisches Tochterinstitut dadurch, dass er sie als eine Barabhebung und eine Bareinzahlung verbuchte, wobei er entgegen den einschlägigen Vorschriften das Einzahlungsformular nicht mit dem Namen des T, sondern nur mit Nummern ausfüllte, die er sich in einer Kladde notierte, um sie später dem T zuordnen zu können. Für den eigentlichen Buchungsvorgang bediente er sich ferner eines bankinternen Verrechnungskontos, das für Kundenaufträge normalerweise gerade nicht benutzt werden sollte. Hoch erfreut ging T anschließend zu Konditor K und kaufte ein Stück der Lieblingstorte seiner Frau. Dabei erzählte er dem K, er werde dieses Stück vergiften, um damit seine Frau endgültig loszuwerden. K kümmerte sich darum nicht weiter und packte T das Stück ein. Als es später zu Ermittlungen gegen T wegen Mordes sowie Steuerhinterziehung kam, gerieten auch B und K unter Verdacht. Beide verteidigten sich mit dem Hinweis darauf, doch nichts getan zu haben, als ihren üblichen Geschäften nachzugehen; wozu andere ihre sozialadäquaten Leistungen am Ende nützen würden, gehe sie doch schließlich nichts an. Was ist davon zu halten?

(vgl. auch BGHSt 46, 107)

Zur Vertiefung: *Kühl,* § 20 Rn. 222f.; *Rengier* AT, § 45 Rn. 101ff.; *Roxin* II, § 26 Rn. 218–240; *Wessels/Beulke/Satzger,* Rn. 582a; *Beckemper,* Jura 2001, 163ff.; *Kudlich,* JuS 2002, 751ff.; *Rotsch,* Jura 2004, 14ff.

B's und K's Einwand ist grundsätzlich gewiss wichtig und richtig: Durch die **weite Formulierung** des § 27 („Hilfe leisten") kommen (insbesondere in Kombination mit dem grundsätzlichen Ausreichen von *dolus eventualis*) **unabsehbar viele Verhaltensweisen** als strafbare Beihilfe in Betracht – und darunter auch solche, die „äußerlich neutral" sind und zum **typischen beruflichen Handlungsfeld** des „Gehilfen" gehören. Damit werden nicht nur die allgemeine Handlungsfreiheit und speziell die Berufsfreiheit in weitem Maße eingeschränkt; vielmehr muss man sich auch fragen, ob diese Einschränkungen im Interesse des Rechtsgüterschutzes **überhaupt sinnvoll** sind, soweit entsprechende Leistungen auf dem Markt unproblematisch auch alternativ von gutgläubigen Anbietern zu erlangen wären. Aus diesem Grund hat sich in den letzten Jahren eine nahezu unübersehbare **Vielzahl von Lösungsvorschlägen** gebildet, die teils stärker objektiv („Sozialadäquanz"; „objektive Zurechnung"), teils stärker subjektiv (Erfordernis eines „Tatförderwillens"; Straflosigkeit bei *dolus eventualis*), teils gemischt objektiv-subjektiv begründet werden. Von einem gesicherten Meinungsstand ist nicht nur die Lehre, sondern (trotz dreier ähnlich lautender Entscheidungen innerhalb relativ kurzer Zeit) auch die Rechtsprechung noch weit entfernt. **Weitgehende Einigkeit** besteht allerdings dahingehend, dass

- eine Privilegierung nur in Betracht kommt, wenn es sich tatsächlich um **„neutrales"**, d. h. um nicht spezifisch an die deliktischen Zwecke angepasstes und nur durch diese erklärbares Verhalten handelt;
- eine Strafbarkeit jedenfalls dann anzunehmen ist, wenn gegen **schutzbereichsrelevante Spezialregelungen** verstoßen wird;
- zumindest bei bloßem ***dolus eventualis,*** der nicht auf konkreten Anhaltspunkten für eine deliktische Verwendung der beruflichen Leistung, sondern auf allgemeinen Vorsichtserwägungen beruht, eine Strafbarkeit ausscheidet (insoweit teilweise str.).

Auf dieser Grundlage stehen jedenfalls eventuelle Privilegien für neutrale berufsbedingte Verhaltensweisen einer **Strafbarkeit des B** von vorneherein nicht entgegen: Denn sein Verhalten ist gerade **nicht neutral,** sondern in seiner umständlichen, gegen interne Vorschriften verstoßenden Form überhaupt nur mit Blick auf die deliktischen Zwecke des T zu erklären. Lässt man daher die Verringerung des Entdeckungsrisikos durch die Anonymisierung des Transfers grundsätzlich für eine Beihilfehandlung genügen, so hat sich B nach § 370 AO, § 27 strafbar gemacht (für eine Strafbarkeit im Ergebnis auch der BGH [BGHSt 46, 107]).

Schwieriger ist die Frage demgegenüber für **K** zu beantworten, da der Verkauf eines Stücks Torte ein **Standardbeispiel einer neutralen Handlung** ist, die auf Grund eines vorgefassten Handlungsentschlusses in gleicher Weise auch gegenüber jedem Kunden erfolgen würde, der keine deliktischen Pläne verfolgt. Allerdings sprechen gute Gründe dafür, eine **Strafbarkeit** (von Sonderkonstellationen der objektiven Zurechnung abgesehen) dennoch zu bejahen, wenn der Berufsträger trotz **sicherer Kenntnis** von den deliktischen Plänen unterstützend tätig wird. Denn in diesem Fall trifft ihn das Ausschlagen der geschäftlichen Möglichkeit nicht unzumutbar hart, wenn man berücksichtigt, dass sein Verzicht auf wenige Fälle beschränkt ist und dass in diesen Fällen jedenfalls ein gewisser Rechtsgüterschutz erreicht werden kann. Folgt man dem, hätte sich K nach §§ 212, 211, 27 strafbar gemacht.

308. Edelstein-Gutachter-Fall

G war vereidigter Sachverständiger für Edelsteine. Im Auftrag des T begutachtete er mehrere hundert Edelsteine und bescheinigte ihnen wider besseres Wissen einen weit überhöhten Wert. Dabei herrschte „stillschweigende Einigkeit" darüber, dass die Schätzung später für irgendeinen Betrug bei Veräußerung oder Beleihung der Steine verwendet werden sollte, was G billigend in Kauf nahm. Nähere Einzelheiten kannte G nicht. In der Folgezeit nahm T einen hohen Kredit auf, den er durch die Steine absicherte, aber nicht zurückzahlte. Die O-Bank konnte die Steine nur zum tatsächlichen Wert verkaufen. Hat sich G wegen Beihilfe zum Betrug (§§ 263, 27) strafbar gemacht?
(vgl. BGHSt 42, 135)

Zur Vertiefung: *Kühl,* § 20 Rn. 222a, 242; *Rengier* AT, § 45 Rn. 115 ff.; *Wessels/Beulke/Satzger,* Rn. 584; *Kindhäuser,* NStZ 1997, 273 ff.; *Scheffler,* JuS 1997, 598 ff.

Ja. Durch die Wertangaben des G ist die Täuschung der O gefördert worden. Anders als in Fall 307 kann sich G auch **keinesfalls** auf die **Neutralität** seines Verhaltens berufen. Denn die Bescheinigung von überhöhten Wertangaben gehört gerade nicht zum typischen Berufsbild eines (rechtstreuen) Gutachters. Auch der erforderliche **Beihilfevorsatz** liegt vor. Zwar hat G keine bestimmte Tat vor Augen; allerdings sind die Anforderungen hier (objektiv wie subjektiv) niedriger anzusetzen als beim Anstiftervorsatz (vgl. Fall 297), da der Gehilfe den Tatentschluss nicht hervorrufen, sondern die Tat „nur" fördern muss (vgl. BGHSt 42, 135 sowie aus neuerer Zeit auch BGH NStZ 2012, 264). Dafür sind aber auch **weniger exakte Vorstellungen** jedenfalls dann **ausreichend,** wenn dem Gehilfen hinreichend klar ist, in welcher Weise sein Beitrag grundsätzlich eingesetzt wird, und er den wesentlichen Unrechtsgehalt der Haupttat erfasst. Beide Voraussetzungen sind vorliegend erfüllt.

309. Pikante Details (II)

F aus Fall 261 meint, wenn er schon wegen Anstiftung zum Geheimnisverrat bestraft werde, obwohl er kein Berufsträger sei, so müsse doch irgendwie berücksichtigt werden, dass seine Schuld weniger schwer wiegt, weil zu ihm nicht die durch die Veröffentlichung verletzte Vertrauensbeziehung bestand. Was kann man ihm hierzu sagen?

Zur Vertiefung: *Kühl,* § 20 Rn. 147 ff.; *Rengier* AT, § 46 Rn. 2 ff.; *Roxin* II, § 27 Rn. 81–83; *Wessels/Beulke/Satzger,* Rn. 556 f.

Der Gesetzgeber hat für Fälle dieser Art eine **obligatorische Strafmilderung** in § 28 Abs. 1 i. V. m. § 49 Abs. 1 vorgesehen, wenn beim Teilnehmer ein **strafbegründendes besonderes persönliches Merkmal** (vgl. Legaldefinition des § 14) fehlt. Wie schwer F's Schuld im konkreten Fall wiegt, ist damit zwar nicht entschieden, da er den T immerhin erst auf die Idee gebracht hatte. Allerdings ist wegen § 28 Abs. 1 bei seiner Strafzumessung jedenfalls schon von einem niedrigeren Strafrahmen auszugehen, d. h. der abstrakt verringerte Unrechtsgehalt beim Fehlen des strafbegründenden Merkmals wird in der Tat berücksichtigt.

Ergänzende Bemerkungen: (1.) Fehlen nicht strafbegründende, sondern strafmodifizierende (d. h. strafschärfende oder strafmildernde) besondere persönliche Merkmale, so tritt nach § 28 Abs. 2 nicht nur eine Strafrahmen-, sondern eine echte Tatbestandsverschiebung ein. Der Beteiligte wird insoweit also nur nach dem Tatbestand bestraft, dessen Merkmale auch von ihm erfüllt sind.

(2.) Wichtigster Anwendungsbereich von § 28 Abs. 1 und 2 in Klausuren dürften die Tötungstatbestände sein. Bei diesen ist umstritten, ob § 28 Abs. 1 oder 2 eingreift, da Rechtsprechung und h. L. unterschiedliche Auffassungen darüber vertreten, in welchem Verhältnis insbesondere § 211 zu § 212 steht (eigenständiges Delikt [dann § 28 Abs. 1] oder Qualifikation [dann § 28 Abs. 2]); vgl. dazu näher PdW BT II, Fälle 30 ff.

310. O will sterben

Motiviert durch das ernstliche Tötungsverlangen der O versuchte A, den T zu bestimmen, der O eine todbringende Spritze zu geben. Er erzählte jedoch nichts von dem Tötungsverlangen der O. T weigerte sich, die Spritze zu geben. Strafbarkeit des A?

Zur Vertiefung: *Kühl,* § 20 Rn. 247; *Rengier* AT, § 45 Rn. 17 f.; *Roxin* II, § 28 Rn. 25–30; *Wessels/Beulke/Satzger,* Rn. 561; *Hinderer,* JuS 2011, 1072 ff.

Nach vorzugswürdiger Ansicht ist A straflos. Eine **vollendete Anstiftung** scheidet aus, da es zu keiner Haupttat kam und bei T kein Tatentschluss hervorgerufen wurde. Eine **versuchte Anstiftung** ist nach § 30 Abs. 1 nur bei **Verbrechen** strafbar. Ob ein solches vorliegt, hängt hier davon ab, auf wessen **Perspektive** abzustellen ist: Aus Sicht des T hätte es sich bei der Tat um ein Verbrechen nach § 212 gehandelt, während aus Sicht des A auf Grund des ihn motivierenden Tötungsverlangens der O nur ein Vergehen nach § 216 vorgelegen hätte. Würde aber bei einer vollendeten Anstiftung auf Grund der (nach der vorzugswürdigen h. L. im Verhältnis zwischen § 212 und § 216 anwendbaren; vgl. näher PdW Strafrecht BT II, Fall 30) Vorschrift des § 28 Abs. 2 für A nur eine Strafbarkeit nach § 216 in Betracht kommen, ist es nur konsequent, diese Wertung auch bei der Prüfung einer Strafbarkeit nach § 30 Abs. 1 zugrunde zu legen und nicht mit der Rechtsprechung für die Frage nach der Verbrechensqualität auf die Person des Täters abzustellen.

310a. Die Giftmischer

S und T waren verliebt und verheiratet – ersteres ineinander, aber zweiteres nicht miteinander. Weil T die Kosten einer Scheidung scheute, kamen sie

überein, die Frau des T zu töten. S wollte dazu Gift besorgen. Sie hatten sich aber noch nicht darauf geeinigt, ob T seiner Frau dieses selbst verabreichen oder eine Gelegenheit arrangieren solle, zu der S es ihr in eine Getränkeflasche geben würde. Zu weiteren Aktivitäten kam es nicht, als der Plan bekannt wurde.
(vgl. BGH NStZ 2007, 697)

Zur Vertiefung: Kühl, § 20 Rn. 253; *Rengier* AT, § 47 Rn. 24 f.; *Roxin* II, § 28 Rn. 56 f.; *Wessels/Beulke/Satzger,* Rn. 564 f.; *Hinderer,* JuS 2011, 1072 ff.; *Kudlich,* JA 2008, 146 f.

Planung und Vorbereitung einer Straftat sind grundsätzlich straflos. Das ist – bei **Verbrechen** – anders, wenn **mehrere Personen** beteiligt sind. Als Korrektiv zu der besonders gefährlichen **Gruppendynamik** weitet § 30 Abs. 2 die Strafbarkeit zeitlich vor den Versuchsbeginn aus. Von den drei Varianten des Sich-bereit-Erklärens, des Annehmens eines Erbietens und der Verabredung kommt hier (wie auch am häufigsten) die dritte in Betracht. T und S könnten sich wegen Verabredung eines Mordes bzw. Totschlags nach § 30 Abs. 2 Alt. 3 i. V. m. §§ 211, 212 strafbar gemacht haben. Erforderlich dafür ist, dass

- mindestens zwei Personen
- gemeinsam fest entschlossen sind,
- ein bestimmtes Verbrechen
- als Mittäter (vgl. auch Fall 311)

zu begehen.

Vorliegend wollten S und T gemeinsam über Ob und Wie der Tat bestimmen, also die Tatherrschaft innehaben. Damit standen die Tatbeteiligten und wohl auch eine geplante Mittäterschaft fest. Dasselbe gilt für Opfer und Motiv. Gleichwohl ist fraglich, ob S und T das Verbrechen **bereits hinreichend bestimmt** hatten und dazu gemeinsam fest entschlossen waren. Der BGH hat zutreffend ausgeführt, dass die Voraussetzungen hieran nicht überspannt werden dürfen. Er will daher im Grundsatz nachvollziehbar denselben **Maßstab** anlegen wie an den **Vorsatz von Mittätern** eines tatsächlich begangenen Verbrechens oder den Vorsatz eines Anstifters zum Verbrechen. Im Detail geht das aber gerade deshalb **zu weit,** weil beim tatsächlich begangenen mittäterschaftlichen Verbrechen die Tatbeiträge tatsächlich konkretisiert und aneinander angepasst wurden, zur Tatzeit also ein ganz konkreter Vorsatz vorlag, auch wenn die vorherige Planung (auf die es dann gerade nicht ankommt!) vager gewesen sein mag. Dass § 30 Abs. 2 die Strafbarkeit zeitlich vorverlagern will, begründet nicht, dass seine Anforderungen auch subjektiv faktisch geringer ausfallen dürften. Auch die Parallele zur Anstiftung liefert kein Argument: Der Anstifter wird gerade nicht als Täter bestraft, die Protagonisten des § 30 Abs. 2 hingegen schon. Auch soweit der BGH behauptet, Tatmittel und Tatbestand hätten bereits festgestanden, ist das nicht richtig. Über den Einsatz des Gifts als Mittel bestand noch offener Dissens, denn S und T hatten sich nicht auf die Modalitäten geeinigt und auch noch nicht darauf, jedenfalls mit Gift vorgehen zu wollen. Richtigerweise ist daher entgegen der Auffassung des BGH eine Strafbarkeit nach § 30 Abs. 2 i. V. m. §§ 211, 212 mangels hinreichend bestimmter Tat noch zu verneinen.

311. Nicht einmal ansatzweise ein Banküberfall

A und B waren übereingekommen, die H-Bank zu überfallen und aus der dortigen Kasse unter Einsatz von Pistolen 400 000 EUR zu erpressen. G weihten sie in den Plan ein und beauftragten ihn, gegen 50 EUR das von ihnen angemietete Fluchtfahrzeug nahe der Bank zu parken. Die Polizei verhaftete A und B kurz vor dem Überfall 1 300 m vor der Bank.
Wie haben sich A, B und G strafbar gemacht?
(vgl. BGH NStZ-RR 2006, 311; vgl. auch BGH NStZ 1982, 244)

Zur Vertiefung: *Kühl,* § 20 Rn. 246, 252; *Roxin* II, § 28 Rn. 60 f.; *Wessels/Beulke/Satzger,* Rn. 564 f.; *Kudlich,* JA 2006, 824 f.

In Betracht kommen Taten nach §§ 253, 255, 250 Abs. 1 Nr. 1 Buchst. a und b, Abs. 2. Vollendet wurden solche nicht, weil das Geschehen noch keinerlei Auswirkung auf das Vermögen der Bank hatte. Sie wurden auch nicht versucht. Der Versuch wäre zwar nach §§ 23 Abs. 1 Alt. 1, 12 Abs. 1 i. V. m. § 250 Abs. 1 und 2 strafbar und auch ein Tatentschluss zu bejahen. Es **fehlt** aber **noch am unmittelbaren Ansetzen.** Weder A noch B hatten bereits einen Teil der Tathandlung vorgenommen oder standen unmittelbar (ohne wesentliche Zwischenschritte, vgl. auch Fälle 218 ff.) bevor. Die „Schwelle zum jetzt geht es los" war noch nicht überschritten.

A und **B** haben eine solche Tat aber verabredet und sich damit nach § 30 Abs. 2 i. V. m. §§ 253, 255, 250 Abs. 1 Nr. 1 Buchst. a und b, Abs. 2 strafbar gemacht.

G sollte **kein Täter** sein. Er hatte keinerlei Tatherrschaft, sondern sollte nur eine untergeordnete Hilfstätigkeit verrichten und war auch nicht an der Beute beteiligt, sondern nur fest (und nicht allzu hoch) entlohnt. Für ihn bezog sich die Verabredung damit nur auf eine Beihilfe. Diese **nur „verabredete Beihilfe"** ist aber nach zutreffender h. M. **straflos.** Steht im Gegenschluss zu § 30 Abs. 1 schon die versuchte Beihilfe nicht unter Strafe, muss das erst recht für die bloße Verabredung dazu gelten. § 30 Abs. 2 bezieht sich damit also **nur** auf die **Verabredung** zu einer späteren **mittäterschaftlichen Begehung.** G ist damit straflos.

Ergänzende Bemerkung: Vertiefend zu den verschiedenen Handlungsmodalitäten des § 30 vgl. *Dessecker,* JA 2005, 549 ff. Zur erforderlichen Konkretisierung bei der Verbrechensverabredung vgl. BGH NStZ 2011, 570.

311a. „Eventual-Auftragsmord"

A wollte den neuen Lebensgefährten (L) seiner geschiedenen Frau beseitigen und beauftragte deshalb T, L zu töten. Bei T handelte es sich – was A nicht wusste – um einen verdeckt ermittelnden Polizeibeamten, der sich A gegenüber als zu der Tat bereiter Auftragsmörder ausgab. Er müsse allerdings noch genauer über den Wohnort und die Identität des L unterrichtet werden. A vereinbarte daraufhin ein weiteres Treffen mit T, um ihm das Haus des L zu zeigen. Bei dem weiteren Treffen erklärte A, er befinde sich gerade in Verhandlungen mit seiner geschiedenen Frau und wolle deswegen die Tat im

Moment noch nicht ausgeführt haben. Dennoch zeigte er T das Haus, besprach alle Modalitäten, beließ die schon geleistete Anzahlung bei T und vereinbarte mit diesem, ihm Bescheid zu sagen, wenn es so weit wäre, den L umzubringen. Bis zu seiner Festnahme vier Wochen später meldete sich A bei T nicht mehr. Wie hat sich A strafbar gemacht?
(vgl. BGH NStZ 2005, 626)

Zur Vertiefung: *Kühl,* § 20 Rn. 259 ff.; *Rengier* AT, § 47 Rn. 40; *Roxin* II, § 28 Rn. 90 ff.; *Wessels/Beulke/Satzger,* Rn. 566; *Kudlich,* JA 2005, 91 ff.; *Kühl,* NStZ 2006, 94 f.; *Kütterer-Lang,* JuS 2006, 206 ff.

A hat nach Ansicht des BGH eine versuchte Anstiftung zum Mord (§§ 211, 30 Abs. 1) begangen. Er hatte schon beim ersten Treffen die Vorstellung, T als Auftragskiller dazu zu bringen, L zu töten, also einen Mord aus Habgier zu begehen. Man könnte hiergegen zwar einwenden, dass auch nach A's Vorstellung T erst noch weitere Informationen benötigen würde; allerdings ändert dies nichts daran, dass T **nach A's Entschluss** schon einen **unbedingten Tatentschluss** fassen sollte. Lässt man dies für einen Anstiftungsentschluss des A genügen, hat er auch zu dieser Anstiftung unmittelbar angesetzt, indem er T – vermeintlich erfolgreich – zu der Tat überredet hat. Die Anstiftung ist nur objektiv fehlgeschlagen, weil T in Wirklichkeit nicht zur Tatbegehung bereit war. Aus Sicht des A handelt es sich jedoch um einen beendeten (weil vermeintlich erfolgreichen) Versuch.

A ist nach Meinung des BGH von diesem Versuch auch nicht strafbefreiend zurückgetreten. Ein Rücktritt würde sich hier, weil A den Versuch für gelungen hält, nach § 31 Abs. 2 richten. A hätte sich also freiwillig und ernsthaft bemühen müssen, die Tat zu verhindern. Ein solches Bemühen erfordert die Anspannung aller Kräfte, um den vermeintlichen Tatentschluss des präsumtiven Täters rückgängig zu machen. Ob A diesem Erfordernis schon dadurch genügte, dass er den T anwies, die Tat vorerst nicht zu begehen, ist fraglich: Er hat seinen **Entschluss,** den L töten zu lassen, **nicht endgültig aufgegeben.** Hätte T zu einem späteren Zeitpunkt den L umgebracht, so wäre dies ohne Zweifel als eben diese Tat (§ 264 StPO) anzusehen, zu der A den T angestiftet hatte. Es bestand auch durchaus noch die Gefahr, dass T (so wie A ihn kennen gelernt hatte) die Tat begehen würde. Auch bei T bestand der Tatentschluss aus Sicht des A fort, und ein Auftragskiller würde möglicherweise auch ohne direkte Aufforderung die abgesprochene und genügend konkretisierte Tat begehen, um sich den vereinbarten Lohn zu verdienen. Nach Auffassung des BGH hat A deswegen alleine durch den Aufschub und das Zuwarten die **Gefahr für das Leben** des L, die er durch seinen Anstiftungsversuch geschaffen hatte, **nicht wieder beseitigt.** Allerdings erscheint ein anderes Ergebnis ebenso gut vertretbar, da A durch seine Anweisung an T, zunächst abzuwarten, das Risiko sogleich wieder so weit „entschärft" hat, dass er mit einer Tatbegehung durch T erst nach einem neuen Bestimmens-Entschluss rechnen musste.

E. Konkurrenzen und Rechtsfolgen

I. Die Lehre von den Konkurrenzen

1. Grundlagen

312. Systematische Stellung der Lehre von den Konkurrenzen

Inwiefern können die Konkurrenzen als Schnittstelle zwischen der Lehre von der Straftat und den Rechtsfolgen der Straftat betrachtet werden?

Zur Vertiefung: *Rengier* AT, § 56 Rn. 2; *Wessels/Beulke/Satzger,* Rn. 751 f.

Hat der Täter bei seinem strafbaren Verhalten – wie oft – mehrere Straftatbestände rechtswidrig und schuldhaft erfüllt, so sind vor dem Beginn des Strafzumessungsvorgangs zwei wichtige Fragen zu beantworten:

- Zum einen, ob der Täter überhaupt wegen aller verwirklichter Tatbestände verurteilt wird (oder ob einzelne Tatbestände von anderen **„verdrängt"** werden, d. h. im Strafausspruch nicht zum Ausdruck kommen und entsprechend auch nicht Ausgangspunkt der Strafzumessung sein können).
- Zum anderen, ob die bestehen bleibenden Tatbestände **eine oder mehrere Taten** bilden (da §§ 52 und 53 ff. hierfür jeweils unterschiedliche Berechnungsmethoden der Strafe vorschreiben).

Beide Fragen werden mit Hilfe der Lehre von den Konkurrenzen beantwortet.

313. Schritte der Konkurrenzprüfung

Nach welchem gedanklichen Schema lässt sich das Konkurrenzverhältnis zwischen zwei verwirklichten Tatbeständen prüfen?

Zur Vertiefung: *Kühl,* § 21 Rn. 1–5; *Rengier* AT, § 56 Rn. 7; *Roxin* II, § 33 Rn. 1–9; *Wessels/Beulke/Satzger,* Rn. 753; *Rückert,* JA 2014, 827 ff.; *Seher,* JuS 2004, 392 ff.; 482 ff.; *Walter,* JA 2004, 133 ff.; 572 ff.; JA 2005, 468 ff.

I. **Handlungseinheit oder Handlungsmehrheit?** (dazu Fälle 314 ff.)
   - eine Handlung im natürlichen Sinn
   - eine Handlung im juristischen Sinn
   - ⇨ wenn (–), liegt Handlungsmehrheit vor

II. **Echte oder unechte (= Gesetzes-)Konkurrenz?** (dazu Fälle 330 ff.)

III. Liegt echte Konkurrenz vor (d. h. können keine Tatbestände mittels Gesetzeskonkurrenz ausgeschieden werden), führt
   - Handlungseinheit zu Tateinheit = Idealkonkurrenz;
   - Handlungsmehrheit zu Tatmehrheit = Realkonkurrenz.

Ergänzende Bemerkung: Als Prüfungsstandort der Konkurrenzen wird zumeist das Ende der Klausur bzw. eines Tatkomplexes empfohlen. Einfache Fälle der Gesetzeskonkurrenz sollten aber auch bereits jeweils am Ende eines Tatbestandes abgearbeitet werden, so z. B. im Anschluss an die Bejahung des § 315c Abs. 1 Nr. 1 Buchst. a die Feststellung, dass der zugleich verwirklichte § 316 kraft gesetzlich angeordneter Subsidiarität zurücktritt o. Ä.

2. Handlungseinheit und Handlungsmehrheit

314. Ein Bombenwurf mit diversen Folgen

T warf aus einem fahrenden Auto eine Bombe durch das offene Fenster eines Hauses, das seine Ex-Freundin O von V gemietet hatte. Das Haus samt O's Möbeln wurde durch die Explosion verwüstet. O kam (wie von T beabsichtigt) zu Tode. O's neuer Freund F, dessentwegen sie T verlassen hatte, wurde schwer verletzt, was T allerdings nicht vorhergesehen hatte, da er nicht wusste, dass F gerade bei O war. Wie viele strafbare Handlungen des T liegen vor?

Zur Vertiefung: *Kühl,* § 21 Rn. 7; *Rengier* AT, § 56 Rn. 15; *Roxin* II, § 33 Rn. 17 f.; *Wessels/Beulke/Satzger,* Rn. 758.

Es liegt nur **eine Handlung** vor. T hat mit dem Wurf eine Handlung im **natürlichen Sinne** vorgenommen, d. h. ein Handlungsentschluss hat sich in einer Willensbetätigung (dem Wurf der Bombe) realisiert. Dass dabei eine Reihe unterschiedlicher Straftatbestände gegen unterschiedliche Opfer (etwa § 303 gegenüber V und O; §§ 212, 211 gegenüber O; § 229 gegenüber F; § 308 als gemeingefährliche Tat) verwirklicht wurde, spielt keine Rolle. Selbst die Tatsache, dass es sich bei Leben und Gesundheit des F und der O um höchstpersönliche Rechtsgüter handelte, ändert daran nichts: Da bereits im natürlichen Sinne nur eine Handlung vorliegt und eine solche nicht erst kraft juristischer Wertung „konstruiert" wird, steht die Verschiedenheit der Rechtsgutsträger der Annahme einer Handlungseinheit hier nicht entgegen (vgl. zur Abgrenzung Fall 323 Variante c).

315. Der schlechte Einfluss des A

A erzählte seinem Freund T, in den nächsten Wochen sei erst sein Nachbar N und anschließend sein Nachbar O nicht zu Hause. Bei N sei durchaus „etwas zu holen", und er könne ihm auch verraten, welches Kellerfenster für die Katze immer einen Spalt offen gelassen werde. Zum Ausgleich für diesen Tipp solle aber T beim dem A verhassten O die Terrassenmöbel „zu Kleinholz machen." T brach eine Woche später bei N ein und stahl eine Reihe wertvoller Bilder. Eine weitere Woche später begab er sich mit einer Axt zum Grundstück des O und zertrümmerte die Terrassenmöbel. Staatsanwalt S meint, da der Anstifter nach § 26 „gleich einem Täter bestraft" werde, habe sich A wegen Anstiftung zum Wohnungseinbruch in Tatmehrheit mit einer Anstiftung zur Sachbeschädigung nach §§ 244 Abs. 1 Nr. 3, 26; 303, 26; 53 strafbar gemacht. Was ist davon zu halten?

Zur Vertiefung: *Kühl,* § 21 Rn. 6; *Rengier* AT, § 56 Rn. 79; *Wessels/Beulke/Satzger,* Rn. 758.

Die Ansicht des S ist weder im Ausgangspunkt noch im Ergebnis zutreffend. Die **Konkurrenzen** sind grundsätzlich für den **Teilnehmer eigenständig,** d. h. unabhängig von den Konkurrenzen beim Täter zu bestimmen. §§ 26, 27 stehen dem nicht entgegen, denn sie sagen zunächst nur einmal etwas über die für den Teilnehmer anwendbaren Vorschriften und den Strafrahmen aus. Auf dieser Grundlage ist es für die Strafbarkeit des A nicht entscheidend, dass zwischen den beiden Einbrüchen des T in der Tat Tatmehrheit anzunehmen ist. Da T durch ein Gespräch unmittelbar zusammenhängend zu beiden Taten bestimmt wurde, bilden vielmehr die Anstiftungen zur Sachbeschädigung und zum Einbruchsdiebstahl eine Handlung.

Ergänzende Bemerkung: Gleiches betont BGH NStZ-RR 2011, 368 auch für § 30 Abs. 2 (gegebenenfalls Verwirklichung in Form der gleichartigen Idealkonkurrenz zwischen mehreren Verabredungen).

316. Der falsche Gasableser (I)

T klingelte – seinem bereits vorher gefassten Tatplan entsprechend – gegen 15.00 Uhr bei der alleinstehenden O, da er wusste, dass O bei Dunkelheit aus Furcht die Haustüre nicht mehr öffnete. Er gab sich als Gasableser aus und schlug die O in dem Moment, als diese die Tür zum Keller öffnen wollte, von hinten nieder. Dabei ging er zutreffend davon aus, dass O mehrere Stunden bewusstlos bleiben würde. Anschließend nahm er einen Schlüssel für das Haus der O mit, kehrte gegen 17.00 Uhr zurück und schaffte im Schutze der Dunkelheit eine Reihe von wertvollen Gegenständen aus dem Haus. Rechtsreferendar R, der für Staatsanwalt S die Akte vorzubereiten hat, kommt ins Grübeln. Denn einerseits tendiert er dazu, einen Raub anzunehmen, andererseits meint er, auf Grund der längeren Zeitspanne zwischen Gewaltanwendung und Wegnahme sei insoweit von Handlungsmehrheit auszugehen, sodass man doch schlecht nur einen Raub annehmen könne. Kann dem R geholfen werden?

Zur Vertiefung: *Kühl,* § 21 Rn. 23; *Rengier* AT, § 56 Rn. 23 f.; *Roxin* II, § 33 Rn. 19 f.; *Wessels/Beulke/Satzger,* Rn. 759 ff.

Ja. R macht sich unnötig Gedanken. Zwar sind die Gewaltanwendung und die Wegnahme **keine Handlung im natürlichen Sinn.** Allerdings ist das – wenn man auf eine einheitliche Willensbetätigung abstellt – auch bei weniger gestreckten Raubfällen normalerweise nicht der Fall. Dass dies üblicherweise nicht als Problem empfunden wird, liegt daran, dass der Raub als **zweiaktiges Delikt** auf Grund seiner tatbestandlichen Struktur zwei Handlungen im natürlichen Sinn zu einer **Handlung im juristischen Sinn** vereinen kann. Es handelt sich um eine rechtlich-soziale Bewertungseinheit. Dies gilt aber auch, wenn wie hier in Übereinstimmung mit dem ursprünglichen Plan eine gewisse Zeit zwischen der Gewaltanwendung und der Wegnahme liegt. Man wird hier zwar eine Grenze ziehen müssen, wenn auf Grund langer zeitlicher (und vielleicht sogar zusätzlicher räumlicher) Abstände nicht mehr die raubtypische Verknüpfung zwischen beiden Handlungen vorliegt; diese Grenze dürfte hier aber noch nicht überschritten sein. Es liegt also nur eine Handlung vor, die R guten Gewissens als (schweren) Raub bewerten kann.

317. Ein Spion aus alten Zeiten

T war seit 1975 für das Ministerium für Staatssicherheit (MfS) der ehemaligen DDR tätig. Diesem legte er regelmäßig Berichte über geheime Details seiner beruflichen Aufgaben in Firmen der Rüstungs- und Hochtechnologie vor. Die Treffen mit Mitarbeitern des MfS fanden regelmäßig, mehrfach jährlich statt, wobei zeitweilig aus verschiedenen Gründen ein längeres Aussetzen der Treffen vereinbart wurde, ohne dass deswegen zur Diskussion stand, dass T seine Tätigkeit für das MfS beenden würde. Nach der „Wende" wurde T wegen geheimdienstlicher Agententätigkeit nach § 99 Abs. 1 angeklagt. Seiner Verurteilung sollten auch Informationsverschaffungen zugrunde gelegt werden, die vor 1984 erfolgt waren. T ist der Ansicht, diese Taten seien z. Zt. des Mauerfalls 1989 bereits verjährt. Hat er Recht?
(vgl. BGHSt 43, 1)

Zur Vertiefung: *Kühl,* § 21 Rn. 23; *Roxin* II, § 33 Rn. 25; *Wessels/Beulke/Satzger,* Rn. 760.

Nein, jedenfalls nach Ansicht des BGH liegt **keine Verjährung** vor. Diese tritt für Taten nach § 99 Abs. 1 gemäß §§ 78 Abs. 3 Nr. 4, 78a Satz 1 fünf Jahre nach **Beendigung** der Tat ein. Eine solche liegt hier aber auch für länger zurückliegende Akte nicht vor, weil die geheimdienstliche Agententätigkeit des T nur eine **einzige Tat im Rechtssinne** ist. Die rechtliche Handlungseinheit ergibt sich dabei aus der im Tatbestand selbst enthaltenen **pauschalierenden Handlungsbeschreibung** der „geheimdienstlichen Tätigkeit". Diese umfasst notwendigerweise eine Vielzahl von Einzelhandlungen im natürlichen Sinn. Daher ist auch kein enger zeitlicher und räumlicher Zusammenhang erforderlich, sondern die Handlungseinheit kann sich auch über längere Zeiträume mit Unterbrechungen erstrecken.

318. Rundum-sorglos-Unterstützung

T berichtete dem G, dass er im Wohnhaus des O einbrechen wolle und dabei einige Hilfestellungen gebrauchen könne. Gegen Zusage einer Pauschale von 100 EUR übernahm G daher folgende Tätigkeiten: Er besorgte T auf dessen Kosten einen Glasschneider, den er ihm am Tag vor dem Einbruch übergab; er brachte T zum Haus des O und stellte anschließend das Auto mehrere hundert Meter entfernt ab. Anschließend lief er zum Haus zurück und passte auf, ob jemand das Grundstück des O betreten würde. Staatsanwalt S erwägt, den G wegen drei in Tatmehrheit stehender Fälle der Beihilfe zum Einbruchsdiebstahl anzuklagen. Zu Recht?

Zur Vertiefung: *Rengier* AT, § 56 Rn. 24; *Wessels/Beulke/Satzger,* Rn. 759 ff.

Nein. Zwar sind – wie oben bereits erwähnt (vgl. Fall 315) – die Konkurrenzen für jeden Beteiligten gesondert festzustellen. Daher ist die Annahme von Handlungsmehrheit für G nicht deswegen von vorneherein ausgeschlossen, weil durch T nur ein Diebstahl verwirklicht wurde. Auch bilden die Verhaltensweisen des G sicher **keine Handlung im natürlichen Sinn.** Allerdings ist bei mehreren Beihilfehandlungen zu einer Haupttat von einer **einzigen Handlung im juristischen Sinn** in Gestalt einer **tatbestandlichen Handlungseinheit** auszugehen. § 27 pönalisiert das Beihilfeleisten zu einer Tat und beschreibt damit pauschalierend alle Verhaltensweisen, die für die Begehung der Tat förderlich sein könnten. Die Tatsache, dass das gesamte Verhalten des G auf die Förderung einer Haupttat hin gerichtet ist, führt dazu, dass es bei rechtlich-sozialer Betrachtung als Einheit zu betrachten ist.

319. Ein lästiges Kind

T machte mit ihrer fünfjährigen Tochter O eine Kreuzfahrt. Als sie Interesse am Steward S fand, begann O ihr rasch lästig zu werden. Sie unternahm daher nichts, als sie erkannte, dass O anfing, gewagte Kunststücke an der Reling zu machen. Es kam, wie es kommen musste, und O stürzte ins Wasser. Obwohl das Schiff gerade nur langsam fuhr, unterließ T es, der O einen Rettungsring zuzuwerfen, was ihr ohne weiteres möglich gewesen wäre. Auch als nach wenigen Sekunden zufällig zwei Besatzungsmitglieder an T vorbeiliefen, bat sie keines der beiden um Hilfe. O ertrank nach zehn Minuten. Wie viele Unterlassungsakte sind der T vorzuwerfen?

Zur Vertiefung: *Kühl,* § 21 Rn. 9; *Rengier* AT, § 56 Rn. 82 f.; *Roxin* II, § 33 Rn. 61–66; *Wessels/Beulke/Satzger,* Rn. 762.

Auf den ersten Blick könnte man erwägen, dass T hier mindestens drei unterschiedliche Handlungsmöglichkeiten nicht wahrgenommen hat, die den Tod der O hätten verhindern können: Das Einschreiten gegen das Balancieren auf der Reling, das Zuwerfen eines Rettungsringes und das Informieren eines Besatzungsmitglieds. Dennoch liegt nur **eine einzige Handlung im juristischen Sinn** vor. Bei **Unterlassungsdelikten** ist eine tatbestandliche Handlungseinheit anzunehmen, wenn durch die fortgesetzte Untätigkeit das geschützte Rechtsgut verletzt wird. Zum einen wird dem Täter seine Untätigkeit insgesamt vorgeworfen; zum anderen lässt sich die Untätigkeit kaum sinnvoll in verschiedene Teilakte unterteilen, da sich bis zum Erfolgseintritt die Handlungschance praktisch sekündlich neu stellt. T hat also (die Quasikausalität unterstellt) eine Tötung durch Unterlassen begangen.

320. Höhere Mathematik

T entzog sich über zwei Jahre hinweg der Zahlung von Unterhalt, den er an L, M und N für seine drei nichtehelichen Kinder O, P und R zu zahlen gehabt hätte. Im Verfahren wegen Verletzung der Unterhaltspflicht (vgl. § 170) meinte Staatsanwalt S, da der Unterhalt monatlich zu zahlen gewesen wäre, tendiere er dazu, 3 × 2 × 12 = 72 Fälle der Unterhaltspflichtverletzung in Tatmehrheit anzunehmen. T dagegen meint mit Hinweis auf Fall 319, es könne nur eine einzige Tat vorliegen. Wer hat Recht?
(vgl. auch BGHSt 18, 376)

Zur Vertiefung: *Kühl,* § 21 Rn. 9; *Rengier* AT, § 56 Rn. 82 f.; *Roxin* II, § 33 Rn. 22; *Wessels/Beulke/Satzger,* Rn. 761 f.

Keiner von beiden. Hinsichtlich **jedes einzelnen** seiner Kinder liegt – selbst unterstellt, die Voraussetzungen des § 170 (Gefährdung des Lebensbedarfs) hätten bereits ab dem ersten Monat bestanden – jeweils nur eine einzige Tat vor. § 170 hat hier den Charakter eines **Dauerdelikts,** da eine fortbestehende (und nicht zum Monatsersten immer neu entstehende) Pflicht verletzt wird. **Zwischen** den Unterlassungen hinsichtlich der **verschiedenen Kinder** ist dagegen mit dem BGH **Tatmehrheit** anzunehmen. Es handelt sich hier um drei eigenständige Pflichten, die auch durch unterschiedliche Handlungen hätten erfüllt werden müssen. Damit korrespondieren aber auch beim Unterlassen drei Pflichtverletzungen, oder anders ausgedrückt: Es sind drei verschiedene deliktische Erfolge eingetreten.

Ergänzende Bemerkung: (1.) Anders könnte man dies sehen, wenn die drei Pflichten jeweils immer durch eine Handlung (Überweisung an die Mutter) hätten erfüllt werden können, so wenn es sich um drei Kinder einer Mutter gehandelt hätte, an die nichts gezahlt wurde. Allerdings führt diese Sichtweise zu Schwierigkeiten, wenn auf einmal wegen Eintritts der Volljährigkeit bei fortbestehender Unterhaltspflicht doch wieder drei Überweisungen ausgefüllt werden müssten.

(2.) Wollte man einen Vergleich mit Fall 319 herstellen, müsste ein entsprechender Fall zur Verletzung eigenständiger Handlungspflichten dort so aussehen, dass eine Mutter **auf Grund mehrerer Untätigkeitsentschlüsse** unabhängig voneinander zwei Kinder nicht rettet. Auch in solchen Fällen wird aber überwiegend Handlungsmehrheit angenommen, sodass insoweit kein Wertungswiderspruch auftritt.

321. History-X

T geriet mit O in einen heftigen Streit und beschloss daher, ihn zu töten. Er stürzte sich auf ihn, warf ihn zu Boden und schlug seinen Kopf mit Tötungsabsicht mehrfach auf den Fußboden. Da O Widerstand leistete und T den Kopf daher nicht mit tödlicher Wirkung auf den Boden stoßen konnte, würgte er ihn anschließend bis zur Bewusstlosigkeit. Als er merkte, dass O noch atmete, hob er einen schweren Pflasterstein auf und zertrümmerte damit den Schädel des O, woran dieser rasch danach verstarb. Strafbarkeit des T?
(vgl. auch BGH NStZ 1990, 490)

Zur Vertiefung: *Kühl,* § 21 Rn. 14; *Rengier* AT, § 56 Rn. 21; *Roxin* II, § 33 Rn. 42–49; *Wessels/Beulke/Satzger,* Rn. 763.

T hat sich wegen **eines einheitlichen** vorsätzlichen Tötungsdelikts strafbar gemacht (wobei hier keine verbindlichen Hinweise auf Mordmerkmale vorliegen). Auch wenn man unterstellt, dass die verschiedenen Tötungshandlungen auf jeweils neuen konkreten Handlungsentschlüssen beruhen, weil T immer bereits mit dem Erfolg der jeweils vorangehenden Handlung gerechnet hatte, liegt eine **natürliche Handlungseinheit bei sukzessiver Tatbegehung** vor. Angesichts des unmittelbaren räumlichen und zeitlichen Zusammenhangs und der einheitlichen Motivation des T stellt sich das Geschehen für einen Dritten erkennbar als einheitliches, zusammengehöriges Tun dar.

Ergänzende Bemerkung: Von einer neueren Ansicht werden Fälle der sukzessiven sowie auch der iterativen Begehung nicht als natürliche, sondern als tatbestandliche Handlungseinheit betrachtet. In der Sache macht dies natürlich keinen Unterschied; allerdings geht es in diesen Fällen stärker um eine wertende Betrachtung als um Folgen der Struktur eines bestimmten Tatbestandes, was gegen die Zuordnung zur tatbestandlichen Handlungseinheit spricht.

322. Drohbriefe (Dagobert-Fall)

T beschloss, die Kaufhauskette K zu erpressen. Er schickte daher am 1., 8. und 15.3. jeweils einen Drohbrief mit der Forderung nach einer größeren Geldsumme; zur Unterstützung seiner Forderung zündete er jeweils kleinere Sprengsätze in Lagern der K, um zu zeigen, welchen Schaden er anrichten könnte, wenn seiner Forderung nicht nachgegeben würde. Die K suchte zwar die Verhandlungen mit T, zahlte aber zunächst nicht. Am 22.3. schließlich verlangte T ultimativ, dass ein Mitarbeiter von K eine Tasche mit Geld in einen Zug mitnehmen und auf sein Signal hin aus dem Fenster werfen sollte. Die K ging darauf ein, und ein Mitarbeiter warf das Geld auf den Anruf des T hin ab. Die Tasche verfing sich allerdings am Waggon und wurde deswegen noch zwei Kilometer mitgeschleift, bevor sie herunterfiel. An diesem Ort aber war T das Aufgreifen des Geldes zu riskant, da die Polizei in der Nähe war. Am 29.3. rief er deswegen erneut bei K an und stellte erneut eine Forderung, auf die K allerdings nicht eingehen musste, weil T alsbald festgenommen wurde. Wie viele Erpressungsversuche hat T unternommen?
(vgl. auch BGHSt 41, 368)

Zur Vertiefung: *Kühl,* § 21 Rn. 25a; *Roxin* II, § 33 Rn. 45; *Wessels/Beulke/Satzger,* Rn. 763a.

T hat **zwei Erpressungsversuche** begangen. Die Anrufe am 1., 8. und 15.3. sind dabei als *eine* Handlung im rechtlichen Sinne zu sehen, da insoweit eine **natürliche Handlungseinheit bei sukzessiver Versuchsbegehung** anzunehmen ist. Eine solche kann nach der Rechtsprechung dann vorliegen, wenn der Täter mit mehreren Versuchsakten auf ein Ziel hinarbeitet, dieses aber nicht erreicht. Dabei spricht um so mehr für eine Handlung, je enger der raumzeitliche Zusammenhang ist. Vorliegend ist davon auszugehen, dass die Erpresserschreiben immer an derselben Stelle eingingen; auch kann man bei einem regelmäßigen Wochenturnus noch einen ausreichend engen zeitlichen Zusammenhang annehmen, da Erpressungsfälle der vorliegenden Art nicht typischerweise durch sofortige Zahlung und raschen Ablauf geprägt sind. Allerdings nimmt die Rechtsprechung eine **Grenze** dort an, wo ein Teilakt des sukzessiven Versuches **fehlgeschlagen** ist und daher ein neuer Anlauf als Willensbetätigung auf einen neuen Entschluss hin anzusehen ist. Damit wird die Rücktrittsdogmatik auch für die Konkurrenzlehre fruchtbar gemacht. Von einem solchen Fehlschlagen ist zwischen den Anrufen am 1., 8. und 15.3. nicht auszugehen, da T angesichts der Verhandlungsbereitschaft der K offenbar immer noch davon ausging, mit einer Fortsetzung seiner Drohung zum Erfolg kommen zu können. Demgegenüber ist in der gescheiterten Geldübergabe eine Zäsur zu sehen. Denn die erneute Drohung und Forderung, nachdem das Geld aus dem Zug abgeworfen worden war, stellt sich als Betätigung eines anderen, erst auf Grund dieser Situation neu gefassten Entschlusses dar. Die ursprünglich geplante Durchführung des Planes war wegen der Verzögerung und der polizeilichen Präsenz aus Sicht des T nicht mehr durchführbar.

323. Ein alter Kleinwagen

T konnte seinen reichen Nachbarn O nicht leiden, da O und dessen Freund sich immer über T, der einen alten, gebraucht gekauften Kleinwagen fuhr, lustig machten.
a) Eines Tages begab sich T nachts auf die Straße und schlug mit einem Hammer bei jedem der drei dort stehenden Autos des O die Scheinwerfer ein. Wie hat sich T strafbar gemacht?
b) Wie wäre es, wenn T auch die Scheinwerfer bei den Autos von O's Freunden einschlagen würde, die an diesem Tage bei O zu Besuch waren?
c) Wie wäre es, wenn T in Variante b) abwarten würde, bis O und seine Freunde aus dem Haus kämen und jedem von ihnen eine schmerzhafte Ohrfeige versetzen würde?
d) Wie wäre es, wenn T in Variante c) O und seinen Freund F statt zu ohrfeigen an den Haaren packen und mit den Köpfen zusammenschlagen würde?

Zur Vertiefung: *Kühl,* § 21 Rn. 10 ff.; *Rengier* AT, § 56 Rn. 16 ff.; *Roxin* II, § 33 Rn. 29–41; *Wessels/Beulke/Satzger,* Rn. 763 ff.; *Wagemann,* Jura 2006, 580 ff.

Zu a) T hat sich wegen **eines Falles der Sachbeschädigung** (wenngleich an mehreren Tatobjekten) strafbar gemacht. Zwar ist jeder Schlag mit dem Hammer eine einzelne Handlung im natürlichen Sinne. Allerdings können diese zu einer **natürlichen Handlungseinheit** bei **iterativer Begehungsweise** verbunden werden. Die Gleichartigkeit der Tatbegehung in Kombination mit dem engen raumzeitlichen Zusammenhang und dem einheitlich zugrunde liegenden Willensentschluss führen dazu, dass sie bei natürlicher Betrachtungsweise als ein zusammengehöriges Tun erscheinen. Dabei wäre es zwar auch denkbar, drei Fälle der Sachbeschädigung in gleichartiger Idealkonkurrenz anzunehmen. Allerdings würde das der Intention der Figur der natürlichen Handlungseinheit zumindest teilweise zuwiderlaufen. Auch sonst werden die Tathandlungen bei teilbaren Tatobjekten nicht „atomisiert“: Obwohl bereits die Wegnahme eines Geldscheines einen Diebstahl darstellt, käme niemand auf die Idee, bei einem „Griff in die Kasse“, mit dem ein Bündel Geldscheine entnommen wird, ein Dutzend Fälle des Diebstahls in gleichartiger Idealkonkurrenz anzunehmen.

Zu b) Hier gelten die Überlegungen zu Variante a) entsprechend, vorausgesetzt, auch das Einschlagen der Scheinwerfer von O's Freunden beruhte auf dem **gleichen Willensentschluss** (und wurde nicht von T erst beschlossen, nachdem er mit den Autos des O „fertig war“). Dem steht auch nicht entgegen, dass es sich um das Eigentum verschiedener Opfer handelte, da es sich insoweit nicht um höchstpersönliche Rechtsgüter handelte. Zwar wäre hier auf Grund der verschiedenen Rechtsgutträger die Annahme wenigstens einer gleichartigen Idealkonkurrenz auf den ersten Blick noch näher liegend (vgl. bereits oben a). Andererseits würde man wohl auch nicht zwei Diebstähle in gleichartiger Idealkonkurrenz annehmen, nur weil ein Dieb bei zwei Griffen in die Schmuckschatulle seiner Opfer zuerst die Manschettenknöpfe des Ehemannes und dann die Kette der Ehefrau erwischt.

Zu c) Da es sich bei der durch die Ohrfeige angegriffenen körperlichen Unversehrtheit (und gegebenenfalls der Ehre) um **höchstpersönliche Rechtsgüter** handelt, können die unterschiedlichen Handlungen **nicht** zu einer **natürlichen Handlungseinheit** verbunden werden (vgl. zu mehreren Schüssen innerhalb weniger Sekunden als mehrere Tötungsversuche auch BGH NStZ 2012, 562 m. Anm. *Hecker,* JuS 2013, 362). Es liegen daher mehrere Körperverletzungen in Realkonkurrenz vor. Dies soll zwar nach neuerer Rechtsprechung (BGH NStZ 2003, 366) nicht gelten, wenn die Handlungen untereinander „vermischt" sind, also etwa bei einer einheitlichen Prügelei immer abwechselnd auf unterschiedliche Opfer eingeschlagen wird. Allerdings ist diese Ausweitung der Handlungseinheit nicht nur bereits im Ausgangspunkt zweifelhaft, sondern es fehlt vorliegend auch an Anhaltspunkten für eine solche Konstellation.

Zu d) Im Unterschied zu Variante c) ist hier das Zusammenstoßen der Köpfe von O und F bereits eine **Handlung** im **natürlichen Sinne.** Daran ändert auch die Höchstpersönlichkeit der betroffenen Rechtsgüter nichts. Denn diese können zwar verhindern, dass mehrere Handlungen im natürlichen Sinne zu einer natürlichen Handlungseinheit verbunden werden (vgl. Variante c), führen aber bei einer Handlung im natürlichen Sinne nicht dazu, dass daraus zwei Handlungen werden. Insoweit ist dieser Fall mit dem Wurf der Bombe in Fall 314 vergleichbar, und es liegen zwei Körperverletzungen in gleichartiger Idealkonkurrenz vor.

324. Trunkenheitsfahrt mit kurzer Pause

T fuhr mit einer BAK von 1,7 ‰ nach Hause. Durch einen alkoholbedingten Fahrfehler kam er von der Fahrbahn ab und rammte O's Auto, an dem ein Schaden von 2 000 EUR entstand. T blieb kurz mit laufendem Motor stehen, wartete und merkte, dass ihn offenbar niemand beobachtet hatte. Daher fuhr er nach Hause, ohne den Unfall zu melden. Strafbarkeit des T?
(vgl. auch BGHSt 21, 203)

Zur Vertiefung: *Kühl,* § 21 Rn. 24; *Roxin* II, § 33 Rn. 24; *Wessels/Beulke/Satzger,* Rn. 779.

T hat im **fahruntüchtigen Zustand** (BAK über 1,1 ‰) ein Fahrzeug geführt und daher den Tatbestand des **§ 316** verwirklicht. Da dabei auf Grund eines alkoholbedingten Fahrfehlers O's Auto beschädigt wurde und dieses eine fremde Sache von bedeutendem Wert darstellt (Grenze: ca. 750–1 300 EUR), sind außerdem der Tatbestand des **§ 315c Abs. 1 Nr. 1 Buchst. a** sowie durch das Verschweigen des Unfalls der des **§ 142** verwirklicht. Bei natürlicher Betrachtung könnte man nun meinen, die gesamte Fahrt wäre ein einheitlicher Vorgang, sodass § 316 subsidiär hinter § 315c Abs. 1 Nr. 1 Buchst. a zurücktreten und letzterer zu § 142 in Idealkonkurrenz stehen würde. Allerdings geht der BGH davon aus, dass durch den **Unfall** eine **Zäsurwirkung** eintritt. Der einheitliche Fahrtwille und damit die Dauerstraftat des § 316 wird unterbrochen, da sich durch den Unfall die Entscheidung, weiterzufahren oder nicht, gleichsam nochmals neu stellt. Daher bildet der zweite Fahrtteil eine **neue Handlung,** sodass T im Ergebnis wegen Straßenverkehrsgefährdung in Tatmehrheit mit den tateinheitlich verwirklichten Tatbeständen der Trunkenheitsfahrt und des unerlaubten Entfernens vom Unfallort gemäß §§ 315c Abs. 1 Nr. 1 Buchst. a; 316, 142, 52; 53 strafbar ist.

Ergänzende Bemerkung: Welcher Fall des § 142 exakt verwirklicht ist, lässt sich auf Grund des knappen Sachverhalts nicht mit Gewissheit sagen. Dies hängt davon ab, ob tatsächlich keine feststellungsberechtigten Personen in der Nähe waren, ob den T auf Grund der Umstände eine Wartepflicht getroffen hätte usw.

325. Schneeball-System

T fasste den Entschluss, durch ein ausgeklügeltes System von betrügerischen Gewinnversprechungen einige ihm bekannte Großverdiener der Reihe nach um viel Geld zu erleichtern. Diesem Plan entsprechend begann er, alle zwei Wochen eines seiner Opfer anzuschreiben, kurz danach telefonischen Kontakt aufzunehmen und zu versuchen, es zur Überweisung eines größeren Geldbetrages zu veranlassen. Nach seinem Plan sollte nach rund einem Jahr seine Liste „abgearbeitet" sein, sodass er sich mit dem Geld aus dem Staub machen könnte, bevor die erste (jeweils nach Ablauf eines Jahres versprochene) Gewinnauszahlung fällig werden würde. Nach rund einem halben Jahr kamen zufällig einige der ersten Opfer ins Gespräch miteinander, stellten nochmals gemeinsam Nachforschungen an und zeigten T an.
a) Strafbarkeit des T?
b) Was muss die Staatsanwaltschaft beachten, wenn sie Anklage gegen T erheben will und worauf muss sie möglicherweise nicht (mehr) achten?

Zur Vertiefung: *Kühl,* § 21 Rn. 26–32; *Roxin* II, § 33 Rn. 248–273; *Wessels/Beulke/Satzger,* Rn. 769 ff.

Zu a) T hat sich wegen **mehrerer, tatmehrheitlich begangener Betrügereien** strafbar gemacht. Unterstellt, es handelte sich um betrügerische Versprechungen und man sieht in der Überweisung zumindest bereits einen Vermögensschaden kraft konkreter Vermögensgefährdung, liegt in jedem der Geschäfte zunächst ein Betrug. Allerdings könnte statt mehrerer Taten nach § 263 in Tatmehrheit auch nur eine einzige Tat vorliegen, wenn man die von der Rechtsprechung entwickelten Grundsätze der **fortgesetzten Tat** anwenden würde. Deren Voraussetzungen waren das Vorliegen mehrerer Taten gegen das gleiche Rechtsgut (hier das Vermögen), eine gleichartige Begehungsweise sowie das Vorliegen eines anfänglichen Gesamtvorsatzes. Allerdings hat der BGH (BGHSt 40, 138 [GS]) diese Rechtsfigur **praktisch abgeschafft,** da er ihre Anwendbarkeit auf alle bisher anerkannten und bekannten Fälle ablehnte.

Zu b) Geht man mit der nun geltenden Rechtsprechung von mehreren, real konkurrierenden Taten aus, so muss für eine wirksame **Anklage** jede Tat, die Verfahrensgegenstand werden soll, **ausreichend genau bezeichnet** werden. Die Vereinfachungswirkung, die ein wichtiger Grund für die frühere Anwendung der Figur der fortgesetzten Tat war, ist damit entfallen (was allerdings mit Blick auf die erforderliche präzisere Geschehensbeschreibung durchaus als rechtsstaatlicher Gewinn zu verbuchen ist). Umgekehrt muss die Staatsanwaltschaft **nicht mehr** – wie früher – „befürchten", dass mit einem Urteil alle vom Gesamtvorsatz umfassten

Taten rechtskräftig abgeurteilt werden, sodass nach dem Grundsatz ***ne bis in idem*** (vgl. Art. 103 Abs. 3 GG) eine neue Anklage unabhängig davon entfallen müsste, ob der konkrete Vorfall im Verfahren überhaupt zur Sprache gekommen war oder nicht. Diese ungerechtfertigte Wohltat für den Täter war ein weiterer Grund für die Absage an den Fortsetzungszusammenhang durch den Großen Strafsenat in der o. g. Entscheidung.

326. Der falsche Gasableser (II)

Kandidat K hat in der Prüfung zu Fall 316 zutreffend das Stichwort der rechtlichen Tateinheit bei mehraktigen Delikten genannt. Prüfer P meint, mit den Raubdelikten seien Fall 316 im Allgemeinen und die Konkurrenzprobleme im Besonderen noch nicht vollständig behandelt. Was wird ihm K antworten?

Zur Vertiefung: *Kühl,* § 21 Rn. 34; *Rengier* AT, § 56 Rn. 50; *Roxin* II, § 33 Rn. 82; *Wessels/Beulke/Satzger,* Rn. 777.

K wird auf die **Körperverletzung** (§ 223) durch das Niederschlagen der O hinweisen. Auf Konkurrenzebene ist zu beachten, dass die spätere Wegnahmehandlung und die Körperverletzung zwar zwei Handlungen im natürlichen Sinne sind. Allerdings erfolgt die Körperverletzung durch dieselbe Handlung wie die Gewaltanwendung im Sinne des § 249; es liegt also eine **Teilidentität von Ausführungshandlungen** (von anderen auch als partielle Handlungsidentität bezeichnet) vor. Auch diese bewirkt nach h. M. eine Form der rechtlichen Handlungseinheit.

Ergänzende Bemerkung: Ebenfalls eine rechtliche Handlungseinheit liegt vor, wenn Handlungen, die nach Vollendung eines Raubes oder einer räuberischen Erpressung, aber vor Beendigung vorgenommen werden, der Verwirklichung der tatbestandsmäßig vorausgesetzten Absicht oder der Besitzerhaltung dienen (vgl. BGH NStZ 2004, 329 m. Anm. *Kudlich,* JuS 2004, 927 ff.; BGH NStZ 2005, 387).

327. Ein unzuverlässiger Zeuge

T machte gegen die Versicherung O einen Haftpflicht-Schadensersatzanspruch mit der wahrheitswidrigen Behauptung geltend, einer von O's Versicherungsnehmern sei auf den Pkw des T aufgefahren, was der Zeuge Z beobachtet habe. O lehnte einen Schadensausgleich ab. T erhob gegen O Klage beim Amtsgericht. Dort bestätigte Z auf Veranlassung des T wahrheitswidrig als Zeuge uneidlich dessen Klagevortrag, sodass dem T durch Urteil ein Schadensersatzanspruch zugesprochen wurde. T und Z hatten vor dem Gerichtstermin ihre falschen Angaben miteinander auswendig gelernt und abgestimmt. Strafbarkeit des T?
(vgl. BGHSt 43, 317)

Zur Vertiefung: *Kühl,* § 21 Rn. 34; *Rengier* AT, § 56 Rn. 50; *Roxin* II, § 33 Rn. 87; *Wessels/Beulke/Satzger,* Rn. 777.

T hat sowohl einen **Prozessbetrug** (§ 263) als auch eine **Anstiftung zur uneidlichen Falschaussage** (§§ 153, 26) begangen; fraglich ist jedoch das Konkurrenzverhältnis. Stellt man auf die Anstiftungshandlung ab, die irgendwann im Vorfeld der mündlichen Verhandlung erfolgt ist, bestehen auf den ersten Blick keinerlei Überschneidungen mit irgendwelchen Akten des T, die als **Ausführungshandlung** des Betruges zu werten wären. Der BGH geht aber dennoch vom Vorliegen von Tateinheit aus und stellt dabei darauf ab, dass „die möglichen Tathandlungen des Prozessbetrügers sich nicht in seinem schriftlichen und mündlichen täuschenden Vorbringen" erschöpften, sondern „auch in Beweisantritt und Beweisführung [...] eine Täuschung des Richters liegen" könne. Deshalb sei „unter den Gesichtspunkten der Konkurrenzen die **Falschaussage** des hierzu vom Prozessbetrüger angestifteten Zeugen **auch eine Tatausführungshandlung des Prozessbetrügers.** Die Falschaussage ist das Mittel, mit dem der Täter den Prozessbetrug begeht. Dass nicht er selbst diesen Handlungsbeitrag erbringt, ist unbeachtlich: Er hat die Falschaussage durch die Anstiftung in strafrechtlich relevanter Weise verursacht; deshalb wird ihm die Handlung des Zeugen **zugerechnet.**" Allerdings ist dennoch fraglich, ob damit alleine unter dem Aspekt der Teilidentität von Ausführungshandlungen eine Handlungseinheit begründet werden kann. Denn die Überlegungen des BGH ändern nichts daran, dass die Handlung des Anstifters das Einwirken auf den Täter bleibt und dies zeitlich weit vor dem Täuschungsverhalten im Prozess liegt.

328. Überbringer schlechter Nachrichten

Als eines Tages Briefträger O dem T den Abschiedsbrief der von T angehimmelten X überreichte, wurde T auf den „Überbringer der schlechten Nachricht" so wütend, dass er O überwältigte und ihn an ein Rohr in seinem Heizungskeller fesselte.
a) T behandelte O zwar an sich gut und brachte ihm jeden Tag Essen, hielt ihn aber zehn Tage gefangen. Um Fluchtversuche des O zu unterbinden, drohte T ihm jeden Morgen, bevor er zur Arbeit ging, er werde ihn töten, falls O versuche, seine Fesseln zu lösen.
b) T ließ O nach drei Tagen frei. Um seiner Drohung, niemandem etwas von dem Einsperren und den täglichen Todesdrohungen zu erzählen, Nachdruck zu verleihen, verprügelte er den O tüchtig mit einem Knüppel, was bei O allerdings keine bleibenden Schäden hinterließ.
Strafbarkeit des T?

Zur Vertiefung: *Kühl,* § 21 Rn. 34b–35; *Rengier* AT, § 56 Rn. 62 ff.; *Roxin* II, § 33 Rn. 101–108; *Wessels/Beulke/Satzger,* Rn. 779 ff.

Zu a) Das Einsperren ist eine einzige Tat der Freiheitsberaubung nach **§ 239,** da diese ein **Dauerdelikt** ist; allerdings liegt auf Grund der Dauer ein qualifizierter Fall nach **§ 239 Abs. 3 Nr. 1** vor. Die Todesdrohungen erfüllen jeweils den Tatbestand des **§ 241.** Da diese in Tagesabständen immer als neue Willensbetätigungen erfolgten, liegen hier an sich **mehrere Handlungen im natürlichen Sinne** vor. Weil alle Drohungen aber während des **Dauerdelikts** des § 239 geäußert wurden (und sogar dessen Aufrechterhaltung dienten), können sie nach h. M. zu einer Tat **verklam-**

mert werden, da jede Tat nach § 241 weniger schwer wiegt als das verklammernde Delikt nach § 239 Abs. 3 Nr. 1. Ähnlich wie in Fall 323 Variante b) liegt auch hier die Annahme nur einer Bedrohung (und nicht von zehn gleichartig idealkonkurrierenden Drohungen) nahe, die mit der Freiheitsberaubung in Tateinheit steht.

Zu b) Ob dagegen auch eine Verklammerung mit **§ 224 Abs. 1 Nr. 2** erfolgen kann, ist fraglich: Teilweise wird verlangt, dass **alle** zu verklammernden Delikte **weniger schwer** wiegen als das verklammernde. Dies wäre vorliegend nicht der Fall, da § 224 Abs. 1 Nr. 2 mit einer Mindestfreiheitsstrafe von sechs Monaten schwerer wiegt als § 239 Abs. 1. Insbesondere die neuere Rechtsprechung geht dagegen davon aus, dass eine Verklammerung auch möglich ist, solange **eines** der zu verklammernden Delikte **schwerer** wiegt. Da dies hier nur für § 224 Abs. 1 Nr. 2, nicht dagegen für die Taten nach § 241 der Fall ist, käme danach eine Verklammerung in Betracht.

329. Der Lkw-Fahrer-Killer

T erpresste die Regierung des Bundeslandes O mit der Drohung, Lkw- und Busfahrer zu erschießen. Um seinen Forderungen Nachdruck zu verleihen, begab sich T auf eine Autobahnbrücke und schoss mit seinem Gewehr auf einen sich nähernden Lkw, dessen Führerhäuschen getroffen wurde. Der Lkw-Fahrer wurde leicht verletzt, aber nicht – wie von T eigentlich beabsichtigt – tödlich getroffen. Da T glaubte, den Lkw gar nicht getroffen zu haben, ging er eine Stunde später noch einmal auf die Brücke und versuchte erneut, einen Lkw-Fahrer zu erschießen, was jedoch abermals misslang. Daraufhin sandte T einen weiteren Erpresserbrief und drohte bei Nichterfüllung seiner Forderung mit einem Massaker. Bevor es dazu kam, wurde T gefasst. Strafbarkeit des T?
(vgl. BGH NJW 1998, 619)

Zur Vertiefung: *Kühl,* § 21 Rn. 36 f.; *Rengier* AT, § 56 Rn. 62 ff.; *Roxin* II, § 33 Rn. 42–49, 103; *Wessels/Beulke/Satzger,* Rn. 763a, 780 ff.

T hat durch die Schüsse auf die Lkws jeweils einen versuchten Mord **(§§ 212, 211, 22, 23)** begangen. Die gleichfalls verwirklichten versuchten Körperverletzungen treten dahinter subsidiär zurück (vgl. aber auch Fall 332). Des Weiteren liegt in den Erpresserbriefen jeweils eine versuchte räuberische Erpressung nach **§§ 253, 255, 250 Abs. 1 Nr. 1 Buchst. a, 22, 23** (Einsatz einer Waffe zwischen Versuchsbeginn und Vollendung der Erpressung). Diese Erpressungsversuche können jedoch als **sukzessiver Versuch** zu einer Tat zusammengezogen werden, da beide Akte auf einem einheitlichen Tatentschluss beruhen und der erste Versuch mangels Ablehnung der Forderungen des T auch noch nicht fehlgeschlagen war (vgl. Fall 322). Allerdings kann diese einheitliche Erpressungstat die Mordversuche **nicht verklammern,** da **beide schwerer** wiegen als der Erpressungsversuch. T hat sich daher wegen zweier tatmehrheitlich begangener Mordversuche strafbar gemacht, von denen einer mit einer versuchten räuberischen Erpressung in Tateinheit (Idealkonkurrenz) steht.

3. Gesetzeskonkurrenz

330. Fälle der Gesetzeskonkurrenz

Welche Fälle der unechten (oder Gesetzes-)Konkurrenz sind bei Handlungseinheit, welche bei Handlungsmehrheit zu unterscheiden?

Zur Vertiefung: *Kühl,* § 21 Rn. 51 ff.; *Rengier* AT, § 56 Rn. 29 ff., 43 ff.; *Roxin* II, § 33 Rn. 170–176; *Wessels/Beulke/Satzger,* Rn. 787 ff., 794 ff.

Bei **Handlungseinheit** werden üblicherweise

- Spezialität,
- Subsidiarität und
- Konsumtion

unterschieden.

Bei **Handlungsmehrheit,** welche wertungsmäßig auf Subsidiaritäts- oder Konsumtionserwägungen beruht, unterscheidet man üblicherweise zwischen

- mitbestrafter Vortat und
- mitbestrafter Nachtat.

331. Charakter von Spezialität, Subsidiarität und Konsumtion

Inwiefern ist das Urteil der Spezialität ein normlogisches, das der Subsidiarität und Konsumtion dagegen jeweils ein wertungsmäßiges?

Zur Vertiefung: *Kühl,* § 21 Rn. 52–62; *Rengier* AT, § 56 Rn. 29 ff.; *Roxin* II, § 33 Rn. 175; *Wessels/Beulke/Satzger,* Rn. 788 ff.

Die **Spezialität** ist dadurch gekennzeichnet, dass ein Tatbestand **alle** Merkmale eines anderen sowie **zusätzlich mindestens ein weiteres** Merkmal enthält. Ein anschauliches Beispiel ist etwa das Verhältnis zwischen Grundtatbestand und Qualifikation. Ob nun ein Tatbestand alle Merkmale eines anderen umfasst, lässt sich anhand des Normtextes logisch begründen.

Dagegen ist **Subsidiarität** anzunehmen, wenn eine Norm ausdrücklich (sog. formelle Subsidiarität, vgl. etwa §§ 246 Abs. 1 a. E.; 265 Abs. 1 a. E.; 316 Abs. 1 a. E.) oder ihrem Sinn nach (sog. materielle Subsidiarität, vgl. etwa Verhältnis zwischen versuchter und vollendeter Tat) **nur Geltung beansprucht,** wenn eine andere nicht eingreift. Bei der **Konsumtion** schließlich ist ein Tatbestand mit einem anderen zusammen zwar nicht notwendig, wohl aber **typischerweise** verwirklicht und hat diesem gegenüber keinen eigenständig ins Gewicht fallenden Unrechtsgehalt (so z. B. die Sachbeschädigung an der Kleidung des Mordopfers oder der Diebstahl am Benzin beim unbefugten Gebrauch eines Kraftfahrzeugs). Die Wertungen des zurückgenommenen Geltungsanspruchs (Subsidiarität) bzw. der typischerweise gleichzeitigen Verwirklichung (Konsumtion) sind nicht logisch zu begründen, sondern das Ergebnis einer Bewertung des Unrechtsgehalts der unterschiedlichen Straftatbestände sowie typischer Tatabläufe.

Ergänzende Bemerkung: Diese Aussage bedarf selbstverständlich der Modifizierung in Fällen der „formellen", d. h. gesetzlich explizit angeordneten Subsidiarität. Auch hier ist das Verhältnis zwar kein „logisches", aber unmittelbar und zumeist unzweifelhaft dem Gesetz zu entnehmen.

332. Der Straßenbahn-Killer

T beschloss, den aus der Straßenbahn soeben ausgestiegenen O zu töten. Er riss O zu Boden und stach ihm mit einem mitgeführten Messer mehrfach in den Oberbauch. Dabei ging er davon aus, dass O an den Verletzungen sterben könnte. Anschließend ließ er O liegen. O überlebte. Strafbarkeit des T?
(vgl. BGHSt 44, 196)

Zur Vertiefung: *Kühl,* § 21 Rn. 56; *Rengier* AT, § 56 Rn. 36 ff., 46; *Roxin* II, § 33 Rn. 205; *Wessels/Beulke/Satzger,* Rn. 790, 776 f.; *Kudlich,* JA 1999, 454 ff.

T hat sich wegen eines **versuchten Tötungsdelikts** (zur Anwendung des § 211 enthält der Sachverhalt zu wenig Anhaltspunkte) in **Tateinheit mit vollendeter gefährlicher Körperverletzung** strafbar gemacht. Die Rechtsprechung war lange Zeit davon ausgegangen, dass auch ein nur versuchtes Tötungsdelikt eine vorsätzliche Körperverletzung im Wege der Subsidiarität verdrängen könne. In jüngerer Zeit hat sich der BGH allerdings der schon bislang h. L. angeschlossen und nimmt stattdessen Idealkonkurrenz an. Dies ist überzeugend, da nur dadurch im Urteilsspruch **klargestellt** werden kann, dass es tatsächlich zu einer **Rechtsgutsverletzung** gekommen ist (und der Angriff des Täters nicht etwa völlig folgenlos fehlgegangen ist).

Ergänzende Bemerkung: Ob T durch das Liegenlassen auch den Tatbestand einer Aussetzung (§ 221) erfüllt hat, hängt davon ab, ob O an der Straßenbahnhaltestelle in einer „hilflosen Lage" war. Dafür sind zum einen der Grad von O's Verletzungen, zum anderen die Anwesenheit hilfsbereiter Passanten entscheidend; zu beidem sagt der Sachverhalt nichts. Eine versuchte Tötung durch Unterlassen (§§ 212, 13, 22, 23) durch das Liegenlassen (Garantenstellung aus Ingerenz!) würde jedenfalls hinter die versuchte Tötung durch aktives Tun zurücktreten.

333. Gewaltsame Leerung eines Tankautomaten

Um sich finanzielle Mittel zur Befriedigung seiner Drogensucht zu verschaffen, stemmte T einen Tankautomaten auf und erbeutete ca. 4 000 EUR. An dem Tankautomaten entstand ein Sachschaden in Höhe von ca. 10 000 EUR. Als T wegen Diebstahls in einem besonders schweren Fall in Tateinheit mit Sachbeschädigung angeklagt wird, äußert T's Verteidiger V, § 303 trete ohne Zweifel hinter §§ 242, 243 zurück. Staatsanwalt S dagegen meint, nach der neueren Rechtsprechung des BGH sei stets Idealkonkurrenz anzunehmen. Wer hat Recht?
(vgl. BGH NJW 2002, 150)

Zur Vertiefung: *Kühl,* § 21 Rn. 60–63; *Rengier* AT, § 56 Rn. 30 ff.; *Wessels/Beulke/Satzger,* Rn. 791; *Fahl,* JA 2002, 544 ff.; *Rengier,* JuS 2002, 850 ff.

Genau genommen hat **keiner** von beiden Recht; im Ergebnis allerdings ist die Annahme des S zutreffend, da vorliegend eine Verurteilung nach §§ 242, 243; 303; 52 angemessen erscheint. In der Tat ist das Verhältnis zwischen §§ 242, 243 und § 303 beim Einbruchsdiebstahl sowie beim Diebstahl aus gesicherten Behältnissen lange Zeit als ein Standardbeispiel einer **Konsumtion** angeführt worden. Der 1. Strafsenat hat dies nun **generell** in Zweifel gezogen, da bloßen Regelbeispielen wie § 243 eine solche Wirkung nicht zukommen könne; außerdem sei vorstellbar, dass §§ 242, 243 und § 303 im Einzelfall Rechtsgüter unterschiedlicher Opfer schützen; schließlich komme es nicht in allen Fällen der §§ 242, 243 Abs. 1 Satz 2 Nrn. 1 und 2 zu Sachbeschädigungen. Dennoch hat S hier nicht uneingeschränkt Recht, da das Gericht diese Aussagen nicht nur in einem ***obiter dictum*** getroffen hat, sondern diese auch **inhaltlich angreifbar** sind: So wird z. B. gerade vom BGH in anderen Fällen mit der Tatbestandsähnlichkeit der Regelbeispiele argumentiert; auch ist die Tatsache, dass nicht immer (sondern nur typischerweise) auch ein Fall des § 303 vorliegt, gerade kein Grund gegen die Annahme einer Konsumtion. Im **konkreten Fall** allerdings sprechen gute Gründe gegen die Annahme einer Konsumtion: wird nämlich durch die Sachbeschädigung ein **viel höherer Schaden** verursacht als durch den Diebstahl, ist es kaum angemessen, diese zurücktreten zu lassen.

334. Erfolglose Gewalt

T hatte in der Wohnung des O gemeinsam mit diesem in erheblichem Umfang alkoholische Getränke zu sich genommen. Gegen Mitternacht war nur noch T wach. Er wollte noch weitertrinken, fand aber keinen Alkohol mehr. Als er sich an eine Flasche Schnaps erinnerte, die O versteckt hatte, um sie für den nächsten Morgen zurückzuhalten, weckte er O mit zwei Faustschlägen. Er forderte ihn auf, die Flasche herauszugeben. Da O sich weigerte, versetzte T ihm ohne Tötungsvorsatz weitere Faustschläge und Tritte in den Bauch. Hierbei wiederholte er seine Forderung. Erst als er erkannte, dass O seinem Verlangen nicht nachkommen würde, ließ T von ihm ab. O hatte schwere Verletzungen erlitten, an deren Folgen er einige Tage später verstarb. Staatsanwalt S fordert in seinem Plädoyer eine Verurteilung wegen versuchter räuberischer Erpressung mit Todesfolge in Tateinheit mit Körperverletzung mit Todesfolge. Zwar sei anerkannt, dass § 227 hinter eine vollendete räuberische Erpressung mit Todesfolge zurücktrete, allerdings müsse bei einem bloßen Versuch etwas anderes gelten: Zum einen komme nur dadurch angemessen zum Ausdruck, dass es sich bei „§§ 251, 22, 23" um einen erfolgsqualifizierten Versuch (und nicht den Versuch einer Erfolgsqualifikation) handele; zum anderen könne wegen der Möglichkeit der Strafrahmenmilderung nach § 23 Abs. 2 sonst auf eine im Vergleich zu § 227 zu geringe Strafe erkannt werden. Was ist davon zu halten?
(vgl. BGHSt 46, 24)

Zur Vertiefung: *Roxin* II, § 33 Rn. 109–118; *Kudlich,* JA 2000, 749 ff.

Die Annahme des S ist im **Ergebnis vertretbar,** wenngleich seine **Begründung nicht überzeugen** kann. Für eine Idealkonkurrenz spricht vor allem, dass nur dadurch zum Ausdruck kommt, dass eine **vorsätzliche Körperverletzung** vorliegt, die (zwar oft, aber eben) nicht notwendig in jeder räuberischen Erpressung liegt (**Klarstellungsfunktion** der Idealkonkurrenz). Allerdings würde dieses Argument auch bei einer vollendeten räuberischen Erpressung mit Todesfolge für die Annahme von Idealkonkurrenz sprechen. Die spezifischen Argumente im Zusammenhang mit dem Vorliegen eines nur versuchten Raubes sind dagegen nicht überzeugend: Soweit auf die erforderliche **Klarstellung** zwischen erfolgsqualifiziertem Versuch und Versuch der Erfolgsqualifikation abgestellt wird, ist dem entgegen zu halten, dass eine solche Klarstellung bereits durch die Nichterwähnung eines versuchten Tötungsdelikts im Urteil ausreichend getroffen wird. Denn dieses würde beim Versuch der Erfolgsqualifikation ebenfalls vorliegen und zu §§ 251, 22, 23 anerkanntermaßen in Tateinheit treten. Noch weniger überzeugt das Argument mit der wegen § 23 Abs. 2 drohenden **zu niedrigen Strafe:** Zwar könnte theoretisch in der Tat die nach § 251 angedrohte Strafe nach Versuchsgrundsätzen (§§ 49, 23 Abs. 2) zu einem Strafrahmen von zwei Jahren bis zu elf Jahren und drei Monaten führen, welcher geringfügig niedriger wäre als derjenige des § 227 (drei bis 15 Jahre Freiheitsstrafe). Es ist aber zu berücksichtigen, dass die Strafmilderung nach § 23 Abs. 2 eine fakultative ist. Ein Fall, in dem nun einerseits so viel für den Täter spricht, dass zunächst als „Ausgangsstrafrahmen" die Höchststrafe von 15 Jahren statt der in § 251 ebenfalls möglichen lebenslangen Freiheitsstrafe gewählt wird und dann auch noch eine Strafrahmenmilderung unumgänglich erscheint, in dem aber andererseits der verbleibende Strafrahmen bis elf Jahre und drei Monate unerträglich niedrig wäre, ist kaum vorstellbar.

334a. Um die Ehe gekämpft

O wollte sich von ihrem Mann T scheiden lassen. Damit O den Scheidungstermin bei Gericht versäumte, hinderte T sie mittels einer Bombenattrappe am Verlassen der Wohnung.
Weswegen ist T letztlich zu bestrafen?
(vgl. BGH NStZ 2006, 340)

Zur Vertiefung: *Kühl,* § 21 Rn. 51 ff.; *Rengier* AT, § 56 Rn. 26 ff.; *Roxin* II, § 33 Rn. 170 ff.; *Wessels/Beulke/Satzger,* Rn. 787 ff.

Tatbestandlich kommt eine Reihe von Vorschriften aus dem 18. Abschnitt (Delikte gegen die persönliche Freiheit) in Betracht: § 239b kann zwar auch im Zwei-Personen-Verhältnis angewendet werden, erfordert dort aber, dass über die Bemächtigung hinaus eine weitere Nötigung erfolgt; daran fehlt es hier. Verwirklicht wurden allerdings eine **Nötigung** (§ 240 Abs. 1), eine **Freiheitsberaubung** (§ 239 Abs. 1) sowie eine **Bedrohung** (§ 241 Abs. 1).

Das Konkurrenzverhältnis ist hier allerdings teilweise problematisch: Bezüglich § 240 Abs. 1 sind streng genommen sogar zwei Erfolge (Wohnung nicht verlassen und nicht bei Gericht erscheinen) eingetreten. Es liegt aber nur eine Handlung vor (außerdem umfasst der eine Erfolg den anderen), sodass § 240 Abs. 1 auch nur einmal erfüllt ist. Das **Unrecht der Bedrohung** geht im vorliegenden Fall – wie sehr oft – **im Unrecht der Nötigung** auf, sodass die Strafbarkeit nach § 240 Abs. 1 die nach § 241 Abs. 1 konsumiert.

Am schwierigsten ist das Verhältnis **zwischen § 240 Abs. 1 und § 239 Abs. 1** zu beurteilen: Klar ist zunächst, dass **kein Spezialitätsverhältnis** besteht; denn eine Nötigung kann anders als durch Freiheitsberaubung begangen werden, und die Freiheitsberaubung setzt keinen Nötigungserfolg voraus, wenn man mit der h. M. davon ausgeht, dass das Opfer die Freiheitsberaubung nicht wahrnehmen muss (vgl. PdW BT II, Fall 86). Soweit die Freiheitsberaubung nur als solche nötigende Wirkung (zur Unterlassung des Weggehens bzw. Duldung des Nicht-Weggehen-Könnens) hat, **konsumiert** die Freiheitsberaubung als das (regelmäßig) schwerere Delikt die Nötigung. Soweit umgekehrt die Freiheitsberaubung nur als Mittel zur Nötigung des Opfers zu einem anderen, gravierenderen Erfolg eingesetzt wird, konsumiert die Nötigung als das dann (ausnahmsweise) schwerere Delikt die Freiheitsberaubung.

Hier indes stehen nach Ansicht des BGH der Erfolg der Freiheitsberaubung (kann Wohnung nicht verlassen) und der weitere Nötigungserfolg (nimmt nicht an der Verhandlung teil) **selbständig nebeneinander.** Die Delikte stehen daher ausnahmsweise in **klarstellender Idealkonkurrenz** (§ 52). T ist deshalb wegen Freiheitsberaubung in Tateinheit mit Nötigung zu bestrafen.

335. CD im Mantel

T steckte im Musikgeschäft des O in einem unbeobachteten Augenblick eine CD in seine Manteltasche und knöpfte seinen Mantel zu. Als er sich an den anderen wartenden Kunden an der Kasse vorbeidrängelte, sagte er zu dem auf ihn aufmerksam gewordenen Verkäufer V: „Ich habe nichts gefunden". V winkte T daraufhin vorbei, und T verließ den Laden. Staatsanwalt S meint, da hier nach der vollendeten Wegnahme noch eine Täuschung gegenüber dem V erfolgte, komme es auf das Exklusivitätsverhältnis von Diebstahl und Betrug hier nicht an und T sei auch nach § 263 zu verurteilen. Zu Recht?

Zur Vertiefung: *Kühl*, § 21 Rn. 63–65; *Rengier* AT, § 56 Rn. 45; *Roxin* II, § 33 Rn. 219–221; *Wessels/Beulke/Satzger*, Rn. 795.

Nein. T ist im Ergebnis **nur wegen § 242** zu bestrafen. Zwar hat S insoweit Recht, als T hier nach Vollendung des § 242 (**„Gewahrsamsenklave"**) eine weitere Täuschung des V begangen hat, sodass § 263 nicht schon deswegen tatbestandlich ausscheidet, weil Diebstahl und Betrug sich nach h. M. wechselseitig ausschließen. Eine Verfügung könnte vorliegend im (unbewussten) Verzicht auf die dem O zustehende Forderung (und damit hinsichtlich eines anderen Vermögensgegenstandes vor-)liegen. Allerdings handelt es sich um einen sog. **Sicherungsbetrug,** der nur die durch die Wegnahme geschaffene Vermögenslage aufrechterhalten soll. **§ 263** tritt daher im Ergebnis als **„mitbestrafte Nachtat"** zurück. Sein Unrechtsgehalt wird von dem vorangegangenen Diebstahl mitumfasst, und dem Opfer ist kein weiterer Vermögensschaden entstanden.

4. Sachverhaltsungewissheiten

336. Zwei Aussagen

T hatte als Zeuge vor dem Gericht in A-Stadt am 4.1. eine Aussage gemacht und diese beeidigt. Am 7.8. hatte er vor dem Gericht in B-Dorf in einem anderen Verfahren zum gleichen Lebenssachverhalt genau gegenteilig ausgesagt, war allerdings nicht vereidigt worden. Als der Anwalt der Gegenpartei im B-Dorfer Verfahren der Sache nachging, stieß er auf die Aussage des T in A-Stadt und erstattete Strafanzeige. Im Verfahren berief sich T darauf, dass unaufklärbar sei, welche Version mit der Wahrheit übereinstimme. Da daher bei keiner der beiden Aussagen die Unwahrheit nachweisbar sei, müsse er jeweils *in dubio pro reo* freigesprochen werden. Was ist davon zu halten?

Zur Vertiefung: *Kühl,* § 21 Rn. 68; *Rengier* AT, § 57 Rn. 14 ff.; *Wessels/Beulke/Satzger,* Rn. 805 ff.; *Noak,* Jura 2004, 539 ff.

T ist wegen uneidlicher Falschaussage gemäß § 153 zu bestrafen. Der **Ausgangspunkt** des T ist zwar zutreffend: Kann eine Voraussetzung der Strafbarkeit nicht nachgewiesen werden, darf nach dem Grundsatz ***in dubio pro reo*** nicht aus dem entsprechenden Straftatbestand verurteilt werden. Allerdings gibt es hiervon einige **Ausnahmen.** Dazu zählen u. a. die Grundsätze der sog. **Wahlfeststellung.** Eine solche ist in zwei Fällen möglich: Eine „unechte Wahlfeststellung" bei bloßer Sachverhaltsalternativität ist möglich, wenn feststeht, dass der Täter einen Tatbestand verwirklicht hat und nur unklar ist, durch welche Handlung dies erfolgt ist. Demgegenüber liegt bei der „echten Wahlfeststellung" zusätzlich eine Tatbestandsalternativität vor, d. h. es ist ungewiss, welchen von zwei (oder mehreren) Tatbeständen der Täter verwirklicht hat (vgl. Fall 337), und es kann ausgeschlossen werden, dass kein Tatbestand verwirklicht ist. Vorliegend handelt es sich um eine bloße **Sachverhaltsalternativität:** Denn es steht fest, dass T in einem der beiden Verfahren zumindest eine uneidliche Falschaussage nach § 153 verwirklicht hat, sei es alleine oder sei es als von § 154 umfasster Bestandteil der eidlichen Falschaussage. Soweit es um § 153 geht, kann daher im Wege der unechten Wahlfeststellung eine Verurteilung erfolgen, auch ohne dass feststeht, ob die Aussage am 4.1. oder am 7.8. falsch war. Hinsichtlich der Beeidigung der Aussage und damit einer Strafbarkeit nach § 154 kommt dem T dagegen der Grundsatz *in dubio pro reo* zugute.

337. Entweder – oder

Bei T wurde ein dem O geraubtes Bild gefunden. Das Gericht ging am Ende der Beweisaufnahme davon aus, dass T das Bild entweder selbst dem O geraubt oder aber in Kenntnis von seiner Herkunft von einem unbekannten Täter erworben hat. Eine Gutgläubigkeit des T bei Besitzerlangung glaubte das Gericht ausschließen zu können. Strafbarkeit des T?
(vgl. BGHSt 15, 63)

Zur Vertiefung: *Kühl,* § 21 Rn. 68; *Rengier* AT, § 57 Rn. 14 ff.; *Wessels/Beulke/Satzger,* Rn. 805 ff.

T ist **wahlweise** nach noch h. M. wegen Diebstahls gemäß **§ 242** oder Hehlerei gemäß **§ 259** zu verurteilen. Vorliegend handelt es sich um einen Fall der **Tatbestandsalternativität,** bei der eine wahlweise Verurteilung nach verbreiteter Auffassung nur möglich ist, soweit die betreffenden Delikte **rechtsethisch und psychologisch** vergleichbar sind. Maßgeblich hierfür sind vor allem das betroffene Rechtsgut sowie die (aus dem Strafrahmen ableitbare) Unrechtsschwere der beiden Tatbestände. Eine solche Vergleichbarkeit besteht zwar nicht zwischen der Hehlerei und dem Gewaltverbrechen des Raubes, wohl aber zwischen **Diebstahl und Hehlerei.** Beide richten sich gegen fremdes Vermögen und sind dem gleichen Strafrahmen unterworfen. Da aber in jedem Raub zugleich auch ein Diebstahl steckt, ist insoweit eine wahldeutige Verurteilung möglich. Hinsichtlich des Einsatzes eines qualifizierten Nötigungsmittels im Sinne des § 249 findet dagegen der Grundsatz *in dubio pro reo* Anwendung.

In neuerer Zeit wird freilich **grundsätzlich bestritten,** dass die Rechtsfigur der ungleichartigen Wahlfeststellung überhaupt tragfähig ist. Der 2. Strafsenat des BGH hatte die Auffassung vertreten, dass diese im Gesetz nicht erwähnte Entscheidungsregel **gegen Art. 103 Abs. 2 GG verstoße** (vgl. NStZ 2014, 392 m. Anm. *v. Heintschel-Heinegg* JA 2014, 710). Denn die Verurteilung nur wegen eines „gemeinsamen Unrechtskerns" entgrenze die betroffenen Tatbestände und verschleife die Tatbestandsmerkmale verschiedener Tatbestände gleichsam zu einer neuen, im Gesetz so gerade nicht niedergelegten Strafnorm. Die Verurteilung beruhe dann letztlich auf einer dritten – und zwar ungeschriebenen – Norm. Da die anderen Strafsenate des BGH diese Sichtweise nicht geteilt haben, hätte darüber der **Große Strafsenat** entscheiden müssen (vgl. zum Vorlagebeschluss BGH NJW 2016, 432). Der 2. Senat hat allerdings die entsprechende **Vorlage wieder zurückgezogen** (vgl. BGH GSSt 2/15 vom 9.8.2016), sodass – ungeachtet der durch die Entscheidung auch angestoßenen Diskussion in der Literatur – für die Praxis bis auf weiteres davon auszugehen ist, dass die ungleichartige Wahlfeststellung unter den in der Rechtsprechung entwickelten Voraussetzungen Anwendung finden wird.

338. Freundschaftsdienst für einen Brandstifter

X setzte ein Sägewerk in Brand, um betrügerisch die Brandversicherungssumme zu erlangen. Sein Freund T bestätigte bei einer polizeilichen Vernehmung die unwahre Einlassung des X, er habe während der Tatnacht mit T in dessen Wohnung gezecht. Ob T dem X die Bestätigung dieses falschen Alibis bereits im Vorfeld der Tat zugesagt hatte, konnte nicht festgestellt werden. Strafbarkeit des T?
(vgl. BGHSt 43, 356)

Zur Vertiefung: *Kühl,* § 21 Rn. 68; *Rengier* AT, § 57 Rn. 32 f.; *Wessels/Beulke/Satzger,* Rn. 809; *Joerden,* JuS 1999, 1063 ff.

Der BGH hat eine Strafbarkeit wegen (versuchter) **Strafvereitelung** durch die Bestätigung der falschen Aussage gebilligt (vgl. ergänzend PdW BT II, Fall 142). Das Problem liegt hierbei jedoch darin, dass T möglicherweise wegen § 258 Abs. 5

nicht wegen Strafvereitelung bestraft werden dürfte, wenn er durch die Zusage des späteren Alibis eine **psychische Beihilfe** zur Brandstiftung geleistet hätte **(Selbstbegünstigungsprivileg).** Der BGH hält hier § 258 Abs. 5 nach seinem Sinn und Zweck nicht für anwendbar, da der Täter nicht durch das Versprechen, sich strafbar zu machen, straflos werden könne. Allerdings ist diese Argumentation gewissen Zweifeln ausgesetzt. Denn § 258 Abs. 5 setzt gerade immer ein strafbares Verhalten voraus, sodass dieser Umstand nicht zugleich als Grund dafür herangezogen werden kann, dem Täter das Selbstbegünstigungsprivileg zu nehmen. Eine Strafbarkeit des T kommt auch nicht im Wege einer sog. **Postpendenzfeststellung** in Betracht. Von einer solchen spricht man, wenn von zwei Geschehen das zweite (d. h. hier: die falsche Aussage) feststeht, während das erste ungewiss ist, bei seinem Vorliegen aber die Strafbarkeit wegen des zweiten entfallen würde. Eine Verurteilung im Wege der Postpendenzfeststellung ist richtigerweise nur zuzulassen, wenn bei Vorliegen des ersten Geschehens das zweite nur aus Konkurrenzgründen zurücktritt. Darum geht es aber beim Selbstbegünstigungsprivileg des § 258 Abs. 5 ersichtlich nicht; vielmehr ist es Ausdruck der Tatsache, dass mit Blick auf den *nemo-tenetur*-Grundsatz kein Unrecht in der Vereitelung einer Strafbarkeit liegt, die zugleich der eigenen Straflosigkeit dient. Da hier Voraussetzungen eines Tatbestandes tatsächlich zweifelhaft sind, sind solche tatbestandsrelevanten Postpendenzfeststellungen abzulehnen, sodass T im Ergebnis tatsächlich nicht bestraft werden kann.

II. Rechtsfolgen

339. Dualistisches Sanktionensystem

Was ist damit gemeint, wenn vom „dualistischen Sanktionssystem" des deutschen Strafrechts gesprochen wird?

Zur Vertiefung: *Rengier* AT, § 25 Rn. 10; *Wessels/Beulke/Satzger,* Rn. 396.

Das System der Rechtsfolgen im StGB unterscheidet zwischen („rückbezogenen", d. h. auf der Schuld des Täters beruhenden) **Strafen** und (zukunftsgerichteten, d. h. auf die Gefährlichkeit des Täters abstellenden) **Maßregeln.**

Dabei werden die **Strafen** unterschieden in:
- Freiheitsstrafe,
- Geldstrafe,
- Nebenstrafe (Fahrverbot, § 44).

Die einzelnen **Maßregeln** sind in § 61 aufgezählt und umfassen verschiedene Formen der Unterbringung, die Führungsaufsicht, die Entziehung der Fahrerlaubnis sowie das Berufsverbot.

Ergänzende Bemerkung: Eine Entziehung der Fahrerlaubnis nach § 69 Abs. 1 Satz 1 Alt. 2 StGB kommt nur bei hinreichendem Bezug der Tat zur Sicherheit des Straßenverkehrs in Betracht. Das ist nach BGH (GS) NStZ 2005, 503 (m. Anm. *Kudlich,* JuS 2005, 757) dann der Fall, wenn die Anlasstat tragfähige Rückschlüsse darauf zulässt, dass der Täter bereit ist, die Sicherheit des Straßenverkehrs seinen eigenen kriminellen Interessen unterzuordnen.

340. Hart durchgegriffen

T hatte O erschlagen. Richter R war der Ansicht, dass angesichts der gebotenen restriktiven Auslegung der Mordmerkmale keine Verurteilung nach § 211 in Betracht käme und verurteilte T „wegen Totschlags gemäß § 212 Abs. 1" zu einer Freiheitsstrafe von 18 Jahren. Ist dies rechtmäßig?

Nein. Obwohl § 212 Abs. 1 selbst nur die Untergrenze der Freiheitsstrafe (nicht unter fünf Jahren) bestimmt, gilt nach der allgemeinen Vorschrift des § 38 Abs. 2 für **zeitige Freiheitsstrafen** das **Höchstmaß** von 15 Jahren. Daran ändert im Übrigen auch § 212 Abs. 2 nichts; denn wenn ein besonders schwerer Fall angenommen würde, so wäre die Strafe wieder zwingend lebenslange Freiheitsstrafe, d. h. auch hier wird keine zeitige Freiheitsstrafe über 15 Jahren ermöglicht.

341. Finanzamt-Besetzer

T und M haben mittäterschaftlich einen Hausfriedensbruch begangen, indem sie zusammen entgegen einer ausdrücklichen Aufforderung, das Gebäude zu verlassen, einen Tag das Arbeitszimmer eines missliebigen Finanzbeamten besetzt hielten. T und M, beide geständig, nicht vorbestraft und reuig, wurden nach § 123 zu Geldstrafen von je 80 Tagessätzen verurteilt. Als sie sich nach dem Prozess noch einmal näher über das Urteil unterhielten, stellten sie fest, dass der wohlhabende T 24 000 EUR, der ärmere M dagegen nur 2 400 EUR zu zahlen haben würde?
a) Ist das möglich?
b) T empfindet dies als äußerst ungerecht, da doch die Schuld Grundlage der Strafe sein solle und er nicht zehn Mal so viel Schuld auf sich geladen habe wie M. Was ist davon zu halten?

Zur Vertiefung: *Meier,* JuS 2005, 769 ff.; *Streng,* JuS 1993, 919 ff.

Zu a) Auch bei einer im Übrigen identischen Verurteilung sind durch das **Tagessatzsystem** des § 40 solche Unterschiede möglich. Eine enge Orientierung an der Schuld und den üblichen (auch für die Freiheitsstrafe geltenden) Strafzumessungsregeln gilt bis zur Festsetzung der **Anzahl** der Tagessätze. Ihre **Höhe** dagegen ist vom Einkommen des Täters abhängig und kann nach § 40 Abs. 2 Satz 3 zwischen 1 und 30 000 EUR liegen. Die hier bei T und M festgesetzten Tagessätze von 300 bzw. 30 EUR sind daher ohne weiteres möglich, wenn sie ihrem unterschiedlichen Einkommen entsprechen.

Zu b) Eine „Ungerechtigkeit" zum Nachteil des T besteht allenfalls auf den ersten Blick. Tatsächlich soll das Tagessatzsystem gerade die **Vergleichbarkeit** der Strafe bei gleicher Schuld realisieren. Denn während ein Tag Freiheitsstrafe grundsätzlich Arme wie Reiche gleichermaßen trifft, ist ein bestimmter absoluter Betrag für einen Besserverdiener weniger „schmerzhaft" als für einen Verurteilten mit schlechteren Einkommensverhältnissen. Als mehr oder weniger vergleichbar wird daher für jeden die **Zahlungspflicht** betrachtet, die jeweils in Höhe eines **Tagesnettoverdienstes**

besteht. Man könnte sogar sagen, dass den M die Strafe noch stärker treffen könnte, da er im Zweifel weniger Rücklagen haben wird und es für ihn z. B. schwerer ist, einige Monate lang jeweils nur mit einem bestimmten Anteil seines Einkommens auszukommen.

341a. Doppelverwertungsverbote (§§ 46 Abs. 3 und 50)?

Wie unterscheiden sich die „Doppelverwertungsverbote“ in §§ 46 Abs. 3 und 50?

§ 46 Abs. 3 verbietet – zum Vorteil des Täters – die Einbeziehung von solchen belastenden Gesichtspunkten in die Abwägung der für und gegen den Täter sprechenden Umstände, die zugleich **unrechts- bzw. schuldbegründende Merkmale des Tatbestands** sind. Da sie bereits in die Konzeption des jeweiligen Strafrahmens eingeflossen sind, sollen sie bei der Zumessung der konkreten Strafe innerhalb dieses Rahmens keine Berücksichtigung mehr finden.

Dagegen verbietet § 50 – zum Nachteil des Täters – die **doppelte Berücksichtigung** von Umständen, die sowohl die Annahme eines **minder schweren Falles** als auch eine **Strafmilderung nach § 49** begründen könnten. Exemplarisch: Dass ein schwerer Raub im Versuchsstadium stecken geblieben ist, führt zur Möglichkeit einer Strafmilderung nach §§ 23 Abs. 2, 49 und kann einen minder schweren Fall nach § 250 Abs. 3 begründen. Wird nun die Nicht-Vollendung bereits zur Begründung eines minder schweren Falles „verbraucht“, darf sie dem Täter nicht doppelt zu Gute kommen und auch noch zu einer Milderung nach § 49 Abs. 1 Nrn. 2 und 3 führen.

341b. Beispiele zur Reichweite des § 46 Abs. 3

Liegt in folgenden Fällen ein Verstoß gegen das Doppelverwertungsverbot des § 46 Abs. 3 vor?
a) Bei der Verurteilung wegen Totschlags wird zu Lasten des Täters bewertet, dass er dem Opfer durch die Abgabe zweier tödlicher Schüsse unmittelbar hintereinander keinerlei Überlebenschance gelassen hat.
b) Bei der Verurteilung wegen Totschlags wird zu Lasten des Täters bewertet, dass er auf das ohnehin schon tödlich getroffene und am Boden liegende Opfer noch weiter eingetreten habe und dabei „von massivem Vernichtungswillen geprägt“ gewesen sei.
c) Bei der Verurteilung wegen schwerer Körperverletzung wird zu Lasten des Täters bewertet, dass das Opfer durch die eingetretene schwere Folge auch seelisch schwer belastet werde.
d) Bei der Verurteilung wegen Raubes wird zu Lasten des Täters bewertet, dass er aus ganz eigennützigen Motiven gehandelt habe.
e) Bei der Verurteilung wegen schweren Raubes nach § 250 Abs. 1 Nr. 1 Buchst. a wird zu Lasten des Täters bewertet, dass er als Tatmittel eine

scharfe Handgranate und damit ein besonders gefährliches Tatmittel bei sich geführt habe.
f) Bei der Verurteilung wegen Diebstahls wird zu Lasten des Täters bewertet, dass er einen beträchtlichen Teil der entwendeten Gegenstände „sinnlos zerstört habe".
g) Bei der Verurteilung wegen Betruges wird zu Lasten des Täters bewertet, dass er die Gutgläubigkeit des Opfers schamlos ausgenutzt habe.
h) Bei der Verurteilung wegen Vergewaltigung wird zu Lasten des Täters bewertet, dass er bei der Tat kein Kondom benutzt hatte und daher die Gefahr bestanden hätte, dass das Opfer in Folge der Tat schwanger wird.

Zu a) Ja, denn **Tötungsvorsatz** und die **zum Tod führende Handlung als solche** dürfen nicht strafschärfend berücksichtigt werden (vgl. BGH BGHR StGB § 46 Abs. 3 Tötungsvorsatz 1; wohl darf aber nach BGH NStZ 2012, 689 berücksichtigt werden, wenn der Täter nicht nur mit direktem Tötungsvorsatz zweiten Grades, sondern sogar mit Absicht gehandelt hat).

Zu b) Nein, denn hier wurde das für den Eintritt des Tötungserfolges **notwendige Maß** an Gewalt **überschritten** (vgl. BGH NStZ 1997, 592).

Zu c) Ja, denn eine auch seelisch schwere Beeinträchtigung ist geradezu **regelmäßige Tatfolge** einer Tat nach § 226 (vgl. *Schäfer,* Praxis der Strafzumessung, 4. Aufl. 2008, Rn. 894).

Zu d) Ja, denn die **Eigennützigkeit** gehört (in Gestalt der Selbstzueignungsabsicht) zum **Regelbild** des Raubes (vgl. BGH BeckRS 2000, 30131844).

Zu e) Nein, denn obwohl die objektive Gefährlichkeit Merkmal des § 250 Abs. 1 Nr. 1 Buchst. a ist, **unterscheiden** sich die potentiell tatbestandsmäßigen Gegenstände **hinsichtlich der Gefährdung** durch das Opfer ganz erheblich, was auch bei der Strafzumessung berücksichtigt werden darf (vgl. BGH NJW 2003, 76).

Zu f) Ja, denn das durch die Zerstörung der Gegenstände zum Ausdruck gebrachte Gerieren wie ein (und sei es unvernünftiger) Eigentümer ist gerade **Element der Zueignungsabsicht** (vgl. BGH BGHR StGB § 46 Abs. 3 Diebstahl 2).

Zu g) Ja, denn diese Ausnutzung entspricht gerade dem **typischen Tatbild** des Betruges (vgl. OLG Düsseldorf StV 1993, 76).

Zu h) Dies ist **umstritten:** Der 3. Strafsenat des BGH sah in dieser Argumentation einen Verstoß gegen § 46 Abs. 3, da es „zum **normalen Erscheinungsbild** des vom Tatbestand der Vergewaltigung erfassten Unrechts (gehört), dass der Täter den gewaltsamen Geschlechtsverkehr mit einer empfängnisfähigen Frau auch bis zum Samenerguss ausführt" (vgl. BGH NStZ 1984, 215). Andere – u. a. der 1. Strafsenat – billigen diese Argumentation nicht, da nach der Rechtsprechung das Merkmal des „Vollziehens des Beischlafs" mit dem Eindringen des Gliedes in den Scheidenvorhof vollendet ist, sodass **weitere Belastungen** für das Opfer und damit verbundene Ängste strafschärfend berücksichtigt werden können.

342. Genug gestraft

Der 22-jährige T war an seinem Geburtstag mit seinem Bruder O unterwegs und lud diesen zum Essen und anschließend in eine Diskothek ein. Auf dem Heimweg verursachte T auf Grund einer Alkoholisierung von 0,6 ‰ einen Unfall, bei dem O ums Leben kam. T selbst blieb dauerhaft gelähmt. Mit welcher Strafe hat T zu rechnen?

T hat gute Chancen, dass trotz der erheblichen Schwere der Tatfolgen nach **§ 60** von einer **Bestrafung abgesehen** wird. Er hat zwar zumindest die Tatbestände der §§ 315c Abs. 1 Nr. 1 Buchst. a, Abs. 3 Nr. 1, 222 rechtswidrig und schuldhaft verwirklicht, was eine Geldstrafe oder eine Freiheitsstrafe bis zu fünf Jahren zulassen würde. Allerdings ist durch seine Schuld eine dem T nahe stehende Person getötet worden, und er selbst ist sein weiteres Leben lang massiv beeinträchtigt. Angesichts dieser erheblichen Folgen einerseits und des bei 0,6 ‰ nicht außergewöhnlich hohen Handlungsunwerts andererseits ist nicht ersichtlich, welche Funktion eine zusätzliche Strafe bei T erfüllen sollte. Nach § 60 Satz 2 ist ein Absehen von Strafe allerdings nur möglich, wenn das Gericht bei der Strafzumessung zu einer Freiheitsstrafe von höchstens einem Jahr kommen würde (was angesichts des Todes eines Menschen nicht selbstverständlich ist).

Stichwortverzeichnis

Die Zahlen bezeichnen die Nummern der Fälle.